Das Stadt-Buch

Auch diesmal: Für Max, Noa und Paula. Für ihre Cousinen
und Cousins Aaliyah, Anna, Carla, Charlotte, Christian, Elias,
Elisabeth, Hans-Ludwig, Henning, Jeremias, Laura, Lillith,
Martin, Maximilian, Miriam, Nils, Philip, Robert, Tilda und Timea.
Und überhaupt: Für alle wissbegierigen Leserinnen und Leser.

Stephanie Busch und Ulrich Noller
unter Mitarbeit von Jochen Pahl

Das Stadt-Buch

Hier lebt das Wissen der Welt

Illustriert von Sarah Heiß

Bloomsbury

Städte sind Abenteuer: Abenteuer des Lebens, Abenteuer des Wissens. Ob mit U-Bahn oder Trambahn, mit Bus oder S-Bahn, mit Rikscha oder Taxi – eine Stadt lässt sich auf vielfältige Weise entdecken. Bitte einsteigen! Los geht's!

S
BAHNHOF
BUS
Das Stadt-Buch
Inhalt

KAUFHAUS
BAHNHOF
SALE
Eis
Marktplatz
ZONE
U

Universität
BLUMEN
BACKSTUBE
U-Bahn
U
ahn
BAHNHOF
UNIVERSITÄT
Fußgängerzone
Altstadt
Kirchplatz

Der Bahnhof

19. AUG. 1980
Zuschlag
SCILLA
PETTS WOOD
LONDON
TUBINGEN HBF
Frankfurt (Main)

Eine Verabredung im größten Bahnhof der Welt

»We meet at the clock«, wir treffen uns an der Uhr – wenn diese Worte fallen, weiß fast jeder New Yorker, was gemeint ist. Und das will etwas heißen bei über acht Millionen Bewohnern in der Stadt selbst und noch einmal 11 Millionen in den Gebieten drum herum. »The clock« ist die vierseitige Uhr in der Empfangshalle des Grand Central Terminal, dem größten Bahnhof New Yorks, der zwischen 1903 und 1913 gebaut wurde. Ein perfekter Ort für Verabredungen. Die Bahnhofshalle ist 46 Meter hoch, 50 Meter breit und 142 Meter lang. Sie umfasst zwölf Stockwerke, auf denen 35 Restaurants, 68 Geschäfte und ein Museum die 500 000 Menschen locken wollen, die täglich durch die Grand Central Station schlendern, gehen oder rennen. Schon diese Halle, deren dunkelblaue Decke mit 2500 goldenen Sternen verziert ist, zeigt dem Reisenden bei seiner Ankunft in der »Stadt der Städte«, welchen Reichtum und welche Vielfalt New York zu bieten hat. Schwierig, in dem Gewimmel jemanden zu finden; gut, dass »the clock« nicht zu übersehen ist. Wer sich in Berlin mit den Worten »Wir treffen uns bei der Uhr« verabredet, wird übrigens im Hauptbahnhof vergeblich warten. *Die* Uhr, das ist in der deutschen Hauptstadt die Weltzeituhr, und die steht auf dem Alexanderplatz.

Erich Kästner **Der Bahnhofsvierzeiler**

Jeden Abend stand er an der Sperre,
ein armer, alter, gebeugter Mann.
Er hoffte, dass einmal Gott ankäme!
Es kamen aber immer nur Menschen an.

KURZ UND BÜNDIG. EPIGRAMME. Atrium Verlag, Zürich

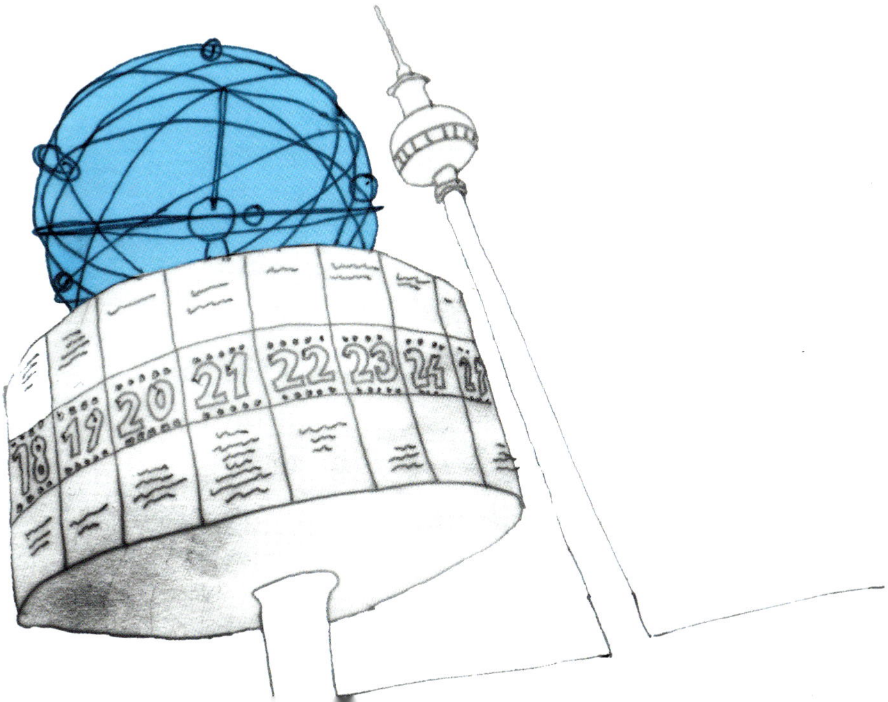

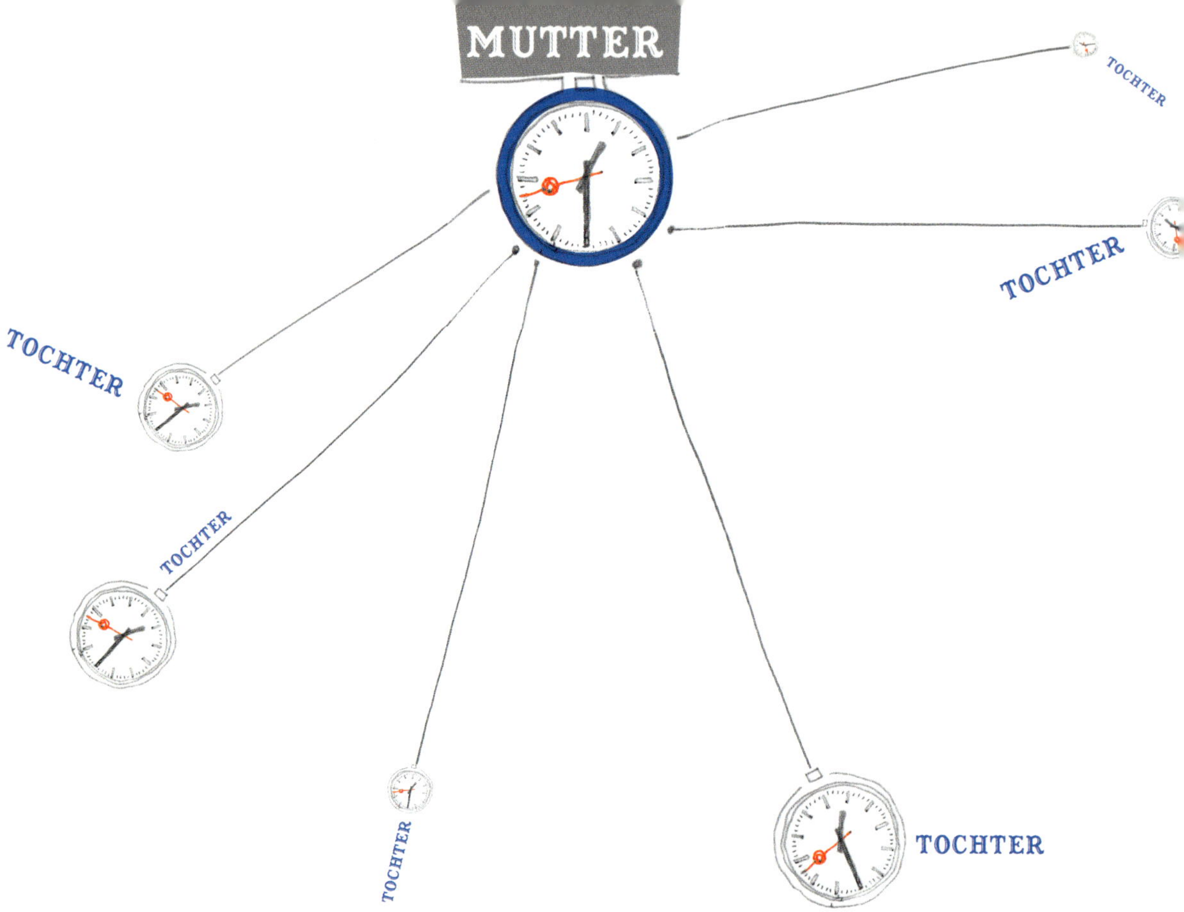

Die Mutter aller Bahnhofsuhren

Uhren sind mechanisch, elektrisch oder digital gesteuerte Geräte, die mehr oder minder exakt die Zeit anzeigen. Eigentlich haben solche Geräte ja keine Mütter, Bahnhofsuhren aber bilden die Ausnahme: Die Mutteruhren der Bahn geben in Form elektrischer Impulse den Takt vor, nach dem die Minutenzeiger der Tochteruhren in den Bahnhöfen weiterspringen. So wird gewährleistet, dass in allen Bahnhöfen alle Uhren gleich gehen. Die Sekundenzeiger der Tochteruhren werden von einem Elektromotor angetrieben, der dafür sorgt, dass die Zeiger der Tochteruhren im Durchschnitt nur 58,5 Sekunden für eine Minute brauchen. Das führt zu einem Effekt, den wache Beobachter vom Bahnhof kennen: Der Sekundenzeiger einer Bahnhofsuhr bleibt zur vollen Minute auf der Zwölf etwas länger hängen als bei den anderen Sekundenwerten. Genau so lange nämlich, bis die Mutteruhr einen elektrischen Impuls zum Voranticken gesendet hat. Die Ursache für das kurze Warten des Sekundenzeigers ist die Gleichschaltung aller Uhren im Bahnhof. Erfunden hat das Mutteruhr-Prinzip ein Schweizer: Der Elektroingenieur und Designer Hans Hilfiker (1901–1993) entwickelte die noch heute beinahe allerorten üblichen Bahnhofsuhren im Jahr 1944. Den Sekundenzeiger mit der für Bahnhofsuhren typischen roten Kelle ergänzte er 1955.

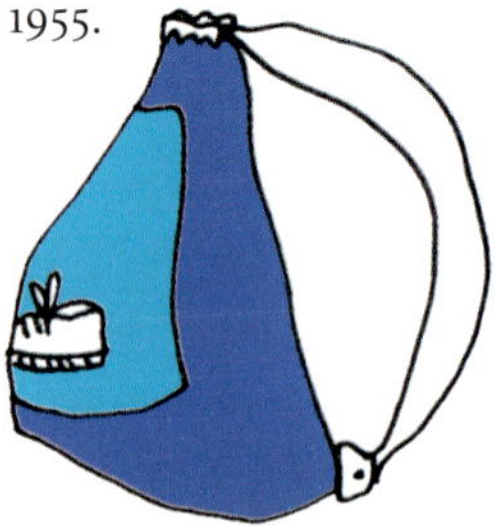

Aus dem Fundbüro der Berliner Verkehrsbetriebe

Monatskarten, Schlüssel, Handys, Sportbeutel, Regenschirme und Portemonnaies sind die am häufigsten vergessenen Gegenstände in den Berliner U-Bahnen. 100 Fundsachen aus dem Berliner Raum landen im Durchschnitt jeden Tag beim Fundbüro der Berliner Verkehrsbetriebe (BVG), und wenn es regnet, dann bleiben schon einmal bis zu 80 Schirme in der U-Bahn liegen. Ein Drittel der gefundenen Dinge holen die Kunden wenig später ab, ein Drittel wird nach sechs Wochen Lagerzeit versteigert, ein Drittel weggeworfen. Kuscheltiere und Spielzeuge gehören zu den Fundsachen, die überdurchschnittlich oft abgeholt werden und deren Wiederentdeckung sehr häufig zu Freudentränen führt. Im Fundbüro der BVG arbeiten acht Mitarbeiter, die dreißig- bis vierzigtausend Gegenstände pro Jahr in Empfang nehmen. Im Juli 2008 waren es 460 Geldbörsen, 346 Kleidungsstücke, 280 Fahrausweise, 230 Mobiltelefone, 200 Turnbeutel, 190 Rucksäcke, 60 MP3-Player und 31 Spielsachen. Wer seinen Fahrausweis in der U-Bahn vergisst, hat Glück im Unglück: Die Mitarbeiter des Fundbüros schicken verloren gegangene Monatskarten per Post nach Hause. Alle anderen Fundsachen bekommt man nur im Fundbüro gegen Gebühren zurück.

Einige lange Metro-Streckennetze

London 408 km, New York 386 km, Tokio 292 km, Seoul 286 km, Moskau 269 km, Madrid 226 km, Paris 212 km, Hongkong 209 km, Mexiko-Stadt 201 km, Mumbai 149 km, Berlin 144 km, Peking 142 km

Von Menschen und Untergrundbahnen

Die Geschichte der U-Bahn ist eng verbunden mit dem rapiden Wachstum vieler Städte im 19. Jahrhundert. Im Zeitalter der Industrialisierung gab es immer mehr Fabriken, so dass auch immer mehr Menschen in die Städte kamen, weil sie dort Arbeit fanden. Die Bevölkerungszahlen vergrößerten sich deshalb innerhalb kurzer Zeit immens. Während zum Beispiel London im Jahr 1800 nur 959 000 Einwohner hatte, lebten 1850 bereits 2,362 Millionen Menschen an der Themse, also fast zweieinhalbmal so viele. In vielen anderen Städten verlief die Entwicklung ähnlich. All die Menschen brauchten Platz zum Wohnen und Leben. Die Städte wuchsen deshalb auch in der Fläche, und es wurde immer mühsamer, von einem Stadtteil zu einem anderen

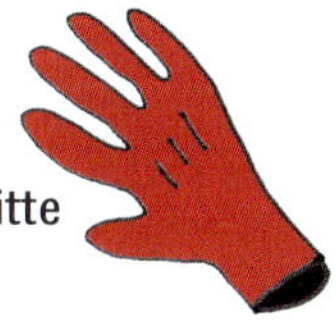

Eine einfache Fahrt, bitte

Delhi (Indien): 75 Rupien
1 indische Rupie = 0,01 Euro
Eriwan (Armenien): 50 Dram
10 armenische Dram = 0,02 Euro
Helsinki (Finnland): 2 Euro
Kairo (Äpytpen): 1 Pound
1 ägyptischer Pound = 0,12 Euro
Lima (Peru): 0,50 Soles
1 peruanischer Sol = 0,26 Euro
Rio de Janeiro (Brasilien): 2,35 Real
1 brasilianischer Real = 0,41 Euro
Teheran Metro (Iran): 4000 Rial
10 iranische Rial = 0,000705 Euro
Tunis (Tunesien): 300–920 Dinar
1 tunesischer Dinar = 0,70 Euro

zu gelangen. Die Straßen waren überfüllt, und die damals üblichen Pferdebahnen und Pferde-Omnibusse konnten die steigende Passagierzahl nicht mehr bewältigen, außerdem waren sie für längere Strecken zu langsam. Ingenieure und Stadtplaner lösten das Problem, indem sie mit ihren städtischen Eisenbahntrassen unter die Erde auswichen. Im Januar 1863 wurde in London die erste U-Bahn überhaupt in Betrieb genommen, die mit Dampflokomotiven betriebene Metropolitan Railway. Die erste elektrische U-Bahn ging am 4. November 1890 ans Netz, ebenfalls in London.

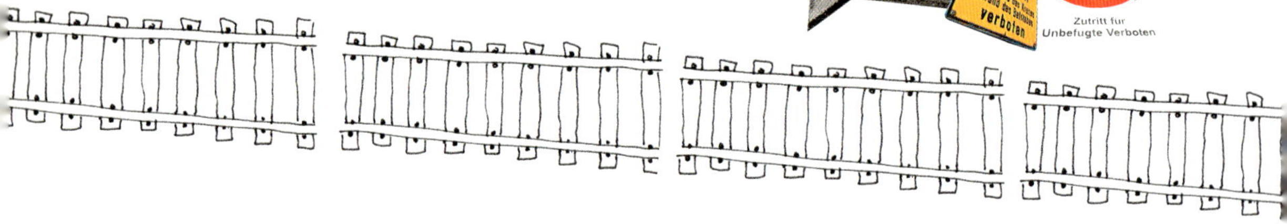

Das Unerhörteste im Mai 1843? Die Eisenbahn

Die Eröffnung der beiden neuen Eisenbahnen verursacht eine Erschütterung, die jeder mitempfindet. Die ganze Bevölkerung von Paris bildet in diesem Augenblick gleichsam eine Kette, wo einer dem anderen den elektrischen Schlag mitteilt. Während aber die große Menge verdutzt und betäubt die äußere Erscheinung der großen Bewegungsmächte anschaut, erfasst den Denker ein unheimliches Grauen, wie wir es immer empfinden, wenn das Ungeheuerste, das Unerhörteste geschieht, dessen Folgen unabsehbar und unberechenbar sind. Wir merken bloß, dass unsere ganze Existenz in neue Gleise fortgerissen, fortgeschleudert wird, dass neue Verhältnisse, Freuden und Drangsale uns erwarten, und das Unbekannte übt seinen schauerlichen Reiz, verlockend und zugleich beängstigend.

Der Schriftsteller Heinrich Heine über die Eröffnung der Eisenbahnstrecken von Paris nach Rouen und Orléans am 5. Mai 1843 (WERKE UND BRIEFE, Band 6, Berlin 1972)

Die Empfangshallen der modernen Städte

Bahnhöfe spielten zu Beginn der Eisenbahngeschichte zunächst keine große Rolle. Der Potsdamer Bahnhof, einer der ältesten Bahnhöfe von Berlin, besaß bei seiner Eröffnung am 22. November 1838 zum Beispiel nur zwei Gleise und lag ein wenig außerhalb des Stadtzentrums. Bahnhöfe sollten einfach nur als »Höfe« für Dampflokomotiven und Waggons dienen – und eher nebenbei als Unterstellmöglichkeit für die Passagiere. Das änderte sich in den 1850er Jahren, weil in den Bahnhöfen das moderne Leben auf zuvor ungeahnte Weise pulsierte: Die Bahnsteige wurden länger, die Bahnhofsbauten größer, es entstand Raum für Geschäfte, Lokale, Fahrkartenschalter und Toiletten. Weil die Eisenbahnbetreiber zudem erkannten, dass sie mit den Bahnhofsgebäuden sich und ihren Unternehmen Denkmäler setzen konnten, entstanden in vielen Städten opulente Bauwerke. Die neuen Bahnhöfe, die häufig von den Stararchitekten ihrer Zeit gebaut wurden, sollten Orientierungspunkte in den rasant wachsenden Städten sein und zugleich Aushängeschilder des städtischen Lebens.

Eine kleine Geschichte der »Eisen«-Bahn

Spurrillen für Fuhrwerke wurden bereits im Altertum von den Babyloniern und den Sumerern (Hochkultur auf dem Gebiet des heutigen Südirak, 4000 Jahre v. Chr.) verwendet, um Fuhrwerke leichter bewegen zu können. Im 12. Jahrhundert (Mittelalter) existierten die ersten Bahnsysteme, bei denen das Fahrzeug und der Fahrweg aufeinander abgestimmt waren. Der Abbau von Gold, Silber, Eisen, Erz und Kohle war es, der den Erfindergeist damaliger Ingenieure herausforderte. Ab Mitte des 16. Jahrhunderts transportierten englische Werksbahnen die Kohle aus den Bergwerken direkt in die Nähe der Städte. Auf hölzernen Schienen wurden die mit Kohle beladenen Wagen von Pferden zu den Flüssen und Kanälen gekarrt und von dort mit Schiffen weitertransportiert. Am 13. November 1767 kam es in Coalbrookdale nahe Birmingham zu einem »bahnbrechenden« Ereignis: Die erste eiserne Schiene wurde gegossen. Zwischen 1768 und 1771 wurden bereits 800 Tonnen Schienen hergestellt. 1789 verlegten Arbeiter in Loughborough die ersten eisernen Schienen für Spurkranzräder. Dabei handelte es sich um einen Vorläufer der heutigen Rad-Schiene-Technik: Durch einen erhöhten Rand an der Innenseite wird dafür gesorgt, dass das Rad in der Schiene bleibt. Zeitgleich tauchten auch in deutschsprachigen Gebieten die Begriffe »eiserne Bahn« und »Eisenbahn« auf. Die eiserne Schiene wurde so zum Namensgeber für ein System, das die ganze Welt verändern sollte: die Eisenbahn.

Bahnhof-Superlative

In der japanischen Stadt Nagoya steht der höchste Bahnhof der Welt. Seine 245 Meter hohen Zwillingstürme beherbergen ein Hotel, ein Kaufhaus und Tausende Büroräume. Die am meisten benutzten Bahnhöfe sind der Chhatrapati Shivajii Terminus in Mumbai (Indien), und der Shinjuku Bahnhof in Tokio (Japan). Drei bis vier Millionen Menschen täglich kommen hier an oder fahren ab. Der am höchsten gelegene Bahnhof der Welt entsteht zurzeit in dem tibetischen Dorf Oma Dige. Der Bahnhof Nagqu liegt 4500 Meter über dem Meeresspiegel und soll die wirtschaftliche Entwicklung der abgelegenen Gegend fördern. Viele Tibeter sind dagegen, weshalb dieser Bahnhof wohl auch der umstrittenste der Welt ist. Der am tiefsten gelegene Bahnhof findet sich im Seikan-Eisenbahntunnel, der die japanische Hauptinsel Honshu mit der Insel Hokkaido verbindet. Dieser Tunnel ist mit 53,85 Kilometern zurzeit der längste Eisenbahntunnel der Welt. Knapp die Hälfte der Strecke, nämlich 23,3 Kilometer, liegt unter dem Meer. Der Yoshioka-kaitei Bahnhof ist eine der beiden unterirdischen Haltestellen. Er liegt 147,5 Meter unter dem Meeresspiegel. Der Bahnhof dient als Nothalt. Außerdem birgt er einen Manga-Erlebnispark für Kinder.

Deutsche Bahn in Zahlen (2007)

Bahnhöfe 4537
Betriebsleistung in km 694,1 Millionen
Reisende 1,835 Milliarden
Sitzplätze 1,313 Millionen
Reisende / Stadtverkehr 540,5 Millionen
Fahrkartenautomaten 7035
Gleisnetz in km 63 897
Bahnübergänge 19 011
Tunnel 778
Längster Tunnel in m 10 779
Eisenbahnbrücken 27 165
ICE-Züge 252
Lokomotiven 1890
Triebwagen 9175
Schienenomnibusse 25
Reisezugwagen 8362
Stationshalte 142,4 Millionen
Mitarbeiter 245 672
Auszubildende 8594

Zwei lebensmüde Schnellzugsurfer

Schweiz, Juli 2005, Bahnhof Lenzburg (gesprochen: Länzborg). Als der Lokführer des Schnellzuges aus Zürich sein Arbeitsgerät kontrollierte, staunte er nicht schlecht: Auf dem Puffer zwischen Lok und erstem Waggon saß ein Mann. Zur Rede gestellt, versetzte der blinde Passagier dem Lokführer einen Faustschlag und verschwand. Die Polizei konnte den Übeltäter wenig später verhaften. Seit Zürich hatte der Betrunkene den Zug als Freiluftpassagier begleitet; immerhin fast eine halbe Stunde. Für großes Aufsehen sorgte Anfang 2007 ein »Trittbrettfahrer«, der sich Trainrider nannte. Mit Hilfe eines Saugnapfes befestigte er sich an der Heckscheibe eines ICE und reiste im Spiderman-Stil von Hanau bis in den Frankfurter Hauptbahnhof. Bei seiner gut 15-minütigen Fahrt filmte der Trainrider sich selbst, veröffentlichte das Video im Internet und wurde für kurze Zeit zum Popstar. Als bekannt wurde, dass er Vater eines kleinen Kindes ist, änderten viele seiner

Bewunderer allerdings ihre Meinung, weil sie sein Verhalten unter diesen Umständen unverantwortlich fanden. Das Bahn-Surfen, das häufig als Mutprobe dient, ist so oder so kein empfehlenswertes Hobby: Viele Surfer bezahlen ihre Abenteuerlust mit dem Tod, durch Stromschläge oder weil sie an Oberleitungsmasten prallen. Und wer den Wahnsinn überlebt, muss mit einer Strafe von bis zu 50 000 Euro rechnen.

Der große Eisenbahnraub

Der bislang berühmteste Eisenbahnraub, der als »The Great Train Robbery« in die Geschichte einging, wurde am 8. August 1963 in England verübt, und zwar 60 Kilometer vor London: 16 Männer brachten den aus Glasgow kommenden Postzug zum Stehen, indem sie mit einer roten Lampe einen Signal-Halt vortäuschten. Anschließend koppelten die Räuber den hinteren Teil des Zuges ab und machten sich mit der Lok und den vorderen Waggons davon. Ihre Beute: 2 631 000 Pfund (entspricht heute ca. 40–50 Millionen Euro). Die Räuber hatten mit dem Geld allerdings wenig Vergnügen: Fast alle wurden wenige Wochen später verhaftet.

Durchgeschleust

Deutsche Hauptbahnhöfe	Reisende pro Tag	Züge inkl. S-Bahn
Hamburg	450 000	1702
Frankfurt / Main	350 000	1732
München	350 000	1433
Berlin	300 000	1177
Köln	250 000	1230
Düsseldorf	250 000	1142
Hannover	250 000	622

Eisenbahntechnik von A bis Z

Atomlokomotive Lokomotive mit Kernkraftwerk. Entstand nur als Modell in den 1960er Jahren: zu riskant für den alltäglichen Gebrauch. **Ballonsignal** Wurde in den 1830er Jahren in den USA zur Verständigung zwischen benachbarten Bahnwärtern verwendet. War der Ballon oben, konnte die eingleisige Strecke für den wartenden Zug freigegeben werden. **Chambers-Bremse** Erfindung der englischen Ingenieure Chambers und Champion, die es ab 1862 erlaubte, zwölf Waggons zugleich mit der Muskelkraft eines einzigen Mannes abzubremsen. **Draisine** Kleiner Schienenwagen, benannt nach seinem Erfinder Karl Friedrich Christian Ludwig von Drais Freiherr von Sauerbronn (1781–1855). Draisinen wurden anfangs über einen Hebel mit Muskelkraft angetrieben. Heute verfügen sie meist über Diesel- oder Elektromotoren. **Eislokomotive** Dampflok mit Schneeketten an den treibenden Rädern und Kufen an den vorderen Laufrädern. Mit ihrer Hilfe konnte man Züge über zugefrorene Flüsse und Seen lenken. Wurden Anfang des 20. Jahrhunderts in Kanada, Russland und den USA verwendet. **Funkenfänger** Topfartige Gebilde, die über dem Schornstein von Dampfloks befestigt wurden. Sie sollten vermeiden, dass Funken aus dem Kessel der Lok ins Freie gerieten. Funkenfänger waren vor allem bei Bahnlinien, die durch Waldgebiete führten, unverzichtbar. **Gleislose Bahnen** (auch: Straßen-Güterzug, Freibahn): Beförderungs- und Transportsystem für die Straße, das nach den Regeln der Eisenbahn, aber ohne Schienen funktioniert. Solche Bahnen wurden zwischen 1903 und 1913 gebaut, zum Beispiel für den Kohletransport (Wurzen, 1905) oder als Stadtbahn mit Personenbeförderung (Mühlhausen, 1908). **Hardie-Triebwagen** Straßenbahn, die mit Druckluft betrieben wird. Ab 1897 im Einsatz, zum Beispiel in der New Yorker Metro. **Insektenflügel-Bauart** Blechteile für Eisenbahnwaggons, die Mitte des 20. Jahrhunderts den Flügeln von Gebirgsfaltern nachgebaut wurden. So ließ sich mehr als die Hälfte des Materials einsparen. **Jätemaschine Scheuchzer** Gerät, mit dem die Eisenbahnen in der Schweiz, Frankreich und Süddeutschland Unkraut zwischen den Gleisen jäteten. Mit Hilfe von Dampfdruck entfernten eiserne Zinken das Grünzeug ab 1912 aus dem Gleisbett. **Kuhfänger** Metallteil an der Vorderseite von Dampflokomotiven, das Hindernisse aus dem Weg räumen sollte. War ausschließlich in den USA im Einsatz. **Lamm-Lokomotive** Dampflokomotive ohne Feuer. Wurde ab 1872 mit heißem Wasser, später auch mit Dampf betrieben.

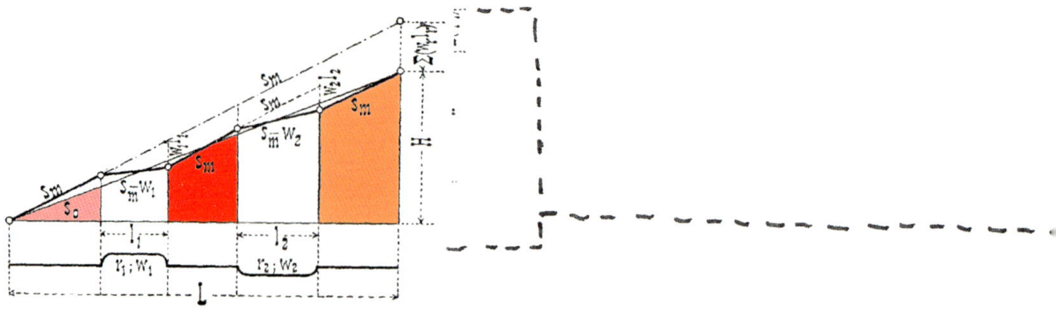

Fig. 2.

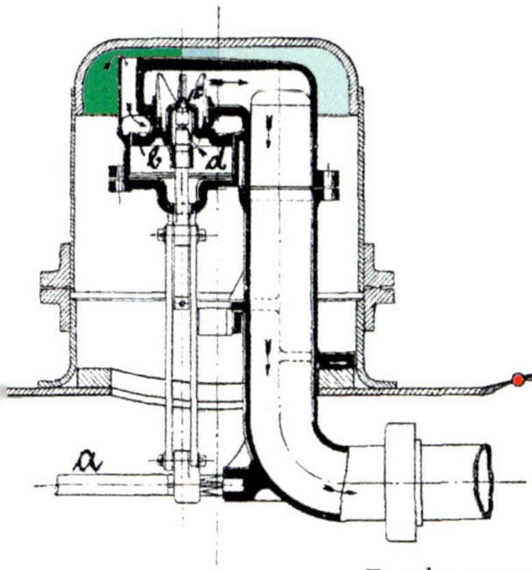

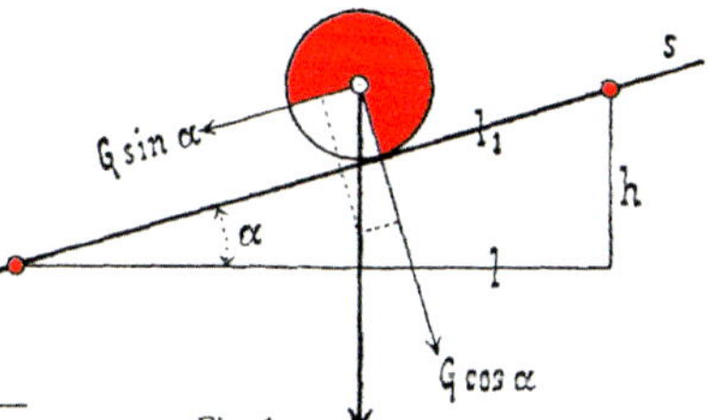

Fig. 1.

Fand wegen der geringen Reichweite (ca. 20 km) keinen reißenden Absatz. Erfunden von Dr. Emil Lamm/USA. **Magnetschienenbremse** Bremsart mit Hilfe von Magneten, die wegen des großen Materialverschleißes nur für abrupte Schnellbremsungen bei Hochgeschwindigkeitszügen angewendet wird. **Niedrigwasser-Warnanlage** Vorrichtung in den Kesseln von Dampflokomotiven, mit deren Hilfe Kesselschäden durch zu wenig Wasser vermieden werden sollten: Sinkt das Wasser unter einen bestimmten Stand, gibt ein Schwimmer eine Öffnung frei, durch die Dampf austritt. Hierdurch wird eine Warnpfeife betätigt, die dem Lokführer das Problem anzeigt. **Omnibus-Lokomotive** Dampflokomotive, die Anfang des 20. Jahrhunderts vor allem zum Gütertransport in Städten und im Nahverkehr eingesetzt wurde. Führerstand, Kessel und Gepäckraum waren auf einem Waggon angeordnet. **Propellerwagen / Schienenzeppelin** Schienenfahrzeug, das mit Hilfe eines Propellers angetrieben wurde. Im Einsatz zur Erprobung von Flugzeugmotoren ab 1909. Setzte sich nicht für den Massenbetrieb durch: zu laut und zu gefährlich. **Radialachse** Bewegliche, gekrümmte Achse an Dampflokomotiven, durch deren Einbau die Geschwindigkeitsleistung verbessert werden konnte. **Schneeschleuder** Spezialfahrzeug, das erstmals von dem amerikanischen Zahnarzt J. W. Elliot zum Patent angemeldet wurde: Dampfgetriebene Schleuder-Räder können bis zu drei Meter tiefen Schnee vom Gleis entfernen. Die »Rotary« (gebaut 1896) konnte an der Schweizer Gotthardbahn den Schnee bis zu 90 Meter weit schleudern. **Tide-Fahrplan** Fahrplan, der von den Gezeiten des Meeres abhängig ist, zum Beispiel beim Fährverkehr zu den Friesischen Inseln. **Überhitzer** Gerät, mit dem die Dampftemperatur bei Dampflokomotiven gesteigert werden konnte, so dass die Maschinen eine höhere Leistung erbrachten. **Vauclain-Triebwerk** Außen an der Lokomotive gelegenes Triebwerk, das von dem amerikanischen Eisenbahnpionier Samuel Matthews Vauclain (1856–1940) erfunden wurde. Vorteil: Gute Leistungsdichte, schnelle Zugänglichkeit bei Reparaturen. **Wasserkran** Schwenkarm an einem Wasserturm, mit dessen Hilfe der Heizer einer Dampflokomotive Wasser zur Dampfproduktion nachladen konnte. An Bahnhöfen gab es Kräne mit mehreren Auslegern. **Zahnradbahn** Eisenbahnen, die sehr steile Hänge und Berge befahren. Sie werden mit Hilfe von Zahnrädern angetrieben, die in eine zwischen den Schienen liegende Zahnstange greifen.

Sind Bahnfahrer Klimaschützer?

Wer mit dem ICE von Stadt zu Stadt reist, verbraucht nach Angaben der Deutschen Bahn zwei Drittel weniger klimaschädliches Kohlendioxid (CO_2) als mit dem Auto und sogar drei Viertel weniger als mit dem Flugzeug. Die Eisenbahn ist in Deutschland nur für vier Prozent des CO_2-Ausstoßes im Verkehrsbereich zuständig, obwohl sie neun Prozent des Personenverkehrs erledigt und sogar 17 Prozent des Güterverkehrs. Deshalb, so Sprecher der Deutschen Bahn und Umweltschützer, sollten umweltbewusste Menschen vom Auto auf den Zug umsteigen, wenn sie etwas gegen die Klimaerwärmung tun wollen. Ganz so ist es nicht, behaupten dagegen Bahn-Kritiker. Sie vergleichen nicht den Schadstoffausstoß, sondern den Energieverbrauch – und kommen zu dem Ergebnis, dass der Unterschied zwischen Kraftfahrzeugen und Eisenbahn nur gering ist. Umgerechnet 3,9 Liter Kraftstoff verbraucht die Bahn pro Fahrgast im Fernverkehr auf einer Strecke von 100 Kilometern. Beim Auto sind es 5,2 Liter. Im Nahverkehr, wo das Auto durchschnittlich 8,3 Liter braucht, schneidet die Bahn (6 Liter) im Vergleich etwas besser ab. Die Bahn ist damit insgesamt weniger deutlich im Vorteil, als man erwartet. Dass die Zahlen der Kontrahenten so unterschiedlich sind, erklärt sich durch die Berechnungsgrundlage: Die Auslastung von Zügen liegt zum Beispiel in der Regel zwischen 25 und 45 Prozent. Je stärker ein Zug ausgelastet ist, desto besser fällt die Klimabilanz des einzelnen Reisenden aus. Die Zahlen der Deutschen Bahn basieren auf einer hohen Auslastung der Züge. Die Bahn ist zweifellos im Vorteil. Aber sie ist nur dann wesentlich klimafreundlicher, wenn möglichst viele Menschen ihre Blechkisten stehen lassen und in den Zug umsteigen, weil dann die Auslastung der Bahn ansteigt.

Sprüche mit Zug

Dieser Zug ist endgültig abgefahren.

Ich verstehe nur noch Bahnhof.

Hier geht's ja zu wie am Hauptbahnhof.

Wir empfangen ihn mit ganz großem Bahnhof.

Pünktlich wie die Eisenbahn.

Noch schnell auf den fahrenden Zug aufspringen.

Es ist höchste Eisenbahn.

Ein alter Mann ist doch kein D-Zug.

Städtebummel ohne Koffer

Gepäckaufbewahrung Deutsch
Luggage deposit Englisch
Consigna Spanisch
Bagagedepot Niederländisch
Depòsito bagagli Italienisch
Przechowalnia bagażu Polnisch
Úschovná zavazadel Tschechisch
Consigne Französisch
Bagageinlämning Schwedisch
Depósito de bagagens Portugiesisch
Prijem prtljaga Kroatisch
Apothiki aposkewon Griechisch

Aus der Welt der Eisenbahner

Bapo Bahnpolizei

Abf Abfahrt, Abfertigung

BtKm Bruttotonnenkilometer

DoT Doppelgelenktriebwagen

CUP Containerumschlagplatz

DWV Dienstwohnungsvorschrift

Ggzg Gegenzug

EDG Elektrodynamische Gleisbremse

FPlä Fahrplanänderung

Hbf Hauptbahnhof, Heimatbahnhof

KLL Kleiderlager

IBW Innenbogenweiche

LoKkm Lokomotivkilometer

Mbr Mindestbremshundertstel (Mindestbremskraft)

Nuhz Niederdruckumlaufdampfheizung

Owala Oberwagenlaterne (Signal am Zugende)

Pw Postwagen, Packwagen

Rzgl Reisezuggleis

SBR Schotterbettreinigungsmaschine

SO Schienenoberkante

TEE Trans Europa Express

Vl Vorspannlokomotive

Ühgl Überholungsgleis

Whz Warmwasserheizung, Weichenheizung

WzV Wartezeitvorschriften

X Achse

Zbbf Zugbildungsbahnhof

Zf Zugführer, Zugfunk

Markt und Fußgänger-zone

Der Marktplatz und die Agoraphobie

Von Friedrich III. (1415–1493) ist überliefert, dass er bei einem Besuch auf dem Marktplatz von Reutlingen beinahe im herumliegenden Müll versunken wäre. Bis dahin hatte es keine Gesetze gegeben, die die Müllabfuhr regelten; seitdem wird auf die Sauberkeit der Marktplätze genau geachtet. Auf den Marktplätzen des Mittelalters herrschte mit oder ohne Müll jede Menge Chaos: Tiere wurden am Marktbrunnen getränkt, Marktschreier priesen ihre Waren an, Menschen redeten durcheinander, amtliche Neuigkeiten wurden verlesen, Gerichte tagten und fällten Urteile. Und manchmal wurden auch Folter- und Todesurteile öffentlich vollzogen. Die ersten Marktplätze entstanden im 10. und 11. Jahrhundert, und zwar meist an Straßen, nicht in Siedlungen. Mit zunehmendem Handel wurde die Bedeutung der Märkte immer wichtiger. Die Händler, aber auch die regierenden Fürsten gruppierten Gebäude um sie herum, so dass die Marktplätze bis zum 14. Jahrhundert zu den (Handels-) Zentren der Städte wurden. Eine Stadt mit Marktrecht war eine wohlhabende und damit mächtige Stadt. Plätze spielen auch heute noch eine unverzichtbare Rolle in der Stadtgestaltung: Sie bündeln und verteilen den Verkehr, sie stellen eine Visitenkarte der Stadt dar, sie geben nach dem Verlassen enger Straßenschluchten Luft zum Atmen. Der Urplatz, das Vorbild aller Plätze, ist die antike griechische *agora*: ein reich geschmückter, von Säulen umgebener, mit herausragenden Gebäuden versehener Ort, an dem die Bürger sich versammelten, um gemeinsam wichtige politische Entscheidungen zu treffen. Die Agora gilt deshalb als Wiege der Demokratie. Von Agora leitet sich auch der Begriff Agoraphobie ab: die Angst vor weiten Plätzen und großen Menschenmengen, im Volksmund »Platzangst« genannt. Wer unter dieser Krankheit leidet, bekommt Panikanfälle und Schwindelgefühle, wenn er einen Platz nur von weitem sieht.

Markt, Markt, Markt und Marktwirtschaft

Markt Hindelang, so hieß bis vor wenigen Jahren ein malerischer kleiner Ort in den bayerischen Alpen. Noch heute gibt es in Süddeutschland viele Siedlungen, die ein »Markt« vor ihrem Namen tragen: Sie haben das Markt-Recht erworben, was bedeutet, dass sie nicht mehr Dorf, aber auch noch nicht Stadt sind. Das Wort »Markt« stammt vom lateinischen Begriff *mercatus* (=Handel) ab. »Mercatus« wiederum ist mit der Bezeichnung »merx« (= Ware) verwandt. Beim Markt wurde und wird vor allem mit Waren gehandelt. Heute hat der Begriff noch zwei weitere wichtige Bedeutungen: Mit »Markt« werden Verkaufsveranstaltungen bezeichnet, die meist im Freien stattfinden, zum Beispiel Wochenmarkt, Jahrmarkt, Weihnachtsmarkt. Zudem ist von einem Markt immer dann die Rede, wenn irgendwo Angebot und Nachfrage aufeinandertreffen; zum Beispiel bei Internetauktionen und beim Handel mit Aktien (Firmenanteilen) und Wertpapieren. Das Spiel von Angebot und Nachfrage ist die wichtigste Grundlage unseres Wirtschaftssystems – der Marktwirtschaft. Der Markt hat also irgendwie immer mit dem Geldverdienen zu tun. Wo ein Markt ist, da fließt Geld. Das ist bloß in dem Örtchen in den bayerischen Alpen anders. Markt Hindelang hat vor ein paar Jahren das »Markt« in seinem Namen abgeschafft und sich in Bad Hindelang umbenannt. Der Grund dafür ist allerdings wiederum sehr marktgerecht: Als namentlich so bezeichnetes »Bad« erhofft sich die Gemeinde mehr Kurgäste und damit mehr Einnahmen. In Hindelang fließt ohne Markt mehr Geld als ohne Bad.

Frau Litfaß, die Säulenheilige der Werbung

Plakate, Plakate, überall Plakate: Etwas musste geschehen gegen das wilde Plakatieren. Das entschied die Berliner Stadtverwaltung und erlaubte dem Druckereibesitzer Ernst Litfaß am 5. Dezember 1854 das Aufstellen von 150 Plakat-Säulen, den sogenannten Litfaßsäulen. Litfaß bekam ein Monopol für die Säulen: Als Einziger durfte er Litfaßsäulen aufstellen, Konkurrenz war nicht erlaubt. Dafür musste Litfaß sich verpflichten, nicht nur Werbung, sondern auch amtliche Nachrichten darauf zu veröffentlichen. So zum Beispiel auch möglichst staatsfreundliche Meldungen aus dem Krieg. Regierungstreue Nachrichten und Werbung, aber keine Kritik – wohl deshalb betitelten schnodderige Berliner die neuen Stadtmöbel mitunter auch als »Säulenheilige«, nach einem griechischen Mönch, der im 5. Jahrhundert sein Leben auf einer Säule zubrachte. Das Berliner Beispiel machte trotzdem Schule: Noch heute stehen in Deutschland mehr als 5000 Litfaßsäulen.

Für dunkle Zeiten: Der Schwarzmarkt

Einer steht Schmiere, die anderen feilschen bis aufs Blut. Kommt die Polizei oder ein Soldat vorbei, pfeift derjenige, der Schmiere steht, und sofort sind alle Beteiligten verschwunden. Viele Menschen haben so etwas nach dem Zweiten Weltkrieg erlebt: auf dem Schwarzmarkt. Schwarzmarkt, das hört sich unheimlich an. Die Händler solcher Märkte sind aber ganz normale Menschen, die ihre Waren und Besitztümer gegen Geld oder andere Waren und Besitztümer eintauschen. Schwarzmärkte entstehen immer dann, wenn bestimmte Waren nicht durch normalen Einkauf zu erwerben sind. In den USA waren zum Beispiel zur Zeit der Prohibition (1919–1932) die Herstellung und der Handel von Alkohol verboten. Dadurch entstand ein reger Schwarzmarkthandel mit alkoholischen Getränken. In Deutschland waren verbotene Schwarzmarktgeschäfte nach dem Zweiten Weltkrieg oft lebenswichtige Maßnahmen. Vielen Menschen, vor allem in den Städten, fehlte es an den notwendigsten Dingen. Nach dem Motto »Uhr gegen Kartoffeln« tauschten sie ihr Eigentum gegen Lebensmittel, Kleidung und andere Waren. Oft wurden Kinder und Jugendliche auf diese Weise zum »Einkaufen« geschickt. Viele Deutsche der heutigen Großelterngeneration lernten so ihre ersten Lektionen in Sachen Marktwirtschaft.

Schwarzmarkt-Tauschliste aus Südbaden 1946

- 60 Zentner Kartoffeln gegen 12 Arbeitshosen und 4 Frauenschürzen
- 3 Feuersteine gegen 5 Eier
- 6 Flaschen Schnaps gegen 3 Herrenhemden
- 1 Armbanduhr gegen 2 kg Butter
- 2 Damenhosen gegen 2 Kalbsfelle
- 1 Kuckucksuhr gegen 1000 amerikanische Zigaretten

Platz mit Aufgabe

Arbeitsplatz, Aussichtsplatz, Bauplatz, Bolzplatz, Dorfplatz, Exerzierplatz, Festplatz, Golfplatz, Kirchplatz, Marktplatz, Parkplatz, Ruheplatz, Spielplatz, Schlossplatz, Sportplatz

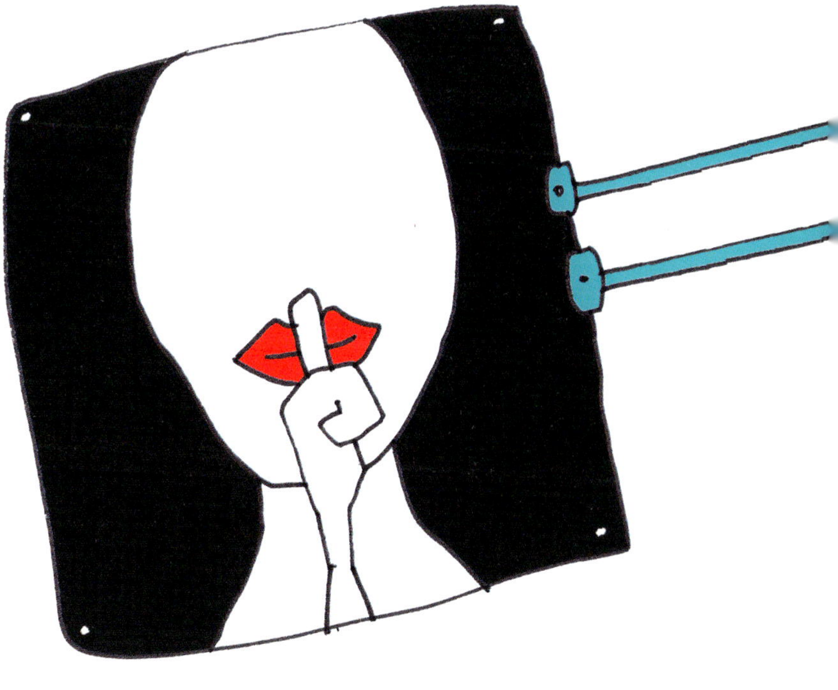

Variationen mit Platz

Platzangst Angst vor großen Menschenansammlungen **Platzbauch** Wenn nach einer Bauchoperation die Narbe wieder aufplatzt **Platzhirsch** Ein Mensch, der stets ganz vorne mit dabei sein möchte **Platzregen** Plötzlich einsetzender, starker Regen **Platzverweis** Polizeimaßnahme zur Sicherung der öffentlichen Ordnung **Platzwart** Verantwortlicher für einen Sportplatz **Platzwunde** Wunde, bei der die Haut auseinandergeplatzt ist

Der Markt der hungrigen Flöhe

Über einen Flohmarkt zu schlendern ist für viele Stadtbewohner der Höhepunkt ihres Wochenendes. Frei von Alltagsstress und auf Verhandlungsbasis wird auf solchen Märkten all das verkauft oder erworben, was man selbst nicht mehr braucht oder immer schon einmal haben wollte. Das Wort »Flohmarkt« stammt wahrscheinlich aus dem 19. Jahrhundert. In Paris wurden damals die Altwarenhändler und Lumpensammler vor die Stadttore verbannt, damit sie im feiner werdenden Stadtbild nicht störten. Draußen vor den Toren der Stadt taten sich die Händler daraufhin zusammen, um ihre Waren gemeinsam zu verkaufen. Weil in den gebrauchten Kleidungsstücken oft die hungrigen Flöhe der Vorbesitzer saßen, die nach dem Verkauf auf ihr neues »Frischfleisch« losgingen, bürgerte sich die Bezeichnung »Flohmarkt« ein. Noch heute befindet sich der größte Flohmarkt in der französischen Hauptstadt: Der Marché de Saint-Ouen im Norden von Paris ist 15 Kilometer lang und wird jährlich von 11 Millionen Interessierten besucht. Damit gehört der Markt, der unter anderem 1500 Galerien von Kunsthändlern und Trödlern umfasst, zu den vier meistbesuchten Touristenzielen in ganz Frankreich.

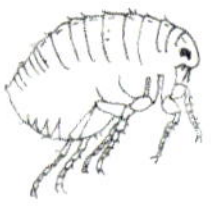

Wie man einen Flohmarkt organisiert

Überprüfen Welche eigenen Besitztümer sind überflüssig? Was könnte für mögliche Käufer noch einen Wert haben? **Recherchieren** Wo finden regelmäßig Flohmärkte statt? Auf welchem Markt erzielt man bei geringen Standgebühren die besten Preise? **Organisieren** Von wem kann man einen Klapp- oder Tapeziertisch leihen? Wie lassen sich die »Waren« am besten verstauen und organisieren? Was kann man als Regenschutz verwenden? **Präsentieren** Wie wirken die angebotenen Waren auf dem Tisch am verlockendsten? Wie kann man die Verkaufsartikel vorteilhaft zeigen? **Verkaufen** Mit welchen Worten lässt die Ware sich möglichst wertvoll anpreisen? Welche Preisforderung ist anfangs sinnvoll, um letztlich den Betrag zu erhalten, den man sich tatsächlich vorgestellt hat?

Die Einkaufsstraßen und die Bollwerke der Städte

Sie waren und sind zum Flanieren, zum Shoppen, zum Ausgehen perfekt geeignet – die eindrucksvollen Pariser Boulevards gelten als vorbildliche Prachtstraßen. Jede ehrgeizige Einkaufsstraße würde gern ein Boulevard sein. Das Wort »Boulevard« stammt ursprünglich vom mittelhochdeutschen (1050–1350) Wort *bolwerc* ab. Dieser Begriff bezeichnete eine Stützwand aus Holzpfählen. Zugleich war »bolwerc« aber auch ein Fachbegriff im Festungsbau: Er beschrieb ein aus einer Festungsmauer herausragendes Bauwerk. Der Zusammenhang zwischen dem »bolwerc« und dem »Boulevard« liegt im Wachstum der Städte begründet. Mit Beginn der Neuzeit im 16. Jahrhundert wurden die Städte immer größer, sie wuchsen über ihre ursprünglichen Festungsanlagen hinaus, und die Stadtmauern wurden vielerorts zu Ringstraßen umgebaut. An diesen Straßen siedelten sich Handwerksbetriebe, Geschäftsleute und Händler an. Mit der zunehmenden Verstädterung (Urbanisierung) entwickelten sich diese Ringe immer mehr zu Geschäftsstraßen – zu Boulevards mit Läden, Restaurants, Kinos, Theatern und Cafés.

Fußgängerzonen, die Boulevards der Kauflust

Zahl der Passanten dienstags zwischen 17 und 18 Uhr, Frühjahr 2008

Stuttgart Königstraße / Schulstraße 9638
Dortmund Wesenhellweg 9340
München Kaufinger Straße 9256
Hannover Bahnhofstraße 9095
München Neuhauser Straße 8973
Hannover Georgstraße 8738
Frankfurt / Main Zeil 8141
Köln Schildergasse 7769
Stuttgart Königsstraße / Thouretstraße 6934
Hamburg Spitaler Straße 5329

Quelle Engel & Völkers Commercial

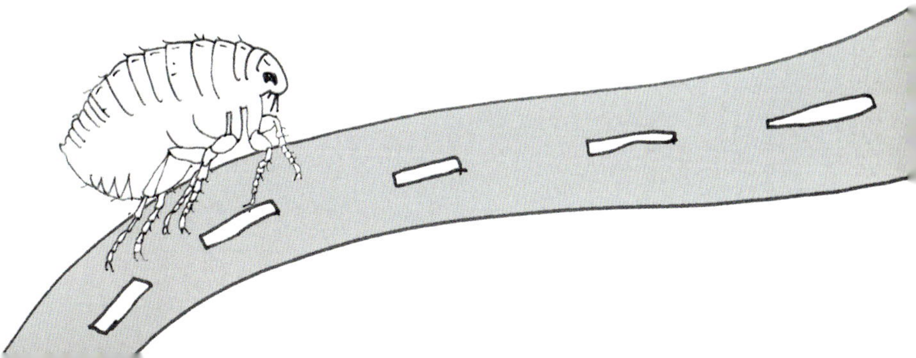

Die Puppen in den Schaufenstern

Mal blond, mal brünett, mal gelockt, mal punkig, mal schwarz, mal weiß, mal klein, mal dünn – Schaufensterpuppen spiegeln die Mode ihrer Zeit wider. Die ersten Modepuppen entstanden gegen 1750 aus Weidengeflecht; ab 1820 wurden Leder und Draht verwendet. Sie besaßen weder einen Kopf noch Arme oder Beine. Der Körper saß auf einem Gestell mit drei Holzfüßen. Mit Hilfe von Wachs und Menschenhaar entwickelten sich die Schaufensterpuppen um 1900 zu richtigen Schaufenstermannequins. Allerdings hatte das Wachs einen Nachteil: Schien die Sonne zu stark ins Schaufenster, liefen die Wachspuppen Gefahr, sich zu verflüssigen. In den 1920er Jahren entwarfen die Modedesigner erstmals Kleider, die auch die Arme und die Beine ihrer Trägerinnen unverhüllt zeigten. Deshalb mussten auch die arm- und beinlosen Schaufensterpuppen umgestaltet werden: Sie erhielten Glieder aus lackiertem Pappmaché oder aus Gips. Nach dem Zweiten Weltkrieg setzten die Hersteller zunehmend auf Kunststoff als Grundmaterial für ihre Figuren. Dadurch konnten verschiedene Körperhaltungen dargestellt werden. In den 1960er Jahren waren berühmte Filmstars die Vorbilder für neue Puppen, ab Anfang der 1970er Jahre kamen hoch dotierte Supermodels hinzu. Durch das Herstellungsmaterial Polyester wirkten die Puppen beinahe wie lebendige Menschen. Bis heute stehen »echte« Menschenmodelle stundenlang still, damit ein Bildbauer einen wirklichkeitsgetreuen Abdruck entwerfen kann. Handbemalt und von Visagistinnen geschminkt, sind die Puppen letztlich fast so schön wie ihre Vorbilder.

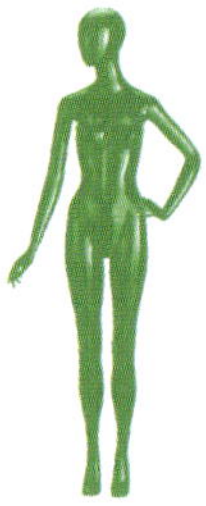

Kunststoff-menschenmodelle

Ankleidepuppe Deutsch
Window Dummy Englisch
Mannequin Französisch
Kostuumpop Holländisch
Manichino Italienisch
Manequin Portugiesisch
Mannekäng Schwedisch
Maniqui Spanisch
Mannequin Türkisch

Das Hirn und der Kaufrausch

Verkaufen, verkaufen, verkaufen – das ist das Ziel der Marketingexperten einer Firma. Ihr Job ist es, ein Produkt möglichst erfolgreich an den Kunden zu bringen. Um herauszufinden, wie sich das Kaufverhalten der Käufer »verbessern« lässt, nutzen die Firmen auch neueste wissenschaftliche Erkenntnisse, zum Beispiel von Neurowissenschaftlern. Diese Forscher befassen sich mit der Arbeitsweise des Nervensystems und besonders mit der des Gehirns. Wenn Neurowissenschaftler mit Marketingexperten zusammenarbeiten, entsteht das sogenannte Neuromarketing. Neurowissenschaftler haben festgestellt, dass die Gehirne der Käufer, wenn diese auf ein Logo schauen, weniger aktiv sind als dann, wenn auf der Verpackung ein menschliches Gesicht abgebildet ist. Der Grund: Beim Betrachten des Gesichts werden im Gehirn die Regionen für Gefühle und das Gedächtnis angeregt. Der Käufer erinnert sich deshalb beim nächsten Kauf nicht nur besser an das Produkt, er empfindet sogar größeres Wohlwollen beim Gedanken an diese Ware. Weitere Erkenntnisse der Experten fürs Neuromarketing: Bei einer Musik von 72 Schlägen pro Minute kauft es sich am besten. Vanilleduft regt weibliche Kunden zum Kauf von Kleidung an. Die kauflustigste Temperatur liegt bei 19 Grad Celsius. Diese Erkenntnisse gelten allerdings nicht unbedingt für alle Menschen, sondern lediglich für eine Mehrheit der untersuchten Probanden. Kaufen, kaufen, kaufen – den Auslöser für den großen Kaufrausch haben auch die Experten fürs Neuromarketing noch nicht gefunden.

Die Wanderer der Plätze und Straßen

Im Gegensatz zu einem Wanderer, der durch Wälder und über Felder streift und die Natur auf sich wirken lässt, ist der Flaneur (franz. *flaner* = umherstreifen, herumlaufen) ein Mensch, der über Straßen und durch Häuserschluchten zieht und dabei den Anblick der Menschen, der Schaufenster, der Hausfassaden genießt. Ein solcher Stadtspaziergänger lässt sich treiben, schaut herum und lässt seinen Gedanken ihren Lauf.

Stufe für Stufe Kundenzufriedenheit: die Rolltreppe

Aufzüge (1865), Telefone (1876) und elektrisches Licht (1878) – Kaufhausbesitzer waren immer offen für neue Trends. Speziell für solche, die der Kundenzufriedenheit dienlich waren und somit die Verkaufszahlen beflügelten. Manche Neuerungen trieben sie sogar selbst voran. Zum Beispiel die Entwicklung der Rolltreppe: Die erste »Fahrtreppe« ging zwar 1895 als exotische Publikumsattraktion in einem New Yorker Vergnügungspark in Dienst. Aber bereits 1898 ließ das Londoner Nobelkaufhaus Harrods Rolltreppen einbauen. Und das hatte Folgen: Andere Kaufhausmanager bestellten ebenfalls Fahrtreppen, so dass sich dieses Transportmittel für treppenmüde Kunden ab 1900 weltweit durchsetzte, bald auch in U-Bahnhöfen. In Deutschland wurde dieser Trend allerdings erst im Jahr 1925 aufgegriffen, als am 11. Juli das Kölner Kaufhaus Tietz in der Hohen Straße (heute: Galeria Kaufhof) seine Rolltreppe in Betrieb nahm.

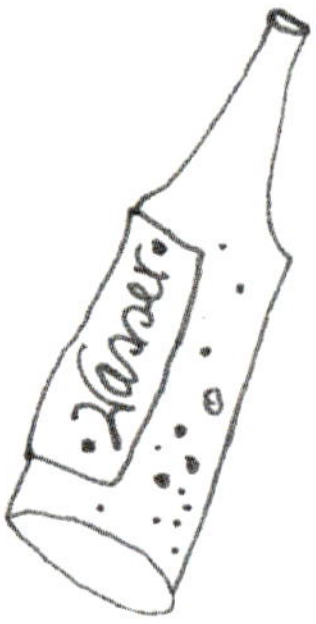

Einige nicht ganz günstige Konsumartikel

5650 Euro kann man bei Bedarf für einen USB-Stick mit 16 Gigabite Speicherkapazität ausgeben. Der Stick ist mit drei Diamanten besetzt, er verfügt über Edelsteineinlagen aus Lapislazuli und glänzt mit einem Corpus aus Blattgold. Ein Paar rote Damenpumps, die mit 600 in Platin gefassten Rubinen besetzt sind, kosten 1,5 Millionen Dollar. Für die Schuhe des Designers Stuart Weitzman wurde im Londoner Kaufhaus Harrods ein eigener Wachdienst eingestellt. Der Boheme Royal-Füllfederhalter der Firma Montblanc besteht aus 18-karätigem Weißgold, ist mit 1430 Diamanten besetzt und kostet 150 000 US-Dollar. Für 500 000 Euro führt der gut sortierte Handel ein diamantenes Schach-Set, das der Designer Bernard Maquin entworfen hat. 30 Handwerker haben insgesamt 4500 Stunden daran gearbeitet und dabei 1168,75 Gramm Weißgold und ca. 9900 weiße und schwarze Diamanten verbaut. Auch Mineralwasser kann luxuriös und teuer sein: 124 Euro kostet ein Liter des Rokko No Mizu-Wassers, das aus dem Rokko-Gebirge in Japan stammt. In Deutschland wird das kostbare Nass zum Beispiel im Berliner Hotel Adlon ausgeschenkt.

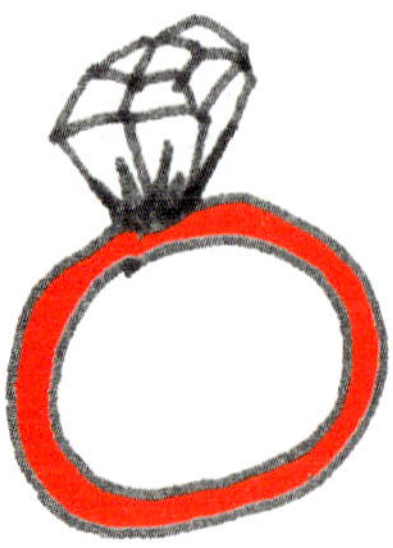

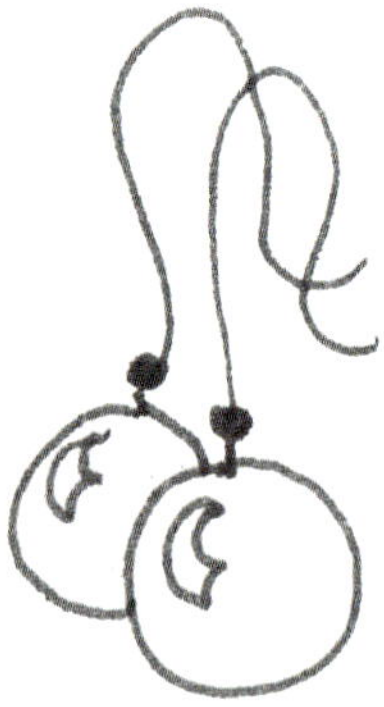

Eine kurze Geschichte der Konsumtempel

Männer trugen Strumpfhosen, und Frauen glichen feenartigen Wesen mit spitz zulaufenden Hüten – bereits im ausgehenden Mittelalter um 1500 existierten in Paris rund 500 Bekleidungsgeschäfte, in denen sich gut betuchte Bürger nach den neuesten Trends einkleideten. Erst im Jahr 1852 hatte der Besitzer eines solchen kleinen Ladens eine Idee, die Geschichte schreiben sollte: In seinem Bon Marché, einem kleinen Geschäft für Stoffe und Nähzubehör, führte Aristide Boucicaut (1810–1877) erstmals feste Preise für seine Waren ein – und verlangte Barzahlung. Bis dahin war es üblich gewesen, den Preis einer Ware zu verhandeln und die Rechnung später zu begleichen. Was viele Pariser für Boucicauts Konzept einnahm: Die Preise sanken deutlich. Die Käufer konnten der lästigen Handelei entgehen. Außerdem hatten sie das Recht, die zum Festpreis gekauften Waren umzutauschen. Als immer mehr Kunden seinen kleinen Laden stürmten, erwachte in Aristide Boucicaut der Traum vom Markt in einem Haus, in dem es möglichst viele Waren unter einem Dach zu kaufen gäbe. Und zwar zu bezahlbaren Preisen. Die Idee zum ersten Kaufhaus der Geschichte war geboren. 1868 begann man mit dem Bau eines riesigen Eisengerüsts nach Plänen von Gustav Eiffel, aus dem das Warenhaus Au Bon Marché werden sollte. Ein Gebäude, das Schule machte: Weltweit wurden in den nächsten Jahren Kauftempel nach demselben Muster eröffnet. In Deutschland öffnete das erste, allerdings nicht allzu große Wertheim-Warenhaus im Jahr 1875 in Stralsund. Das erste Großkaufhaus, ebenfalls von Wertheim, entstand ab 1897 in Berlin. Bis ins Jahr 1912 wurde es zum größten Konsumtempel Europas ausgebaut; mit bis zu 3200 Angestellten. Das imposanteste Kaufhaus ist immer noch das 1907 erbaute Berliner KaDeWe (Kaufhaus des Westens).

Das KaDeWe in Zahlen

1907 gegründet, 1943 im Krieg fast völlig zerstört, 1956 komplett wiederaufgebaut, 2007 erweitert auf acht Etagen: Das Berliner Kaufhaus des Westens (KaDeWe) ist das größte Warenhaus Europas.

Verkaufsfläche Über 60 000 m² (entspricht dem Berliner Olympiastadion plus vier Fußballfeldern) **Kunden** Bis zu 180 000 – täglich **Sortiment** Über 380 000 Artikel **Parfümauswahl** 1500 Düfte **Feinkost** 33 000 Produkte, 33 »Cooking Stations«, 500 Mitarbeiter, davon 150 Köche, 3400 verschiedene Weine, 1300 Käsesorten **Mitarbeiter insgesamt** 2000 (70 % weiblich, 100 Auszubildende) **Rolltreppen** 64 **Aufzüge** 24 **Sprinklerdüsen** 14 000 **Parkplätze** 1031 in zwei Parkhäusern

Der Kirchplatz

Der Kirchplatz – ein Überbleibsel des Mittelalters

Kloster, Kirchen, Burgen, Rathäuser waren die wichtigsten Groß-Gebäude mittelalterliche Städte, in denen ansonsten vor allem die Enge herrschte: Je weniger Raum die Siedlungen einnahmen, desto leichter ließen sie sich von Stadtmauern einfassen und schützen. Kein Platz für Plätze in mittelalterlichen Metropolen. Der Marktplatz mit Brunnen war allerdings unabdingbar, hier fand das Leben statt. Und natürlich der Kirchplatz, den es brauchte, damit man die Kirchenbauten besser bewundern konnte. Wie sehr ein Kirchenbau das Stadtbild auch einer modernen Großstadt prägen kann, sieht man heute in Köln: Der Dom als Wahrzeichen der Stadt ist zugleich ihr Mittelpunkt. Er ist von jedem Punkt der Stadt aus sichtbar. Und die anderen Gebäude ordnen sich ihm respektvoll unter. Der Platz, der die Kathedrale umgibt, eine schmucklose Fläche aus Steinplatten, ist allerdings alles andere als eine gleichwertige Umfassung. Deshalb nennen ihn die Kölner auch ganz einfach »Domplatte«.

Der Kölner Dom in Zahlen, Daten und Fakten

Mitarbeiter der Dombauhütte 89, davon 63 Handwerker **Renovierungskosten** 6 bis 7 Millionen Euro im Jahr **Verwendete Gesteinsarten** über 50, unter anderem Drachenfelser Trachyt (mittelalterliche Bauphase), Schlaitdorfer und Obernkirchener Sandstein (19. Jahrhundert) und Lohndorfer Basaltlava (nach 1945) **Gewicht inkl. Fundamenten und Dach** 300 000 Tonnen **Geistliche Mitarbeiter** 20 (Erzbischof, Domprobst, Domdechant, 15 Domherren, 3 Domvikare, Domdiakon) **Verbaute Treppenstufen** ca. 2600 **Leuchtmittel** ca. 700 Glühbirnen **Besucher** 6 Millionen / Jahr (20 000 täglich) **Turmbesteigungen** 500 000–600 000 / Jahr **Besucher des Domschatzes** 100 000 / Jahr **Unterhalt** (Strom, Personal, Musik etc.): 30 000 Euro / Tag **Heizkosten** 0,00 Euro (der Dom wird nicht beheizt) **Sitzplätze** 2800 **Stehplätze** 1200

Stand: 2009, *Quelle* Dombauverwaltung

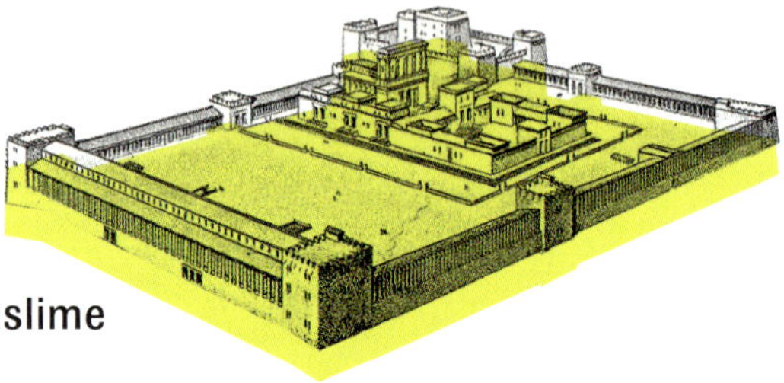

Der Tempelberg, ein Platz für Christen, Juden und Muslime

Jerusalem ist für 3,51 Milliarden Juden, Christen und Muslime eine »heilige Stadt«. Der Felsendom auf dem Tempelberg, der die Stadt mit seinem künstlichen Plateau krönt, vereint in seinen Mauern die Geschichte der drei monotheistischen (= Glauben an einen Gott) Religionen. Nach der biblischen Überlieferung ist der Fels unter dem Felsendom der ursprüngliche Stein, von dem Gott den Staub griff, um Adam, den ersten Menschen, zu formen. Auch andere wichtige Ereignisse der biblischen Geschichte sollen hier passiert sein, zum Beispiel die Geschichte von Abraham, der auf Gottes Wunsch seinen Sohn Isaak opfern sollte. Jesus, das ist vor allem für die Christen bedeutend, wurde auf dem Tempelberg beschnitten. Er lehrte hier in einem Tempel. Zudem soll er ganz in der Nähe begraben liegen. Für die Muslime ist der Tempelberg vor allem deshalb bedeutend, weil der Prophet Mohammed von hier aus auf dem Rücken des geflügelten Fabelpferdes Al Burak seine Reise in den Himmel angetreten haben soll. Der zu Mohammeds Ehren errichtete Felsendom ist eines der ältesten und bedeutendsten muslimischen Bauwerke.

Steinerne Kultstätten

Der **Cairn** (bretonisch-gälisch für »Steinmal«) von Barnenez im Nordwesten Frankreichs ist eines der ältesten Megalithbauwerke der Welt (errichtet 4500–3500 v. Chr.). Die Gesamtlänge der steinernen Anlage beträgt ca. 70 Meter. Die für den Bau verwendeten Steine wiegen 13 000 bis 14 000 Tonnen. Das bekannteste steinerne Monument der Jungsteinzeit ist die Anlage von **Stonehenge** in der Nähe von Salisbury (England), deren Megalithe um 2000 v. Chr. errichtet wurden. Der **Obelisken-Tempel von Byblos** ist um 1750 v. Chr. entstanden. Er besteht aus 26 aufrecht stehenden Steinsäulen. Byblos im Libanon wird seit fast 7000 Jahren ununterbrochen besiedelt und gilt als eine der ältesten Städte der Menschheit. Hafen und Stadtmauer sind beinahe 5000 Jahre alt.

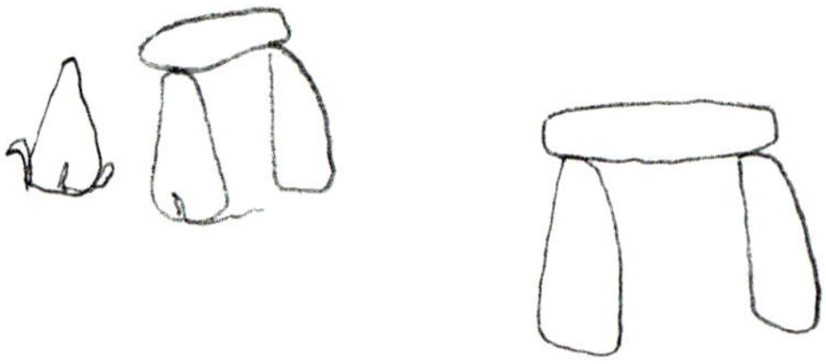

Religionen in Deutschland

Römisch-katholisch 26 466 076
Evangelisch 26 211 000
Muslimisch 3 172 000
Christlich-orthodox 1 248 000
Jüdisch 107 330

Stand: 2008, *Quelle* Statistisches Bundesamt

Die fünf höchsten Kirchenbauten

Münster von Ulm, Deutschland: 161 m Basilika Notre-Dame de la Paix, Elfenbeinküste: 158 m Kölner Dom, Deutschland: 157 m Kathedrale von Rouen, Frankreich: 151 m Kirche St. Nikolai, Hamburg, Deutschland: 147 m

Als die Kirchen in den Himmel wuchsen

Am Bau der englischen Krönungskirche Westminster Abbey (Bauzeit: 750 bis 1745, mit Unterbrechungen) waren im Juni 1253 folgende Handwerker beschäftigt:

Steinmetze 53
Mamorschleifer 49
Maurer 28
Zimmerleute 28
Hobler 15
Schmiede 17
Glasmacher 14
Dachdecker 4
Hilfsarbeiter 220

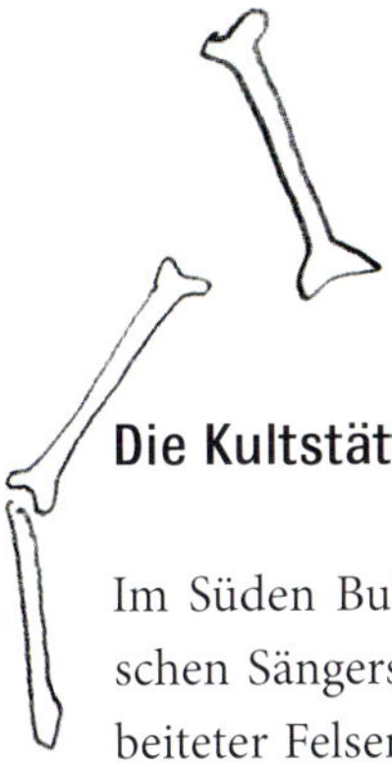

Die Kultstätten vergangener Kulturen

Im Süden Bulgariens fanden Archäologen unter der Grabstelle des thrakischen Sängers Orpheus noch ältere Kultstätten. Ein pyramidenförmig bearbeiteter Felsen war wahrscheinlich die Grabstätte eines einflussreichen thrakischen Herrschers, der nach seinem Tod wic ein Gott verehrt wurde. Das Alter der Kultstätte wird auf über 6000 Jahre geschätzt. Das Sonnenobservatorium von Chankillo in Peru wurde 300 Jahre v. Chr. von den Vorgängern der Inkas angelegt. Die 13 quadratischen, zwei bis sechs Meter hohen Türme stehen in Reih und Glied auf einem Bergkamm. Die riesige Sonnenuhr diente nicht nur religiösen Riten, sondern auch als Orientierungshilfe für das Aussäen und Ernten. Landebahnen von UFOs vermuteten viele Menschen lange Zeit hinter den kilometerlangen Linien, die sich durch die Peruanische Hochebene ziehen. Tatsächlich, so haben Forscher herausgefunden, zogen Nazca-Indianer diese Linien vor rund 2200 Jahren in den kargen Boden, um damit die Götter um Wasser und reiche Ernten anzuflehen.

Der Klang der Kirchen

Glocken wurden bereits vor rund 3500 Jahren für die klangliche Gestaltung religiöser Rituale genutzt. Das belegen archäologische Funde in China. Die älteste, noch komplett erhaltene Glocke Asiens ist 2900 Jahre alt. Der erste religiöse Bau, der mit einem Glockenturm ausgestattet wurde, war der Jupitertempel im antiken Rom. Er wurde zwischen 507 und 509 v. Chr. auf dem Kapitol, dem kleinsten der sieben Hügel Roms, geweiht. Der Begriff »Glocke« stammt vom altirischen *clocc* ab. Irische Mönche nutzten kleine Glocken und verbreiteten sie im Mittelalter in Europa. Ab dem 11. Jahrhundert gehörten Glocken zur Standardausrüstung von Kirchen und Klöstern. Meist wurden sie in eigens gebaute Glockenstühle (Holzvorrichtung) der Kirchtürme eingebaut. Kirchenglocken können je nach Klang verschiedene Funktionen haben: Die »Dominica« im Ulmer Münster ruft mit ihrem fordernden Klang zum Sonntagsgottesdienst, die »Gloriosa« im Erfurter Dom läutet nur an besonderen Festtagen wie Weihnachten.

Kirchklanggewichte

»**Dicker Pitter**«, so nennen die Kölner die größte freischwingend hängende Glocke der Welt, die seit 1923 im Kölner Dom erklingt. Die St. Petersglocke wiegt 24 000 Kilogramm. Wenn ihr Läuten endet, dauert es fast drei Minuten, bis der Klang erlischt. 90 000 Kilogramm bringt die **Mingun-Glocke** auf die Waage, die seit 1808 in Mandalay (Birma) hängt. Damit ist sie die schwerste freihängende Glocke der Welt. »**Emmanuelle**«, die größte Glocke der Kathedrale Notre Dame von Paris, zählt mit ihren 13 000 Kilogramm zu den gewichtigsten Glocken Europas. Viele Franzosen halten sie zudem für die am angenehmsten klingende. Mit 13,5 Tonnen Gewicht ist die berühmte Glocke **Big Ben** die schwerste der fünf Glocken des Uhrturmes des Palace of Westminster in London.

Einige Kirchbaustile

Romanische Kirchen wie der Dom zu Speyer wurden in der Regel zwischen 1000 und 1200 erbaut. Sie sind dem vorherrschenden Baustil des Römischen Reiches (ca. 500 vor bis 500 n. Chr.) nachempfunden: mit Pfeilern, Säulengängen und mächtigen Gewölben. Besonderes Kennzeichen der wuchtigen, burgartigen Kirchen sind die runden Bögen der Fenster. **Gotische Kirchen** wie die Kathedrale Notre Dame in Paris wurden ab dem Jahr 1140 errichtet. Strebepfeiler gehen an der Decke dieser hohen und von Licht durchfluteten Kirchenbauten in sogenannte Kreuzrippengewölbe über. Durch diese neuartige Form des Gewölbebaus konnten die Baumeister hohe Decken planen, ohne dabei auf massive Mauern bauen zu müssen. Besondere Kennzeichen gotischer Kirchen sind feingliedrige Pfeiler, spitz zulaufende Fenster und jede Menge Verzierungen. **Barockkirchen** waren zwischen 1570 und 1770 das Maß der Dinge. Nach einer Zeit der Krise war die katholische Kirche wieder erstarkt, und das sollte sich auch in den Kirchenbauten zeigen. Das Wort Barock stammt vom französischen *baroque* ab. Es bedeutet in etwa »schiefe Perle«, wurde aber auch abschätzig im Sinne von »schwülstig« und »kitschig« verwendet. Vor allem in Italien und Deutschland glänzen barocke Bauten mit schmucken Prachtelementen und reichhaltigen Verzierungen wie kleinen Türmchen, goldenen Engeln und verspielten Blumenmustern.

Die Ur-Kirche und das Gefängnis

Eigentlich sollte das Gefängnis im israelischen Megiddo nur vergrößert werden. Zuvor jedoch wollten die Verantwortlichen überprüfen, ob sich im Boden noch Überreste alter Kultur befanden. Mit der Hilfe von 60 Häftlingen gingen Archäologen ans Werk – und entdeckten einen Mosaikboden mit Ornamenten, altgriechischen Schriftzeichen und Zeichnungen von Fischen. Fische galten in frühchristlicher Zeit als Erkennungszeichen von Christen. Bis zum Jahr 313 durfte das Christentum im Römischen Reich nur heimlich ausgeübt werden. Deshalb fanden Gottesdienste in den Katakomben unter ganz normalen Häusern statt. Wie alt die Gebetsstätte in Megiddo exakt ist, ließ sich noch nicht bestimmen. Vermutlich stammt sie aus dem 1. Jahrhundert. Damit wäre sie die älteste bisher entdeckte christliche »Kirche«. Bis jetzt ist erst ein Teil des Geländes ausgegraben worden. Klar ist aber: Das Gefängnis wird nicht ausgebaut, sondern geschlossen. Stattdessen wird hier ein Touristenmagnet entstehen.

Die Religionen der Welt

Christen 2 106 962 000
Muslime 1 283 424 000
Hindus 851 291 000
Buddhisten 375 440 000
Sikhs 24 989 000
Juden 14 990 000

Stand: 2006, *Quelle* Statistisches Bundesamt

Kirchliches Leben in Deutschland

	Evangelische Kirche	Katholische Kirche
Pfarreien	12 521	15 844
Taufen	188 077	189 385
Trauungen	49 613	54 753
Bestattungen	253 259	300 991
Austritte	84 389	121 598

Stand: 2006, *Quelle* Statistisches Bundesamt, 2008

Der Gottesdienst und die Synagogen

Um das Jahr 400 v. Chr. überbrachte der Priester und Schriftgelehrte Esra im Auftrag des persischen Königs dem jüdischen Volk das »Pentateuch«, die fünf Bücher Moses, in Form handgeschriebener Schriftrollen. Der Legende nach las Esra die Texte zunächst vor, um sie den Gläubigen dann in allgemeinverständlicher Weise zu erklären. Esra wollte die Juden davon überzeugen, konsequenter nach den Regeln des jüdischen Rechts zu leben. Die göttlichen Regeln vor den versammelten Gläubigen zu verlesen und zu deuten – dieses Ereignis wird heute als die Urform des Gottesdienstes angesehen, wie er nicht nur bei den Juden, sondern auch bei Christen und Muslimen gestaltet wird. Aus diesen ersten Formen des Gottesdienstes entstanden auch die jüdischen Synagogen: Versammlungsorte mit einem Innenraum, der genügend Platz für die Gemeinde bot. Für gläubige Juden war die Synagoge von da an ein Stück »Zuhause«, egal wo auf der Welt sie sich befanden. Die Architektur des Versammlungsraums war nicht so entscheidend. Synagogen waren deshalb im Gegensatz zu Kirchen und Moscheen jahrhundertelang nicht an bestimmten Bauformen zu erkennen. Die Synagogen in Deutschland unterschieden sich lange kaum von christlichen Gotteshäusern. Erst im 19. Jahrhundert, als sehr viele Synagogen gebaut wurden, pflegten die Baumeister den orientalisch anmutenden »maurischen« Stil. So bewiesen sie auch das gewachsene jüdische Selbstbewusstsein im Unterschied zum dominierenden Christentum.

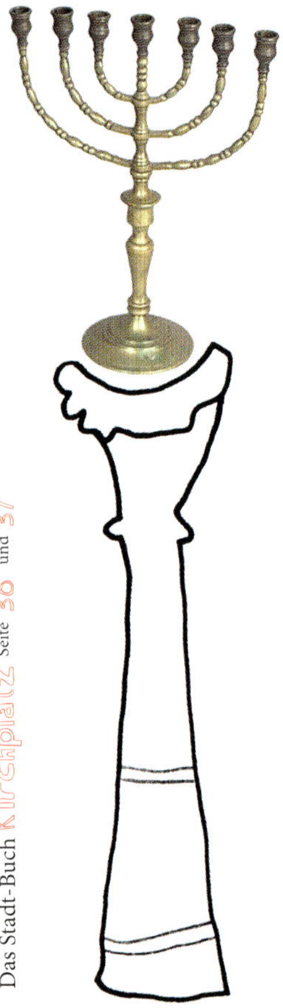

Die Synagoge in der Kirche

Die einen schrumpfen, die anderen wachsen: Während die christlichen Kirchen in Deutschland in den letzten Jahren viele Gläubige durch Kirchenaustritte verloren, gewannen die jüdischen Gemeinden Mitglieder hinzu, vor allem durch den Zuzug von Juden aus Russland. Viele christliche Gotteshäuser stehen leer, ihr Unterhalt ist teuer, die Verantwortlichen der christlichen Kirchen überlegen, was sie mit diesen Gebäuden anstellen können. Manche Kirchen werden zu Wohnhäusern, andere zu gastronomischen Betrieben, dritte werden von anderen Religionsgemeinschaften übernommen. In Hannover beispielsweise hat die liberale jüdische Gemeinde ein Gotteshaus von der evangelischen Kirche gekauft und umgebaut. Nach dem Zweiten Weltkrieg und der Ermordung der Juden im Holocaust hatte es 50 Jahre lang keine liberale jüdische Gemeinde in Hannover gegeben. Mit 79 Mitgliedern wurde die Gemeinde 1995 neu gegründet, 2009 waren es schon 600. Am 25. Januar 2009 wurde ihre Synagoge feierlich eröffnet.

Moscheen früher und heute

Das Haus des Propheten Mohammed (ca. 570–632) in Medina (heute: Saudi-Arabien) war nach islamischer Überlieferung der erste Ort, an dem sich Muslime zum Gottesdienst versammelten. Damit seine Anhänger nicht in der Wüstensonne darben mussten, ließ Mohammed Baumstämme entlang der Hofmauer aufstellen, über die mit Palmwedeln ein Flachdach gebaut wurde. Wie die frühen Christen benutzten auch die Muslime zunächst ihre Wohnhäuser zum Gebet. Während die Christen im Lauf der Jahrhunderte immer größere und prachtvollere Gebäude errichteten, beschränkten sich die Muslime lange Zeit auf Bauten im Stil der ersten Moschee in Mohammeds Garten. Ihnen kam es auf die Huldigung im Gebet, nicht auf schöne Bauwerke an. Weil sie die Kraft ihrer Religion darstellen wollten, aber auch weil sie christliche Kirchen übernahmen, setzten im Lauf der Geschichte auch muslimische Herrscher verstärkt auf Großbauten. So war zum Beispiel die Hagia Sophia in Konstantinopel, heute Istanbul (Türkei), ursprünglich eine christliche Kirche, wurde aber mit dem Tag der Eroberung durch die Muslime 1453 in eine prächtige Moschee umgewandelt. Heute ist sie ein Museum.

Moscheen in Deutschland

Der erste muslimische Gebetsraum in Deutschland befand sich in Potsdam. Er wurde von 20 türkisch-muslimischen Soldaten genutzt, die dem preußischen »Soldatenkönig« Friedrich Wilhelm I. (1688–1740) dienten. Die erste Moschee hierzulande wurde 1924 in Berlin eröffnet; rund 300 Muslime lebten damals in Deutschland. Durch die Anwerbung vor allem türkischer Arbeitnehmer entschieden sich seit den 1960er Jahren immer mehr Muslime für ein Leben in Deutschland, zurzeit sind es 3,1 Millionen. Weil es kaum Moscheen gab, beteten sie lange in leer stehenden Lagerhäusern, verlassenen Büros oder ehemaligen Theaterräumen. Über 2500 solcher Gebetsräume werden von muslimischen Vereinen genutzt. Seit den 1990er Jahren entstehen aber auch immer mehr »richtige« Gotteshäuser für Muslime. 350 Moscheen sind in Deutschland in Betrieb oder in Planung. Eine der größten wurde im Oktober 2008 eingeweiht: Die Zentralmoschee in Duisburg-Marxloh fasst bis zu 1200 Betende, ihr Minarett ist 34 Meter hoch, das Kuppeldach 23 Meter. Die »Merkez camii« ersetzt ein provisorisches Gotteshaus, das in der ehemaligen Kantine einer Bergbau-Zeche untergebracht war.

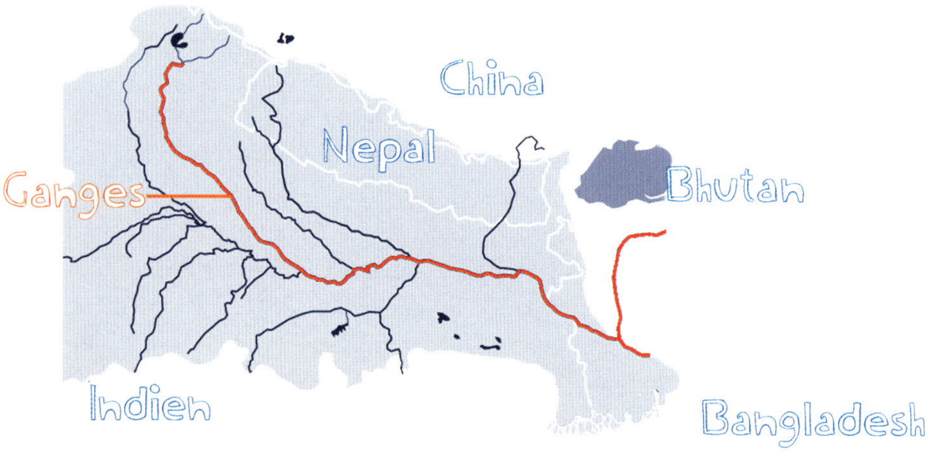

Der Ganges, Fluss gewordene Göttin

Ein Dutzend Jungen sitzen im Halbkreis im seichten Wasser eines Flusses. Versunken vollführen sie religiöse Rituale. Bis auf Lendenschurze sind sie nackt, ihre Haare haben sie bis auf einen Schopf am Hinterkopf abrasiert. Die Jungen sind Brahmanen, angehende Priester des Hinduismus. Durch die Zeremonien im heiligen Fluss Ganges, so glauben sie, werden Körper und Geist gereinigt und die Sünden fortgespült. Wasser als Quell des Lebens ist ein wichtiges Symbol in vielen Religionen. Im Christentum sind Tauf- und Weihwasser wichtig; bei alten germanischen Kulten wurden heilige Quellen geehrt. In der Dipo-Zeremonie des Stammes der Krobo in Ghana (Afrika) unterwerfen sich Mädchen an der Schwelle zum Erwachsenwerden einem Ritus mit Tanz, Gespräch, Prüfung und reinigendem Flussbad, der bis zu zwei Monaten dauern kann. Der Ganges, aus dem Millionen Inder ihr Trinkwasser beziehen, stellt nach dem Glauben der Hindus eine Wasser gewordene, fließende Gottheit dar: Ganga, die die Reinheit verkörpert. Dieser Glaube hat mit der ökologischen Wirklichkeit allerdings wenig zu tun: Der 2511 Kilometer lange Fluss ist so verschmutzt, dass alle Grenzwerte mehrhundertfach überschritten werden. Täglich werden mehr als eine Milliarde Liter Abwasser eingeleitet, die wenigen Kläranlagen kommen dagegen nicht an. Trotzdem hält der Glaube an die Reinheit des Wassers an, nicht nur bei den jungen Brahmanen: Zigtausende Hindus lassen nach dem Tod ihre Asche in den Ganges streuen, und einige Dutzend Tote werden sogar täglich direkt in den Fluten bestattet. Auf den Wellen Gangas schwebend, so der Glaube, lässt sich leichter Erlösung erreichen: die Befreiung der Seele vom Körper.

Sieben buddhistische Tempel

Angkor Wat Kambodschanische Tempelanlage aus dem 10. Jahrhundert. Nationalheiligtum. Seit dem 16. Jahrhundert buddhistisch. **Fayuan-Tempel** (und -Kloster): Ältester Tempel Pekings. Sitz der buddhistischen Akademie Chinas. Gebaut 645. **Mahabodhi-Tempel** Indische Tempelanlage aus dem 2. Jahrhundert. Ort, an dem Siddharta Gautama, also Buddha, seine Erleuchtung erlangte. **Potala-Palast** Gelegen auf dem Roten Berg über der Stadt Lhasa (Tibet). Gebaut ab 637. Von 1642–1959 Sitz des Dalai Lama, dem geistlichen Führer der tibetischen Buddhisten. **Sri Dalada Maligawa** Tempel in der Gebirgsstadt Kandy (Sri Lanka), der einen Eckzahn des Buddhismus-Gründers Siddharta Gautama enthalten soll. Wird deshalb auch Zahntempel genannt. **Thiksey** Klosteranlage nahe der indischen Stadt Leh im Ladakh-Gebirge. Gelegen auf 3300 Meter Höhe. Gegründet im 15. Jahrhundert. Mit 15 Meter hoher, goldener Buddha-Statue. **Wat Sibounheuang** Buddhistischer Tempel, der im August 2003 in der Nähe von Heidelberg gegründet wurde.

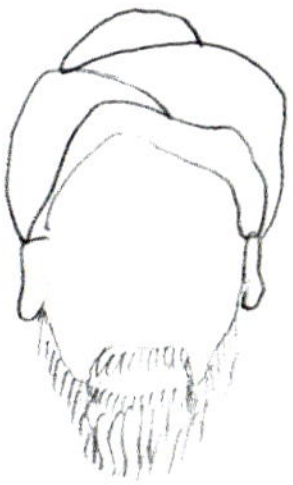

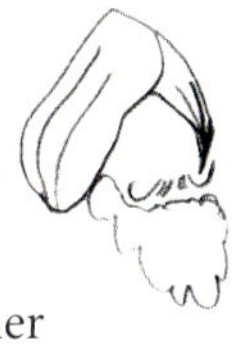

Beten und essen im Gurdwara

Sonntags entdeckt man im Kölner Stadtteil Deutz erstaunlich viele Männer mit Bart und Turban. Bei ihnen handelt es sich um gläubige Sikhs, die sich zum Gottesdienst begeben. Anhänger dieser Religion verzichten Gott zu Ehren auf Haarschnitt und Rasur. Sie verstecken ihre Haare stattdessen im Turban, tragen einen kleinen Dolch und haben alle denselben Nachnamen: Singh (= Löwe). Die Frauen dagegen nennen sich Kaur (= Prinzessin). Der Gurdwara, wie das Gebets- und Gemeindezentrum heißt, ist in einer ehemaligen Großbäckerei untergekommen. In den ehemaligen Büroräumen findet Religionsunterricht statt. In einem großen Regal stehen Hunderte Schuhe, im Gurdwara läuft man barfuß oder in Socken herum. Die Erwachsenen sitzen, meist im Schneidersitz, auf dem Boden der ehemaligen Backhalle. Drei Männer mit langen weißen Bärten produzieren eine sanft-rhythmische Musik; ein vierter sitzt neben einem Schrein und fächelt einem Buch frische Luft zu. Bei dem Buch handelt es sich um die Bibel der Sikhs, das *Guru Granth Sahib*, es enthält religiöse Schriften der wichtigsten Gurus (Lehrer) des Sikhismus. Dieses Buch verkörpert Gott, weshalb es auch behandelt wird wie ein Heiliger: inklusive unablässigem Frischluftwedeln und der Unterbringung in einem gemütlichen Bett.

Universität und Schulzentrum

Die Wurzeln der Schulen

Die älteste Erwähnung einer Schule findet sich in der Grabinschrift eines vor etwa 4000 Jahren verstorbenen Ägypters. Vier Jahre Unterricht waren damals nötig, um die rund 700 Hieroglyphen zu erlernen. Der Philosoph Platon (428–348 v. Chr.) führte um 400 v. Chr. den ersten zusammenhängenden Lehrkurs ein und nannte ihn Akademie. Platons Schüler Aristoteles (384–322 v. Chr.) lehrte und forschte am Lykeion in Athen. Daraus leitet sich das Wort Lyzeum (= Hochschule) ab. Ab 200 v. Chr. richteten die Griechen Grammatikschulen ein, nach denen noch heute die Oberschulen in den USA und England benannt sind (*Grammar School*). Gymnasien gab es ebenfalls schon vor der Zeitenwende in Griechenland. Anfangs wurden Sportstätten zur körperlichen Ertüchtigung Gymnasium genannt, im Lauf der Zeit fand aber auch die geistige Bildung in ihnen Raum.

Das Klo, die Schule, die Kunst des Bauens

Dass Schule vielen Schülern stinkt, hat nicht selten mit den Schulgebäuden zu tun: Viele sind alt und heruntergekommen; sie gleichen mehr Kasernen des strengen Paukens als Tempeln des lustvollen Lernens. Für Schulen hat der Staat nur wenig Geld. Und wer zum Beispiel einmal in die Mädchentoilette des Königin-Luise-Gymnasiums in Köln hineinschnuppert, der bekommt einen Eindruck davon, wie viel den Politikern wirklich daran liegt, dass an ihren Schulen optimale Lernbedingungen herrschen: Es stinkt zum Himmel, denn die Klos werden nur alle paar Monate richtig gründlich geputzt. Wie wichtig saubere Toiletten den Schülern sind, zeigte sich an der Realschule Süd in Duisburg. Schüler der Klassen 7 bis 10 nahmen an der Aktion »Architektur macht Schule« des Architektenverbandes teil – und machten dabei das Schulklo zum zentralen Problemfall: Weil ihnen ihr Schulklo so unerträglich stank, entwickelten die Schüler 2008 zusammen mit der Architektin Annett Wunderlich ein »Musterklo«, das nicht müffelt und auch noch gut aussieht. Diese Idee, so hoffen sie, wird Schule machen.

Noten in Polen

6 **celujący** hervorragend
5 **bardzo dobry** sehr gut
4 **dobry** gut
3 **dostateczny** befriedigend
2 **dopuszczający** ausreichend
1 **niedostateczny** ungenügend

Noten in Portugal

5 **excelente** sehr gut
4 **satisfaz bastante** gut
3 **satisfaz** befriedigend
2 **não Satisfaz** nicht ausreichend
1 **fraco** ungenügend

Noten in den Niederlanden

10 **uitstekend** ausgezeichnet
9 **zeer goed** sehr gut
8 **goed** gut
7 **ruim voldoende** reichlich genügend
6 **voldoende** genügend
5 **bijna voldoende** fast genügend
4 **onvoldoende** ungenügend
3 **zwaar onvoldoende** stark ungenügend
2 **slecht** schlecht
1 **zeer slecht** sehr schlecht

Schule, von der Steinzeit bis ans Ende der Kindheit

Wer Informationen speichern will, muss schreiben, wer lernen will, muss lesen können. Deshalb ist die Entwicklung der Schule untrennbar mit der Entstehung der Schrift verbunden. Wann genau die Schrift entstand, ist unter Wissenschaftlern umstritten: Manche sind für die Ägypter mit ihren Hieroglyphen, andere für die Sumerer mit ihrer Keilschrift. Beide Schriften entstanden vor etwa 5200 Jahren. Der deutsche Sprachforscher Harald Haarmann ist demgegenüber der Ansicht, dass die ältesten Schriftzeichen aus den Gefilden der Vampire stammen, nämlich aus Transsylvanien im heutigen Rumänien. Dort wurden 7300 Jahre alte, beschriftete Tontafeln entdeckt. Ein Zufall? Auffallend ist, dass sich in fast allen Schriften des Altertums Symbole für blutrünstige Drachen und ähnliche Wesen mit scharfen Zähnen finden. Eine spannende Frage ist, wie solche Bilder überhaupt in das menschliche Bewusstsein gelangen und schließlich zur Schrift werden konnten. Forscher vermuten, dass die Bilder noch aus der Ur-Geschichte der Menschheit stammen, in der wilde Tiere eine unberechenbare Gefahr darstellten. Auch ohne Schule und Schrift wurden sie schon lange vor der Steinzeit von Generation zu Generation weitergegeben, bis sie schließlich zu Höhlenmalereien, zu Keilschrift und Hieroglyphen wurden.

Von klugen Mönchen und schreibfaulen Rittern

Lesen und Schreiben taugen nur für verweichlichte Knaben – dieser Ansicht war so mancher Ritter des frühen Mittelalters (ca. 500–1000). Das Bildungs- und Schulwesen dieser Zeit war fast vollständig in der Hand der Kirche mit ihren Dom-, Stifts- und Klosterschulen. Von den Römern hatten die mittelalterlichen Kirchengelehrten sieben Studienfächer, die »sieben freien Künste«, übernommen. Diese Fächer ergänzten den reinen Bibelunterricht. Die Ritter dagegen setzten mit den »sieben Tüchtigungen« auf eine von Kampf und Sport geprägte Schulausbildung. Schreiben und Lesen mussten Ritter schließlich nicht können, dafür beschäftigten sie ganz einfach einen Geistlichen.

Die sieben freien Künste – Die sieben Tüchtigungen

Grammatik	Schwimmen
Rhetorik	Reiten
Dialektik	Pfeilschießen
Arithmetik	Fechten
Geometrie	Jagen
Musik	Schachspielen
Astronomie	Versmachen

Prügeln, Züchtigen, Bestrafen

Die geschärfte körperliche Züchtigung besteht erstens in Schlägen mit einem dünnen, etwas biegsamen, knotenfreien Stöckchen von mäßiger Länge auf die innere Fläche der Hand oder zweitens in Schlägen mit ebensolchen Stöckchen auf das nicht entkleidete Gesäß, deren Anzahl nicht über acht betragen darf. Württembergische Ministerialverfügung von 1880 Die Prügelstrafe an Schulen wurde in Deutschland im Jahr 1973 gesetzlich verboten. Ausnahme: Der Freistaat Bayern, wo die Behörden ein »gewohnheitsrechtliches Züchtigungsrecht« bis in das Jahr 1980 erlaubten.

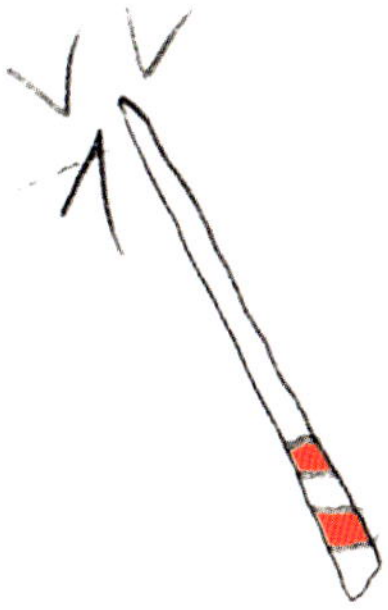

Weder lesen noch schreiben können

Land	Analphabeten (über 14 Jahre)	Einwohnerzahl	Anteil (in Prozent)
Bangladesh	54 484 083	158 665 000	34,3
Indien	294 097 630	1 169 016 000	25,2
Nigeria	22 596 682	148 093 000	15,3
Türkei	6 430 495	74 877 000	8,6
Südafrika	3 851 930	48 577 000	7,9
China	97 822 721	1 328 630 000	7,4
Spanien	726 192	44 279 000	1,6
USA	2 375 616	305 826 000	0,8
Großbritannien	500 025	60 769 000	0,8
Deutschland	495 605	82 599 000	0,6

30 Jahre Schule in Zahlen

Ein Schuljahr ist lang, und während eines solchen Jahres geschieht in einer Schule eine Menge. Was sich über 30 Jahre hinweg in ihrer Schule ereignet hat, das haben Lehrer und Schüler des Albert-Einstein-Gymnasiums in Sankt Augustin ermittelt. 3300 Abiturienten 54 400 Fußtritte pro Treppenstufe 5730 Schultage 34 380 Schulstunden 85 950 Schulgongs 7500 verbrauchte Tafelschwämme 15 000 verbrauchte Tafelstifte 1 419 800 m³ Gasverbrauch 317 520 m³ Wasserverbrauch 10 000 Neonröhren 252 120 Aufzugsfahrten 30 000 ausgetauschte Leuchtkörper 60 zerschlissene Tische 300 zerschlissene Stühle

Quelle EAG, St. Augustin

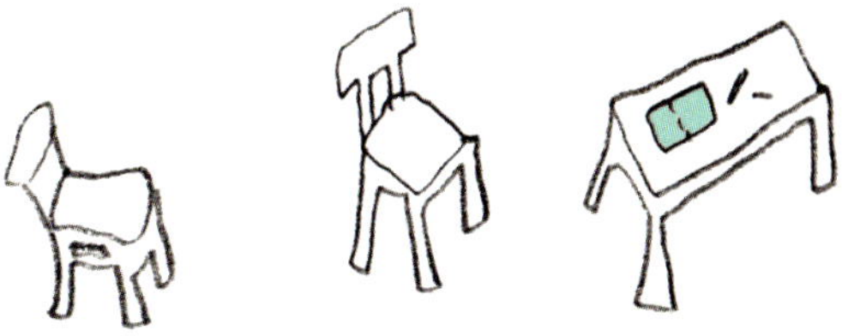

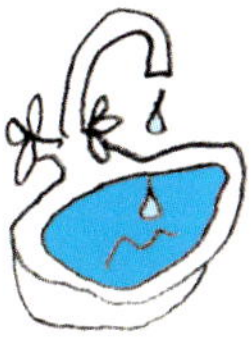

Schule von A bis Z

Abi-Gag Abschlussstreich nach dem Abitur auf Kosten der Lehrer **Blauer Brief** Mahnschreiben an die Eltern **Curriculum** Festlegung von Inhalten, Zielen und Methoden des Unterrichts **Dyskalkulie** Rechenschwäche **Extemporale** Unangekündigte Tests am bayrischen Gymnasien, sonst Stehgreiftests **Frontalunterricht** Der Lehrer spricht, die Schüler hören zu **Griffel** Schreibinstrument **Hitzefrei** Ausfall der Schulstunde bei hohen Außentemperaturen **I-Dötzchen** Erstklässler im Rheinland **Jungpionier** Schülerorganisation der Grundschulklassen in der ehemaligen DDR **Klausur** Prüfungsarbeit **Matura** Abitur **Numerus Clausus** Abitur-Notendurchschnitt, den man erreichen muss, um bestimmte Fächer studieren zu dürfen **Oberlehrer** Amtsbezeichnung für Lehrer, aber auch Bezeichnung für »Besserwisser« **Pedibus** Wenn Schüler in Gruppen gemeinsam zur Schule gehen **Quellenstudium** Untersuchung von historischen Dokumenten **Refektorium** Speisesaal in einer Klosterschule **Schullaufbahnempfehlung** Lehrerurteil, welche weiterführende Schule für einen Grundschüler geeignet ist **Tutor** Älterer Schüler, der jüngeren Hilfestellung leistet **Unterprima** entspricht der 12. Klassenstufe in Österreich **Verweis** Vorwurf und Mahnung zu besserem Verhalten **Wandererlass** regelt Schulwandertage **Züchtigungsrecht** Strafe in Form von körperlichen Schlägen, Ohrfeigen, Kopfnüssen; sind seit 1973 in der Bundesrepublik Deutschland verboten

Schulrekorde

In Bayern finden sich Deutschlands **älteste Schulen**: das Willibald-Gymnasium in Eichstätt und das Dom-Gymnasium in Freising. Beide wurden 740 gegründet. Im **größten »Klassenzimmer« der Welt** lernen viele Schüler Australiens: In dünn besiedelten Gebieten versorgen dort sogenannte *Schools of Air* die Lernwilligen seit den 1950er Jahren mit Bildung. Ihre Einzugsgebiete sind bis zu viermal so groß wie die Fläche Deutschlands. Unterricht, Hausaufgaben und Tests werden übers Internet erledigt. Am 23. April 2008 wurde die bislang **bestbesuchte Unterrichtsstunde** abgehalten: 7,5 Millionen Schüler machten in Tausenden Schulen mit dieser Aktion darauf aufmerksam, dass es weltweit mindestens 70 Millionen Kinder und Jugendliche gibt, die keine Möglichkeit haben, eine Schule zu besuchen. Die **kleinste Schule der Welt** liegt auf der Hallig (kleine Insel) Nordstrandischmoor im Wattenmeer vor Husum. In der Schule wurden Mitte 2008 drei Schüler unterrichtet. In den Jahren zuvor war es oft nur ein einziger Schüler.

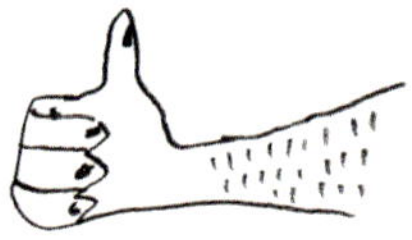

Schulrevoluzzer – berühmte Pädagogen

»Bildung für alle« forderte der Schweizer Pädagoge **Johann Heinrich Pestalozzi** (1746–1827). Schule soll dem Menschen ermöglichen, die in ihm schlummernden Kräfte so einzusetzen, dass er sich selbst durchs Leben helfen kann. Dass der Mensch »ganzheitlich« ins Universum eingebunden ist, glaubte der österreichische Philosoph **Rudolf Steiner** (1861–1925). In der von ihm begründeten Waldorfpädagogik spielt das Denken neben dem Fühlen (über künstlerisches Arbeiten) und dem Wollen (über handwerkliches Tun) eine gleichberechtigte Rolle. Den offenen Unterricht, der von den Schülern mitgestaltet wird, begründete die italienische Ärztin und Pädagogin **Maria Montessori** (1870–1952). Im Mittelpunkt der Montessori-Pädagogik steht die Förderung der Talente und Bedürfnisse des einzelnen Kindes. Wochenarbeitspläne, monatliche Feiern, Lerngruppen statt Klassen, gemeinschaftlich eingerichtete Klassenräume waren Bestandteil des »Jena-Planes«, den der deutsche Reformpädagoge **Peter Petersen** (1884–1952) erdachte. Sein Ziel: selbstständiges Handeln und Denken, ohne dabei alleine zu sein.

Hausaufgaben abschaffen, fordern Wissenschaftler von der Universität Dresden

Hausaufgaben abschaffen? Eine Wunschvorstellung, die Realität werden könnte, wenn Bildungspolitiker eine Gruppe von Wissenschaftlern der Universität Dresden ernst nehmen würden. Die Forscher um Hans Gängler haben bei Befragungen und Beobachtungen von 1300 Schülern und 500 Lehrern festgestellt, dass Hausaufgaben weder die Leistungen von guten Schülern steigern, noch die Probleme von mäßigen Schülern beseitigen. Stattdessen bewirken sie bei vielen Kindern und Jugendlichen ein Gefühl, das dem erfolgreichen Lernen abträglich ist: Stress. Hausaufgaben abschaffen, fordern deshalb nun die beteiligten Wissenschaftler. Stattdessen soll der Unterricht mit Hilfe neuer Lehrmethoden so verbessert werden, dass die Schüler sich die Inhalte besser merken können, ohne sie zu Hause wiederholen zu müssen.

Die Bullen und die Bulle: Eine kurze Geschichte der Universität

Wer alles über Bullen wissen möchte, sollte Landwirtschaft studieren. Zum Beispiel an der Rheinischen Friedrich-Wilhelms-Universität in Bonn, wo man im Rahmen des Studiums der Agrarwissenschaft auch das Fach »Tierwissenschaften« belegen kann. Die 1777 gegründete Bonner Uni bietet ihren 28 000 Studenten 371 Gebäude, die in der Stadt und um die Stadt herum verteilt sind. Am imposantesten: das Poppelsdorfer Schloss, das durch einen Park mit dem schlossähnlichen Hauptgebäude in der Innenstadt verbunden ist. Das Wort »Universität« stammt vom lateinischen *universitas* (= das Ganze, die Gesamtheit) ab; man kann dort alles lernen, was es überhaupt über ein Thema zu wissen gibt. An den Universitäten werden die verschiedenen wissenschaftlichen Fakultäten (Fachgebiete) wie Medizin, Geschichte, Mathematik oder auch Agrarwissenschaft gelehrt. Universitäten entstanden nicht als Erfindung einer Einzelperson, sondern als Resultat gesellschaftlicher Veränderungen, die sich um das Jahr 1000 herum vollzogen. Immer mehr Gelehrte beantworteten damals Fragen nach der Entstehung der Welt und dem »Sein« des Menschen (Denken, Fühlen, Wollen usw.) nicht mehr mit Hilfe der Bibel, sondern mit wissenschaftlichen Mitteln. Zudem wollten selbstbewusste Bürger Bildung und Forschung nicht mehr der Kirche allein überlassen. Ab 1088 entwickelte sich aus einer Rechtsschule in der italienischen Stadt Bologna die erste Universität der Welt. 1150 folgten Paris und 1167 Oxford. In der Regel wurden wie in Oxford ehemalige Klosterschulen nach und nach zu Universitäten gemacht. Auch wenn die Kirche an Einfluss verlor, waren die meisten Hochschulen damals doch weiter von ihr abhängig: Erst mit einer Bulle (Urkunde) des Papstes war es ihnen erlaubt, überhaupt Universität zu sein.

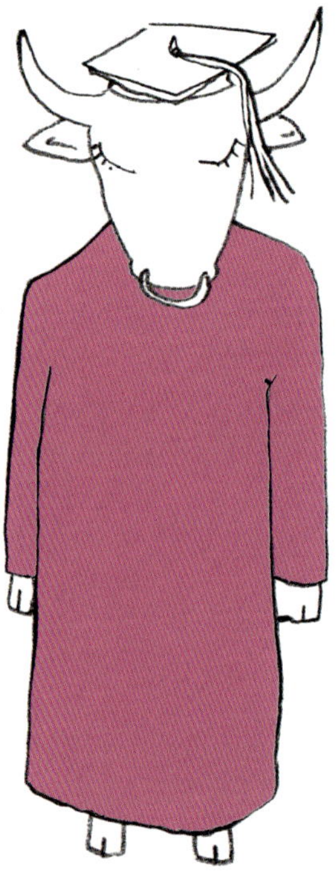

Uni-Tischlein deck dich

Die Mensa (lat. Tisch) einer Hochschule ist ihre Kantine. Dort bekommen Studenten und Lehrende der Universität ein günstiges Mittagessen. In der Mensa der Universität zu Köln wurden im Jahr 2008 1,2 Millionen Mittag- und Abendessen ausgegeben. Folgende Mengen an Lebensmitteln wurden dabei unter anderem verarbeitet und verzehrt:

45 050 kg Pommes frites
20 845 kg Salzkartoffeln
10 525 kg Schweineschnitzel
10 209 kg Geflügelschnitzel
10 090 kg Nudeln

Acht Abigagtitel

Abidas – Nach 13 Jahren endlich Meister **Abitür** – Jetzt mit Zentralverriegelung **Abistoteles** – Meist dichter als Denker **Abivederci** – Raus aus Pisa **KAbitalismus** – 13 Jahre Klassenkampf **TAbisco** – It's getting hot in here **TherAbie** – Wir verlassen die Anstalt **RAbits** – Die Schulversuchskaninchen

Studentenbräuche in Esslingen, Zürich, Tübingen

Esslinger Kandelmarsch Eine Leiter tragend, marschieren die Absolventen der Hochschule seit 1919 zum Abschluss des Sommersemesters durch die Altstadt, wobei ein Fuß auf den Bürgersteig, der andere auf die Straße gesetzt werden muss, so dass der Rinnstein (die »Kandel«) überbrückt wird. Zum Kandelmarsch tragen die Absolventen Frack und Zylinder. **Züricher Frackwoche** 100 Tage vor Übergabe des Diploms verzichten die männlichen Studenten der Hochschule aufs Rasieren, in der Woche vorher tragen sie einen Frack. Der Brauch existiert seit 1925. Die zum großen Teil noch sehr jungen Absolventen zeigten damals, dass sie reif sind fürs Erwachsenenleben. Heute dient die Tradition den Studenten als Ulk. **Tübinger Stocherkahnrennen** Studenten des Sommersemesters umrunden mit Flachkähnen eine Insel und einen Brückenpfeiler im Neckar in Form einer Acht. Dabei »paddeln« die Bootsmannschaften mit den Händen. Die Sieger erhalten ein Fass Bier, die Verlierer müssen jeweils einen halben Liter Lebertran vor den Augen des Publikums austrinken.

Fünfzehn altehrwürdige Universitätsstädte

	Gründungsjahr
Bologna, Italien	1088
Oxford, England	1167
Salamanca, Spanien	1218
Padua, Italien	1222
Neapel, Italien	1224
Siena, Italien	1246
Paris, Frankreich	1268
Cambridge, England	1284
Montpellier, Frankreich	1290
Lissabon, Portugal	1290
Prag, Tschechien	1348
Wien, Österreich	1365
Krakau, Polen	1370
Heidelberg, Deutschland	1385
Köln, Deutschland	1388

Alt-
stadt

Junge Altstädte, alte Altstädte

Eine steinerne Stadtmauer, schmale Gassen, imposante Fachwerkhäuser – die im Jahr 1130 gegründete Stadt Dinkelsbühl in Franken hat eine der am besten erhaltenen mittelalterlichen Altstädte. Die Stadtmauer ist noch komplett vorhanden und auch sonst hat sich baulich seit dem 14. Jahrhundert kaum etwas verändert. Wer wissen möchte, wie die Menschen im Mittelalter gelebt haben, der ist in Dinkelsbühl am richtigen Ort. »Altstadt« beschreibt im Allgemeinen einen historisch weitgehend erhaltenen Stadtkern. An den Gebäuden, Straßen und Plätzen einer Altstadt lässt sich die Geschichte einer Stadt ablesen: Klöster und Gotteshäuser berichten von der mittelalterlichen Bedeutung der Kirche. Prunkvolle Schlösser und mächtige Burgen erinnern an die Macht des Adels. Zunftgebäude und Ständehäuser zeugen mit opulenten Verzierungen vom Selbstbewusstsein des aufstrebenden Bürgertums. Kolossale Brücken, endlos scheinende Straßen, riesige Hochhäuser – Manhattan in New York würde man auf den ersten Blick nicht als Altstadt bezeichnen. Aber auch Manhattan ist ein historischer Stadtkern: Die ersten Hochhäuser New Yorks wurden zwischen 1870 und 1880 gebaut. In den folgenden Jahrzehnten wuchsen frühe Wolkenkratzer gen Himmel; viele von ihnen stehen heute unter Denkmalschutz. Dinkelsbühl ist eine alte, Manhattan eine junge Altstadt. Hochhäuser gab es aber schon viel früher: Bereits im 15. Jahrhundert errichteten die Bewohner der Stadt Shibam im heutigen Jemen Wohngebäude aus Lehmziegeln mit bis zu neun Stockwerken. Sie sehen modernen Hochhaussiedlungen erstaunlich ähnlich.

Ein Erbe für die Welt: Sechs deutsche Altstädte

Bedeutende und erhaltenswerte Gebäude, Landschaften und Naturdenkmäler können von den Vereinten Nationen als Weltkulturerbestätten anerkannt werden. In Deutschland schmücken sich sechs Altstädte mit dieser Auszeichnung. **Regensburg** Beinahe 1000 denkmalgeschützte Bauten zeugen von einer wichtigen Großstadt des Mittelalters, die bis heute intakt geblieben ist. Regensburg existierte schon zur Römerzeit. Im Mittelalter war Regensburg eine der wichtigsten Städte des »Heiligen Römischen Reichs Deutscher Nation«. **Bamberg** Wurde 1007 von Heinrich II. zum Sitz von Bischof und Kaiser bestimmt, mit dem Ziel, ein zweites Rom zu schaffen. Über 1000 Häuser Bambergs, die zwischen dem 11. und dem 18. Jahrhundert gebaut wurden, stehen unter Denkmalschutz. **Goslar** Altstadt und Bergwerk sind gemeinsames Unesco-Weltkulturerbe. Im Bergwerk Rammelsberg, das erst 1988 geschlossen wurde, baute man über 1000 Jahre lang Erz ab. Goslar war wegen seiner Bodenschätze bis 1253 Residenzstadt von Königen und Kaisern. **Lübeck**, gegründet 1143, war die erste Stadt Nordeuropas, die 1987 komplett als Weltkulturerbestätte anerkannt wurde. Dabei geht es vor allem um den mittelalterlichen Stadtkern, der in der heutigen Form seit 1159 existiert, als die Stadt von Heinrich dem Löwen ausgebaut wurde. Bekannt ist Lübeck vor allem für die typischen Giebel-Fachwerkhäuser reicher Kaufleute. **Stralsund / Wismar** Die beiden gut erhaltenen Hansestädte an der Ostsee wurden im Jahr 2002 gemeinsam als Weltkulturerbe-Altstädte anerkannt, weil sie Zeugnis ablegen vom Hanse-Städtebund. Dieser brachte im 14. Jahrhundert durch Seehandel Reichtum in die Städte. Besonders wichtig: die Backsteinkirchen und die Hafenanlagen.

Berühmte Altstädte I

Albanien: **Gjirokastra,** genannt »Stadt der Steine« Bosnien: **Mostar,** einschließlich Welterbe-Brücke über die Neretva China: **Schanghai,** einschließlich Yu Yuan – »Garten der Zufriedenheit« Dänemark: **Kopenhagen,** mit Tivoli-Vergnügungspark Estland: **Tallinn,** mittelalterliche Altstadt am Finnischen Meerbusen Finnland: **Rauma,** hölzerne Altstadt, seit 1682 nicht mehr abgebrannt Griechenland: **Patmos,** Inselaltstadt mit 1088 gegründetem Kloster Italien: **Venedig,** Altstadt auf 117 Inseln, frühere Weltmacht

Wenn alte Städte Geburtstag feiern

2009 **Bad Reichenhall** 850 Jahre
2010 **Schwerin** 850 Jahre
2011 **Bernburg** 1050 Jahre
2012 **Schwäbisch-Gmünd** 850 Jahre
2013 **Kassel** 1100 Jahre
2014 **Hof und Witten** 800 Jahre
2015 **Hildesheim** 1200 Jahre
2016 **Delitzsch** 850 Jahre
2017 **Mühlhausen (Thüringen)** 1050 Jahre
2018 **Straubing** 800 Jahre

Warum Denkmalschutz?

Weil dann nicht mehr jeder Hausbesitzer an seinem Gebäude herumwerkeln kann wie er will, wenn es dem Interesse der Allgemeinheit widerspricht. Weil ein gesetzlicher Schutz wichtige Gebäude aus der Vergangenheit vor der Zerstörung schützt. Weil man das Alte pflegen und bewahren sollte, um aus der Geschichte zu lernen. Weil man beim Anblick möglichst originalgetreu erhaltener Bauwerke eine Zeitreise in die Vergangenheit unternehmen kann. Weil mit den Gebäuden auch die althergebrachten Handwerkskünste gepflegt und erhalten werden. Weil gut in Stand gehaltene Schlösser, Gärten und Altstädte zahlungskräftige Touristen aus anderen Ländern anlocken. Weil der Verfall alter Gebäude letztlich teurer kommen kann als ihre Pflege. Weil der Gleichförmigkeit moderner Bauweisen mit der Bewahrung alter Architektur Einhalt geboten wird. Weil durch die Pflege und den Erhalt wichtiger Gebäude das Heimatgefühl gestärkt wird. Weil am Tag des offenen Denkmals durch den Denkmalschutz spannende Ausflüge für Familien möglich sind.

Berühmte Altstädte II

Kroatien: **Dubrovnik,** genannt »Perle der Adria« Luxemburg: **Luxemburg,** angeblich gegründet im 10. Jahrhundert auf Bitte der Nixe Melusina Malta: **Valetta,** kleinste Hauptstadt der Europäischen Union Norwegen: **Bergen,** mit dem Unesco-Weltkulturerbe des mittelalterlichen Handelszentrums »Tyskebryggen« Österreich: **Salzburg,** wichtiges geistliches Zentrum Europas über Jahrhunderte Polen: **Zamość,** italienische Anmutung wegen venezianischem Baumeister Portugal: **Lissabon,** 1755 fast vollständig von einem Erdbeben vernichtet Peru: **Cusco,** eine Hauptstadt der Indio-Kultur, gelegen auf 3416 Metern Höhe

Altstadt-Schloss-Geschichten

Ritter, Wegelagerer, Mönch oder Bauer kann sein, wer bei »**Carcassonne**« mitmacht. Das sehr erfolgreiche Legespiel, das 2001 »Spiel des Jahres« war, ist der gleichnamigen Festungsstadt in Frankreich nachempfunden. Diese mittelalterliche Altstadt ist so gut erhalten, dass sie komplett unter Denkmalschutz gestellt und zum Freilichtmuseum erklärt wurde. Der gute Erhaltungszustand der Stadt ist auch einem Trick von Madame Carcas zu verdanken: Als Carcassonne bei einer Belagerung Karls des Großen auszuhungern drohte, so eine Legende, ließ die Burgherrin das letzte Schwein zubereiten und über die Festungsmauer werfen. Die ebenfalls hungrigen Belagerer gaben daraufhin frustriert auf, weil sie glaubten, dass die Städter noch jede Menge Vorräte hatten. Ein Sängerkrieg soll sich um 1200 auf der **Wartburg** in Eisenach ereignet haben. Berühmte Minnesänger wie Walter von der Vogelweide (1170 bis ca. 1230) und Wolfram von Eschenbach (ca. 1160–ca. 1220) traten in einen Wettstreit um den besten Song. Die Wartburg wurde im Jahr 1067 von Ludwig dem Springer, Graf von Thüringen (1042–1123), gegründet. In dem märchenhaft anmutenden Schloss lebte zeitweilig auch die heilige Elisabeth (1207 bis 1231), heute Schutzpatronin der Bundesländer Thüringen und Hessen, die

sich schon als junges Mädchen vorbildlich um Arme und Kranke gekümmert hatte. 1521/22 wurde der Kirchenkritiker Martin Luther auf der Wartburg eingesperrt. Er nutzte die Zeit und übersetzte in nur elf Wochen das Neue Testament aus dem Griechischen ins Deutsche. Die Mauern der **Nürnberger Burg** sollten eigentlich das Letzte sein, was der zum Tode verurteilte Raubritter Ekkelin Gayling (ca. 1320–1381) zu Gesicht bekommen würde. Doch der Gefangene, der auch als bayrischer Robin Hood bezeichnet wird, sprang mit seinem Pferd über die mächtige Burgmauer und den Graben und entkam so seinem Urteil. Seitdem werden die Nürnberger mit dem Spruch »Die Nürnberger hängen keinen – sie hätten ihn denn zuvor!« verspottet.

Altstadthäuser

Gildehäuser In Gilden schlossen sich im Mittelalter die Händler und Kaufleute einer Stadt zusammen, um sich gegenseitig zu unterstützen. Die Gildehäuser dienten den Zusammenkünften der Mitglieder einer Gilde. Beispiel: Huneborstel'sches Haus in Braunschweig. **Patrizierhäuser** Patrizier nannte man die Familien der Oberklasse im antiken Rom. Im Mittelalter wurden die reich gewordenen Familien der städtischen Bürger als Patrizier bezeichnet. Die Familienmitglieder hatten meist wichtige Ämter inne oder waren Stadträte. Beispiel: Haus »Breiter Herd« in Erfurt. **Zunfthäuser** Zünfte waren Zusammenschlüsse von Handwerkern gleichen Gewerbes, deren Mitglieder bestimmten Regeln folgten und einander unterstützten. Zünfte gewannen ab dem Mittelalter immer größeren politischen Einfluss. Beispiel: Zunfthaus zu den Metzgern in Bern (Schweiz).

Das Berliner Stadtschloss und seine guten Geister

Ja, sind die denn von allen guten Geistern verlassen? Das fragten sich Anfang des Jahrtausends die Gegner eines Wiederaufbaus des Berliner Stadtschlosses beim Gedanken an ihre Kontrahenten, die Befürworter der Rekonstruktion. Denen wiederum war es ein Rätsel, wie man dagegen sein könnte, das Schloss so zu errichten, wie es vor seiner Zerstörung aussah. Die Gegner waren der Ansicht, dass es zeitgemäßer gewesen wäre, an so einem wichtigen Platz in der Mitte der Hauptstadt ein modernes Gebäude zu planen. Die Befürworter hielten eine historisch korrekte Gestaltung des Stadtkerns für unverzichtbar. Beide Gruppen stritten so erbittert, dass es jahrelang dauerte, bis die Politiker im November 2008 schließlich entschieden, das Schloss nach einem Plan des italienischen Architekten Francesco Stella »weitgehend originalgetreu« wiederaufzubauen. Als Burg wurde das Gebäude in den 1440er Jahren errichtet, aber schon im 16. Jahrhundert wieder abgerissen, um einem prächtigen Schlossbau im Renaissancestil Platz zu machen. Diese Rückbesinnung auf die Kultur des antiken Athen hielt gerade einmal gut 100 Jahre vor, es folgte die opulente, verspielte Formvollendung des Barock: Anfang des 18. Jahrhunderts mündeten verschiedene Um- und Erweiterungsbauten schließlich in die barocke Schloss-Form, die heute wiederaufgebaut werden soll. Dass das Schloss abgerissen wurde, hatte mit dem Zweiten Weltkrieg (1939–1945) zu tun: Nach diesem Krieg existierten zwei getrennte deutsche Staaten, die DDR und die BRD. Die Machthaber der DDR ließen das Gebäude, das 1945 von Bomben beschädigt worden war, zwischen September und Dezember 1950 niederreißen. An seiner Stelle wurde der Palast der Republik errichtet, der nach der Wiedervereinigung der beiden Deutschlands in den 1990er Jahren nicht mehr gebraucht und nun seinerseits abgerissen wurde. Der Weg für den Wiederaufbau des Stadtschlosses war frei. Ob dabei die heimatlosen, guten Geister ihre Finger im Spiel hatten? Eine »weiße Frau«, so geht die Legende, erschien den Bewohnern des Stadtschlosses immer dann, wenn drei Tage später ein Unheil drohte. So zum Beispiel vor der Teilzerstörung des Gebäudes im Jahr 1945.

Knochen, Keile, Sprüche: mittelalterliche Baubräuche

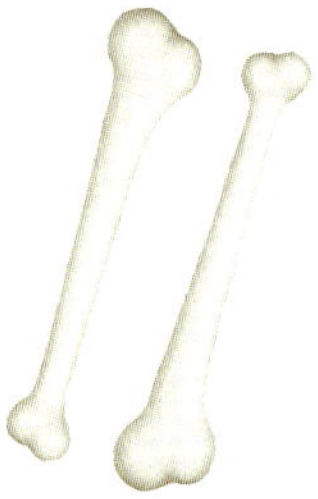

Unter Fundamenten, Türschwellen oder Fußböden alter Häuser wurden Bauopfer platziert: Tongefäße mit Lebensmittelresten wie Eiern, Tierknochen, manchmal sogar ganze Skelette von Katzen, Ferkeln oder Kälbern sollten dem Haus Segen bringen. Auf Zettel geschriebene Bibelzitate und Segenssprüche wurden in Bohrlöcher von Fachwerkbalken gesteckt, um vor Unheil, Krankheiten und schädlichen Einflüssen zu schützen. Mittelalterliche Hausbauer brachten »Donnerkeile« (gefundene Steinbeile aus der Steinzeit) im Bereich der Herdstellen an, um das Haus vor Blitzschlag und Feuersbrunst zu bewahren.

Hölle 11 und andere Fachwerkkuriositäten

Das kleinste bewohnte Fachwerkhaus ist das Haus »Kickelhain« in Mosbach. Die 52 Quadratmeter große Wohnfläche verteilt sich über die zwei Etagen. Bis ins GUINNESS-BUCH DER REKORDE geschafft hat es **das schiefste Hotel der Welt**. Der Fachwerkbau »Das schiefe Haus« befindet sich in Ulm. Das rund 560 Jahre alte Gebäude wurde aufwendig wiederhergestellt und 1995 als Hotel in Betrieb genommen. **Das älteste Fachwerkhaus** wurde 2003 in Quedlinburg (Sachsen-Anhalt) entdeckt. Das Eichen- und Fichtenholz, das man für das Fachwerk des Hauses verwendete, ist über 800 Jahre alt. Anschrift des Hauses: »In der Hölle 11«.

Berühmte Altstädte III

Rumänien: **Sighişoara,** gegründet im 13. Jahrhundert von deutschen Einwanderern Russland: **Sankt Petersburg,** im Zentrum: das Kunstmuseum Eremitage Schweden: **Visby,** Altstadt mit Wikingerflair Spanien: **Santiago de Compostela,** Pilgerstadt mit Kathedrale Syrien: **Damaskus,** Stadt seit der Steinzeit Türkei: **Istanbul,** Haupt-Altstadt der Moscheen und Märkte Usbekistan: **Samarkand,** Oasenstadt Vietnam: **My Son,** 1800 Jahre alte Tempelstadt, deren Bauweise noch nicht enträtselt werden konnte

Unter Wasser? Die älteste (Alt-) Stadt der Welt

Wissenschaft ist auch deshalb spannend, weil man immer wieder mal völlig umdenken muss. Zum Beispiel bei der Suche nach der ältesten Stadt der Welt. Bis ins Jahr 2002 waren Historiker und Archäologen (also Wissenschaftler, die sich mit der Geschichte beschäftigen) davon überzeugt, dass die Siedlung Uruk auf dem Gebiet des heutigen Irak die älteste Stadt der Welt sei. Dann entdeckten Forscher vor der westindischen Küste nahe der Stadt Cambay in etwa 40 Metern Tiefe die Ruinen von zwei flächenmäßig riesigen Städten. Unterwasserarchäologen untersuchten die Ruinen und bargen über 2000 Gegenstände; darunter Tongefäße, Perlen, Skulpturenbruchstücke, einen versteinerten Kieferknochen und menschliche Zähne. Eine gefährliche Strömung auf dem Meeresgrund hinderte die Forscher bislang daran, die alte Stadt genauer zu untersuchen. Die Unterwasserfotografien zeigen aber, dass die viereckigen Bauten der meisten Häuser auf einem massiven Steinfundament ruhten. Der Geologe Glenn Milne (Universität Durham) vertritt die Meinung, dass die Unterwasserstädte und ihre Umgebung wahrscheinlich während der Endphase der letzten Eiszeit vor etwa 12 000 Jahren vom Meer überflutet wurden. Diese Annahme wird durch Untersuchungen bestätigt, bei denen einige der gefundenen Gegenstände mit Hilfe der Radiokarbonmethode (Altersbestimmung kohlenstoffhaltiger Materialien) untersucht und auf die Zeit zwischen 9330 und 7680 v. Chr. datiert wurden. Bevor die Forscher sagen können, ob die Unterwassersiedlung das sagenumwobene, im Meer versunkene Atlantis sein könnte, müssen sie Wege finden, mit den unberechenbaren Gezeitenströmungen am Fundort zurechtzukommen. Eines Tages können dann vielleicht sogar Touristen eintauchen, in die älteste (Alt-)stadt der Welt.

Bastein, Spiele
Computer
2
11

ZOO
Museumsmeile
ZOO
Bibliothek
Rathaus
STADT-
Park

Das Rathaus

Das wichtigste Haus der Stadt

Es liegt meist mitten im Zentrum, häufig direkt am Marktplatz, und es ist das wichtigste Haus der Stadt: das Rathaus, der Dreh- und Angelpunkt des städtischen Lebens. Mit dem Rathaus hat man ein Leben lang zu tun: Die Geburtsurkunde wird hier ausgestellt, das Familienbuch angelegt, der erste Ausweis beantragt, das Schulzeugnis beglaubigt, die Wohnadresse gemeldet, die Hochzeit bezeugt. Ohne all diese behördlichen Vorgänge wäre ein Mensch nichts als ein x-beliebiges Lebewesen, ohne eigenen Namen, eigene Identität. Zumindest rechtlich gesehen. Manche Rathäuser wurden schon im Mittelalter, etwa ab dem Jahr 1200, gegründet. Damals entstanden immer mehr Städte, deren Bürger mächtiger wurden. Sie wollten ihre Macht darstellen und ließen opulente Rathausbauten errichten, in denen ihre Räte tagten. Im Rathaus werden auch heute noch die Geschicke der Stadt gestaltet: Hier tagt der von den Stadtbewohnern gewählte Stadtrat, hier wirkt der vom Stadtrat gewählte Bürgermeister als »Repräsentant« (= Vertreter) aller. In seinem Namen arbeiten in verschiedenen Ämtern Beamte und Angestellte, die die städtischen Entscheidungen und Beschlüsse erarbeiten und umsetzen. Und das betrifft jeden Bürger und viele Bereiche des täglichen Lebens.

Was so alles im Rathaus entschieden wird

- Wie hoch die **Elterngebühren der Offenen Ganztagsschule** sind.
- An welchen Straßen **»Blitzer«** aufgestellt werden.
- Wie lange und wie hell die **Laternen** leuchten.
- Ob ein **Spielplatz** neue Geräte erhält oder nicht.
- Welche Gaststätten **Tische und Stühle im Freien** haben dürfen.
- Ab wann die **Heizperiode** in den Schulen beginnt.
- Welche **Straßen** wie oft gekehrt werden.
- Ob ein **Jugendzentrum** weiter Unterstützung erhält.
- Wann **verkaufsoffene Sonntage** stattfinden dürfen.
- An welchem Tag die **Freibadsaison** beginnt.

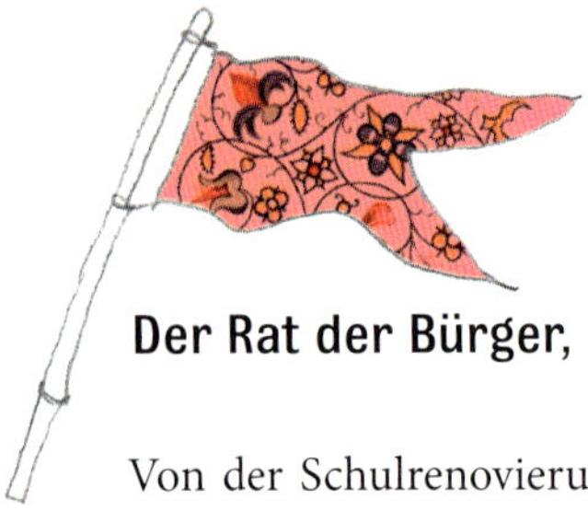

Der Rat der Bürger, der Meister der Bürger

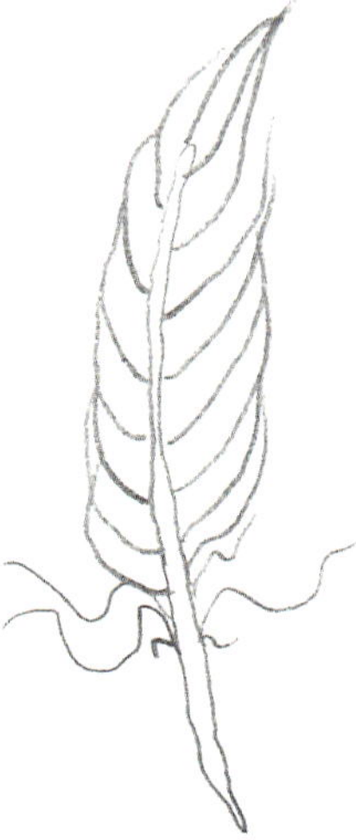

Von der Schulrenovierung bis zur Festlegung von Parkgebühren, vom Umweltschutz bis zur Betreuung »schwieriger« Jugendlicher – der Stadtrat bestimmt und vertritt die Angelegenheiten aller Bürger des Ortes. Er besteht heute aus gewählten Räten, die in Ratssitzungen zusammentreffen, wo sie Themen diskutieren und schließlich mehrheitlich entscheiden. In vielen mittelalterlichen Städten entstand der 12- bis 36-köpfige Rat um das Jahr 1200 herum. Er setzte sich damals allerdings nicht aus gewählten Vertretern aller Stadtbewohner zusammen, sondern nur von solchen der wohlhabenden Bürger. Diese bewiesen durch ihre Ratstätigkeit ihr gewachsenes Selbstvertrauen gegenüber dem Adel und der Kirche, die bis dahin die Macht innegehabt hatten. Im Lauf des 13. Jahrhunderts änderte sich in vielen Städten der Charakter des Rates: Statt die Bürger zu vertreten, herrschten die Räte nur noch im Auftrag weniger Reicher. Deshalb wurde diesen »kleinen« Räten gegen Ende des 13. Jahrhunderts häufig ein »großer Rat« zur Kontrolle an die Seite gestellt. Geleitet wurde der Rat anfangs vom Schultheiß oder Ammann, einem Beamten, der eigentlich die Steuern eintrieb oder Gerichtsurteile sprach. Ab 1250 wurden diese Amtsleute in immer mehr Städten vom Bürger-Meister, also vom »ersten Bürger«, an der Spitze des Rates abgelöst.

Funktionen des mittelalterlichen Rathauses

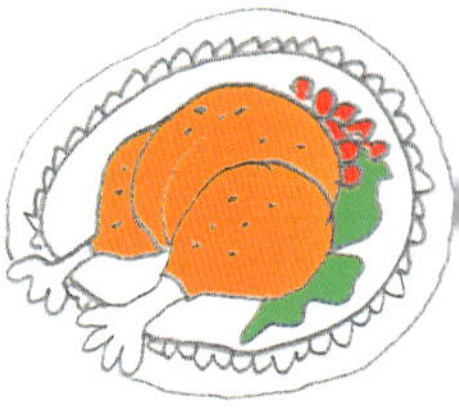

Versammlungsgebäude Zwei- bis dreimal pro Woche tagte dort der Rat der Stadt. Weil die eigentlichen Sitzungen geheim waren, wurden die Fenster und die Türen geschlossen. Anwesenheit war Pflicht. Räte, die zu spät kamen, mussten eine Strafe bezahlen. **Regierungs- und Gerichtsgebäude** Beschlüsse wurden vom Rat gefasst und vom Rathaus aus überwacht und umgesetzt. Gerichtsverhandlungen fanden ebenfalls im Rathaus statt. **Verwaltungsgebäude** Ratsherren gingen vom Rathaus aus ihrer Tätigkeit nach, zum Beispiel dem Eintreiben von Steuern. Der Stadtschreiber war in der Kanzlei untergebracht, einem eigenen, meist sogar beheizten Raum. In Wismar war 1281 sogar ein städtischer Wundarzt im Rathaus beschäftigt. **Festhaus** Im Saal des Rathauses fanden öffentliche und private Feiern statt. Dabei wurden die Speisen oftmals auf dem teuren Ratssilber gereicht. Zum Tanz spielte die städtische Kapelle auf. **Wirtschaftsgebäude** Vielerorts dienten einige Räume des Rathauses auch zum Verkauf von Waren. So wurden zum Beispiel Fleisch und Brot im 13. Jahrhundert häufig im Rathaus oder zumindest in dessen Nähe verkauft. **Lager** In Städten wie Köln, Dresden und Oldenburg wurden Waffen für den Kriegsfall in »Rüstkammern« aufbewahrt, die sich im Rathaus befanden. Im Dachstuhl vieler Rathäuser wurde außerdem Getreide gelagert.

Das Coburger Rathaus um 1700

Der Gemächer auf diesem alten und neuen Rathaus bedienet sich teils Hochfürstliche Herrschaft, teils der Rat und zum Teil gemeine Stadt und Bürgerschaft. In dem Unterstock ist die Ratsstube, worinnen sich der regierende Bürgermeister täglich, die übrigen Ratsglieder aber wöchentlich drei mal bei denen Rats-Sessionen finden lassen. Ein sehr großer Saal im selbigen Stock, der Tanzboden genannt, wird bei gemeinen Hochzeiten für einen Tanzplatz, sonsten aber bei Jahrmarktszeiten von denen Tuchhändlern zur Verkaufung ihrer Tücher gebraucht. Unten im Hof wohnet der Zolleinnehmer, welcher zugleich den Ratskeller, darinnen allerhand Weine verzapfet werden, mit versiehet.

Der Autor und Stadtchronist Georg Paul Hönn (1662–1747) in seinem zweibändigen Werk SACHSEN-COBURGISCHE HISTORIA, veröffentlicht 1700.

Drei Prager Fensterstürze

Rathausfenster dienen nicht nur dazu, Licht und Luft hereinzulassen. Vielmehr kann man durch sie auch unliebsame politische Gegner loswerden, indem man sie einfach aus dem Fenster wirft. Diese sogenannte Defenestration war im Mittelalter ein Mittel, um ein unmissverständliches Machtwort zu sprechen. In Prag ereigneten sich im Lauf der Geschichte gleich drei Fensterstürze. Im Neustädter Rathaus defenestrierten im Jahr 1419 Anhänger des hingerichteten Kirchenreformers Jan Hus (1370–1415) sechs katholische Ratsherren, die draußen aufgespießt wurden. Auf der Prager Burg warfen Protestanten im Jahr 1618 drei Vertreter des ungeliebten österreichischen Kaisers Matthias sowie einen Schreiber aus dem Fenster. Zwei der vier überlebten laut Legende wie durch ein Wunder, weil sie auf einem Misthaufen landeten. Am 10. März 1948 stürzte der tschechoslowakische Außenminister Jan Masaryk im Schlafanzug aus dem Fenster seines Büros. Vermutlich wurde er von Geheimpolizisten gestoßen, aber das konnte niemals bewiesen werden.

Rathäuser

England **Town Hall**
Frankreich **Hôtel de ville**
Italien **Municipio**
Japan **Shiyakusho**
Niederlande **Gemeentehuis**
Polen **Ratusz**
Portugal **Prefeitura**
Ungarn **Tanács**
USA **City Hall**
Türkei **Belediye binası**

Zwanzig Rathausgründungsjahre

Hamburg 1216, **Hannover** 1230, **Magdeburg** 1240, **Dortmund** 1241, **Zürich** 1251, **Basel** 1259, **Augsburg** 1260, **Erfurt** 1270, **Bern** 1280, **Dresden** 1295, **Breslau** 1299, **Freiburg (Breisgau)** 1303, **Freiburg (Schweiz)** 1304, **München** 1310, **Würzburg** 1316, **Luzern** 1318, **Straßburg** 1321, **Danzig** 1327, **Prag** 1338, **Wien** 1341

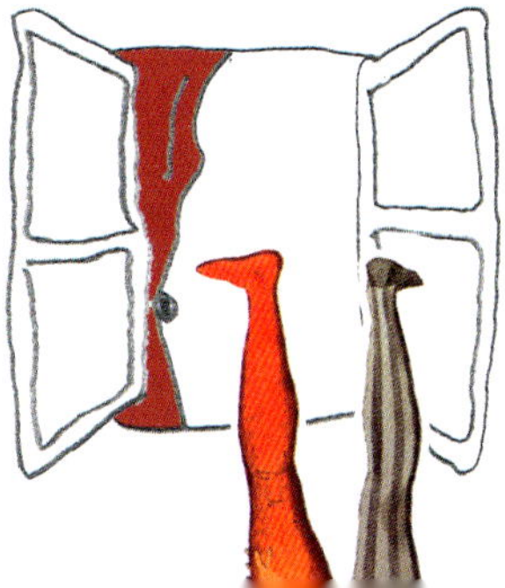

Einige Bürgerrechte in der Europäischen Union

Welche Verwaltung zuständig ist, das hängt immer vom Sachverhalt ab, um den es geht: Die Parkgebühren und das Eintrittsgeld zum Schwimmbad werden zum Beispiel von der Gemeinde festgelegt. Wenn es um Schulangelegenheiten geht, bestimmt das Bundesland. Der Bau und die Instandhaltung von Bundesstraßen liegen beim Bund. Und viele Angelegenheiten werden mittlerweile auch auf europäischer Ebene geregelt. Zum Beispiel die Bürgerrechte.

Niemand darf wegen seines Aussehens, seines Geschlechtes oder seines Glaubens benachteiligt werden. Jeder Bürger kann den Beruf ausüben, den er ausüben möchte. Jedermann hat das Recht auf ein Privatleben, das den Staat nichts angeht. Man hat das Recht, jederzeit seine Meinung zu sagen und zu veröffentlichen. Angeklagte müssen ein faires Gerichtsverfahren erhalten. Dies beinhaltet auch die Vertretung durch einen Anwalt. Ärzte dürfen nicht dazu gezwungen werden, Informationen über ihre Patienten preiszugeben. Jeder Bürger der Europäischen Union kann in den Mitgliedsländern frei reisen. Bürger der Europäischen Union können in Ländern der Union, die sie als Wohnsitz gewählt haben, an den Wahlen teilnehmen, und zwar als Wähler oder als Kandidaten. Beschwerden über Benachteiligungen können beim Petitionsausschuss des Europäischen Parlamentes eingebracht werden.

Wie man Ehrenbürger einer deutschen Stadt werden kann

Wenn man sich um das Wohl der Stadt verdient gemacht hat. Wenn man zum Ansehen der Stadt in der Welt beigetragen hat. Wenn man es als Kind der Stadt zu großer Berühmtheit gebracht hat. Wenn man viele Jahre lang in der Politik der Stadt aktiv war. Wenn man sich über einen längeren Zeitraum ehrenamtlich für andere Bewohner der Stadt eingesetzt hat. Wenn der Rat (das Parlament) der Stadt der Ehrenbürgerschaft zugestimmt hat. Wenn man von einem anderen Bürger der Stadt vorgeschlagen wurde. Wenn man bereit ist, die Ehrenbürgerurkunde der Stadt persönlich entgegenzunehmen.

Warum die Demokratie gut ist

Weil alle Staatsgewalt von den Bürgern ausgehen und ihnen dienen soll. Weil letztlich die Bürger selber entscheiden sollen, welche Politik sie für gut und richtig halten. Weil die Staatsgewalten nicht in einer Hand liegen, sondern auf das Parlament, die Regierung und das Gerichtswesen verteilt werden sollen. Weil statt der Willkür die Gesetze herrschen sollen, die Mann und Frau, Arm und Reich, religiöse und nichtreligiöse Menschen streng gleich behandeln. Weil die Demokratie die unveräußerlichen Menschenrechte anerkennt. Weil die Demokratie die freie Diskussion aller Bürger nicht bloß erlaubt, sondern sowohl fordert als auch fördert. Weil die Demokratie für die Bildung und Ausbildung aller Bürger sorgt. Weil die Demokratie gegen Diskriminierung, gegen Armut, gegen Arbeitslosigkeit und für den Umwelt- und Klimaschutz kämpft. Weil die Demokratie den Rechtssinn, den Gerechtigkeitssinn und den Gemeinsinn ihrer Bürger fördert. Weil zur Demokratie nicht nur Wahlen, sondern auch Volksabstimmungen und Volksinitiativen gehören. Weil die Bürger einer Demokratie weder das Geld noch die (Fernseh-)Unterhaltung für das Wichtigste im Leben ansehen. Weil die Demokratie der Familie und der Religion, der Wirtschaft, der Wissenschaft und Forschung, der Literatur, Musik und Kunst ihre Eigenrechte lässt. Weil eine gute Demokratie eine kinderfreundliche Politik betreibt, statt durch zu viele Staatsschulden auf Kosten der Kinder und Kindeskinder zu leben. Weil eine europäische Demokratie sich in die Europäische Union einfügt und sich für eine Weltrechtsordnung einsetzt.

Nachgefragt bei Otfried Höffe, geboren 1943, Philosoph, Leiter der Forschungsstelle politische Philosophie in Tübingen (wo besonders kluge Menschen über die Grundlagen von Politik und Gesellschaft nachdenken).

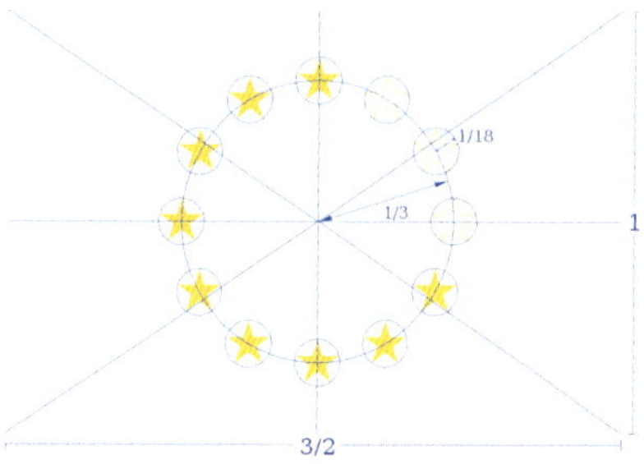

Ämter der Stadt Kiel

Die Verwaltungen der Städte teilen ihre Arbeit in verschiedene Bereiche auf, die von einzelnen Ämtern übernommen werden. Kiel ist eine typische Großstadt; Hafen- und Seemannsämter gibt es allerdings nur in Städten, die wie Kiel nahe am Wasser gebaut sind.

Amt für zentrale Informationsverarbeitung, Bauordnungsamt, Einwohnermeldeamt, Gewerbeamt, Grünflächenamt, Gesundheitsamt, Hafen- und Seemannsamt, Hochbauamt, Jugendamt, Kulturamt, Liegenschaftsamt, Ordnungsamt, Personal- und Organisationsamt, Rechnungsprüfungsamt, Rechtsamt, Sozialamt, Sportamt, Stadtvermessungsamt, Standesamt, Steueramt, Tiefbauamt, Umweltschutzamt, Wohnungsamt

Das Goldene Buch, ein Eldorado für Autogrammsammler

Beim Studium der Unterschriften dieses Buches würde manch Autogrammsammler vor Neid erblassen: Im Goldenen Buch einer Stadt dürfen sich die Besucher verewigen, die die Stadtregierung als Ehrengäste betrachtet. Bei den Goldenen Büchern handelt es sich um schwere, edel gestaltete, eindrucksvoll aussehende Werke, die als Einzelexemplare hergestellt werden. Kalligraphen (Schreibkünstler) formulieren die Einträge der berühmten oder zumindest wichtigen Gäste vor, so dass diesen keine Schreibfehler unterlaufen können. Das Hamburger Goldene Buch ist eine Kassette, in der lose Blätter mit den Eintragungen der Ehrengäste gesammelt werden. Die Bürgermeisterfamilie Petersen stiftete es in den 1890er Jahren. Der ehemalige Kanzler des Deutschen Reiches, Otto von Bismarck, trug sich im Oktober 1897 ein, drei Jahre vor Kaiser Wilhelm II. Zuletzt verewigten sich in den Jahren 2008 zum Beispiel der Dalai Lama und die norwegische Kronprinzessin Mette-Marit sowie im Jahr 2009 Bundeskanzlerin Angela Merkel und der polnische Ministerpräsident Donald Tusk. Das Goldene Buch der Stadt Bonn wurde 1926 eingeführt und besteht aus handgeschöpftem Büttenpapier. Zurzeit ist der dritte Band im Einsatz, er wiegt acht Kilogramm. Das Bonner Goldene Buch ist besonders interessant, weil die Stadt am Rhein von 1949 bis 1999 (west-)deutscher Regierungssitz war, weshalb sich viele ausländische Politiker ins Goldene Buch eintrugen. Mit dabei sind aber auch die deutschen Fußballweltmeister von 1954 und Neil Armstrong, der erste Mensch auf dem Mond. Für ihre Autogramme würden Sammler ein Vermögen geben.

Warum es sich lohnt, Oberbürgermeisterin der Stadt Bonn zu werden

Antworten von: Bärbel Dieckmann, geboren 1949, ausgebildete Lehrerin. Oberbürgermeisterin der Stadt Bonn von 1994 bis 2009.

Weil man immerzu und allerorten mit vielen spannenden Menschen aus aller Welt und aus allen gesellschaftlichen Bereichen zusammenkommt. Weil man seine Stadt an jedem Tag derart mitgestalten kann, dass sich die Bürger in ihr genauso wohl fühlen wie die Bürgermeisterin. Weil man sich tagtäglich gegen Arbeitslosigkeit, gegen Armut und für gute Lernbedingungen an den Schulen engagieren kann. Weil man Abend für Abend Termine hat und deshalb selten in Versuchung gerät, wertvolle Zeit mit schlechten Fernsehprogrammen zu verschwenden. Weil man von Montag bis Sonntag dafür eintreten kann, dass bessere Lebensbedingungen für Familien herrschen, und zwar für Jung und Alt. Weil man sich rund um die Uhr auch in seiner Stadt für Anliegen einsetzen kann, die die ganze Welt betreffen. Stichwort Klimawandel. Weil man für langfristige Entwicklungen verantwortlich ist – und deshalb jederzeit auch die Erwachsenen von morgen mit ihren Interessen im Blick haben muss.

Von der Wiege bis zur Bahre: Formulare, Formulare

Formulare sind Vordrucke, die von Bürgern ausgefüllt werden müssen, wenn sie der Gemeinde oder der Stadt, in der sie leben, etwas mitteilen wollen. Mit Hilfe des Formulars soll ein Antragsteller dazu gebracht werden, genau die Informationen zu liefern, die nötig sind, um seinen Antrag bearbeiten zu können. Formularen begegnet man häufig dann, wenn standardisierte (also immer wieder in solchen Fällen wichtige) Informationen gefragt sind. Der Spruch »Von der Wiege bis zur Bahre: Formulare, Formulare« rührt daher, dass viele Verwaltungen dazu neigen, immer mehr Formulare einzuführen, die dann einen Menschen ein Leben lang begleiten.

(Rathaus-)Verwaltung von A bis Z

Aktenzeichen Bezeichnung einer Akte, damit diese zugeordnet und wiedergefunden werden kann. **Budget** Haushalt. Menge des vorhandenen Geldes für einen bestimmten Bereich, wie zum Beispiel Straßenbau. **Client** Einzelner Computerarbeitsplatz, der mit einem zentralen Server in Verbindung steht. **Datenschutz** Notwendigkeit, persönliche Angaben von Bürgern gegen unerlaubten Zugriff zu sichern. **»Eh-da-Kosten«** Aufwendungen, die nicht durch ein Budget abgedeckt werden müssen, weil sie sowieso »da« sind. Zum Beispiel Gebäude und Räume. **Frauenbeauftragte** Sorgt dafür, dass Frauen im Amt nicht benachteiligt werden. **Gemeinkosten** Kosten, die für mehrere Projekte parallel anfallen, also nicht in einem einzigen Budget verrechnet werden können. **Hierarchie** Rangordnung in einer Behörde. Wer oben ist, hat das Sagen. **Innovation** Erneuerung. Wenn neue Ideen durchgesetzt werden. **Jahresabschluss** Feststellung des Überschusses/Gewinns/Verlustes eines Jahres durch Verrechnung der Kosten mit den Einnahmen. **Kaizen** Aus dem Japanischen stammender Begriff. Beschreibt die Absicht, die Arbeitsprozesse ständig zu verbessern. **Lebensbescheinigung** Formular, das zum Beispiel Deutsche im Ausland benötigen, wenn sie eine Rentenzahlung beantragen wollen. **Mobbing** Wenn ein Mitarbeiter von den Kollegen schikaniert wird. **Nachhaltigkeit** Versuch, Arbeitsprojekte schonend und im Einklang mit der Natur zu gestalten. **Outsourcing** Abgabe von Arbeit gegen Geld an nicht behördliche Mitarbeiter. **PUMA** Abkürzung für »Public Management«. Organisation der öffentlichen Verwaltung. **Quasi-Lösung** Wenn keine klare Entscheidung gefällt werden kann, sondern mehrere Möglichkeiten vorhanden sind. **Reliabilität** Zuverlässigkeit bzw. Genauigkeit einer Messung. **Sachbearbeiter** Mitarbeiter, der für ein bestimmtes Sachgebiet zuständig ist. **Top down** Arbeitsprozess, der von oben nach unten, also von den Chefs zu den Mitarbeitern verläuft. Zum Beispiel, wenn ein bestimmtes Ziel von der Behördenleitung vorgegeben wird. **Unternehmenskultur** Bezeichnet die Art und Weise, wie ein Unternehmen/eine Abteilung sich verhält und arbeitet. **Vision** Zukunftsaussicht; Planziel. **Weisung** Aussage, was genau ein Untergebener zu tun hat. **Zeichnung** Wenn eine Verfügung durch die Unterschrift des Verantwortlichen rechtlich gültig gemacht wird.

Leipzig und die beiden Rathäuser mit dem höchsten Turm

Fortiter in re, suaviter in modo, constanter in se (lat. »Streng in der Sache, mild in der Form, treu sich selbst«), so lautet eine Inschrift über den Fenstern des Festsaals des Leipziger Neuen Rathauses. In Sachen Rathaus ist Leipzig eine Stadt der Superlative: Die sächsische Metropole verfügt gleich über zwei historisch bedeutsame Rathausbauten, und eines dieser beiden Gebäude beeindruckt auch noch mit dem höchsten Rathausturm Deutschlands (114,7 Meter). *Mors certa, hora incerta* (lat. »Der Tod ist gewiss, die Stunde ungewiss«), so lautet eine Inschrift an der großen Rathausuhr. Ein Motto, eigentlich wie geschaffen für das alte Rathaus: Sein Abriss wurde zwar in den 1870er Jahren beschlossen, nur der genaue Zeitpunkt stand noch nicht fest. Durch die Industrialisierung und viele Eingemeindungen war das im 16. Jahrhundert entstandene Gebäude viel zu klein geworden. Stadtbaumeister Hugo Licht setzte in weiser Voraussicht allerdings durch, dass das alte Rathaus dann doch stehen blieb. Stattdessen musste ein paar Meter weiter die Mitte des 16. Jahrhunderts zur Festung ausgebaute Pleißenburg weichen. Sie wurde dem Staat Sachsen abgekauft und abgerissen. Auf ihren Fundamenten errichtete man das neue Rathaus. Was auch dessen burgähnliches Aussehen und die Inschrift *Arx nova surrexit* MDCCCXCIX–MDCCCCV auf der Fassade erklärt: »Eine neue Burg ist entstanden. 1899–1905«.

Rathäuser mit Turm

Entstehung: 13. bis 16. Jahrhundert
Augsburg, Bautzen, Berlin, Chemnitz, Brandenburg, Eichstätt, Erfurt, Freiberg, Görlitz, Jena, Köln, Leipzig, Löbau, Lübeck, München, Passau, Würzburg

Elemente mittelalterlicher Rathäuser

Freitreppe Treppenstufen, die in einem überdachten Podest endeten, von dem aus öffentliche Verkündigungen getan wurden, zum Beispiel Verordnungen und Urteile. **Laube** Kleinere Extrabauten in der Nähe des Rathauses bzw. als Anbau. Diese Lauben hatten meist ein offenes Erdgeschoss, in ihnen wurden häufig Lebensmittel verkauft. Mancherorts wurden die Lauben auch als Gerichtsgebäude verwendet. **Ratskapelle** Viele Rathäuser enthielten Kapellen oder zumindest geweihte Räume, in denen vor einer Ratssitzung ein Gottesdienst abgehalten wurde. **Ratsturm** Dienten häufig dort für Verkündigungen, wo es keine Lauben gab. Diese wurden mit dem Läuten der Ratsturmglocken rechtskräftig. Mitunter waren in den Ratstürmen auch Kerkerzellen zu finden. Außerdem war in ihnen in vielen Städten das Archiv mit wichtigen Dokumenten untergebracht.

Die Stadtbücherei

Karl Preusker, die Volksbücherei und die 132 Bücher

Für wenig Geld ganze Welten entdecken zu dürfen, diesen Vorzug genießen die Nutzer von Bibliotheken: Statt einem einzigen Leser steht ein Buch hier möglichst vielen zur Verfügung; man braucht nur einen Ausweis. Und natürlich eine Volks- oder Stadtbücherei in der Nähe. Dass es heute so viele öffentliche Büchereien gibt, ist nicht zuletzt dem Amtmann Karl Benjamin Preusker (1786–1871) zu verdanken. Nachdem die Kirchenbibliothek seines Heimatortes im Jahr 1744 abgebrannt war, herrschte in Großenhain (Sachsen) jahrzehntelang eine Leseödnis. Preusker wollte Abhilfe schaffen – und eröffnete mit 132 geschenkten Büchern am 24. Oktober 1828 die erste deutsche Volksbücherei. Eine Bücherei, die Geschichte machen sollte: Preuskers Grundgedanke, dass Bildung für alle zugänglich sein soll, zeigte enorme Sprengkraft. Er führte letztlich dazu, dass es heute in fast jeder Stadt eine Stadtbücherei gibt. Die »Karl-Preusker-Bücherei« ist aber auch eine Bibliothek, die auch heute noch munter weiter existiert: In der Poststraße 10 in Großenhain erstrahlt sie frisch renoviert in neuem Glanz. Nach vielen Umzügen ist der Bestand damit genau in dem Gebäude gelandet, in dem Karl Preusker vor 180 Jahren als städtischer Beamter gearbeitet hatte.

Eine kurze Geschichte der deutschen Bibliotheken

Bis ins späte Mittelalter (12. Jahrhundert) lag das Bildungswesen vorwiegend in den Händen der Kirche. Bücher wurden deshalb meist in Kloster- oder Dombibliotheken gesammelt. Im 13. Jahrhundert entstanden in den Städten die ersten nichtkirchlichen Bibliotheken. Nach den reinen Gelehrtenbibliotheken bildeten sich Ratsbüchereien heraus, die der städtischen Verwaltung dienten, so zum Beispiel die 1370 entstandene Ratsbibliothek in Nürnberg, die älteste Stadtbibliothek Deutschlands. Mit der Erfindung des Buchdrucks im 15. Jahrhundert entwickelte sich eine wahre Bücherflut, die den mittlerweile vielfach gegründeten Universitäts- und Hofbibliotheken großen Zuwachs verschaffte. Bereits in der zweiten Hälfte des 18. Jahrhunderts taten sich Bücherfreunde in Lesezirkeln und Lesegesellschaften zusammen. Unterstützt von den Kirchen, bürgerlichen Bildungsvereinen und der Arbeiterbewegung entstanden auf dieser Grundlage ab 1850 zahlreiche Volksbüchereien. Im 19. Jahrhundert wurden neben den Landes- und Nationalbibliotheken auch viele Spezialbibliotheken gegründet, die Bücher zu einem bestimmten Fachgebiet vereinten.

Aus dem Einmaleins des Bibliotheksbaus

Wie baut man eigentlich eine Bibliothek? Diese Frage stellte sich der Italiener Leopoldo della Santa im Jahr 1816. Bibliotheken hatten damals noch keine speziellen Gebäude, sie waren hier und da untergebracht. Auf seine Anregung hin wurden spezielle Bibliotheksbauten geplant und errichtet. Immer öfter gab es (beheizte) Lesezimmer und später auch Lesesäle. Die Bibliotheken gliederten sich in drei Bereiche: das Magazin, in dem die Bücher lagerten, die Verwaltung mit den Arbeitsräumen für die Angestellten und die Räume für die Nutzer. Die Lesesäle hatten häufig runde (London, Paris) oder halbrunde (Leipzig, Berlin) Grundrisse, die Magazin- und Verwaltungstrakte blieben eckig. Die Art des Lesens änderte sich durch die neue Bauweise: Das Lesen wurde ein öffentlicher Vorgang, der Lesesaal war ein bisschen auch eigenes Wohnzimmer. Aber auch die Aufgabe des Bibliothekars veränderte sich: Vom dienenden Aufschließer der Buch-Archive im 17. Jahrhundert wurde er zum partnerschaftlichen Gegenüber des Lesers, dem er den Weg durch die Bücherfluten bahnte.

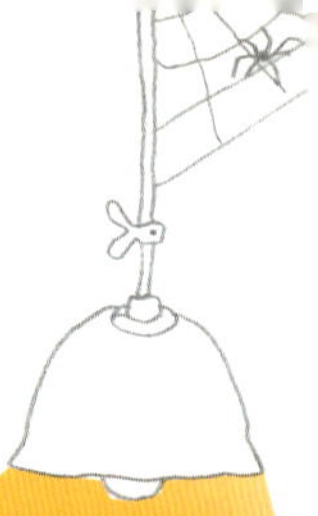

Öffentliche Bibliotheken in Deutschland

Bibliotheksstandorte 10 365
Medienbestand 126 Millionen
Entleihungen / Jahr 363 Millionen
Mitarbeiter 12 327
Aktive Nutzer 8,12 Millionen
Besucher / Jahr 122 Millionen
Besucher / Tag 670 000
Ausgaben (in Euro) 826 Millionen
Ausgaben für Medien (in Euro) 95 Millionen
Veranstaltungen ca. 280 000

Stand: 2007, *Quelle* Deutsche Bibliotheksstatistik

Die zehn Faulkner-Kriterien des Bibliotheksbaus

Die Wissensexplosion und die unendliche Zahl an neu erscheinenden Büchern veränderten die Art der Bibliotheksneubauten Mitte des 20. Jahrhunderts grundlegend. Der amerikanische Bibliotheksbaumeister Harry Faulkner-Brown entwarf einen Katalog von zehn Kriterien, die zu neuen Leitlinien für den modernen Bibliotheksbau werden sollten. **Flexibel** Die Räume müssen nach Bedarf umbaubar sein **Erweiterbar** Nach oben, nach unten, zur Seite muss Platz für zusätzlichen Raum bleiben **Kompakt** Möglichst kurze Wege **Ökonomisch** Möglichst wirtschaftlicher Betrieb **Zugänglich** Übersichtliche Raumgestaltung **Komfortabel** Schaffung eines angenehmen Arbeitsklimas **Gut organisiert** Schnelle, einfache Zugänglichkeit aller Materialien **Abwechslungsreich** Verschiedene Arten von Arbeitsplätzen **Sicher** Schutz von Büchern und Nutzern gleichermaßen **Konstant** Unabhängigkeit von Umwelteinflüssen zum Schutz des Buchbestandes

Vier besondere Bibliotheksbauten

Die **Bibliotheca Alexandrina**, deren hochmoderner Bau sich höchst auffällig von seiner Umgebung abhebt, wurde 2002 in Alexandria (Ägypten) eröffnet. An der dem Meer zugewandten Seite beeindruckt ein wellenförmiges Glasdach von 160 Metern Durchmesser, das sich aus einem Wasserbecken erhebt. Die 32 Meter hohe Südmauer besteht aus 3000 Granitsteinen, in die Schriftzeichen aus aller Welt eingearbeitet sind. Mit diesem Neubau wurde nach 2050 Jahren die 48 v. Chr. abgebrannte, größte Bibliothek der Antike wiederbelebt. Wie der riesige, reich verzierte Stadtpalast eines wohlhabenden Bildungsfürsten wirkt das Gebäude der **Bibliotheca Marciana** in Venedig, das von 1537 bis 1588 geplant und erbaut wurde. In dem Gebäude finden sich wertvolle Handschriften aus antiker Zeit, die der Bibliothek von Mäzenen (Spendern) vermacht wurden. Kardinal Bessarion (1403–1472) hatte seine Schenkung von lateinischen und altgriechischen Originalen 1468 an die Bedingung geknüpft, dass sie in einem würdigen Gebäude untergebracht würden. Einem Ausflug in die Welten von STAR WARS, STAR TREK und Co. gleicht der Besuch der 2005 eröffneten **Philologischen Bibliothek der Freien Universität Berlin**. Ihr blasenförmiger Bau sieht aus wie ein riesiges Ufo, das versehentlich mitten in der Stadt gelandet ist. Der Bibliotheksbau wurde von dem englischen Architekten Sir Norman Forster (geb. 1935) entworfen. Die Berliner haben ihn »The Berlin Brain« getauft. Auch deshalb, weil das Gebäude nicht nur schick aussieht, sondern umwelttechnisch auch höchst durchdacht ist. Die **National Library of Australia** in Canberra (Australien) gilt aufgrund einer baulichen Besonderheit als Geheimtipp für sportbegeisterte Leser und Nicht-Leser: Die nördliche Außenwand dieser staatlichen Bibliothek wirkt mit ihren riesigen Betonblöcken wie die Eiger-Nordwand der Alpen und ist ein Paradies für Kletterer.

Bibliothek des Jahres

2000 Stadtbibliothek Heinrich Heine, Halberstadt 2001 Johannes a Lasco Bibliothek, Emden 2002 Niedersächsische Staats- und Universitätsbibliothek, Göttingen 2003 Stadtbücherei, Würzburg 2004 Städtische Bibliotheken, Dresden 2005 Stadtbüchereien, Hamm 2006 Universitätsbibliothek, Cottbus 2007 Gefangenenbücherei der Justizvollzugsanstalt, Münster 2008 Bayerische Staatsbibliothek, München

Die Bibliothekare und die Barbaren

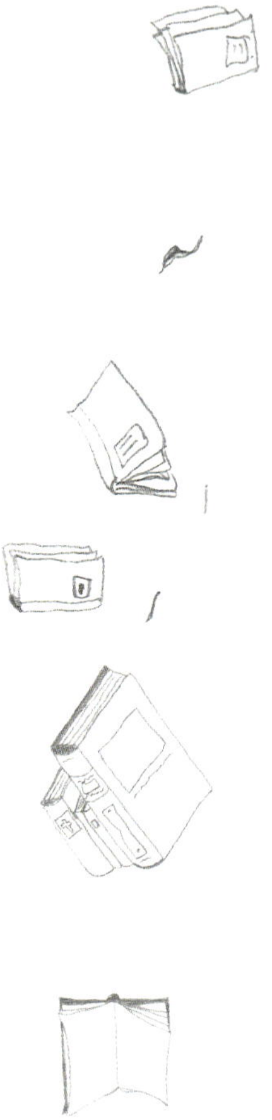

Auch für Bibliotheken und Bibliothekare war die Machtübernahme der Nationalsozialisten im Jahr 1933 eine Katastrophe: Tausende von Büchern wurden verboten, aus den Bibliotheken verbannt und zum Teil sogar öffentlich verbrannt. Um die 100 Millionen Exemplare, so schätzen Geschichtswissenschaftler, sind dem Vernichtungswillen allein in Deutschland zum Opfer gefallen. Aus Furcht vor der Macht der Bücher beauftragten die Nationalsozialisten während ihres Feldzuges durch Europa ein spezielles »Kulturkommando« damit, auch ausländische Bibliotheken zu zerstören. Diese Spezialeinheit durchsuchte und plünderte im Zweiten Weltkrieg 375 Archive, 402 Museen, 531 Institute und 957 Bibliotheken. Was wertvoll war, wurde beschlagnahmt, der Rest verbrannt. Welche Macht das gedruckte Wort tatsächlich haben kann, bewiesen zur selben Zeit die geheimen Bibliotheken, die in den deutschen Konzentrationslagern und Ghettos existierten. Sie waren für die Häftlinge Zeichen der Hoffnung auf eine bessere Welt. Im KZ Birkenau verbarg der Blockälteste in einer Wohnbaracke unter Lebensgefahr acht Bücher, die er ständig verlieh. Und die kleine Bücherei im Ghetto der Stadt Wilna konnte ein knappes Jahr nach ihrer Gründung schon die hunderttausendste Entleihung feiern. Ein Sieg der Bibliothekare über die Barbaren.

Brennende Büchereien

Die Soldaten der chinesischen Volksbefreiungsarmee plünderten und zerstörten bei der Besetzung Tibets im Jahr 1951 über 6000 Klöster, Tempel und historische Bauten der tibetischen Kultur. Die schmalen, typisch tibetischen Bücher in safrangelbem Einband wären dabei beinahe vollständig vernichtet worden – hätten nicht mutige Mönche unter Einsatz ihres Lebens einige Exemplare auf Pferden und Maultieren über die verschneiten Berge nach Indien gerettet. Auf Sri Lanka (Inselstaat im Indischen Ozean) führen Tamilen und Singhalesen seit den 1980er Jahren einen erbitterten Kampf gegeneinander. Im Jahr 1981 setzten Singhalesen die Tamilen-Bibliothek von Jaffa in Brand. Dort lagerten Tausende von Palmblätter-Rollen, also handgeschriebene Dokumente, die von der Kultur, der Geschichte und vom Zusammenleben der Völker in Südasien erzählten. Die unschätzbar wertvollen Originale wurden bei dem Brand zum größten Teil zerstört. Im März 2001 verbrannte der Pastor einer radikal-christlichen Gemeinde in Pittsburgh (USA) während eines »book-burning«-Gottesdienstes unter anderem die HARRY POTTER-Romane. Die Geschichten von Joanne K. Rowling würden Zauberei und Hexenkult verherrlichen, so lautete seine Begründung.

Fünf bedeutende Bibliotheken

England Universitätsbibliothek Cambridge. Das Gebäude mit dem 48 Meter hohen Turm wurde 1931–1934 gebaut. Jeder Verlag, der in Großbritannien oder Irland ein Buch veröffentlicht, muss dieser Bibliothek ein Exemplar kostenlos zur Verfügung stellen. Sie enthält fast sieben Millionen Titel. **Frankreich** Neue Nationalbibliothek, Bibliothèque nationale François Mitterrand, Paris. Spektakulärer Neubau, der am 20. Dezember 1996 eröffnet wurde. 60 000 Quadratmeter groß, mit vier 79 Meter hohen Türmen versehen und um einen 12 000 Quadratmeter großen Garten herum gebaut. Bestand: 30 Millionen Bücher und Drucke. Jahr für Jahr kommen 50 000 Exemplare hinzu. **Österreich** Universitäts- und Landesbibliothek Tirol, Innsbruck. Gegründet am 22. Mai 1745. Enthält einen Bestand von ca. 3,5 Millionen Büchern; außerdem 11 167 elektronische, 7808 gedruckte Zeitschriften und 110 Datenbanken. Bietet den 23 068 aktiven von insgesamt 97 597 registrierten Benutzern auf 10 190 Quadratmetern insgesamt 1044 Arbeitsplätze und 193 Computerarbeitsplätze mit Internetzugang. **Russland** Staatsbibliothek, Moskau. Gegründet als öffentliche Bibliothek am 1. Juli 1862. Seit den 1920er Jahren Staatsbibliothek der UdSSR bzw. Russlands. Enthält auf ca. 275 Kilometer Regallänge 42 Millionen Titel. Dazu gehören auch ca. 500 000 Handschriften und über 350 000 Notenbücher. **Schweiz** Nationalbibliothek, Bern. Gegründet 1895 in einer einfachen Wohnung, seit 1899 in verschiedenen Archiv- und Bibliotheksbauten untergebracht. Hat den Auftrag, alle Veröffentlichungen seit der Staatsgründung 1848 zu sammeln, die mit der Schweiz oder mit Schweizer Bürgern zu tun haben.

Die Kölner Stadtbibliothek in Zahlen

Nutzer / Mitglieder 90 000 **Davon Kinder und Jugendliche** 35 000 **Medien / Bücher** Ca. 1 000 000 **Davon Kinder- und Jugendbücher** 140 000 **Nutzungen / Jahr** 5 900 000 **Gesamtfläche** 14 500 m^2 **Verbauter Beton** 8500 m^3 **Stahl** 1000 t **Lampen** 7500 **Leseplätze** 300 **Veranstaltungen / Jahr** 1800 **Laufleistung Bücherbus / Jahr** 13 000 km **Anschaffungen / Jahr** 95 000 Medien

Stand: 2008, *Quelle* Stadtbibliothek Köln

Der Brand in der Anna-Amalia-Bibliothek

Weimar, 2. September 2004. Überall in der Stadt sind die heulenden Sirenen der Feuerwehr zu hören, und der Wind weht die angebrannten Papierfetzen bis in die Vorstädte. Ein Kabelbrand hat die Holzvertäfelungen des historischen Rokokosaals der weltberühmten Herzogin-Anna-Amalia-Bibliothek zu Weimar in Minutenschnelle in ein Flammenmeer verwandelt. Die Bibliothek, die von 1797 bis 1832 von dem berühmten deutschen Dichter, Naturwissenschaftler und Politiker Johann Wolfgang von Goethe geleitet wurde, war und ist eine der bedeutendsten (Forschungs-)Stätten der Weimarer Klassik, einer sehr wichtigen Epoche (= Phase) der europäischen Kunst und Literatur. In der Nacht des Brandes und in den Tagen danach arbeiteten 900 Helfer fieberhaft daran, Tausende Kunstwerke und Bücher aus dem Gebäude zu sichern. Weimarer Bürger sammelten die verkohlten Bücherseiten ein und brachten sie zur Sammelstelle. Rund 50 000 Bücher und Dokumente, vielfach wertvolle Einzelstücke, verbrannten im Feuer. Weitere 34 000 Werke, die sich im Stockwerk unter dem Brandherd befunden hatten, erlitten durch die 400 000 eingesetzten Liter Löschwasser und 1500 Liter Löschschaum massive Schäden. Seitdem arbeiten Wissenschaftler, Bibliothekare und Buchrestauratoren an der Rettung und Wiederherstellung des Buchbestandes. Über 22 Millionen Euro wurden gespendet, um die Bibliothek wiederaufzubauen. Am 24. Oktober 2007 wurde sie wiedereröffnet.

Die Rückentransplantation und andere Tricks zur Rettung von Büchern

Tieffrieren und Gefriertrocknen Die vom Löschwasser nassen Bücher werden bei minus 20 Grad eingefroren, damit sich kein Schimmel an ihnen bildet. Verpackt in Schutzhüllen, werden sie anschließend in Vakuumkammern gefriergetrocknet. Bei diesem Vorgang verflüchtigt sich das Wasser, es wird als Wasserdampf in einer Kühlanlage aufgefangen. Durch das Gefriertrocknen kann man verhindern, dass die Buchseiten verkleben, die Tinte verwischt und neue Wasserränder entstehen. **Spaltung** Ein brüchiges Blatt wird mit Hilfe einer speziellen Maschine zunächst an beiden Seiten durch hauchdünne, mit einem Spezialkleber versehene Papierbahnen verstärkt. Dann wird es befeuchtet und in der Mitte gespalten. Danach fügt die Maschine ein sehr feines, reißfestes Japanpapier zwischen die Originalhälften, die im nächsten Schritt wieder zusammengepresst werden. Die Seite ist repariert. **Buchrückentransplantation** Beim »Boardslotting-Verfahren« wird der beschädigte Buchrücken zunächst mit Wachs eingerieben, um ihn geschmeidig zu machen. Dann wird er mit einer Latexschicht (flüssiger Kunststoff) stabilisiert und von den Seiten abgetrennt. Der Bund des Buches (der Teil, der die Seiten zusammenhält) wird im nächsten Schritt durch einen zweischichtigen Bund ersetzt, der dem Material beim Umblättern mehr Spielraum lässt. Der alte Buchrücken wird von der Latexschicht befreit und darauf befestigt. Die Buchrückentransplantation ist geglückt.

Der Stadtpark

Paris und die Revolution in den Gärten der Fürsten

Viel Pracht für wenige Betrachter: Jahrhundertelang waren die kunstvoll gestalteten Gärten und Parks um die Paläste der Mächtigen herum für Normalbürger nicht zugänglich. Das änderte sich während der Französischen Revolution 1789. Die Bevölkerung erhob sich gegen Adel und Königtum, und im Laufe dieses Aufstandes wurden auch die Gartenanlagen in Allgemeinbesitz gebracht. Jetzt konnten alle durchs herrschaftliche Grün flanieren, nicht nur die Mächtigen. Aber das war erst der Anfang. Der Politiker und Stadtplaner Georges-Eugène Haussmann (1809–1891) gestaltete die Stadt an der Seine 1853 im Auftrag von Kaiser Napoleon III. zu einer modernen Metropole um – mit riesigen Grünflächen. So entstanden fast 30 Parks und Gärten, darunter der berühmte *Bois de Boulogne* (= Wald von Bologne), der größte Stadtpark der Welt. Kaiser Napoleon III. ließ die Grünanlagen aus politischen Gründen entstehen: Eine Stadtbevölkerung, die sich in herrschaftlichen Parks und Gärten erholen und vergnügen kann, kommt weniger schnell auf kritische Gedanken, so seine Überlegung. Gedanken an mögliche Ungerechtigkeiten innerhalb der Gesellschaft, hoffte der Kaiser, schwinden angesichts der Anmut der Natur.

Garten oder Park?

Ein Garten ist ein von Menschenhand gestaltetes Stück Land, das sowohl Nutzpflanzen als auch Zierpflanzen enthalten kann. Das Wort »Garten« stammt vom ostgermanischen Wort *garda* (= Gerte) ab und meint ursprünglich das durch Zäune aus Weiden- oder Haselnussgerten vor der umgebenden Wildnis eingehegte Land. Parks können zwar ebenfalls eingezäunt sein, im Gegensatz zum Garten werden sie aber nicht landwirtschaftlich genutzt. Ein Park kann mal mehr, mal weniger künstlich gestaltet sein. So gibt es Parkanlagen, deren natürliche Grundlandschaft nur durch Wege oder Ruheplätze mit Bänken sanft verändert wurde. Andere Parkanlagen sind dagegen höchst aufwendig künstlerisch gestaltet, so dass sie mit natürlichen Landschaften nur noch wenig gemein haben. Parkanlagen dienen ausschließlich der Erholung, der Bewegung und der Freizeitgestaltung der Menschen. Der Garten steht für Arbeit, der Park für die Muße.

Historische Gärten

In den **Gärten der alten ägyptischen Kultur** (ca. 2600 v. Chr.) wurde die Sykomore (Maulbeerfeigenbaum) als Göttin der Liebe verehrt. Die Früchte des Maulbeerfeigenbaumes gaben nicht nur Obst und Saft, sein Holz wurde auch für den Bau von Schiffen, Möbeln und Statuen genutzt. Im Garten, dem Symbol des ewigen Lebens und dem Sitz der Götter, spendete die Sykomore den Liebenden Schatten und wurde so zu ihrer Verbündeten. Die **Gärten im alten China** (ca. 1500 v. Chr.) sollten die Harmonie der sieben wesentlichen Dinge vereinbaren: Erde, Himmel, Steine, Wasser, Gebäude, Wege und Pflanzen. Im Zusammenspiel mit dem Menschen als einem weiteren Element des Wesentlichen ergibt sich die Zahl Acht, die im Chinesischen als Glückszahl gilt. In chinesischen Gärten waren und sind Steine und Wasser wesentliche Gestaltungselemente: Die Kraft der Steine und die Ruhe des Wassers sollen auf den Betrachter übertragen werden. Die **Hängenden Gärten von Babylon** (ca. 600 v. Chr.) sind eines der sieben Weltwunder der Antike; sie gelten als der Inbegriff eines schönen Gartens schlechthin. Einer Legende zufolge wurden sie von der legendären Herrscherin Semiramis gegründet. Eine andere Geschichte besagt, dass König Nebukadnezar II. (640–562 v. Chr.) sie für seine Frau anlegen ließ, die sich im trockenen Babylon nach der sattgrünen Landschaft ihrer persischen Heimat sehnte. Ob die Hängenden Gärten tatsächlich existierten, ist bis heute umstritten. In der Fantasie von Geschichtsschreibern und Schriftstellern entfalteten sie jedenfalls immense Wirkung.

Parkvergnügen

Atmen, Dösen, Entspannen, Flanieren, Grillen, Knutschen, Laufen, Lesen, Liegen, Studieren, Picknicken, Reden, Schauen, Schlafen, Schnuppern, Sonnen, Spazieren, Träumen, Verstecken, Zuhören

Beliebte Parksportarten

Baseball, Biken, Boule, Cricket, Federball, Fußball, Frisbee, Hockey, Joggen, Klettern, Langlauf, Schattenboxen, Schlittschuhlaufen, Tischtennis, Skaten

Park-Kauderwelsch, Teil I

Allee Von Bäumen oder Büschen gesäumter, häufig gerader Weg **Arboretum** Sammlung exotischer Gehölze **Ars Topiari** »Formschnittgärtnerei«. Kunst des Baum- und Heckenbeschnitts **Bassin** Nach geometrischen Gesichtspunkten gestaltetes, kleines Gewässer **Belvedere / Bellevue** Erhöht gelegener Aussichtspunkt, von dem aus man den Park überblicken kann **Chinoiserie** Gartengebäude in chinesischem Baustil **Dendrologie** Gehölzkunde **Fasanerie** Eingegrenzter Teil des Schlossgartens, der zur Aufzucht und Haltung von Fasanen diente **Fontäne** Wasserstrahl, der aus einem Bassin in die Höhe schießt **Grotte** Natürlicher oder künstlich angelegter finsterer, rätselhafter, höhlenartiger Ort **Himmelstrich** Exakter Zuschnitt der Baumkronen in Alleen **Hortus** Nutzgarten (zum Beispiel mit Kräutern) **Jardiniere** Tisch oder Ständer für Pflanzen oder Blumen **Kaskade** Wasserfall in Form einer Treppe **Kiosk** Offener Pavillon mit Säulen **Labyrinth** In die Irre führendes Wegesystem mit Sackgassen und falschen Fährten **Laubengang** Weg mit Laub-Überdachung

Im Park

Ein ganz kleines Reh stand am ganz kleinen Baum
Still und verklärt wie im Traum.
Das war des Nachts elf Uhr zwei.
Und dann kam ich um vier
Morgens wieder vorbei,
Und da träumte noch immer das Tier.
Nun schlich ich mich leise – ich atmete kaum –
Gegen den Wind an den Baum,
Und gab dem Reh einen ganz kleinen Stips.
Und da war es aus Gips.

Joachim Ringelnatz (1883–1934, deutscher Dichter),
Quelle 103 GEDICHTE, Berlin 1933

Metropolenparks

Der **Londoner Hyde Park** wurde bereits im Jahr 1000 n. Chr. das erste Mal in einem Dokument erwähnt. Bis 1768 wurde der Park überwiegend für die königliche Jagd genutzt. An der nordöstlichen Ecke des Areals befand sich bis 1783 ein Galgenplatz für öffentliche Hinrichtungen. Ganz in der Nähe liegt die berühmte *Speakers' Corner* (Rede-Ecke), wo seit einem Regierungsbeschluss von 1872 jeder Bürger eine Rede über jedes Thema seiner Wahl halten darf. Der im 12. Jahrhundert begründete, aber erst 1925 für die Allgemeinheit eröffnete **Pekinger Beihai-Park** gehörte lange Zeit zur »Verbotenen Stadt« der chinesischen Kaiser. Berühmteste Sehenswürdigkeit ist neben der »Weißen Pagode« (mehrstöckiger Turm mit hervortretenden Geschossdächern) die »Neun-Drachen-Wand«, die in den 1750er Jahren entstand und aus 426 speziell gebrannten Glassteinen besteht. Der **Tiergarten von Berlin** kann auf eine lange Geschichte als öffentlicher Park zurückschauen. Bereits im Jahr 1742 gab der damalige preußische König Friedrich II. (1712–1786) den Auftrag, das Wildrevier in einen Lustgarten umzugestalten. Der Landschaftsarchitekt und Gartenkünstler Peter Joseph Lenné (1798–1866) gestaltete den Park ab 1718 nach dem Vorbild des traditionellen englischen Gartens: mit verschlungenen Spazierwegen, naturbelassenen Lichtungen, künstlichen Seen, unterhaltsamen Skulpturen und entspannenden Ruheplätzen. Der 210 Hektar große Park erlitt nach dem Zweiten Weltkrieg riesige Schäden, als die frierenden Berliner fast den gesamten Baumbestand abholzten. Baumspenden aus ganz Deutschland halfen beim Wiederaufforsten.

Geheimsprache – Zeichen aus der Botanik

Einjährige Pflanze ⊙

Zweijährige Pflanze

Gift- und Arzneipflanze +

Sonnenpflanze ○

Ausdauernde Pflanze oder Staude ♃

Halbstrauch

Strauch

Baum

Männlich, weiblich, Zwitter ♂ ♀ ⚥

Kreuzung ×

Freilandpflanze ∞

Kletternde Pflanze

Ampelpflanze

Halbschattenpflanze

Schattenpflanze

Fels- und Steingartenpflanze ∧

Wasserpflanze

Moor- und Sumpfpflanze

Kalthauspflanze

Warmhauspflanze

Park-Kauderwelsch, Teil I

Allee Von Bäumen oder Büschen gesäumter, häufig gerader Weg **Arboretum** Sammlung exotischer Gehölze **Ars Topiari** »Formschnittgärtnerei«. Kunst des Baum- und Heckenbeschnitts **Bassin** Nach geometrischen Gesichtspunkten gestaltetes, kleines Gewässer **Belvedere / Bellevue** Erhöht gelegener Aussichtspunkt, von dem aus man den Park überblicken kann **Chinoiserie** Gartengebäude in chinesischem Baustil **Dendrologie** Gehölzkunde **Fasanerie** Eingegrenzter Teil des Schlossgartens, der zur Aufzucht und Haltung von Fasanen diente **Fontäne** Wasserstrahl, der aus einem Bassin in die Höhe schießt **Grotte** Natürlicher oder künstlich angelegter finsterer, rätselhafter, höhlenartiger Ort **Himmelstrich** Exakter Zuschnitt der Baumkronen in Alleen **Hortus** Nutzgarten (zum Beispiel mit Kräutern) **Jardiniere** Tisch oder Ständer für Pflanzen oder Blumen **Kaskade** Wasserfall in Form einer Treppe **Kiosk** Offener Pavillon mit Säulen **Labyrinth** In die Irre führendes Wegesystem mit Sackgassen und falschen Fährten **Laubengang** Weg mit Laub-Überdachung

Im Park

Ein ganz kleines Reh stand am ganz kleinen Baum
Still und verklärt wie im Traum.
Das war des Nachts elf Uhr zwei.
Und dann kam ich um vier
Morgens wieder vorbei,
Und da träumte noch immer das Tier.
Nun schlich ich mich leise – ich atmete kaum –
Gegen den Wind an den Baum,
Und gab dem Reh einen ganz kleinen Stips.
Und da war es aus Gips.

Joachim Ringelnatz (1883–1934, deutscher Dichter),
Quelle 103 GEDICHTE, Berlin 1933

Amadeus im Park

Sehen und gesehen werden: Das Herumspazieren im Park gehört seit dem 19. Jahrhundert zu den typischen Freizeitbeschäftigungen vieler Stadtbewohner. Schon im 18. Jahrhundert promenierten (franz. *promener* = spazieren) besser gestellte Gesellschaftskreise durch die Grünanlagen. Die vornehmen Herrschaften flanierten (franz. *flaner* = herumstreifen) unter den Bäumen der großzügig angelegten Alleen. Zum allgemeinen Gesellschaftsvergnügen für Menschen jeder Herkunft wurde das Spazierengehen zunächst in Paris. Die Boulevards und Parks der Stadt verwandelten sich im 19. Jahrhundert an den Sonn- und Feiertagen in Modeschauen für die lustwandelnden Bürger. Eine vergleichbare Entwicklung fand wenig später in England statt, wo in den *Pleasure Gardens* gegen Eintritt auch Konzerte und Theateraufführungen geboten wurden. Allerdings hatten die Londoner im Schnitt deutlich öfter als die Pariser einen Regenschirm dabei. Wer etwa 100 Jahre zuvor, an einem lauen Sommertag im Jahr 1765, durch die Londoner *Ranelagh Gardens* in Chelsea flanierte, konnte ein europaweit bekanntes Wunderkind kennenlernen: Der erst neunjährige Wolfgang Amadeus Mozart (1756–1791) gab ein Konzert für alle die, die im Park nicht nur sehen und gesehen werden wollten, sondern auch zuhören mochten.

Der New Yorker Central Park in Zahlen

Gesamtfläche 843 ha (entspricht rund 1140 Fußballfeldern), **Wiesen** 250 ha, **Wald** 136 ha, **Gewässer** 150 ha, **Bäume** 26 000, **Vogelarten** 275, **Spielplätze** 21, **Brücken und Bögen** 36, **Bänke** 9000, **Jährliche Besucherzahl** 25 Millionen

Kleine Geschichte des Picknicks

Von den Türken lernen, heißt das Leben im Park genießen lernen: Kaum ist der Frühling da, verlegen viele Menschen türkischer Herkunft ihre Esszimmer in die städtischen Parks. Der Geruch von Lammkoteletts zieht durch die Luft, die Grillsaison ist eröffnet. Das Picknick ist eine Leidenschaft mit Tradition: Der Genuss von eigens dafür zubereiteten Speisen und Getränken unter freiem Himmel war bereits in den Metropolen der Antike (1200 v. Chr. bis 600 n. Chr.) eine beliebte Freizeitbeschäftigung. Geradezu staatstragender Beliebtheit erfreute sich das Speisen auf der Wiese im viktorianischen England des 19. Jahrhunderts: Weil Königin Viktoria (1819–1901) gerne draußen schlemmte, taten es ihr viele Bürger nach. Heute noch gebräuchliches Überbleibsel aus dieser Zeit: der Picknickkorb für die ganze Familie.

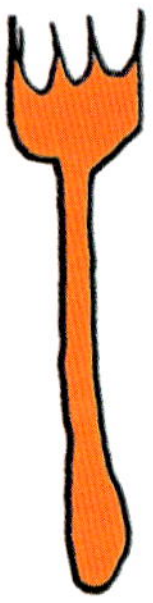

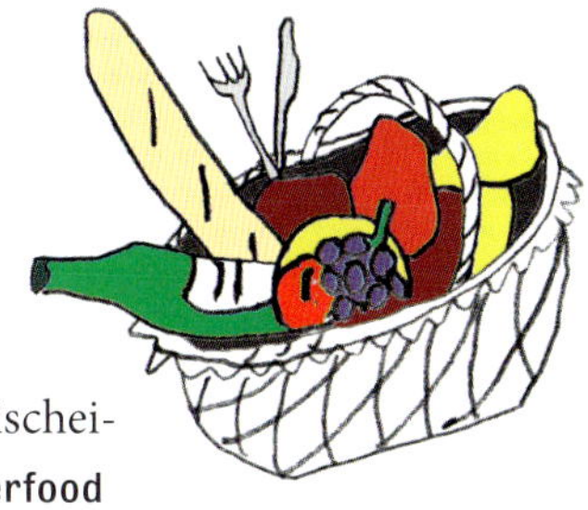

Schnelle Rezepte für Parkpicknicks

Brotzeit auf Französisch Baguette und Weichkäse, dazu dicke Salamischeiben. Unverzichtbar bei dieser Art des Picknicks: Traubensaft. **Fingerfood** Kleine Fleischbällchen braten und mit Gurkenstücken auf Spieße stecken. Die fertigen Spieße mit Salatblättern sowie mit einem Becher Joghurt als Soße servieren. **Hotdogs** Aufgeschnittene Brötchen mit Wiener Würstchen und Gurkenscheiben füllen. Senf oder Ketchup nicht vergessen. **Salat-Wraps mit Füllung** Thunfisch mit Joghurt, Kräutern (Dill, Petersilie), Pfeffer und Salz vermischen und mit einem Salatblatt in Fladenbrote einrollen. **Sandwiches** Toast-Scheiben mit Kräuterbutter bestreichen, dann mit Wurst oder Käse sowie würzigen Zutaten belegen. Salami schmeckt mit Rauke (Rucola) oder Apfelscheiben, zu Käse passen Quittengelee, süßer Senf und Walnüsse.

Die Pflanzenjagd und die Geburt der Botanik

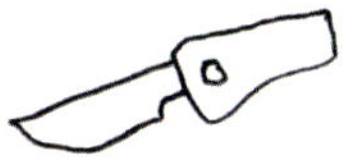

Die Jagd auf Pflanzen scheint eine unmögliche Tätigkeit zu sein, schließlich können Gewächse nicht weglaufen und brauchen nicht gejagt zu werden. Doch die Pflanzenjagd existiert – als Begriff für die Suche nach unbekannten Gewächsen. Auch heute noch können (vor allem in tropischen Urwäldern) unbekannte Pflanzenarten gefunden werden. Die große Zeit der Pflanzenjagd war im 17. und 18. Jahrhundert, als von Europa aus die bis dahin unbekannten Teile der Welt entdeckt und erkundet wurden. Einer der ersten Weltpflanzenjäger war der sächsische Gärtner **Georg Meister** (1653–1713), der 1689 mit fast 500 entdeckten Pflanzen aus Japan heimkehrte. Unter anderem war er der Erste, der die Kamelie in Europa bekannt machte. Im Jahr 1700 war es die Naturforscherin **Maria Sybilla Merian** (1647–1717), die Hunderte unbekannte Pflanzen der »Neuen Welt« (Südamerika) zeichnete und mit nach Europa brachte. Der Forschungsreisende **Alexander von Humboldt** (1769–1859) beschrieb die Erkenntnisse seiner verschiedenen Amerika-Expeditionen in einem dreißigbändigen Werk. Allein 14 Bände waren mit seinen Erkenntnissen über exotische Pflanzen gefüllt. Millionen verschiedener zu entdeckender Gewächse – da musste ein Ordnungssystem her. Der schwedische Naturforscher **Carl von Linné** (1707–1778) löste das Problem. Er war derjenige, der mit seiner Arbeit die Grundlage für die moderne Bezeichnung der Pflanzen- und Tierwelt schuf: Die »binominale Nomenklatur« (= Benennung mit zwei Begriffen) setzt sich aus dem großgeschriebenen Namen der Gattung (Substantiv) und dem kleingeschriebenen, beschreibenden Epitheton (dem Hinzugefügten) zusammen. Zum Beispiel: *Mimosa pudica* (= schamhafte Sinnpflanze, eine tropische Art). Mit diesem Zuordnungssystem von Gattung und Art einer Pflanze war die Wissenschaft der Botanik geboren.

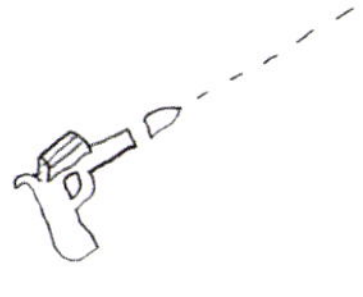

Metropolenparks

Der **Londoner Hyde Park** wurde bereits im Jahr 1000 n. Chr. das erste Mal in einem Dokument erwähnt. Bis 1768 wurde der Park überwiegend für die königliche Jagd genutzt. An der nordöstlichen Ecke des Areals befand sich bis 1783 ein Galgenplatz für öffentliche Hinrichtungen. Ganz in der Nähe liegt die berühmte *Speakers' Corner* (Rede-Ecke), wo seit einem Regierungsbeschluss von 1872 jeder Bürger eine Rede über jedes Thema seiner Wahl halten darf. Der im 12. Jahrhundert begründete, aber erst 1925 für die Allgemeinheit eröffnete **Pekinger Beihai-Park** gehörte lange Zeit zur »Verbotenen Stadt« der chinesischen Kaiser. Berühmteste Sehenswürdigkeit ist neben der »Weißen Pagode« (mehrstöckiger Turm mit hervortretenden Geschossdächern) die »Neun-Drachen-Wand«, die in den 1750er Jahren entstand und aus 426 speziell gebrannten Glassteinen besteht. Der **Tiergarten von Berlin** kann auf eine lange Geschichte als öffentlicher Park zurückschauen. Bereits im Jahr 1742 gab der damalige preußische König Friedrich II. (1712–1786) den Auftrag, das Wildrevier in einen Lustgarten umzugestalten. Der Landschaftsarchitekt und Gartenkünstler Peter Joseph Lenné (1798–1866) gestaltete den Park ab 1718 nach dem Vorbild des traditionellen englischen Gartens: mit verschlungenen Spazierwegen, naturbelassenen Lichtungen, künstlichen Seen, unterhaltsamen Skulpturen und entspannenden Ruheplätzen. Der 210 Hektar große Park erlitt nach dem Zweiten Weltkrieg riesige Schäden, als die frierenden Berliner fast den gesamten Baumbestand abholzten. Baumspenden aus ganz Deutschland halfen beim Wiederaufforsten.

Geheimsprache – Zeichen aus der Botanik

- Einjährige Pflanze ⊙
- Zweijährige Pflanze ⚇
- Gift- und Arzneipflanze +
- Sonnenpflanze ○
- Ausdauernde Pflanze oder Staude ♃
- Halbstrauch
- Strauch
- Baum
- Männlich, weiblich, Zwitter ♂ ♀ ⚥
- Kreuzung ×
- Freilandpflanze ∞
- Kletternde Pflanze
- Ampelpflanze
- Halbschattenpflanze
- Schattenpflanze
- Fels- und Steingartenpflanze ∧
- Wasserpflanze
- Moor- und Sumpfpflanze
- Kalthauspflanze
- Warmhauspflanze

Park-Kauderwelsch, Teil II

Menagerie Zur Haltung meist exotischer Tiere angelegtes Gehege **Neophyten** Bezeichnung für Pflanzen, die nach der Entdeckung Amerikas (1492) in Europa heimisch wurden **Obelisk** Rechteckiger Steinpfeiler **Orangerie** Gewächshaus, in dem frostempfindliche Zitrusbäume, aber auch andere exotische Pflanzen über den Winter gebracht werden **Palisade** Wand, die aus exakt beschnittenen Bäumen oder Hecken besteht **Pflanzenkonstrukte** Aus pflanzlichem Material geformte, architektonische Gebilde **Promenade** Breite, oft in eine Garten- oder Parkanlage eingebundene Straße oder Allee **Rabatte** Langes, schmales Beet mit Blumen oder Stauden bepflanzt, entlang von Wegen und Mauern **Quartier** Verbund aus mehreren Beeten **Ruine** Baufälliges Gebäude, das dem Schmuck des Gartens dient und auf die Vergänglichkeit allen Seins hinweisen soll **Schneckenberg** Kleiner, spiralförmig begehbarer Hügel **Tapis Vert** »Grüner Teppich«, weitläufige, meist rechteckige unbepflanzte Rasenfläche **Vexierwasser** »Scherz-Wasser« sind Wasserspiele, die zum scherzhaften Bespritzen der Besucher eingesetzt wurden **Voliere** Vogelhaus **Wasserspiele** Springbrunnen und Wassertreppen als Symbol für die »lebendige Seele« des Parks **Wintergarten** Geräumiges Gewächshaus, in dem man bei meist tropischen Temperaturen auch in der kalten Jahrszeit spazieren gehen kann **Zwinger** Ort zwischen den Mauern einer Stadt oder Befestigungsanlage, an dem wilde Tiere gehalten wurden

Tonnen und Tonnen: Die Stadt Hamburg und das Laub

12 000 Tonnen Laub sammeln die 480 Mitarbeiter der Hamburger Stadtreinigung jährlich im Herbst auf öffentlichen Wegen und Plätzen; unterstützt von 60 Kehrmaschinen und 90 Lastkraftwagen. Gereinigt werden stadtweit 3100 Kilometer Gehwege sowie 7000 Straßen. Für Gärten und Einfahrten sind die Bürger privat zuständig. Würde allein das von der Stadt gesammelte Laub in Hausmülltonnen gepresst, könnten damit 300 000 Behälter gefüllt werden. Nebeneinandergestellt, würden diese Laub-Abfallbehälter eine Kette von Hamburg bis Hannover ergeben.

Der Englische Garten in Zahlen

Gesamtfläche 417 ha (entspricht rund 564 Fußballfeldern), **Wiesen** 186 ha, **Landwirtschaftlich genutzte Wiesen** 90 ha, **Mähgänge** bis zu 14 pro Jahr, **Wald** 130 ha, **Gewässer** 16 ha, **Bäche** 8,5 km, **Vogelarten** 60, **Brücken und Bögen** 100, **Gehwege** 66 km, **Reitwege** 12 km, **Sitzplätze Biergarten / chinesischer Turm** 7000, **Müll** 70 0000 kg / Jahr, **Hundehalter in der Umgebung** 3000, **Besucher** 3,5 Millionen jährlich, **Fundsachen** Fahrräder, Mofas, Handys, Haustiere, Geldbörsen. »Auch mal ein Auto im Eisbach«.

Nachgefragt bei der bayerischen Verwaltung der staatlichen Schlösser, Gärten und Seen.

Der Zoo

Knuddel-Knuts Kuschel-Kiez

Sie sind ja sooo knuddelig, diese Knuts! Elefanten- und Eisbärbabys sei Dank: Die öffentlichen Zoos sind wieder groß in Mode. Ihre Besucherzahlen steigen Jahr für Jahr. Und im Fernsehen sorgen Berichte über Zootiere wie Knut und Co. für Einschaltquoten. Ohne dass man selbst zum Abenteurer werden muss, kann man durch einen Besuch im Zoo dem Alltag einen Tag lang entfliehen und dabei zumindest doch ein kleines Abenteuer erleben, im Affenhaus oder vor dem Eisbärgehege. Schon in der Steinzeit vor 10 000 Jahren zähmten die Menschen wilde Tiere, das beweisen Höhlenbilder. Der erste Tiergarten entstand vor 4000 Jahren in China; im »Park der Intelligenz« soll es weder Gatter noch Mauern gegeben haben. Bei den alten Ägyptern wurden Wasserböcke, Gazellen und Strauße gehalten. Und die Römer brachten sehr viele exotische Tiere von ihren Eroberungszügen mit. Aus den »Menagerien« sammelwütiger Adliger, die sich im Besitz exotischer Arten gegenseitig übertrumpfen wollten, entwickelten sich die Tierparks ab Mitte des 19. Jahrhunderts in ganz Europa zu zoologischen Gärten, die für jedermann zugänglich waren. Ihr Ziel: Bildung, Entspannung, Forschung. Heute kommt mit der Arterhaltung noch eine weitere wichtige Aufgabe hinzu. Viele Tiere wären nämlich ohne die weltweit rund 10 000 zoologischen Gärten längst ausgestorben. Auch die in Wirklichkeit nicht sonderlich knuddeligen Eisbären sind bedroht.

Die besten Zoos

Kriterien: äußerer Eindruck, Besucherservice, Tierhaltung (Ergebnisse in Schulnoten)

1. Berlin, **Zoologischer Garten** 1,71
2. Berlin, **Tierpark Friedrichsfelde** 1,8
3. Wuppertal, **Zoologischer Garten** 1,82
4. Hamburg, **Tierpark Hagenbeck** 1,85
5. Leipzig, **Zoologischer Garten** 1,86
6. München, **Tierpark Hellabrunn** 1,89
6. Nürnberg, **Tiergarten** 1,89
8. Frankfurt, **Zoologischer Garten** 1,91
9. Münster, **Allwetterzoo** 1,99
10. Augsburg, **Zoologischer Garten** 2,00
11. Krefeld, **Zoo** 2,01
12. Duisburg, **Zoo** 2,06
12. Dortmund, **Zoo** 2,06
14. Stuttgart, **Wilhelma** 2,12

Quelle Stern Zoo-Test, 2008

Die ersten Zoos

Der Tiergarten Schönbrunn in Wien wurde im Jahr 1752 eröffnet und darf sich deshalb rühmen, ältester Zoo der Welt zu sein. Der »London Zoo«, gegründet 1828, war der erste Tiergarten, der die Bezeichnung »Zoologischer Garten« trug und damit einen wissenschaftlichen Anspruch erhob. Neunter in Europa, Erster in Deutschland: Der Zoologische Garten in Berlin ist der älteste Zoo Deutschlands. Er wurde am 1. August 1844 eröffnet und ist heute noch der vielfältigste Tiergarten der Republik. Die europäischen Zoo-Städte Nummer zwei bis acht: Paris (1793), London (1828), Dublin (1831), Bristol (1835), Manchester (1836), Amsterdam (1838), Antwerpen (1843).

Zoo-Fakten

In Deutschland existieren 250 Zoos und rund 500 Kleinzoos und Tiergehege. In Österreich gibt es 80, in der Schweiz 60 Anlagen zur »Wildtierhaltung«. Schon seit 1887 sind die meisten dieser Einrichtungen Mitglied im Verband deutscher Zoodirektoren. Zoos und Kleinzoos in Deutschland wurden im Jahr 2007 von etwa 60 Millionen Menschen besucht. In Österreich hat man mindestens 3,1 Millionen (es zählen nur vier der 80 Zoos ihre Gäste, deshalb sind es in Wirklichkeit mehr), in der Schweiz 5,3 Millionen Besucher registriert.

Quelle Verband deutscher Zoodirektoren

Die häufigsten Zootiere

Vorkommen in deutschen Zoos, Stand 2009

Europäischer Dammhirsch 357, Europäischer Uhu 325, Blauer Pfau 274, Afrikanische Zwergziege 268, Bennett-Känguru 257, Europäischer Weißstorch 249, Schneeeule 249, Nordamerikanischer Waschbär 232, Europäischer Mufflon 222, Mitteleuropäisches Wildschwein 220, Gelbbrust-Ara 216, Emu 213, Mitteleuropäischer Rothirsch 209, Gewöhnlicher Nandu 188, Trampeltier 183, Grüner Leguan 177, Südamerikanischer Nasenbär 176, Erdmännchen 173, Lama 173

Was für ein tierisches Leben im Zoo spricht

Die Lebensbedingungen in Bezug auf eine artgerechte Haltung werden in modernen Zoos immer besser. Immer öfter entwickeln die Zoobetreiber Beschäftigungsprogramme für Tiere. Zum Beispiel, indem sie es ihnen erschweren, an ihr Futter zu kommen. Dadurch werden gute Zuchtbedingungen gewährleistet. Vom Aussterben bedrohte Arten können so überleben.

Was gegen ein tierisches Leben im Zoo spricht

Nach Ansicht von Tierschützern ist eine artgerechte Haltung wilder Tiere im Zoo nicht möglich. Die vielen Besucher machen die Tiere nervös. Dies kann zu seltsamem Verhalten bis hin zur Tötung von Artgenossen führen. Zootiere können nicht wieder ausgewildert werden. Sie sind in der freien Wildbahn nicht überlebensfähig, da sie nie gelernt haben, mit den Lebensbedingungen der Wildnis zurechtzukommen.

Die zehn Gebote zur Vermeidung von Stress bei Tiertransporten

- Tierc nicht in den heißen Monaten fangen.
- Niemals Tiere über lange Distanzen und zu schnell jagen.
- Niemals in Gegenwart von Tieren laut schreien, rufen oder fluchen.
- Gefangene Tiere niemals narkotisieren. Nicht die Augen verbinden.
- Zeitig einladen, niemals nachts entladen.
- Verschiedene Zuchtgruppen während des Transports nicht mischen.
- Den Transport möglichst komfortabel gestalten.
- Nicht in kalten Nächten reisen.
- Aggressive Tiere einzeln transportieren.
- Nur Tiere transportieren, die selbstständig stehen können.

Die Schlange auf dem Campingplatz, das Känguru in der Innenstadt

Als vermisst gemeldet wurde im oberbayerischen Ampfing am 31. Juli 2006 die drei Meter lange **Tigerpython** eines Ehepaars. Das Paar hatte seiner Schlange einen Campingurlaub nicht vorenthalten wollen, die Python auf dem Campingplatz aber unbeaufsichtigt in einem Korb liegen lassen. Eine Woche lang genoss die Vermisste ihre Freiheit, dann wurde sie von zwei Kindern aufgespürt. Am 24. Juli 2007 entdeckte ein Mann aus Elmshorn in seiner Badewanne eine mexikanische **Königsnatter**. Der Polizei gelang es, die Schlange in den Kleiderschrank zu treiben und dort zu »verhaften«. Ein **Känguru** hopste am 9. September 2008 in Siegburg so lange durch die Innenstadt, bis die Polizei es einfangen konnte. Sein Privatbesitzer, so stellte sich heraus, hatte das Känguru deshalb angeschafft, weil er einmal ein exotisches Tier im Garten haben wollte – nicht immer nur die ewig gleichen Katzen, Hunde, Mäuse, Marder …

Zwanzig deutsche Zoos

Zoo und Gründungsjahr	Größe in Hektar	Anzahl Tiere	Anzahl Arten
Augsburg, Zoologischer Garten: 1937	22	1499	285
Berlin, Zoologischer Garten: 1844	25	13 900	1 444
Bochum, Tierpark und Fossilium: 1933	1,9	4100	370
Cottbus, Tierpark: 1954	25	1235	180
Dresden, Zoo: 1861	12,9	2200	334
Duisburg, Zoo: 1934	15,5	2170	274
Frankfurt / Main, Zoologischer Garten: 1858	13	4800	565
Halle / Saale, Zoologischer Garten: 1901	9	1700	300
Hamburg, Tierpark Hagenbeck: 1863	25	1850	210
Karlsruhe, Zoologischer Garten: 1865	9	910	130
Köln, Zoo: 1860	20	8000	690
Leipzig, Zoologischer Garten: 1878	23	6600	840
München, Tierpark Hellabrunn: 1911	36	14800	665
Münster, Allwetterzoo: 1875	30	3670	380
Nürnberg, Tiergarten: 1912	70	2270	282
Osnabrück, Zoologischer Garten: 1936	14,5	2280	300
Saarbrücken, Zoologischer Garten: 1932	15	1000	150
Straubing, Tiergarten: 1938	18	1700	200
Stuttgart, Wilhelma: 1953	28	9000	1100
Wuppertal, Zoologischer Garten: 1881	24	4900	470

Peter Rasbach, der Zoobaumeister

Das Wohl der Tiere steht für ihn im Mittelpunkt seiner Arbeit: Der Architekt Peter Rasbach, geboren 1955, ist der bekannteste deutsche Zoobaumeister. Seit Anfang der 1990er Jahre erfindet Rasbach Lebenslandschaften für Zootiere, in denen diese sich wohl und sicher fühlen und von den Menschen nicht allzu sehr gestört werden. So zum Beispiel »Pongoland«, die Menschenaffenanlage im Leipziger Zoo. Um die 60 Menschenaffen, Gorillas, Bonobos und Orang-Utans leben dort in einer 20 Meter hohen, tropischen Halle. Tiere, sagt Rasbach, waren schon in seiner Jugend wichtig, er besuchte regelmäßig den Zoo. Und als er 1969 im Alter von 14 Jahren das damals brandneue Delphinarium in Duisburg bewundern durfte, stand der Berufswunsch fest: Zoobaumeister. Wichtig ist, so Rasbach heute, dass die Menschen den Tieren nahe kommen können, ohne ihnen dabei zu nahe zu treten. Also soll möglichst auf Käfige verzichtet werden, ohne den Zoobesuch dadurch unsicher zu machen. Die Tiere gehören in eine möglichst natürliche Umgebung und sollen sich nicht langweilen.

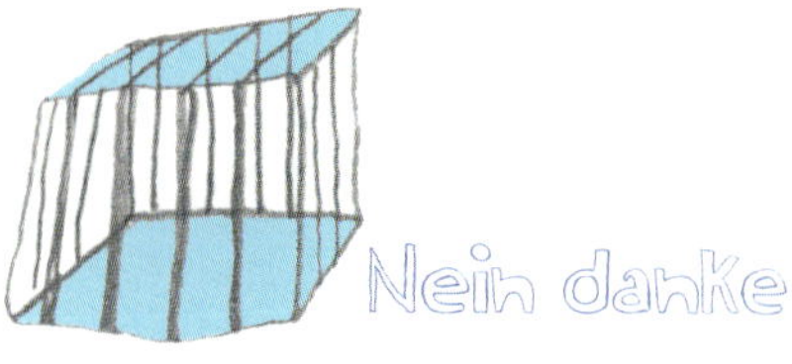

Drei besondere Zoos

Auf der Blumeninsel Mainau im Bodensee kann man im 1997 eröffneten **Schmetterlingshaus** Hunderte bunte Falter aus 25 Schmetterlingsarten bewundern. Im höchstgelegenen Zoo Europas, dem **Alpenzoo** in Innsbruck, lassen sich auf 575 Metern über dem Meeresspiegel ausschließlich »heimische« Arten beobachten. Dazu gehören kurioserweise auch Elche, die aus Schweden importiert wurden. Der Grund: Früher lebten Elche auch in den Alpen. Im Bereich der **Biosphäre Potsdam** spaziert man durch die Hallen des Parks / Zoos, als wandelte man durch den Regenwald. Mit Fledermausgewölbe, Unterwasserstation und künstlichem Gewitter.

Cheng und Eng und die Menschen im Zoo

Ein Mann mit zwei Köpfen? Eine Frau ohne Unterleib? Ein hässlicher Riese? Sogenannte Freakshows, bei denen kleinwüchsige, missgebildete, verkrüppelte oder sonst wie ungewöhnlich aussehende Menschen ausgestellt wurden, waren in den USA zwischen 1850 und 1950 beliebte Spektakel. Weltweit gibt es eine lange Tradition solcher Zurschaustellungen. Im Mittelalter wurden »Freaks« auf Jahrmärkten vorgeführt. Peter der Große (1672–1725), Zar von Russland, sammelte Zeugnisse menschlicher Merkwürdigkeiten in seiner Kunstkammer, dem ersten russischen Museum. In den späten 1820er Jahren wurden in den USA Cheng und Eng ausgestellt, die 1811 in Siam (heute: Thailand) am Bauch zusammengewachsen zur Welt gekommen waren. Daher der Name »siamesische Zwillinge«. In Deutschland wurden Menschen aus anderen Kulturen und Erdteilen sogar im Zoo ausgestellt. Carl Hagenbeck (1844–1930), Tierhändler und Gründer des Tierparks Hagenbeck in Hamburg, reagierte auf rückgängige Besucherzahlen, indem er in den 1870er Jahren zunächst samische Hirten aus Lappland, später auch Inuit aus Grönland, Nubier aus Nordostafrika und »Hottentotten« aus Namibia ausstellte. Diese sogenannten Völkerschauen, bei denen die Lebensweisen fremder Kulturen präsentiert wurden, waren so erfolgreich, dass ihre Darsteller bald durch ganz Europa tourten. Erst das Kino löste die Schauen in den 1920er Jahren ab, weil man mit Hilfe der bewegten Bilder ohne großen Aufwand um die Welt reisen und all das Erstaunliche »selbst« bewundern konnte.

Fachbegriffe aus der Zoo-Arbeit

Antikonzeptivum Mittel, das Schwangerschaften bei Tieren verhindert **Biodiversität** Biologische Vielfalt **Endemisch** Art, die nur in einem bestimmten Gebiet vorkommt **Ethologie** Wissenschaft des (tierischen) Verhaltens **Ex situ** Außerhalb des angestammten Lebensraums **In situ** Innerhalb des angestammten Lebensraums **Inzucht** Wenn verwandte Lebewesen sich paaren **Taxon** Gruppe von Lebewesen, die verwandt sind (z. B. Art oder Gattung) **Wiedereinbürgerung** Ansiedlung von gezüchteten Tierarten **Zoonose** Krankheiten, mit denen sich Tiere und Menschen gegenseitig anstecken können

Zoo-Mitarbeiter

Im Kölner Zoo arbeiteten im März 2009: **Tierpfleger** 100, **Gärtner** 13, **Techniker** 11, **Besucherservice** 5, **Abteilungsleiter / Tierreviere** 5, **Reinigungskräfte** 3, **Personalabteilung** 2, **Buchhaltung** 2, **Marketing** 2, **Tierärzte** 2, **Sekretärinnen** 2, **Computerexperten** 1, **Finanzwesen** 1, **Zentrale** 1, **Spendenverwaltung** 1

Vier berühmte Zoobewohner

Walross Antje (1976–2003) war der Star des Tierparks Hagenbeck in Hamburg. Berühmt geworden war sie durch einen Auftritt als »Pausenfüller« im Fernsehprogramm des Norddeutschen Rundfunks. Dieser Auftritt machte Antje so beliebt, dass der Sender sie sogar in sein Logo aufnahm. Der große Panda beziehungsweise **»Bambusbär« Bao Bao**, geboren 1978, lebt seit seinem zweiten Lebensjahr im Berliner Zoo. Bao Bao frisst täglich bis zu 12 Kilogramm Bambus. Er war ein Gastgeschenk des chinesischen Regierungschefs an den damaligen Bundeskanzler Helmut Schmidt. 175 Jahre alt war die **Schildkröte Harriet**, als sie am 23. Juni 2006 im Zoo von Queensland (Australien) an Herzversagen verstarb. Ob Harriet wirklich in den 1840er Jahren mit dem berühmten Naturforscher Charles Darwin die Galapagosinseln in Richtung Australien verließ, ist nicht bewiesen. Eines aber ist sicher: Sie war nur das zweitälteste bekannte Tier der Welt. Ihr kurz zuvor verstorbener Artgenosse **Adwaitya** aus dem Zoo von Kalkutta (Indien) brachte es auf 256 Jahre. Der Berliner **Eisbär Knut** war von Geburt an ein Medienstar; ungefähr 500 Journalisten aus aller Welt waren anwesend, als er am 23. März 2006 der ungeduldigen Öffentlichkeit vorgestellt wurde. Knut weckte in Deutschland und der Welt so viel Aufmerksamkeit, dass er bald zum Kult und zur Marke wurde, mit der nicht nur der zoologische Garten sehr viel Geld verdienen konnte.

Futterliste eines Mähnenwolfs

Futtertiere 5 Ratten oder ½ Kaninchen oder 1 Huhn oder 20 Küken

Obst nach Saison, Bedarf und Angebot

Vitamine Energiekonzentrat als Futterzusatz

Besonderheiten zwei Obsttage pro Woche

Geklonte Tiere

Beim Klonen wird mit Hilfe von Zellen eines Lebewesens im Reagenzglas ein anderes Lebewesen geschaffen, dessen Erbgut genau identisch ist. Ein Aufschrei ging um die Welt, als Ende Februar 1997 bekannt wurde, dass britische Forscher mit dem Schaf Dolly erstmals ein Tier geklont hatten. Viele Kritiker bezweifelten, dass der Mensch das Recht hat, ein Lebewesen aus einem anderen entstehen zu lassen. Diese Art der Schöpfung, so glaubten sie, solle Gott vorbehalten sein, und der Mensch dürfe nicht versuchen, Gott ebenbürtig zu sein. Die Klonforscher ließen sich davon nicht beirren: Dem Klon-Schaf Dolly folgten am 3. Dezember 1997 die Maus Cumulina, am 15. Oktober 1998 die Ziege Mira und am 5. März 2000 die Schweine Millie, Christa, Alexis, Carrel und Dotcom. Heute hat sich die Aufregung gelegt. Es wurden mittlerweile so viele Tiere geklont, dass es schon beinahe Normalität ist. Die strittige Frage lautet jetzt: Darf der Mensch den Menschen klonen?

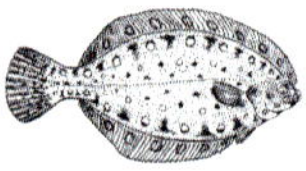

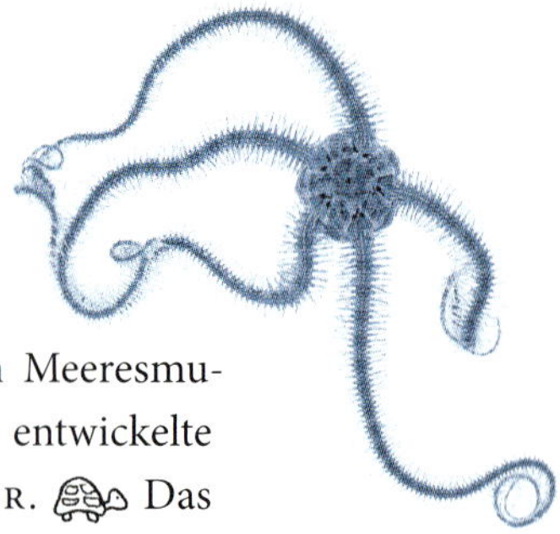

Das Stralsunder Ozeanum

Das 2008 fertig gestellte Ozeanum ist ein Teil des Deutschen Meeresmuseums. Gegründet 1951 als städtische Naturkundesammlung, entwickelte es sich zum »Museum für Meereskunde und Fischerei« der DDR. Das Ozeanum besteht heute aus 39 Aquarien, die insgesamt sechs Millionen Liter Wasser fassen; das größte Becken kann allein 2,6 Millionen Liter aufnehmen. 150 000 Kilogramm Salz sind nötig, um Meerwasser daraus zu machen. Die Wassertemperatur beträgt zwischen null (im Polarbereich) und zwölf Grad. In den Aquarien schwimmen, gleiten, ruhen und krauchen 7000 Lebewesen, zum größten Teil Fische. So zum Beispiel Steinbeißer, Seeteufel, Plattfische, Rochen, Lippfische, Katzenhaie, Saiblinge, Störe, Petermännchen, Pfeilschwanzkrebse, Schlangensterne, Seegurken, Weichkorallen und der einzige Riesenkalmar Deutschlands. Das größte Becken umfasst 300 Quadratmeter. Die Panoramascheibe, durch die man die künstliche Meereslandschaft bewundern kann, ist fünf mal zehn Meter groß und fast 30 Zentimeter dick. Das Gelände misst insgesamt 8700 Quadratmeter. Am Ozeanum findet sich mit 31 Metern Länge auch die größte freitragende Rolltreppe Europas. Fische wurden auf ihr bislang noch nicht gesichtet.

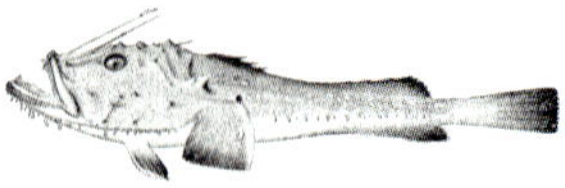

Haie in Deutschland!

In den Zoos und Aquaparks in Deutschland finden sich unter anderem folgende Hai-Arten:

Arabischer Bambushai Osnabrück

Dornhai Stralsund

Gefleckter Glatthai Berlin, Dresden, Königswinter, Oberhausen, Westerland

Hundshai Coburg

Japanischer Teppichhai Burg

Korallenkatzenhai Sonnenberg

Mützenhammerhai Berlin, Coburg, Hannover

Sandtigerhai Berlin, Burg, Zella-Mehlis

Weißflecken-Lippenhai
Coburg, Erfurt, Hannover, Karlsruhe, Konstanz, Stralsund

Zebra-Stierkopfhai
Oberhausen, Speyer, Timmendorfer Strand (jeweils im »Sealife«)

Spix-Ara, der einsamste Vogel der Welt?

Der Spix-Ara war und ist ein ganz besonderer Vogel: Nur rund 70 Exemplare dieses Papageis existieren weltweit. Allerdings nur in Gefangenschaft, elf leben in Gehegen des Staates Brasilien, 47 in Doha (Katar), wo der Scheich Saoud Bin Mohammed Bin Ali Al-Thani sie vor dem Aussterben zu bewahren sucht. Schon als der bayerische Naturforscher Johann Baptist von Spix (1781–1826) die Art im Jahr 1819 während einer Forschungsreise durch Brasilien entdeckte, gab es lediglich einige Dutzend Exemplare, weil der Spix-Ara zum Brüten hohe Caraibeirabäume benötigt, die nur an wenigen Stellen wachsen. In der zweiten Hälfte des 20. Jahrhunderts waren die Spix-Ara begehrt bei Vogelsammlern. Auf illegalen Märkten wurden bis zu 60 000 Dollar für ein Exemplar bezahlt. 1990 war nur noch ein einziger frei lebender Spix-Ara übrig. Fast zehn Jahre lang versuchten Wissenschaftler, diesen einsamsten Papagei der Welt mit einem ausgewilderten Weibchen zusammenzubringen, um so die Art in freier Natur doch noch zu erhalten. Vergebens: Um das Jahr 2000 herum war der auch letzte der Spix-Ara plötzlich verschwunden. Ist der Spix-Ara in freier Wildbahn damit für immer ausgestorben? Naturschützer versuchen, gezüchtete Spix-Aras auf einer eigens erworbenen Farm wieder auszuwildern. Ob das funktionieren wird, ist allerdings offen. Ein Zuchttier kann dem Nachwuchs nämlich nicht beibringen, wie man sich ernährt, wie man ein Nest baut und wie man gegen Feinde besteht. Das müssen die Kleinen dann schon selber lernen.

Was im Salzburger Zoo pro Jahr verfüttert wird

Heu 78 800 kg
Fleisch 37 500 kg
Äpfel 22 000 kg
Stroh 20 000 kg
Karotten 19 000 kg
Kraftfutter 10 900 kg
Fisch 7300 kg
Kartoffeln 3900 kg
Rote Rüben 1600 kg
Sellerie 1820 kg

Quelle Zoo Salzburg

Futterliste eines Totenkopfäffchens

Quetschhafer 500 ml
Obst 1 l Äpfel und Birnen
Gemüse 3 l gemischt
Raufutter Äste, Blattlaub
Vitamine abwechselnd 2 g Vitamin A und 2 g Biotin, 10 ml Olivenöl
Sonstiges nach Bedarf frischer Mais, gekochter Reis, Eier
Fleisch nach Bedarf Grillen, Hackfleisch, Küken, Mehlwürmer

Das Museum

Museen, die Wunderkammern der Menschheit

Das Wort Museum stammt ursprünglich vom altgriechischen *museion* ab. Mit diesem Begriff wurde in der Antike ein Ort bezeichnet, der den Musen (= Göttinnen der Künste) gewidmet war. Dabei handelte es sich um Akademien, an denen Gelehrte forschten. Heute beschreibt der Begriff Museum eine Sammlung von gesellschaftlichem Interesse. In diesem Sinne wurde das Wort Museum erstmals 1805 in einem Lexikon verwendet. Museen haben laut Erklärung des internationalen Museumsrates die Aufgabe, zu Bildungs-, Forschungs- und Unterhaltungszwecken wichtige »materielle Zeugnisse von Menschen« ständig öffentlich zugänglich zu machen. Zur Zeit der Spätrenaissance im 16. Jahrhundert legten Fürsten und Könige Wunderkammern an, in denen sie merkwürdige und bemerkenswerte Gegenstände sammelten. Diese Kammern waren die Vorläufer der heutigen Museen. Die ersten europäischen Museen im heutigen Sinn waren das British Museum in London (eröffnet 1753) und das Herzog-Anton-Ulrich-Museum in Braunschweig (eröffnet 1754). Im 19. Jahrhundert entstanden allerorten Museen, die nicht mehr nur Gegenstände aus den adligen Kunstkammern ausstellten, sondern eigene Sammlungen anlegten.

Die Europameisterschaft der Museen

Zahl der Museen, 2009

Deutschland	6640
Italien	3089
Frankreich	1480
Spanien	1239
Schweiz	1062
Österreich	989
Tschechische Republik	902
Großbritannien	712
Rumänien	641
Portugal	628

Quelle MUSEUM AKTUELL

Museumsbesuche in Deutschland

6197 Museen hat der Deutsche Museumsbund 2008 angeschrieben, um herauszufinden, wie viele Menschen im Vorjahr ein Museum besucht hatten. 4712 Museen antworteten und meldeten rund 107 000 000 Besucher. Zum Vergleich: Im Jahr 2006 waren es etwa vier Millionen weniger. Eine Steigerung, die sicher auch damit zu tun hat, dass immer mehr Museen neue, spannende Ausstellungsformen wählen, bei denen Wissen spielerisch vermittelt wird. Weiter fand der Museumsbund heraus, dass 2007 in 2714 deutschen Museen insgesamt 9235 Sonderausstellungen gezeigt wurden. Die meisten Museen gibt es, nach Bundesländern sortiert, in Bayern (1115) und Baden-Württemberg (1026).

Ein spektakuläres Museum mit Wachhund

Manche Kunstmuseen sind allein durch ihre Bauweise selbst Kunstwerke. Zum Beispiel das Guggenheim-Museum in Bilbao (Spanien), das 1993 bis 1997 nach Plänen des kanadischen Architekten Frank O. Gehry gebaut wurde. Die Katalanen (Einwohner einer unabhängigen Region in Spanien) wollten von ihrem Baumeister nichts weniger als eines der bedeutendsten Gebäude des 20. Jahrhunderts. Ergebnis: Ein 24 000 Quadratmeter großes Bauwerk aus Holz, Titan und Kalkstein, das völlig verrückt geformt ist. Auf 11 000 Quadratmetern Ausstellungsfläche bietet es moderner Kunst eine so beeindruckende Präsentationsmöglichkeit, dass sich eine Million Besucher im Jahr dieses Spektakel im Spektakel nicht entgehen lassen wollen. Bewacht wird das Museo Guggenheim Bilbao ebenfalls von einem Kunstwerk: Wachhund Puppy, geschaffen von dem Amerikaner Jeff Koons, besteht aus 17 000 Blumen und ist über 12 Meter hoch.

In 10 Museen um die Welt, Teil I

Ägypten Ägyptisches Museum, Kairo. Mit 120 000 Exponaten (Ausstellungsstücken) größter Hort altägyptischer Ausgrabungsstücke. Zeigt unter anderem 1700 Fundstücke aus dem Grab des Pharaos Tutanchamun, der um 1300 v. Chr. regierte. **Brasilien** Museu de Arte de São Paulo. Auf vier roten Stahlträgern schwebendes Gebäude, unter dem regelmäßig Veranstaltungen wie Flohmärkte und Konzerte stattfinden. **China** Palastmuseum bzw. Verbotene Stadt, Peking. Bis 1911 Lebensort der chinesischen Kaiser. Gebaut von ca. 1400 bis 1420. Umfasst auf 150 000 Quadratmetern Fläche und in 890 Palästen genau 9999,5 Räume. Nur die Götter durften Gebäude mit mehr als 10 000 Räumen besitzen, die Menschen mussten unter 10 000 bleiben. **Frankreich** Musée du Louvre, Paris. Drittgrößtes und meistbesuchtes Kunstmuseum der Welt, untergebracht in einem ehemaligen Königspalast. Enthält 380 000 Werke, darunter das berühmte Porträt der Mona Lisa von dem Maler und Erfinder Leonardo da Vinci. **Italien** Musei Vaticani, Vatikanstadt, Rom. Das größte und wichtigste Museum der katholischen Kirche. Alle anderthalb Sekunden darf ein Besucher den bis zu sieben Kilometer langen Rundgang beginnen.

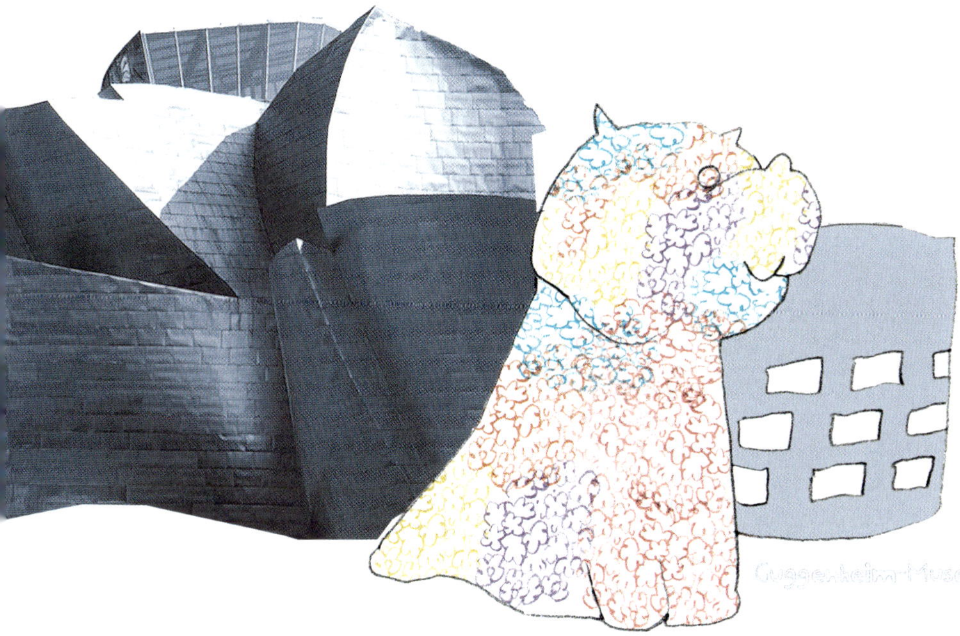

Guggenheim-Museum in Bilbao

Wie eine Kunstausstellung erarbeitet wird

Beispiel: DARWIN. KUNST UND DIE SUCHE NACH DEN URSPRÜNGEN.
Ort: Kunsthalle Schirn, Frankfurt. Zeit: 5. Februar bis 3. Mai 2009

Anfang 2007 Sechs bis 18 Monate vor der Ausstellungseröffnung beginnen die Vorbereitungen. Die Kuratorin (Ausstellungsmacherin) forscht intensiv am Thema. Das Organisationsbüro fragt bei anderen Museen an, ob bestimmte Werke ausgeliehen werden können. **Ende 2007** Drei bis zwölf Monate vor dem Ausstellungsbeginn stehen der Kuratorin eine Assistentin und eine Mitarbeiterin zur Verfügung. Sie beginnen mit der Arbeit am Ausstellungskatalog, für den kenntnisreiche Autoren gewonnen werden müssen. Außerdem werden Abbildungen für den Katalog gesammelt. **Mitte 2008** Sechs bis acht Monate vor Eröffnung wird die Architektur der Ausstellung entworfen. Jede Ausstellung in der Kunsthalle Schirn bekommt eine eigene Gestaltung in einer eigenen Farbe. Für DARWIN will man kleine Kabinette (Kammern) aufstellen, in denen die Werke hängen sollen. **Ende Januar/Anfang Februar 2009** Zwei bis drei Wochen vor Beginn wird die Ausstellung aufgebaut; per Kurier werden die Objekte aus aller Welt angeliefert. Wenn der größte Teil angelangt ist, beginnt das Hängen der Exponate. Außerdem müssen Schilder und Tafeln mit den Titeln der Gemälde angebracht werden. **4. Februar 2009** Einen Tag vor Ausstellungsbeginn findet vormittags eine Pressekonferenz statt, am Abend die festliche Eröffnung (Vernissage).

Informationen von Gesa Pölert, Kunsthalle Schirn

Ungewöhnliche Museen

Bernsteinmuseum (Ribnitz-Damgarten, Mecklenburg-Vorpommern): Bernstein besteht aus urzeitlichem Harz und wird häufig an Ostseestränden gefunden. Im Bernsteinmuseum erfährt man alles Wissenswerte über das »Gold des Nordens«. **Cowboymuseum Fatsy** (Linz, Österreich): Mit 5000 Ausstellungsstücken wird die wahre Geschichte von Cowboys und Indianern dargestellt. Gegründet von dem Sänger und Unterhaltungskünstler Hans-Jörg »Fatsy« Ratzenböck, geboren 1943. **Milbenkäsemuseum** (Würchwitz, Sachsen-Anhalt): Getrockneten Magerquark in eine Kiste geben und mit Käsemilben anreichern – so entsteht der berühmt-berüchtigte Milbenkäse. Eine traditionelle Herstellungsmethode, die heute nur noch wenige beherrschen. Das Museum will sie für die Nachwelt bewahren. **Penismuseum** (Reykjavík, Island): Im isländischen Phallusmuseum werden die Phallen, also die Penisse aller Säugetiere gesammelt, die in dem Land vorkommen. Vorhanden sind zum Beispiel schon 16 Walpenisse und 33 Robben- bzw. Walrosspenisse. **Sackmuseum** (Nieheim, Westfalen): Säcke sind beinahe so alt wie die Menschheit, sie waren und sind für den Transport von Dingen unabdingbar. Besonders alte, ungewöhnliche Säcke werden im Nieheimer Kornhaus vorgestellt. **Schulmuseum** (Ottweiler, Saarland): Das Museum, das keiner unter 18 freiwillig betritt, birgt Schulgeschichte und Schulgeschichten auf drei Etagen.

Die meistbesuchten Museen

Besucherzahlen von 2007

1. **Musée du Louvre,** Paris 8 300 000
2. **Centre Pompidou,** Paris 5 509 425
3. **British Museum,** London 5 400 000
4. **Tate Modern,** London 5 191 840
5. **Metropolitan Museum of Art,** New York 4 547 353
6. **National Gallery of Art,** Washington 4 518 413
7. **Vatikan-Museum,** Vatikanstadt 4 310 083
8. **National Gallery of Art,** London 4 159 485
9. **Musée d'Orsay,** Paris 3 166 509
10. **Museo del Prado,** Madrid 2 652 924

Quelle Le Journal des Arts

Berühmt-berüchtigte Kunstsammler

Gaius Verres (115–43 v. Chr.) war der berühmteste Kunstsammler der Antike. Er hortete Tausende Kunstschätze und schreckte auch vor kriminellen Methoden nicht zurück. Als römischer Statthalter auf der Insel Sizilien konnte er 73 bis 71 v. Chr. schalten und walten, wie er wollte – bis ihn der Philosoph, Politiker und Anwalt Marcus Tullius Cicero (106–43 v. Chr.) im Namen der Bürger Siziliens verurteilen ließ. Allerdings konnte Gaius Verres sich rechtzeitig mit einem Großteil seiner Beutekunst nach Marseille (Frankreich) absetzen. **Jean de Valois**, Herzog von Berry und Auvergne (1340–1416), enger Verwandter des französischen Königshauses, war ein leidenschaftlicher Kunst- und Büchersammler. Um in seiner museumsreifen Bibliothek mit besonders prächtigen Ausgaben aktueller Werke glänzen zu können, beschäftigte er die bekanntesten Buchmaler seiner Zeit mit der Illustrierung seiner Bücher. Diese gelten als herausragende Zeugnisse der Buchkunst. Bei seinem Tod hatte der Herzog eine märchenhaft große und schöne Bibliothek einmaliger Werke erschaffen. **Peggy Guggenheim** (1898–1979) hatte den Wunsch, »jeden Tag ein Kunstwerk« zu erwerben. Sie lebte inmitten ihrer Sammlung in einem alten Palast in Venedig, der heute eine Zweigstelle des 1959 eröffneten Guggenheim-Museums in New York ist. Dieses berühmte Kunstmuseum wurde von Peggys Onkel Solomon R. Guggenheim gegründet, dessen Sammlung es ausstellte. Guggenheim hatte auf Vorschlag der deutschen Malerin Hilla von Rebay (1890–1967) seit den 1930er Jahren Kunstwerke junger Künstler aufgekauft, um diesen einen Lebensunterhalt zu sichern. Möglich war all dies nur, weil die Familie Guggenheim durch den Handel mit Rohstoffen im 19. Jahrhundert zu einer der reichsten Familien der USA geworden war.

Wie man Kunstsammler wird

Mit Geld Das ererbte Vermögen nicht für Segelboote, Reisen und Pelzmäntel ausgeben, sondern für Kunstwerke. **Mit Geduld** Sparsam leben und für wenig Geld die Werke junger Künstler erwerben, die später berühmt und wertvoll werden. **Mit Köpfchen** Mit einigen engen Freunden einen perfekten Plan für den perfekten Kunstraub ersinnen. **Mit Literatur** Sich statt der eigenen Kunstsammlung nach und nach eine eigene Kunstbuchsammlung anschaffen. **Mit Kreativität** Künstler werden und seine Werke mit befreundeten Kollegen und Kolleginnen tauschen. **Mit Fantasie** Kunst ist immer das, was zur Kunst erklärt wird. Alles kann Kunst sein, es kommt nur auf die Begründung an. **Mit Räumen** Kunst ist das, was im Museum hängt, sagt der Philosoph Arthur C. Dento. Und ein Museum kann jeder eröffnen. **Mit Jahreskarte** Museumskunst gehört meist der Allgemeinheit. Folglich ist sowieso jeder ein Kunstsammler.

Zuschauen, Anfassen, Mitmachen: Kinder- und Jugendmuseen

Zuschauen, Anfassen, Mitmachen: Das ist das Motto der Kinder- und Jugendmuseen in Deutschland, Österreich und der Schweiz. So zum Beispiel in der Kinder-Akademie in Fulda, die 1991 als erstes eigenständiges Museum nach amerikanischem Vorbild für Kinder und Jugendliche gegründet wurde. Eine dauerhafte Schau sowie wechselnde Themen-Ausstellungen sollen kleine und große Menschen ab drei Jahren zum Staunen und Nachdenken anregen. Und zwar durch Learning by Doing: Wer selber ein Experiment ausführt, so der Gedanke dabei, der versteht viel leichter, welches Gesetz dahintersteckt, als wenn er nur über das Experiment lesen würde. Höhepunkt des Rundgangs in Fulda: Ein begehbares Modell des menschlichen Herzens, nach dessen Besichtigung man genau nachvollziehen kann, wie der lebenswichtige Blutkreislauf funktioniert. Selbst viele Erwachsene sagen nach dem Begehen des Herzens voller Ehrfucht: »Jetzt habe ich die Sache mit dem Blut, dem Kreislauf und dem Herzen zum ersten Mal so richtig kapiert.«

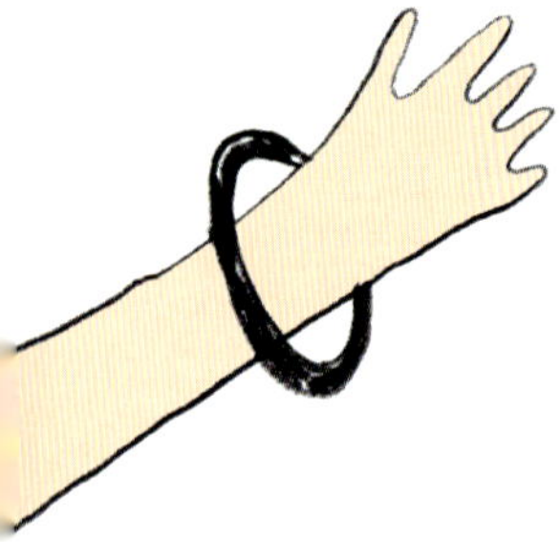

Ötzi, Nofretete, Mona Lisa – Museumsberühmtheiten

Wie alt der Mann aus dem Eis wirklich ist, das wurde erst einige Tage nach dem Fund deutlich: Der in einem Gletscher konservierte Jäger starb vor über 5000 Jahren, so fand man bei einer Untersuchung seines Beiles heraus. Der Gletschermann, genannt **»Ötzi«**, liegt im Südtiroler Archäologiemuseum in Bozen. Er ist der älteste komplett erhaltene Mensch, der bis jetzt gefunden wurde. Die Büste der **Nofretete**, zu bewundern im Alten Museum auf der Berliner Museumsinsel, wurde um 1340 v. Chr. von dem ägyptischen Bildhauer Thumosis geschaffen. Deutsche Archäologen fanden sie 1912 bei der Ausgrabung einer alten ägyptischen Stadtanlage. Ägypten fordert mittlerweile die Rückgabe der Büste, Deutschland weigert sich. Bereits seit 200 Jahren hängt die berühmte **Mona Lisa** im Pariser Louvre. Das Bild machte den Künstler Leonardo da Vinci, der es Anfang des 16. Jahrhunderts erschuf, bis heute weltberühmt. Das ganz besondere Lächeln der Mona Lisa hat schon so viele Betrachter bezaubert, dass man sich immer wieder gefragt hat, wer wohl die »echte« Mona Lisa gewesen sein mag.

Gleich um die Ecke:
Das Heimatmuseum – zum Beispiel in Hardheim

230 Millionen Jahre alte Dinosaurierfußspuren, Modelle von Weltraumraketen, eine Tanzstube aus dem Jahr 1678 und ein 1897 in Chicago hergestelltes Tandemfahrrad, das sind einige der Attraktionen, die das Heimatmuseum Erfatal in der Gemeinde Hardheim (Baden-Württemberg) auszeichnet. Alle Exponate des Museums haben irgendwie mit Hardheim zu tun: Die Saurier lebten in der Gegend, in der Tanzstube wurden diverse Hardheimer zu Paaren, das Fahrrad wurde in der Fabrik eines in die USA ausgewanderten Gemeindemitglieds hergestellt. Im Heimatmuseum Erfatal, das mehrfach als vorbildliches Heimatmuseum ausgezeichnet wurde, sind die Gegenstände deshalb gelandet, weil sie die Geschichte und Kultur des Ortes lebendig veranschaulichen. Neben Sauriern und Rädern hat das Museum Erfatal auch einen Raumfahrtpionier zu bieten: Walter Hohmann (1880 bis 1945), geboren in Hardheim, stellte unverzichtbare Berechnungen zum Raketenantrieb und zum Wiedereintritt von Weltraum-Fahrzeugen in die Erdatmosphäre an. Nur auf Basis seiner Forschung war es den USA möglich, am 20. Juli 1969 erstmals einen Menschen den Mond betreten zu lassen.

Städte mit Kinder- und Jugendmuseen

Aurich, Baden, Berlin, Bern, Bielefeld, Biberach, Dresden, Donaueschingen, Dortmund, Duisburg, Frankfurt, Fulda, Graz, Halle, Hamburg, Hamm, Hannover, Karlsruhe, Kist, Köln, Leipzig, Leverkusen, Mannheim, Meißen, München, Neu-Ulm, Nürnberg, Oelde, Saarbrücken / Völklingen, Schönau, Solingen, Speyer, Sankt Gallen, Stuttgart, Vöcklamarkt, Weimar, Wertheim, Weißenfels, Wien, Wolfenbüttel, Wuppertal, Zürich

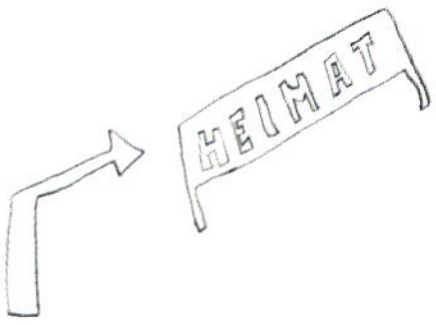

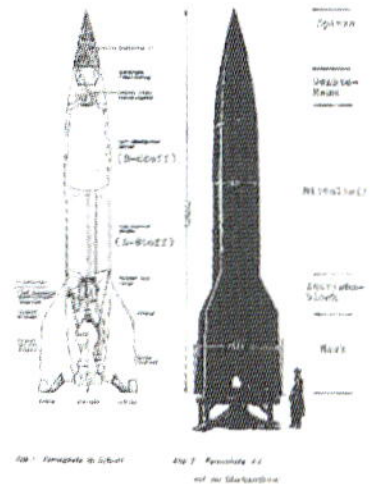

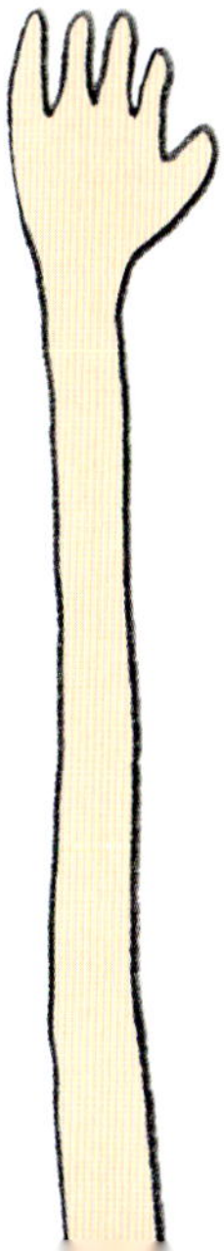

In 10 Museen um die Welt, Teil II

Österreich Sigmund-Freud-Museum, Wien. Praxis und Wohnung des Begründers der Psychoanalyse. Gelegen in dem Haus, in dem Freud von 1891 bis 1938 lebte. Enthält eine über 30 000 Bände umfassende Bibliothek zum Thema Psychoanalyse. **Russland** Eremitage, Sankt Petersburg. Areal mit mehreren Bauwerken aus dem 18. und 19. Jahrhundert, in denen rund 60 000 Exponate vor allem aus den Bereichen Kunst und Archäologie untergebracht sind. Wichtigstes Museum Russlands. **Schweden** Junibacken, Stockholm. Im Astrid-Lindgren-Museum werden die Lebenswelten von Pippi Langstrumpf, Michel aus Lönneberga oder Karlsson vom Dach sichtbar. Ein Kindermuseum zum Herumtoben, mit Theater, Buchhandlung und Café. **Türkei** Topkapı-Palast, Istanbul: Ehemaliger Wohn- und Verwaltungssitz der osmanischen Herrscher, an dem vom 15. bis zum 18. Jahrhundert gebaut wurde. Hier lebten zeitweise mehrere Tausend Menschen. Enthält unter anderem in einer Glasvitrine ein Barthaar des muslimischen Propheten Mohammed. **USA** MoMA – Museum of Modern Art, New York. Eine der bedeutendsten Kunstsammlungen überhaupt. Enthält knapp 200 000 Exponate der modernen Kunst, darunter auch sehr viele Filme und Fotografien. Birgt außerdem eine rund 300 000 Bände umfassende Kunstbibliothek.

Die Geburt der Bundesrepublik im Schatten einer ausgestopften Giraffe

1948. Seit dem Ende des Zweiten Weltkrieges waren drei Jahre vergangen, und Deutschland war geteilt in Ost und West. Ein neuer, friedlicher, demokratischer Staat sollte gegründet werden. Und zwar in Bonn, der künftigen Hauptstadt der Bundesrepublik Deutschland. So wollte es der spätere Bundeskanzler Konrad Adenauer (1876–1967). Das Problem dabei: In der Stadt am Rhein gab es wegen der vielen Kriegsschäden keinen Versammlungsraum, in dem der parlamentarische Rat tagen konnte. Die Politiker hatten nur eine Möglichkeit: Sie kamen im Lichthof des Naturkundemuseums König zusammen. Dazu ein Zitat aus der Biografie des Kanzlers: »Mühsam hat man die ausgestopften Tiere, die es gewöhnlich dort zu bewundern gibt, herausgeschafft oder mit Tüchern bedeckt, nur für die Giraffe hat es nicht ganz gereicht.«

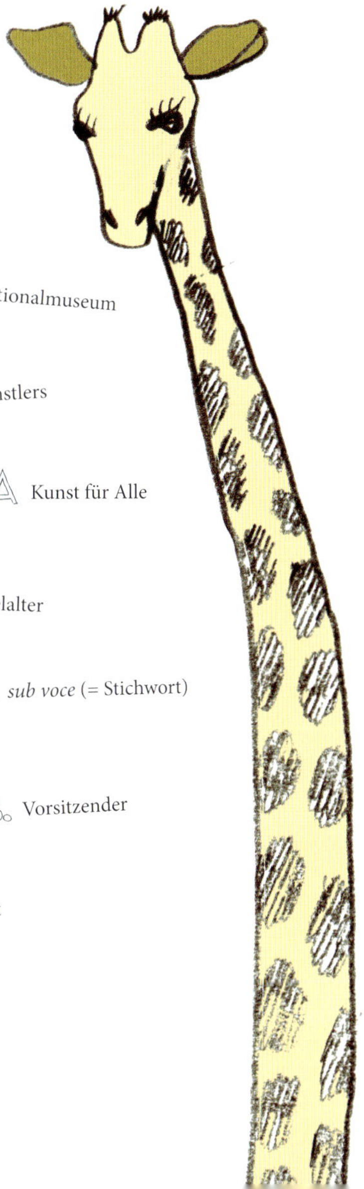

Abkürzungen aus der Welt der Museen

AnK Alte und neue Kunst
BNM Bayerisches Nationalmuseum
CdA Critica d'Arte
DWdK Das Werk des Künstlers
GrK Die grafischen Künste
H. Heft
KfA Kunst für Alle
KschH Die Kunst und das schöne Heim
MA Mittelalter
OMD Old Master Drawings
Res. Resumee
s.v. *sub voce* (= Stichwort)
TM Technisches Museum
UKd Unsere Kunstdenkmäler
Vs. Vorsitzender
Wiss. Wissenschaft, wissenschaftlich
Ztschr. Zeitschrift

STADT-TOUR
H
HVV
140
240
Freibad
641
STADT-TOUR

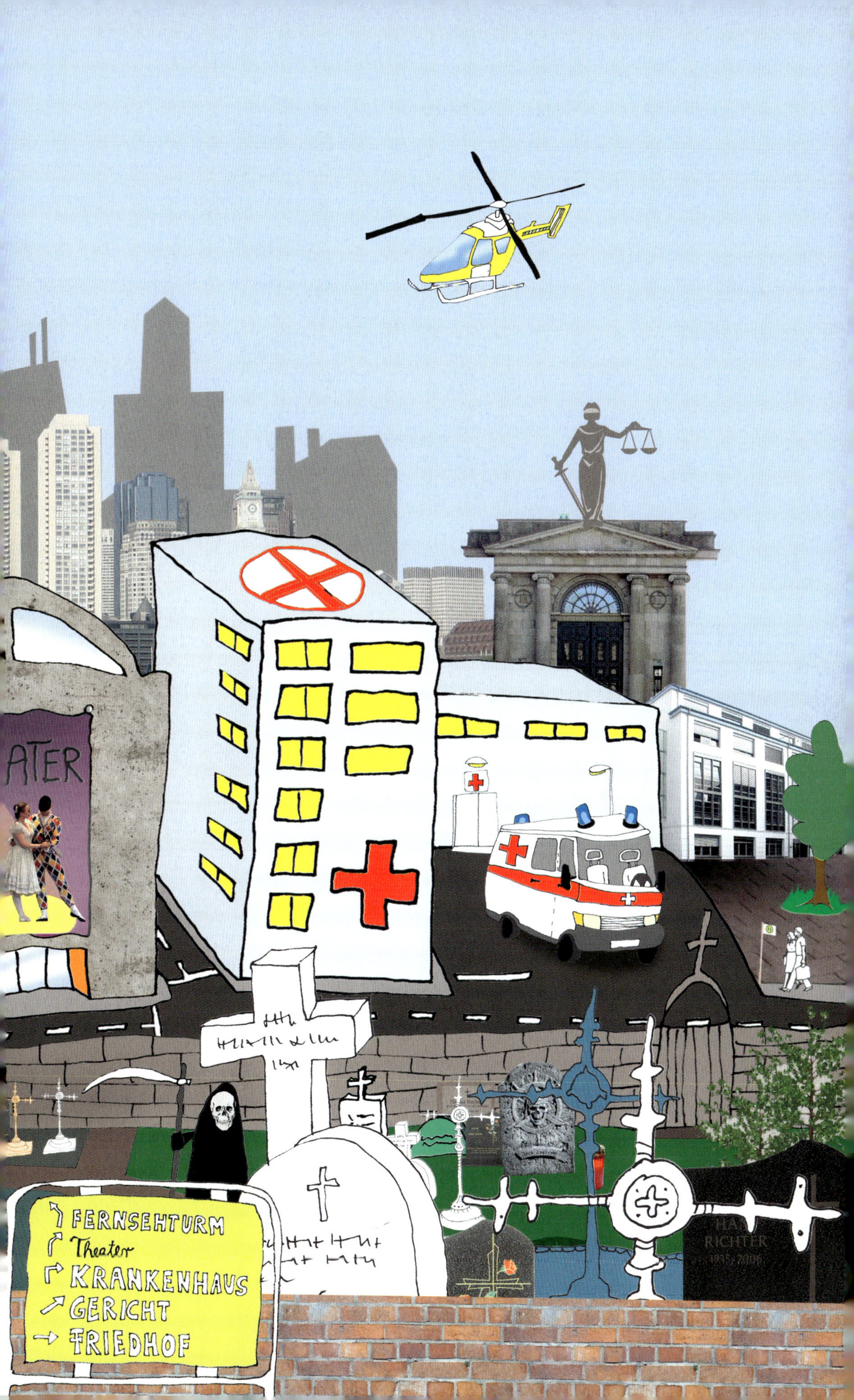
ATER
FERNSEHTURM
Theater
KRANKENHAUS
GERICHT
FRIEDHOF
RICHTER

Das Krankenhaus

Vom Pesthaus zur Megaklinik – die Berliner »Barmherzigkeit«

Die Berliner Charité ist eine Klinik der Superlative: Ihr Bettenhaus gehört zu den hundert höchsten Gebäuden Deutschlands. Sie ist der zweitgrößte Arbeitgeber der Hauptstadt und umfasst auf 610 700 Quadratmetern 107 einzelne Kliniken mit 3213 Betten. Sie war und ist der Arbeitsplatz von mehr als der Hälfte der deutschen Medizin-Nobelpreisträger, darunter so berühmte Forscher wie Robert Koch und Rudolf Virchow. Die Charité, die 2010 ihren 300. Geburtstag feiert, beschäftigt 10 400 Menschen, darunter 2640 Ärzte und Wissenschaftler sowie 270 Professoren. Außerdem werden 7325 Studenten ausgebildet. Die Beschäftigten behandeln und pflegen insgesamt rund 600 000 »Fälle« im Jahr. Dabei begann alles ganz ärmlich: Im November 1709 erließ der preußische König Friedrich I. ein Dekret, dass angesichts der drohenden Pest vor den Toren der Stadt vorsichtshalber eine Klinik gebaut werden sollte. Da die Pest Berlin nicht erreichte, wurde das Gebäude anderweitig genutzt: als Armen- und Arbeitshaus für Arme, Behinderte, Prostituierte und Mütter mit unehelichen Kindern. Bereits 1727 wurde das Haus zur Pflege von Kranken und zur Ausbildung von Ärzten genutzt. Der preußische König Friedrich Wilhelm I. verlieh der Charité damals auch ihren noch heute gültigen Namen. Auf Deutsch: Barmherzigkeit.

Krankenhaus-Werkzeuge

Arterienhalter, Blutbeutelkanüle, Darmquetschklemme, Einführsonde, Fremdkörperhebel, Gipsspreizer, Hirndruckmessgerät, Jochbogennahle, Kehlkopfspiegel, Nadelhalter, Muskelhaken, Ohrschlinge, Pflasterspatel, Rippensperrer, Sprechkanüle, Tränenkanalsonde, Wundsperrer, Zungenspatel

Löcher im Schädel, Binden an den Knochen: vom Ursprung der Medizin

Erste Eingriffe am menschlichen Körper wurden bereits vor 50 000 Jahren vorgenommen: In Shanidar (Irak) fanden Archäologen das Skelett eines Neandertalers (ausgestorbener Artverwandter des Menschen), dessen rechter Oberarm nach einer Verletzung amputiert worden war. **Schädelfunde** aus der Jungsteinzeit (5000–2000 v. Chr.) zeigen verheilte Wunden von Schädeloperationen. Ausgrabungen aus dieser Zeit belegen auch die ersten Ruhigstellungen von Knochenbrüchen mit Hilfsmitteln wie Schienen. **Erste Verschreibungen Medizinkundiger** finden sich auf 4000 Jahre alten sumerischen Tontafeln. Der älteste bekannte Verband schmückte den Unterarm eines 2800 Jahre alten Skeletts, das in der Nähe von Nürnberg entdeckt wurde. Um 1000 v. Chr. füllten die Etrusker **Zahnlücken** mit Prothesen aus Gold, die an den benachbarten Zähnen befestigt wurden. Griechische Ärzte verfassten um 330 v. Chr. den **hippokratischen Eid**, der die wichtigsten Maßstäbe für ärztliches Handeln bestimmt. Dazu gehört, immer zum Vorteil des Patienten zu handeln und die ärztliche Schweigepflicht einzuhalten.

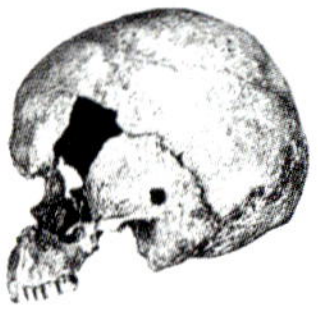

Lang, länger, Lebenserwartung

Durchschnittliche Lebensjahre von Frauen und Männern

Belgien	82,3	76,6
Dänemark	80,7	76,1
Deutschland	82,4	77,2
Finnland	83,1	75,9
Frankreich	84,4	77,3
Griechenland	82	77,1
Irland	82,1	77,3
Japan	85,8	79
Kanada	82,7	78
Luxemburg	81,9	76,8

Quelle OECD Health Data, 2008

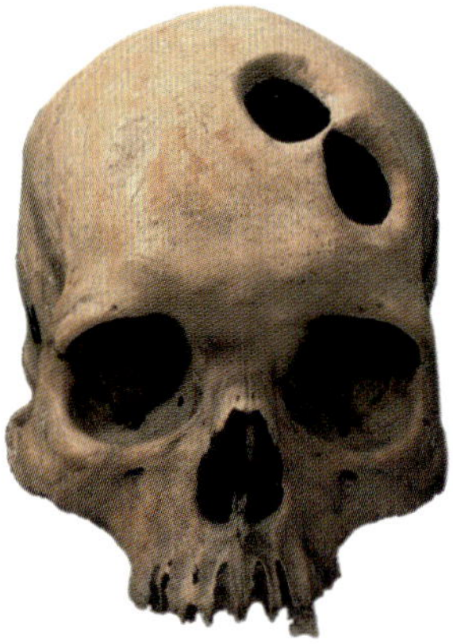

Durchschnittliche Lebensjahre von Frauen und Männern

Afghanistan	43,1	43,5
Benin	51,9	54,2
Botswana	33,9	33,5
Elfenbeinküste	46,2	51,5
Kamerun	51,3	51,3
Liberia	41	41,4
Malawi	41,9	41,5
Mosambik	39,5	40,1
Swasiland	32,1	33,1
Zentralafrikanische Republik	43,5	43,6

Quelle welt-in-zahlen.de

Kleine Geschichte des Krankenhauses

Im antiken Griechenland vertrauten sich Kranke den Kräften der Gottheit Asklepios an. In den Tempeln dieses Gottes, der den Menschen in Form einer Schlange Heilung bringen sollte, wurde zunächst ein Opfer gebracht. Anschließend sollte ein heilender Schlaf in der Halle des Tempels Linderung bringen. **Bereits bei den Römern** gab es speziell zur Behandlung von Kranken eingerichtete Häuser. Diese Lazarette dienten in der Regel vor allem der Armee, selten auch den Sklaven großer Arbeitgeber. Ein solches Valetudinarium existierte auch in der Gegend der Stadt Xanten am Niederrhein. Auf dem Gebiet der heutigen Türkei entstand **um das Jahr 370 n. Chr.** das erste Xenodochion (griech. Herberge) als Unterkunft für christliche Pilger. Dem Gebot der Nächstenliebe folgend, nahm das Haus auch Kranke, Arme, Waisen, Witwen und Alte in Obhut. In solchen Hospitälern wurden Kranke erstmals von ausgebildeten Ärzten betreut. Das Xenodochion gilt deshalb als der eigentliche Vorläufer für das moderne Krankenhaus. Zum Schutz vor ansteckenden Krankheiten entstanden **ab 500 in Griechenland** sogenannte Leprosorien (griech. Aussatz, bakteriell bedingte Krankheit). Die Erkrankten mussten sich in Holzhütten außerhalb der Stadtmauern aufhalten, hatten aber vielerorts die Erlaubnis, für ihren Lebensunterhalt zu betteln. **Ab dem 12. Jahrhundert** nahmen sich die Mönche des St.-Lazarus-Ordens der Pflege der Aussätzigen in Lazaretten an. In Deutschland hießen die Leprosorien später Siechenhäuser. Brach in einer Stadt die Pest aus, wurden sogenannte Pesthäuser zur Quarantäne (Isolierung) der Erkrankten errichtet. **Im späten Mittelalter** verlagerte sich die Pflege von Kranken und Sterbenden aus christlichen Klöstern zunehmend in weltliche Spitäler. In Lübeck etwa gründeten Bürger im 13. Jahrhundert das bis heute bestehende »Heiligen-Geist-Hospital«. **Im Jahr 1697** wurde in Wien das erste Gebäude des »Großarmen- und Invalidenhauses« mit 1042 Betten errichtet. Auf Geheiß von Kaiser Joseph II. entstand daraus 1784 das bis heute existierende Allgemeine Krankenhaus Wien. Neben 111 Zimmern mit jeweils 20 Betten für Patienten verfügte dieses frühe Krankenhaus über ein Gebärhaus, ein »Findelhaus« für Kinder ohne Eltern und ein »Irrenhaus«, den sogenannten Narrenturm. Das Wiener Allgemeine Krankenhaus gehört bis heute zu den größten Krankenhäusern der Welt.

Ein Krankenhaus und seine Versorgung

472 261 Patienten, 9798 Mitarbeiter, 2322 Betten – das Klinikum der Universität München ist eines der wichtigsten Heilzentren in Deutschland. In der Hausapotheke wurden im Jahr 2008 rund 19 Millionen Tabletten ausgegeben. In den 26 Kammern der beiden Waschstraßen waschen die Mitarbeiter täglich 12 000 Kilogramm Wäsche, und zwar in 120 Ladungen à 100 Kilogramm Wäsche. Bis zu 300 Betten werden außerdem täglich in der mit einer Autowaschanlage vergleichbaren Bettenzentrale gereinigt. Die Nass-Reinigung erfolgt bei 80 Grad Celsius, die anschließende trockene Sterilisation (Entfernung von Mikroorganismen wie Bakterien) bei 104 Grad. In der Krankenhausküche am Standort Großhadern bereiten drei bis vier Köche zusammen mit sechs Aushilfen täglich 1400 Patientenessen, 1200 Mittagessen für die Krankenhausbeschäftigten und 300 Diätessen zu. »Es ist wie bei uns daheim, nur ein kleines bisschen größer«, so lautet der Leitspruch des Küchenchefs. Seine sechs größten Suppenkessel fassen jeweils 450 Liter, für die Fleischzubereitung stehen ihm sieben 80-Liter-»Töpfe« zur Verfügung. Der Lebensmittelbedarf eines »normalen« Tages: 1100 Kartoffelknödel, 150 Kilogramm Gemüse, 300 Kilogramm Kartoffelsalat, 700 Liter Suppe, 100 Kilogramm Nudeln, 250 Kilogramm Spätzle, 1000 panierte Schnitzel, 100 Kilogramm Rinderbraten, 500 Schweinshaxen. Stand: 2008, *Quelle* Klinikum der Universität München, Campus Großhadern

Die Meister der Transplantationen

Hand zerquetscht? Kein Problem, wenn man in der Nähe des Klinikums La Fe in Valencia (Spanien) wohnt: Die Experten dieses Krankenhauses sind Transplantationsmeister, sie haben sogar schon Hände verpflanzt. Im Jahr 2006 wurden am La Fe insgesamt 417 Transplantationen von Organen, Gewebeteilen oder Gliedmaßen durchgeführt. In der Zeit vom 16. bis zum 19. Mai 2007 erfolgten allein elf Organtransplantationen, das ist rekordverdächtig: zwei Lungen, vier Nieren, vier Lebern, eine Bauchspeicheldrüse. In Spanien stehen den Medizinern viel häufiger die Organe Verstorbener zur Verfügung als in Deutschland, weil dort die sogenannte Widerspruchsregelung gilt: Stirbt ein Mensch, zum Beispiel bei einem Unfall, können seine Organe bei einem kranken Menschen eingesetzt werden, es sei denn, der Verstorbene hat zu Lebzeiten ausdrücklich bestimmt, dass seine Organe nicht gespendet werden dürfen. In Deutschland gilt dagegen eine Zustimmungsregelung. Jeder Mensch muss bestimmen, ob seine Organe im Todesfall verwendet werden dürfen. Liegt keine entsprechende Zustimmung vor, dürfen die Organe des Toten nicht für andere Menschen verwendet werden.

Berühmte Mediziner

Marie-Louise Bourgeois (1563–1636) machte sich durch ihre Arbeit als Hebamme in den Pariser Armenvierteln einen Namen. Über 2000 Säuglingen hatte sie auf die Welt geholfen, als sie zur Hebamme der Königin Maria von Medici (1573–1642) bestimmt wurde, der sie bei der Geburt von sieben Kindern zur Seite stand. Ihr Buch über Geburtshilfe fand internationale Anerkennung. 1628 erschien es auch in deutscher Sprache. **Ignaz Semmelweis** (1818 bis 1865) wird auch der »Retter der Mütter« genannt. Der ungarische Arzt fand nach langer Suche heraus, dass die Keime von Infektionen durch ungewaschene Hände von Medizinern übertragen wurden, was zu Entzündungen und Krankheiten wie dem Kindbettfieber führen kann. Seitdem sind gewaschene Hände und Keimfreiheit im Krankenhaus Pflicht, wodurch die Sterblichkeit der Patienten drastisch sank. **Rudolf Virchow** (1821–1902), der überwiegend in Berlin wirkte, wurde im Jahr 1858 mit seiner »Theorie der Zellularpathologie« weltberühmt, mit der er nachwies, dass Krankheiten auf Veränderungen der menschlichen Zellen beruhen. Virchow sorgte aber auch dafür, dass in den Berliner Stadtteilen Friedrichshain und Moabit die ersten städtischen Krankenhäuser zur Versorgung der ärmeren Bevölkerung eingerichtet wurden. Auf sein Drängen hin wurden zudem zahlreiche Spielplätze und Parks eröffnet, die der Erholung der Berliner Arbeiterbevölkerung dienen sollten. **Schwester Liane Juchli** (geboren 1933) ist eine Ordensschwester aus der Schweiz, deren Veröffentlichungen seit den 1960er Jahren in der Krankenpflege eine große Rolle spielten. Das von ihr verfasste Lehrbuch der Krankenpflege wird auch einfach der »Juchli« genannt. Juchlis wichtigstes Anliegen ist, dass auch der erkrankte Mensch als ein ganzheitliches Wesen aus Körper, Seele und Geist verstanden wird – und nicht nur als kranker Körper.

Transplantationen im Klinikum Großhadern

Leber 46
Herz 36
Herz-Lunge 2
Lunge 40
Pankreas 13
Nieren 89

Stand: 2008, *Quelle* Klinikum der Universität München

Fünfzehn große Krankenhäuser

Zahl der Betten
Universitätsklinik Charité, Berlin 3213 Klinikum Nürnberg 2184 Klinikum Chemnitz 1855 Kliniken Ludwigsburg-Bietigheim 1770 Universitätsklinikum Heidelberg 1685 Universitätsklinik Frankfurt / Main 1621 Universitätsklinikum Freiburg 1600 Klinikum der Universität Würzburg 1586 Klinikum Dortmund 1559 Klinikum Nord Hamburg 1523 Universitätsklinik Tübingen 1500 Klinikum der Universität München 2322 Katholisches Klinikum Duisburg 1265 Universitätsklinik Bonn 1300 Universitätsklinik Köln 1250

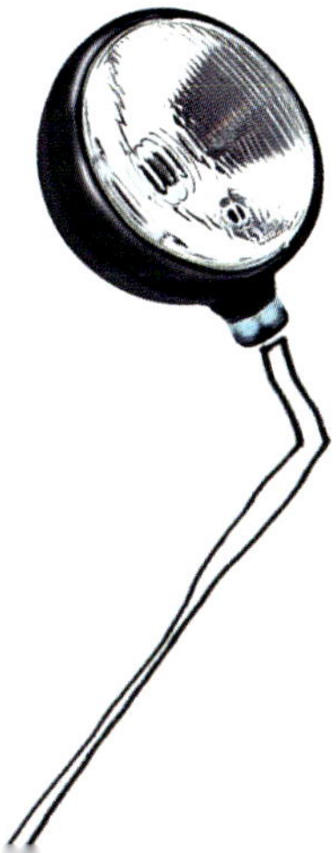

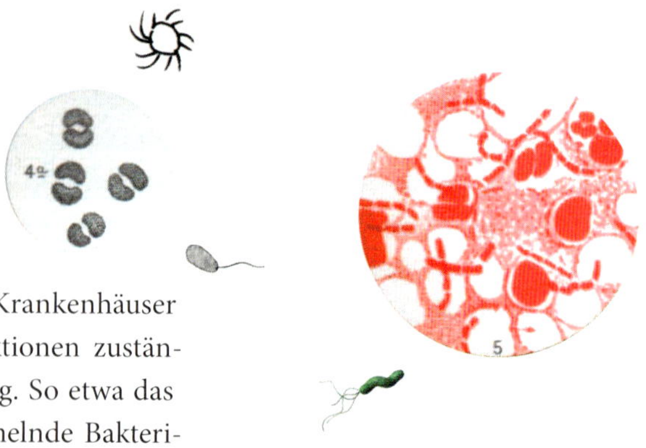

Die kleinen Krankenhausmonster und die Unhöflichkeit

Wer nicht krank werden möchte, der sollte Krankenhäuser meiden. Viele Bakterien, die für üble Infektionen zuständig sind, leben dort nämlich besonders üppig. So etwa das kugelförmige, sich in großen Trauben tummelnde Bakterium *Staphylococcus aureus*, das zu so unangenehmen Folgen wie Hautinfektionen, Lungenentzündung und Blutvergiftung führen kann. Durch Berührung wird es ganz leicht von Mensch zu Mensch übertragen. Bakterien dieser Art kommen fast immer und überall vor, zum Beispiel in der Nase jedes vierten Menschen. Bei Trägern, deren Abwehrsystem geschwächt ist, haben sie aber leichteres Spiel und fühlen sich deshalb auch in Krankenhäusern wohler als andernorts. Ganz abgesehen von den tollen Lebensbedingungen: Die Staphylokokken gedeihen bei Temperaturen zwischen 18 und 40 Grad Celsius. Sie können bis zu sieben Monate lang an »unbelebten Oberflächen« wie Türgriffen überleben. Im Eis halten sie es bis zu 66 Tage aus. Und sogar bei trockener Hitze von 80 Grad Celsius sterben sie erst nach einer Stunde ab. Durch die Erfindung des Medikaments Penicillin im Jahr 1929 konnte das *Staphylococcus aureus* zwar einige Jahre lang bekämpft werden. Heute aber haben sich viele Staphylokokken angepasst. Gegen sie ist kein Kraut gewachsen – außer dem der Unhöflichkeit: Gib den kleinen Monstern, gib im Krankenhaus, auch dem Chefarzt, nicht die Hand!

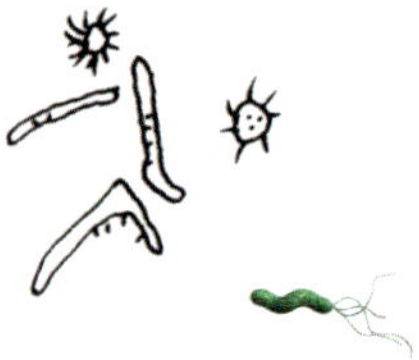

Einige medizinische Fachgebiete

Anästhesiologie Betäubung, Schmerzbehandlung **Chirurgie** Behandlung durch Operation **Gastroenterologie** Krankheiten am Darm **Gynäkologie** Frauenheilkunde **Nephrologie** Nierenheilkunde **Neurologie** Erkrankungen des Nervensystems **Innere Medizin** Organe, Kreislauf, Körperinnenleben **Orthopädie** Knochen, Gelenke, Muskeln, Sehnen **Psychiatrie** Behandlung seelischer Erkrankungen **Urologie** Krankheiten an Nieren, Blase, Harnröhre, Hoden

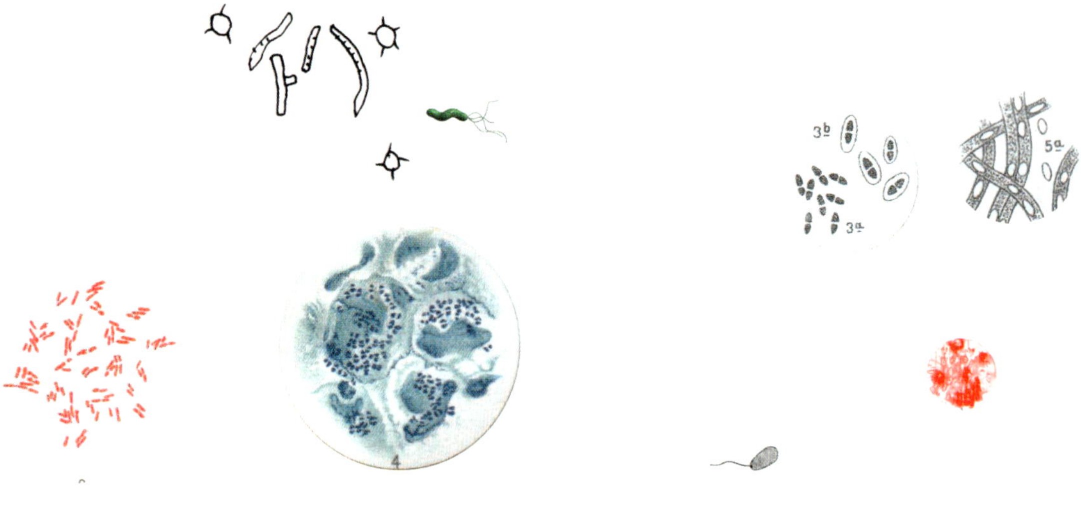

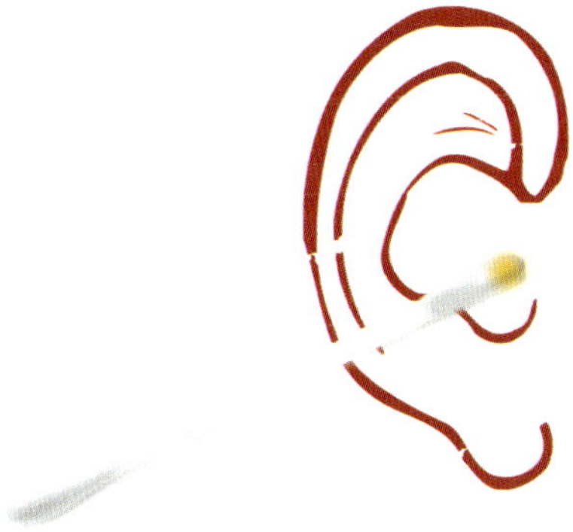

Warum Patienten im Krankenhaus liegen

Geburt 480 848
Herzschwäche 317 485
Angina Pectoris 301 009
Alkoholprobleme 298 955
Gehirnerschütterung 214 971
Lungenentzündung 211 934
Herzinfarkt 208 425
Herzdurchblutungsstörung 202 502
Schlaganfall / Hirninfarkt 198 917
Herzrhythmusstörung 190 556
Bluthochdruck 165 918
Unterschenkelbruch 157 267
Oberschenkelbruch 155 000
Schlafstörungen 139 648
Rückenschmerzen 117 432

Stand: 2008, *Quelle* Statistisches Bundesamt

Eiter, Spucke, Ohrenschmalz und andere Körperausscheidungen

Eiter Lebende Leukozyten (weiße Blutkörperchen) bilden mit abgestorbenen Artgenossen, Gewebeteilchen und Bakterien Eiterbeulen und eiterige Wundstellen. Das mal dünn-, mal dickflüssige, mal grüne, mal gelbe Sekret tritt meist bei Entzündungen auf. **Rotze** Eine Prise Salz, das »schleimige« Zucker-Eiweiß-Gemisch Muzin sowie 97 Prozent Wasser sind die Bestandteile des Nasensekrets. Ein Großteil des Schleims wird über den Rachen abtransportiert, der Rest als Sondermüll in Form von Popeln. **Ohrenschmalz** Die Ohrenschmalzdrüsen sind für das fettige, schmierige, bittere Sekret zuständig, das der Körper produziert, um den Gehörgang vor Staub, Schmutz und Eindringlingen zu schützen. **Schweiß** Das Sekret, das von den Schweißdrüsen abgegeben wird, wenn der menschliche Körper gekühlt werden muss. Es besteht zu 99 Prozent aus Wasser, enthält aber auch Harnstoff, Ammoniak, Kochsalz, Kalium, Magnesium und Phosphat. **Speichel** Bis zu anderthalb Liter Spucke stellt der menschliche Körper pro Tag her, unter anderem aus Wasser, Salz und Muzin. Der Speichel hat viele Funktionen: Er sorgt für Feuchtigkeit, er reinigt, er verstärkt das Geschmacksgefühl und hilft bei der Verdauung. **Urin** Zucker, Harnstoffe, Hormone, Duftstoffe und natürlich Wasser sind Bestandteile des Urins. Dieser dient der Steuerung des Flüssigkeitshaushalts und der Ausscheidung von Stoffen, die der Körper nicht verarbeiten kann.

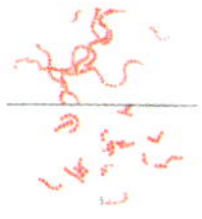

Krankenhäuser in Zahlen

Im Jahr 2007 lagen in den insgesamt 506 954 Betten der 2087 deutschen Krankenhäuser 17 178 573 Patienten für durchschnittlich acht Tage zur Behandlung der unterschiedlichsten Erkrankungen. Betreut wurden sie von insgesamt 792 299 Mitarbeitern, darunter 126 000 Ärzte und 666 299 Pflegekräfte. 18 038 Techniker sorgten dafür, dass die OP-Lampen leuchteten, die medizinischen Geräte gewartet wurden und die Aufzüge funktionierten. 48 546 Angestellte der Wirtschafts- und Versorgungsdienste kümmerten sich zudem um das richtige Essen, gereinigte Wäsche und saubere Räumlichkeiten. Mit der Verwaltung von Patientendaten und Kostenabrechnungen beschäftigten sich die 56 914 Verwaltungsmitarbeiter.

Quelle Statistisches Bundesamt

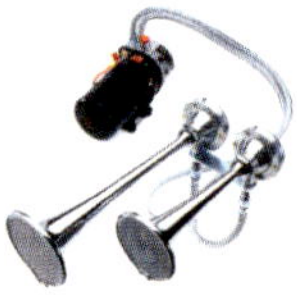

Bald hier, bald dort: das wegweisende Horn des Fabrikanten Martin

Wenn das Martinshorn ertönt, müssen Autofahrer die Fahrbahn räumen: Feuerwehr-, Polizei- oder Krankenwagen im Einsatz haben Vorrang. Das Signal des Martinshorns hat Geschichte: Im Jahr 1880 eröffnete Firmengründer Max B. Martin in der sächsischen Stadt Markneukirchen seine »Signal- und Instrumentenfabrik«. Zunächst stellte das Unternehmen Jagdhörner sowie Armee- und Fanfaren-Trompeten her. Mit wachsender Verkehrsdichte wurden in der Zeit der beginnenden Automobilisierung Ende des 19. Jahrhunderts Hupen immer wichtiger – und damit auch die Firma Martin, die bald sogar die kaiserliche Fahrzeugflotte mit einem eigenen Signal ausstatten durfte. Um 1905 herum ertönten allerorten in Deutschland die berühmt-berüchtigten Martin-Kapellen: Fahrzeuge, die mit ihren Hupen gemeinsam Musikstücke intonieren konnten. 1932 entwickelte die Firma Martin zusammen mit Polizei- und Feuerwehrverantwortlichen ein Signal für Einsatzfahrzeuge: das Martin-Horn, aus dem im Sprachgebrauch später das Martinshorn wurde. Offiziell heißt es Einsatzhorn beziehungsweise Folgetonhorn. Wegweisende Kraft hat das Martinshorn allerdings nicht allein: Das Wegerecht für Einsatzfahrzeuge gilt nur dann, wenn gleichzeitig auch ihr Blaulicht kreist.

Die (nicht nur) dem Feuer wehren

Enge Gassen, hölzerne Häuser und offene Feuer machten die wachsenden Städte seit dem Mittelalter anfällig für Feuersbrünste, viele brannten mehrfach. So auch die englische Hauptstadt London, deren schlimmste Brandkatastrophe sich im Jahr 1666 ereignete, als 13 500 der 15 000 Wohnhäuser zerstört wurden. Ein Ereignis mit Folgen: 1667 erließen die Stadtoberen eine erste Feuerordnung. Die Stadt wurde dabei in vier Quartiere unterteilt, von denen ein jedes 800 lederne Feuereimer und 50 Leitern bereithalten musste. Zusätzlich wurden die wichtigsten Handwerksbetriebe mit Pumpen ausgestattet. Außerdem machte fortan ein Nachtwächter jede Nacht die Runde. Die ersten Feuerwehren gab es bei den Ägyptern und im antiken Rom vor über 2000 Jahren. Ab 1200 wurden in vielen europäischen Gemeinden Nachtwächter gegen die Feuergefahr beschäftigt. Und im 17. Jahrhundert entstanden in den Großstädten die ersten Berufsfeuerwehren. Heute sind strenge Brandschutzgesetze in vielen Ländern selbstverständlich. In Deutschland existieren über 25 000 Feuerwehren mit 1 300 000 Mitgliedern. Ihre Tätigkeit ist längst nicht mehr auf das Feuerlöschen beschränkt. Sie helfen auch bei Unfällen, Überschwemmungen und anderen Katastrophen. Manchmal sogar dann, wenn Omas Katze sich nicht mehr von ihrem Kletterbaum hinab traut.

Christoph 1, ein Rettungshubschrauber in Daten und Fakten

Name Christoph 1 Standort Klinikum München Harlaching Typ BK 117 B2 Hersteller Eurocopter Turbinen zwei Antriebswerke Lycoming LTS 750B-1, je 750 PS Tank ca. 558 kg Jet A 1 (Kerosin) Verbrauch ca. 200 kg / h Reisegeschwindigkeit ca. 240 km / h Höchstgeschwindigkeit ca. 270 km / h Leergewicht 1765 kg maximales Take-off-Gewicht 3350 kg Winde Seillänge 90 m, maximale Last 270 kg Maximale Flughöhe ca. 5000 m Rotordrehzahl ca. 380 Umdrehungen / Minute

Der
Theater-
platz

Das Theater und *das* Theater

Sommer 2008. Eine leer stehende Garage irgendwo in London. Die Archäologen staunen: Die Holzteile, die sie vorsichtig aus der Erde graben, entpuppen sich als Teile einer Bühne. Besser gesagt: als Teile *der* Bühne. Denn es handelt sich um Reste der Spielstätte »The Theatre«, in dem schon der berühmte englische Dramatiker William Shakespeare (1564–1616) Schauspiel-Erfahrungen gesammelt hatte; hier wurden seine heute noch beliebten Bühnenstücke ROMEO UND JULIA und EIN SOMMERNACHTSTRAUM uraufgeführt. Theater war zu Shakespeares Zeit ein Volksvergnügen. Alle Vorstellungen waren ausverkauft, und die Londoner machten ein Freudenfest aus jedem Abend: Man verabredete sich, hatte Körbe mit Essen, Wein und Leckereien dabei; man lachte und weinte mit den Schauspielern – und mischte sich mit lauten Kommentaren ins Bühnengeschehen ein. Theaterbauten mit Bühne und Zuschauerraum entstanden erstmals im antiken Griechenland. Die Römer übernahmen die griechische Theaterkultur, verloren aber im Lauf der Jahrhunderte das Interesse daran. Wie in London erwachte in der zweiten Hälfte des 16. Jahrhunderts in vielen europäischen Städten die Lust am Bühnenspiel erneut. Die ersten deutschen Theaterbauten entstanden 1606 in Kassel und 1641 in Ulm. Die Zeit von »The Theatre« war da schon abgelaufen: Die Ur-Shakespearebühne wurde wegen einer Meinungsverschiedenheit mit dem Vermieter 1597 geschlossen und andernorts neu eröffnet.

Theater ist ...

... ein **Gebäude**, in dem Schauspielstücke auf die Bühne gebracht werden.

... der **Oberbegriff für alle Künste**, bei denen Geschichten vor einem Publikum dargestellt werden.

... ein erstaunliches **öffentliches Ereignis**, ein Spektakel; zum Beispiel in der Politik.

... ein Begriff für **Verhaltensweisen**, die man als unpassend empfindet.

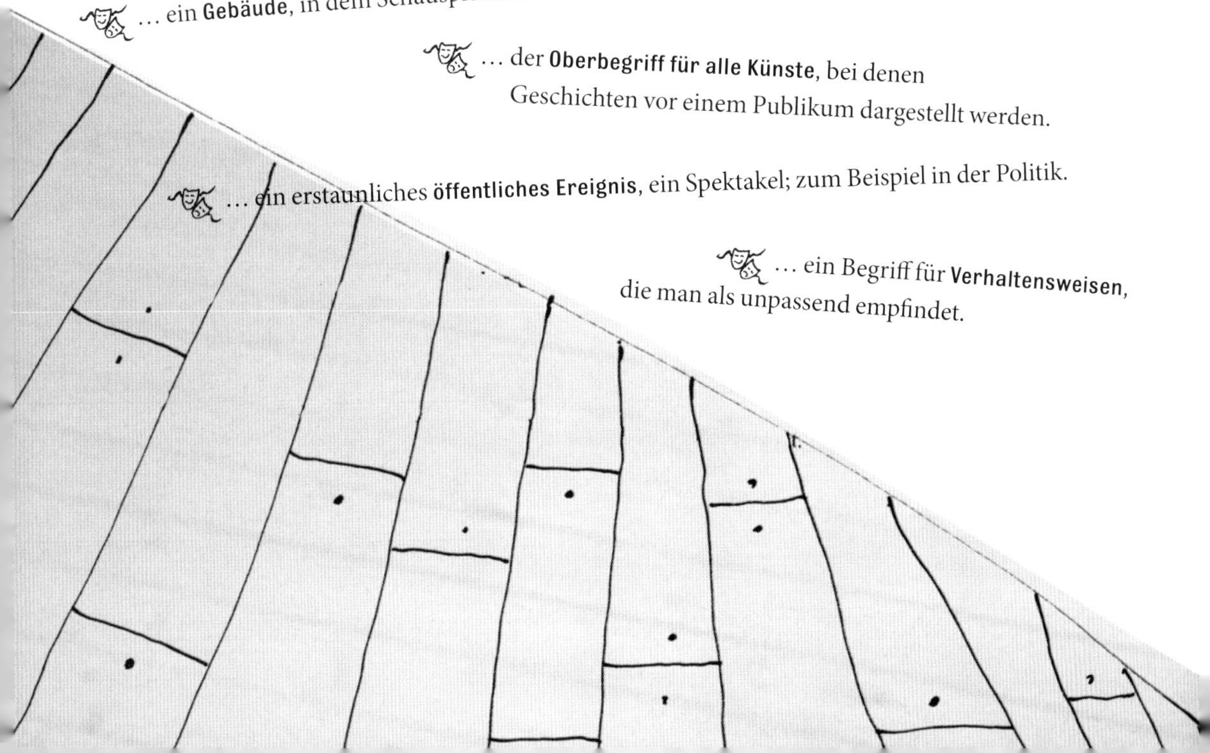

Theaterberufe

Beleuchter Stellt die Scheinwerfer genau so ein, dass immer die passende Lichtstimmung entsteht. **Bühnenmaler** Erstellt Landschaften, Häuserschluchten, Industrieruinen und andere Bühnenbilder. **Dramaturg** Kümmert sich zusammen mit dem Regisseur und dem Intendanten um Auswahl und Art der Aufführung neuer Theaterstücke. **Garderobiere** Hilft den Schauspielern eines Stückes beim An- und Umziehen. **Inspizient** Trägt die Verantwortung dafür, dass der Theaterabend organisatorisch reibungslos abläuft. **Intendant** Leitet das Theater. Ist organisatorisch und künstlerisch verantwortlich. **Kostümbildner** Kümmert sich um die passende Kleidung der Schauspieler. **Maskenbildner** Versetzt die Schauspieler rein äußerlich in die richtige Rolle. **Requisiteur** Sorgt für die richtige Ausstattung der Bühne. **Regisseur** Entscheidet, wie genau ein Theaterstück umgesetzt und aufgeführt wird. **Theatertischler** Setzt die Pläne für die Requisiten und die Kulissen handwerklich in die Tat um.

Alles nur Theater

Amateurtheater, Bauerntheater, Filmtheater, Kasperletheater, Provinztheater, Puppentheater, Straßentheater, Zimmertheater

Bühnenlatein von A bis Z, Teil I

Arie Sologesang in der Oper **Ballett** Klassischer Bühnentanz **Chor** Eine Gruppe von Sängern **Dirigent** Leiter eines Chors / Orchesters **Ensemble** Alle Schauspieler eines Hauses **Gage** Lohn der Schauspieler / Musiker **Inszenierung** Aufführung eines Stückes **Komponist** Musik-Erfinder **Lampenfieber** Nervosität vor dem Auftritt

Die Flüstertanten

Die Königin zum Greifen nahe, den Atem des Helden im Gesicht – in der ersten Reihe eines Theaters ist man sehr nahe dran am Bühnengeschehen. Manchmal hört man dann einen geflüsterten, gezischten Ton, ein Wort, einen Satz. Laute, die sich nicht genau zuordnen lassen. Der Grund dafür sind Souffleusen (frz. *souffle* = Hauch, Atem). Mit einem Textbuch oder Notenheft kauern diese »Flüstertanten« in einem kleinen höhlenartigen Bereich nahe dem Geschehen, wo sie den Darstellern bei Bedarf auf die Sprünge helfen und den Text zuflüstern.

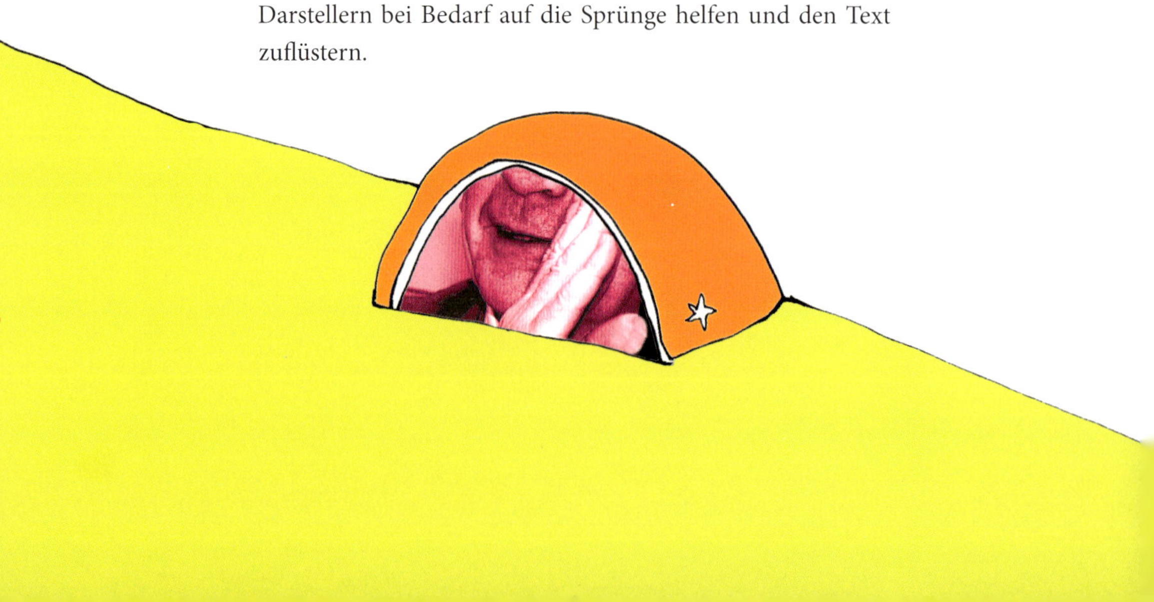

Natyashastra, das älteste Handbuch der Schauspielkunst

In der hinduistischen Religion gelten Theater und Tanz als Geschenke der Götter. Der oberste Schöpfer »Brahma« selbst, so eine der Urlegenden im Hinduismus, habe den Menschen in der heiligen Schrift »Natyashastra« Regeln für den Tanz und das Theater vermittelt. In der 1800 Jahre alten Abhandlung finden sich genaue Anleitungen für den Bau und die Einrichtung von Theatern, für die Gestaltung von Kostümen und Masken, für die stimmliche und musikalische Ausführung, für den richtigen Gang und die Körperbewegungen während der Vorführung. Das Lehrbuch unterscheidet zum Beispiel 108 Tanzbewegungen, 36 Augenstellungen, 16 Positionen der Füße, 13 Haltungen des Kopfes. Außerdem nennt es Dutzende Anweisungen für die Stellung der Augenbrauen, der Nase, des Kinns, des Halses und der Brust. Mit Hilfe der brahmanischen Schauspielkunst sollen beim Zuschauer Gefühle für die Anmut der Figuren geweckt und sein Herz so berührt werden, dass er in einen Zustand der völligen Gemütsruhe gerät.

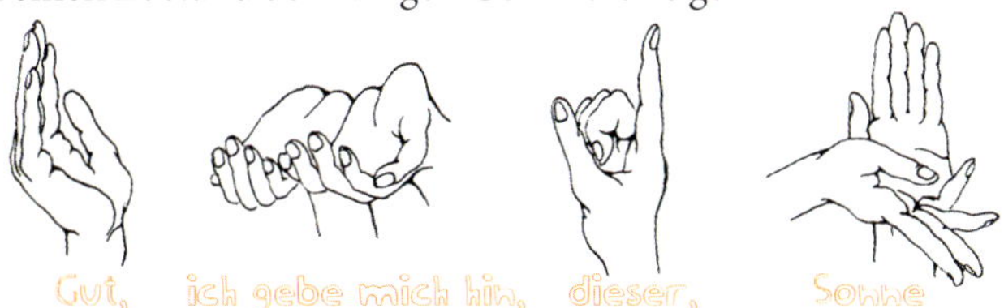

Die Weisheiten der Theatermacher

Die Schaubühne ist mehr als jede andere öffentliche Anstalt des Staats eine Schule der praktischen Weisheit, ein Wegweiser durch das bürgerliche Leben, ein unfehlbarer Schlüssel zu den geheimsten Zugängen der menschlichen Seele.

Friedrich Schiller, 1759–1805, Dramatiker, Dichter, Historiker

Ich glaube an die Unsterblichkeit des Theaters. Es ist der seligste Schlupfwinkel für diejenigen, die ihre Kindheit heimlich in die Tasche gesteckt und sich damit auf- und davongemacht haben, um bis an ihr Lebensende weiterzuspielen.

Max Reinhardt, 1873–1943, österreichischer Theaterrevolutionär

Das Theater darf nicht danach beurteilt werden, ob es die Gewohnheiten seines Publikums befriedigt, sondern danach, ob es sie zu ändern vermag.

Bertolt Brecht, 1898–1956, deutscher Dramatiker und Dichter

Alles Theater. Formen, Teil I

Sprechtheater Aufführung eines Schauspiels mit einem oder mehreren Schauspielern. Im Vordergrund stehen die Sprechrollen. Wenn mehrere Darsteller dabei sind, verständigen sie sich in Dialogen. Ein einzelner Redner hält einen Monolog. Existiert seit 500 v. Chr. **Musiktheater** Aufführung eines Schauspiels, bei dem Musik und / oder Gesang die herausragenden Elemente der Darbietung sind. Zum Beispiel Oper, Operette, Musical. Wird seit rund 350 Jahren gepflegt. **Tanztheater** Aufführung eines Schauspiels mit einem oder mehreren Tänzern. Die tänzerische Darbietung steht im Mittelpunkt. Im Gegensatz zum Ballett spielen aber auch schauspielerische Elemente eine Rolle. Entwickelt sich in den 1920er Jahren. **Figurentheater** Aufführung eines Schauspiels mit Hilfe von Puppen oder anderen Gegenständen, so etwa mit Marionetten oder Handpuppen. Wurde bereits vor 2500 Jahren in Persien, Rom und Griechenland ausgeübt.

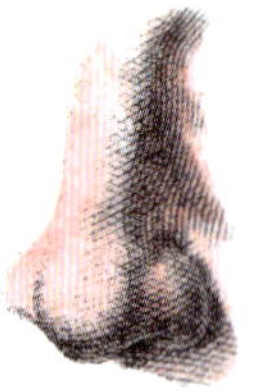

Alles Theater. Formen, Teil II

Drama Oberbegriff für Texte mit verschiedenen Sprechrollen. Im Theater ist das Drama auch ein Stück mit vorgegebener Textgrundlage – im Gegensatz zum sogenannten »Improvisationstheater«, bei dem sich die Schauspieler erst auf der Bühne einen Text ausdenken. **Tragödie** Unterbegriff für Dramen mit negativem, traurigem, düsterem Charakter. Eine Tragödie ist gekennzeichnet von einem schicksalhaften Konflikt der Hauptfigur. Dessen Situation verschlechtert sich zunehmend und endet häufig mit dem Tod. **Komödie** Unterbegriff für ein Drama mit lustigem, erheiterndem, amüsantem Ablauf. Häufig spielen dabei witzige Verwechslungen und unvorhergesehene Verquickungen eine Rolle. Komödien haben in der Regel ein Happy End. **Tragikomödie** Unterbegriff für ein Drama, das sowohl komische wie auch tragische Elemente enthält. Häufig hat dabei das traurige Element anfangs größeren Raum als das Komische, so dass sich die Geschichte zu einem versöhnlichen Ende hin entwickeln kann.

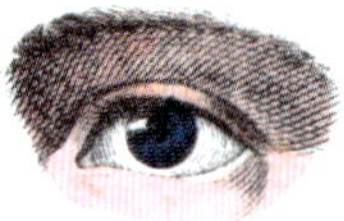

Bühnenlatein von A bis Z, Teil II

Musical Theaterstück mit Gesangs- und Tanzeinlagen **Operette** Oper mit gesprochenen Dialogen und eher leichter Handlung **Premiere** Erste Aufführung **Requisiten** Zubehör für die Bühne **Statist** Darsteller ohne Sprechrolle **Vorspiel** Einleitendes Musikstück **Wanderbühne** Theatergruppe ohne eigene Spielstätte **Zwischenspiel** Musikstück, das der Überleitung dient

Die Bretter, die die Welt bedeuten

»Die Bretter, die die Welt bedeuten« – wer mit diesen Worten die Theaterbühne preist, will sagen, dass auf diesem simplen Holzfußboden die ganze Welt dargestellt werden kann. Und für den Schauspieler wiederum bedeuten die Bühnenbretter seine ganze Welt. Die Phrase stammt von dem Dichter und Dramatiker Friedrich Schiller (1759–1805). Sie findet sich in der fünften Strophe seines 1785 entstandenen, berühmten Gedichtes »Ode an die Freude«, das mit den nicht minder berühmten Worten »Freude, schöner Götterfunken« beginnt. Es wurde unter anderem von den Komponisten Franz Schubert (1797–1828) und Ludwig van Beethoven (1770–1827) vertont.

Ode an die Freude, fünfte Strophe

Größres mag sich anderswo begeben,
Als bei uns in unserm kleinen Leben;
Neues – hat die Sonne nie gesehn.
Sehn wir doch das Große aller Zeiten
Auf den Brettern, die die Welt bedeuten,
Sinnvoll still an uns vorübergehn.
Alles wiederholt sich nur im Leben,
Ewig jung ist nur die Phantasie;
Was sich nie und nirgends hat begeben,
Das allein veraltet nie!

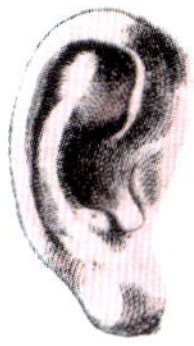

Friedrich Schiller.
Quelle gutenberg.spiegel.de

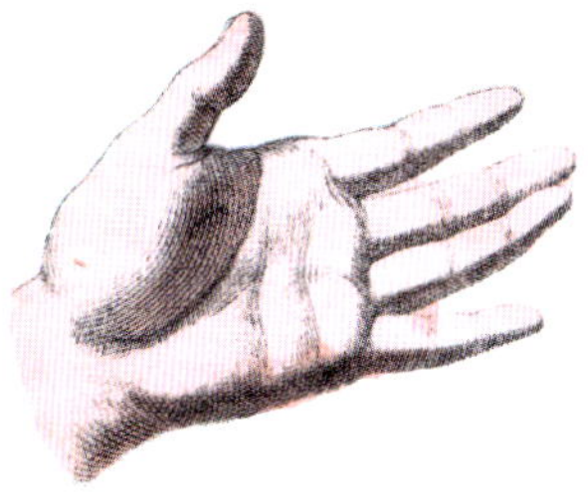

Wie wird man ein guter Schauspieler?

Indem man neugierig ist, sich für andere Menschen interessiert und sie gern beobachtet. Denn aus diesen Beobachtungen speisen sich die Rollen, die man spielt. **Indem man Fantasie hat**; sich Dinge vorstellen kann, die nicht existieren. Das ist Voraussetzung für das Schauspielern. **Indem man so früh wie möglich anfängt**, mit anderen zusammen kleine Szenen zu spielen. Denn Übung macht den Meister. **Indem man viele Filme schaut** und dabei genau hinsieht. Auf diese Weise bekommt man ein Gefühl dafür, wie bestimmte Rollen umgesetzt werden. **Indem man Biografien von berühmten Schauspielern liest**. So erfährt man, welchen Weg diese Menschen gegangen sind, und kann von ihnen für die eigene Karriere lernen. **Indem man sich an einer Schauspielschule bewirbt**. Dafür muss man eigenständig Szenen vorbereiten und diese dann vor den Augen einer Jury vorspielen. **Indem man mit Kritik an der eigenen Person umgehen kann**. Um ein guter Schauspieler zu werden, muss man viel Kritik ertragen können.

Nachgefragt bei Professor Michael Keller, Schauspiellehrer
an der Hochschule für Schauspielkunst »Ernst Busch« in Berlin

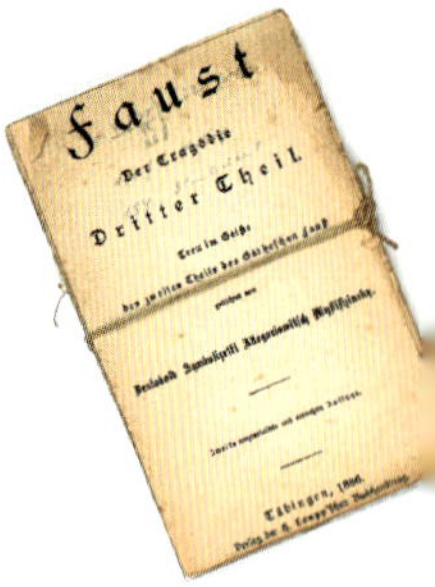

»Faust«-dicke Zitate

Hier bin ich Mensch, hier darf ich's sein.

Da steh ich nun, ich armer Tor, und bin so klug als wie zuvor.

Zwei Seelen wohnen, ach! in meiner Brust!

Das also war des Pudels Kern!

Es irrt der Mensch, solang er strebt.

Die Botschaft hört ich wohl, allein mir fehlt der Glaube.

Nach Golde drängt, am Golde hängt doch alles. Ach wir Armen!

Zwar weiß ich viel, doch möcht ich alles wissen.

Zitate aus: FAUST I. Tragödie von Johann Wolfgang Goethe. Veröffentlicht 1808.
Quelle gutenberg.spiegel.de

Wissenswertes für Opernfans

Akkord Wenn mehrere Töne harmonisch erklingen

Chorsatz Wie ein Lied vom Chor gesungen werden soll

Intro Einleitung zu einem Musikstück

Kakafonie Wenn die Töne nicht harmonieren

Lamento Klagelied oder Trauergesang

Melodram Musik und Sprache, ohne Gesang

Partitur Übersicht über die Noten für die verschiedenen Instrumente

Refrain Wiederkehrendes Element eines Lieds

Thema Musikalische Idee eines Musikstücks

Zwölftönigkeit Musikstück, das alle zwölf Töne der Tonleiter einbezieht

Opern, Häuser, Opernhäuser

Ein Holzbau war das erste Opernhaus Deutschlands: Am 2. Januar 1678 wurde die Staatsoper Hamburg eröffnet. Damit waren Opernaufführungen nicht mehr nur höheren Schichten, sondern allen Bürgern zugänglich. Fast 150 Jahre leistete das Gebäude treue Dienste, erst am 3. Mai 1827 zog die Staatsoper in das 2800 Zuschauer fassende, steinerne Stadt-Theater um. Die Kunstform der Oper, bei der Orchestermusik, Gesang und Schauspiel verschmelzen, wurde im 16. Jahrhundert in Italien erfunden. In Florenz diskutierten Künstler und Theaterinteressierte, wie man der Musik und dem Chorgesang im Theater wieder größere Bedeutung verleihen könnte, so wie es im antiken Griechenland üblich war. In Venedig fanden die ersten Opernaufführungen statt. Berühmte Opernhäuser gibt es zum Beispiel in Budapest, New York, Mailand und Paris: Das Budapester Operaház, ein prunkvoller Barockpalast, eröffnet 1884, verfügt über eine Sisi-Loge, in der die berühmte Kaiserin Elisabeth von Österreich-Ungarn regelmäßig zu Gast war. Die New Yorker Metropolitan Opera wurde nach ihrer Eröffnung 1883 als »Yellow Brick Brewery« (engl. gelbe Backsteinbrauerei) bezeichnet, entwickelte sich aber zum Opernhaus der größten Sänger-Stars. Die 2000 Zuschauer fassende Mailänder Scala, eröffnet 1776, ist noch heute eines der größten Opernhäuser der Welt. Und die Opéra Garnier in Paris lockt nicht nur mit der weltgrößten Opernbühne, die 30 mal 34 Meter misst. In dem von 1860 bis 1875 errichteten Bauwerk soll eine der berühmtesten Figuren aus der Opernwelt gelebt haben: das Phantom der Oper.

Gladiatoren und Tenöre in Verona

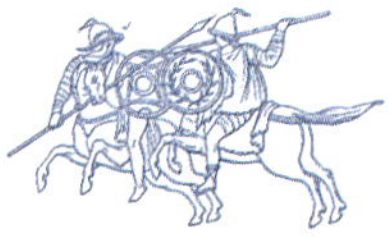

Die Arena der Stadt Verona in Italien ist das größte Opernhaus der Welt. Und eine der ältesten Bühnen: Bereits vor mehr als 1900 Jahren applaudierten und jubelten hier die Bürgerinnen und Bürger des Römischen Reiches. Allerdings bewunderten sie nicht Sängerinnen auf dem Weg zum hohen C, sondern Gladiatoren, die vor dem Publikum um ihr Leben kämpfen mussten. 30 000 Zuschauer fasste die Arena damals, sie war nach dem Kolosseum in Rom das größte Amphitheater der Zeit. Bei einem schweren Erdbeben im Jahr 1117 wurden Teile der Anlage zerstört. Im Mittelalter entfremdeten zudem die Bürger der wachsenden Stadt Steine zum Bau eigener Häuser und ließen das Gebäude schrumpfen. Trotzdem fassen die Ränge der 130 Meter langen und 110 Meter breiten Arena heute noch immer 20 000 Zuschauer. Ein besonderes Spektakel: Jeden Sommer werden unter freiem Himmel die berühmten Opernfestspiele von Verona mit der Aufführung von Guiseppe Verdis Oper AIDA eröffnet. Mit dabei ganze Familien samt Kind und Kegel. Sie machen auf den Steinstufen der Arena Picknick und genießen dabei die tolle Akustik. Gut, dass in der Arena, die seit 1913 als Opernbühne genutzt wird, niemand mehr sterben muss, um das Publikum zu verzücken.

Liebe, Mord, Eifersucht: Drei berühmte Opern

AIDA Die äthiopische Prinzessin Aida wurde von den Ägyptern an den Hof des Pharaos entführt, wo sie als Sklavin lebt. Heimlich liebt Aida den ägyptischen Heerführer Radames, der ihre Liebe erwidert, seinerseits jedoch von Amneris, der Tochter des Pharaos, begehrt wird. Radames verhilft Aida zur Flucht, bleibt aber selbst zurück und wird daraufhin zum Tod durch Einmauern bei lebendigem Leib verurteilt. Als Radames sein Urteil antritt, findet er Aida in seiner Grabkammer. Die ehemalige Sklavin ist zurückgekehrt, um gemeinsam mit ihrer großen Liebe zu sterben. *Die Oper AIDA von Guiseppe Verdi (1813–1901) wurde am 24. Dezember 1871 in Kairo uraufgeführt.* **MADAME BUTTERFLY** Der amerikanische Offizier Pinkerton verliebt sich in Japan in die Geisha Cio-Cio-San. Die erst 15-jährige Muse glaubt an die große Liebe und heiratet den Amerikaner. Das Paar verlebt eine romantische Zeit, bis Pinkerton zurück in die Heimat reisen muss. Cio-Cio-San, die ein Kind von Pinkerton erwartet und zur Welt bringt, wartet Jahr um Jahr als alleinerziehende Mutter auf die Rückkehr ihres Mannes. Als Pinkerton eines Tages in Begleitung seiner amerikanischen Frau zurückkehrt, erkennt Cio-Cio-San, dass sie betrogen wurde. Aus Scham und Trauer tötet sie sich mit dem Schwert ihres Vaters. *Die Oper* MADAME BUTTERFLY *von Giacomo Puccini (1858–1924) wurde am 17. Februar 1904 in Mailand erstmals aufgeführt.* **COSI FAN TUTTE** Zwei junge italienische Offiziere protzen damit, dass die beiden Schwestern, die sie lieben, ihnen niemals untreu werden. Einer Wette folgend, verlassen die beiden zum Schein die Stadt und kehren in der Verkleidung fremdländischer Fürsten wieder. Die Männer machen sich an die Freundin des jeweils anderen heran und ziehen dabei alle Register. Erst folgt die eine der Schwestern dem Werben, schließlich auch die andere. Die Wette ist damit für die Offiziere, die sich nun zu erkennen geben, verloren. Die Mädchen indes fühlen sich bitter getäuscht. Am Ende stehen jedoch die Versöhnung der Liebenden und die Hochzeit der Paare. Fast so, als wäre nichts geschehen. *Die Oper* COSI FAN TUTTE *von Wolfgang Amadeus Mozart (1756–1791) wurde am 26. Januar 1790 in Wien erstmals auf die Bühne gebracht.*

Acht Herausforderungen für Balletttänzer

Arabesque Der Körper des Tänzers ruht auf den Zehenspitzen eines Beines, während das andere Bein ausgestreckt nach hinten gehoben wird. **Battement** Das ausgestreckte Spielbein wird bei fest stehendem Standbein mehrmals hintereinander auf den Boden »getippt«, wobei nur die Fußspitze den Boden berührt. **Cabriole** Der Balletttänzer springt auf einem Bein, das sich mit dem anderen Bein in der Luft berührt. Das Ergebnis: eine »Kapriole«. **En-dehors** Die Beine werden nach außen gedreht, die Fersen berühren einander, die Füße stehen dabei quer zum Körper. Diese Haltung gilt als besonders schön anzusehen. **Fouetté** Mit einem Arm oder mit einem Bein werden rasche, an Peitschenhiebe erinnernde Bewegungen ausgeführt. Dient dem Schwungholen vor einer Drehung. **Grand jeté** Der Tänzer vollführt einen großen, weiten Sprung von einem Bein auf das andere, wobei in der Luft Figuren ausgeführt werden können. **Pirouette** Auf einem Bein stehend, dreht sich die Tänzerin um die eigene Achse. Dabei ist der Fuß des Spielbeins am Knie des Standbeins angelegt. **Tour en l'air** Der Tänzer springt anmutig in die Luft und dreht sich dabei. Im Deutschen: »Drehung in der Luft«.

Das
Gericht

Das Gericht

Recht haben und Recht bekommen sind zwei verschiedene Dinge, sagt eine Volksweisheit. Dahinter steckt die Erkenntnis, dass die Kunst des Richtens kompliziert ist: Streiten sich zwei ohne Einigung, muss die Gesellschaft entscheiden. Dies übernimmt im Auftrag des Volkes ein Richter, der seine Entscheidung möglichst ausgewogen und auf der Basis neuester wissenschaftlicher und rechtlicher Erkenntnisse treffen muss. ⚖ Das Gebäude für solche Prozesse ist das Gericht. Zumindest heutzutage. Zwar gab es schon in der Antike und im Mittelalter herrschaftliche Räume, in denen Recht gesprochen wurde. Gerichtsgebäude im heutigen Sinne existieren aber erst seit dem 17. und 18. Jahrhundert. ⚖ Kleinere Vergehen werden beim Amtsgericht verhandelt, größere beim Landgericht, und darüber steht das Oberlandesgericht. Für Probleme in Arbeitsverhältnissen gibt es das Arbeitsgericht, für solche mit Behörden das Verwaltungsgericht. Das Bundesverfassungsgericht und der Bundesgerichtshof sind die höchsten Gerichte, die im Zweifelsfall die Entscheidungen untergeordneter Gerichte aufheben können. ⚖ Der Bundesgerichtshof ist das oberste deutsche Gericht; seinen Urteilen sind alle anderen Gerichte verpflichtet. Und das Bundesverfassungsgericht überprüft, ob Entscheidungen mit der Verfassung vereinbar sind. ⚖ Unabhängige Gerichte sind für die Gesellschaft sehr wichtig. Ohne sie würde die Demokratie nicht funktionieren. Dem trägt auch die Architektur vieler Gerichtsgebäude Rechnung: Sie veranschaulichen die Entscheidungsmacht der Gesellschaft. Je höher das Gericht, desto monumentaler sein äußeres Erscheinen.

»Kapital«-Verbrechen mit und ohne Geld

Wer von Kapitalverbrechen spricht, meint ganz besonders schwerwiegende Taten. Zum Beispiel Mord, Totschlag, Betrug oder Vergewaltigung. ⚖ Kapitalverbrechen wurden diese Taten früher deshalb genannt, weil sie in der Regel mit dem Tod (lat. *Dekapitation* = Enthauptung) geahndet wurden. ⚖ Heute wird der Begriff nur noch umgangssprachlich verwendet, wenn man die besondere Schwere eines Verbrechens deutlich machen möchte. Als juristischer (= rechtlicher) Sachverhalt existieren Kapitalverbrechen nicht mehr. ⚖ Mit Kapital im Sinne von Geld haben die Kapitalverbrechen nichts zu tun.

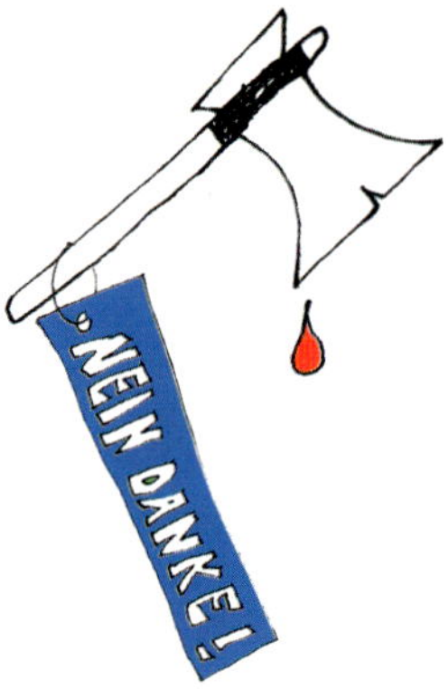

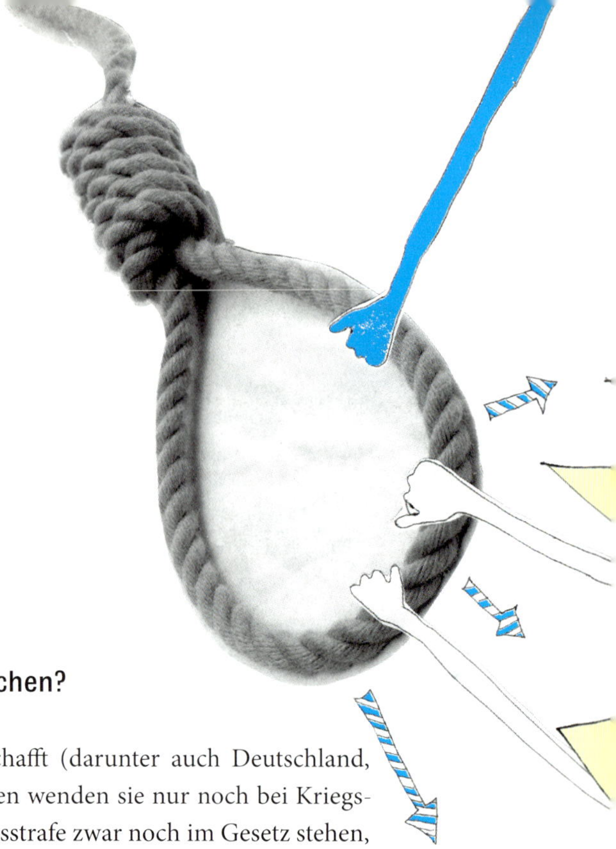

Die Todesstrafe, ein Kapitalverbrechen?

92 Staaten haben die Todesstrafe abgeschafft (darunter auch Deutschland, Österreich und die Schweiz). Zehn Staaten wenden sie nur noch bei Kriegsverbrechen an. 36 Staaten haben die Todesstrafe zwar noch im Gesetz stehen, vollziehen sie aber nicht mehr. Demgegenüber halten 59 Staaten weiterhin an der Todesstrafe fest. Dies stellte die Menschenrechtsorganisation Amnesty International in ihrem Bericht vom 24. März 2009 fest. Zum Vergleich: 1899 existierten weltweit nur drei Staaten, die die Todesstrafe nicht in ihren Gesetzen hatten: Costa Rica, San Marino und Venezuela. Es gab dann aber im 20. Jahrhundert eine globale Abkehr vom staatlichen Töten. Im Jahr 2008 wurden weltweit trotzdem mindestens 2390 Gefangene hingerichtet, die meisten in China: 1718. Es folgte der Iran mit 346 vor Saudi-Arabien mit 102 Hinrichtungen.

Berufe am Gericht

Gerichtsvollzieher Treibt Schulden ein, wenn das Gericht die Rechtmäßigkeit der Ansprüche des Gläubigers bestätigt hat. **Justizfachwirt** Arbeitet in der Gerichtsverwaltung, zum Beispiel in der Büroorganisation. **Justizwachtmeister** Sorgt für Sicherheit und Ordnung im Gerichtsgebäude. **Rechtspfleger** Übernimmt einen Teil der richterlichen Arbeit, zur Entlastung der Richter. **Richter** Leitet die Verhandlung. Fällt das Urteil. Arbeitet unabhängig und ist frei von den Weisungen anderer. **Staatsanwalt** Vertritt die Anklage. Muss bei schwerwiegenden Verbrechen von sich aus, ohne Anzeige tätig werden. **Rechtsanwalt** Vertritt den Kläger oder Beklagten. Ist seinem Mandanten (Auftraggeber) weisungsgebunden und muss ihn möglichst gut vertreten.

Fünf berühmte Rechtsfälle

Der Philosoph **Sokrates** (geb. 469 v. Chr.) wurde 399 v. Chr. in einem Schauprozess wegen Gottlosigkeit und Verderb der Jugend zum Tod durch den Schierlingsbecher verurteilt. Dabei musste der Angeklagte einen Giftcocktail mit Extrakten der Schierlingspflanze zu sich nehmen, der zum langsamen, qualvollen Atemstillstand führte. Um das Jahr 30 wird **Jesus Christus** in einem alten Steinbruch nahe Jerusalem ans Kreuz geschlagen, nachdem ihn am Vorabend der Hohe Rat im Haus des Hohepriesters zum Tode verurteilt hat. Inhalt der Anklage: Gotteslästerung und Volksverführung. Tatsächlich wollten sich die religiösen Führer eines unliebsamen Konkurrenten entledigen. Die Schweizerin **Anna Göldi** (geb. 1734) wurde am 13. Juni 1782 in Glarus als letzte »Hexe« Europas geköpft. Unter schwerer körperlicher Folter hatte sie in einem »Prozess« zugegeben, mit den Mächten des Teufels zu paktieren. Nach 226 Jahren hat das Parlament des Schweizer Kantons Glarus im August 2008 festgestellt, dass Anna Göldi unschuldig und der damalige Prozess unrechtmäßig war. Der französische Hauptmann **Alfred Dreyfus** (1859–1935) wurde am 22. Dezember 1894 wegen Landesverrates für schuldig befunden und zu lebenslanger Verbannung auf die berüchtigte Teufelsinsel vor der Küste von Französisch-Guayana im Atlantik verurteilt. Dreyfus wurde vorgeworfen, geheime Dokumente an die Deutschen weitergegeben zu haben, aber er war unschuldig, was bald auch allgemein bekannt war. Der Angeklagte wurde vor allem auch deshalb verurteilt, weil er Jude war. **Al Capone** (1899–1947), der amerikanische Gangsterkönig, war für Dutzende Morde verantwortlich, konnte aber nie eines Gesetzesbruches überführt werden. Capone lebte in Saus und Braus, doch es gab keine Beweise für seine Verbrechen. Deshalb kamen die Strafbehörden auf die Idee, ihn wegen Steuerhinterziehung anzuklagen. Am 24. Oktober 1931 wurde Capone zu elf Jahren Haft verurteilt.

Arbeitsgebiete von Anwälten und Richtern

Arbeitsrecht Bei Streitfällen zwischen Arbeitgebern und Arbeitnehmern **Baurecht** Wenn es um Themen geht, die mit dem Bau von Gebäuden zu tun haben **Erbrecht** Wenn die Erbschaft eines Verstorbenen unklar geregelt ist **Familienrecht** Wenn es um Scheidungen, Kindesunterhalt usw. geht **Handelsrecht** Bei Streitfällen zwischen Käufern und Verkäufern **Insolvenzrecht** Wenn eine Firma zahlungsunfähig ist **Mietrecht** Wenn Mieter und Vermieter sich nicht einigen können **Sozialrecht** Wenn Verhandlungsbedarf zum Beispiel zur Zahlung des Arbeitslosengeldes besteht **Steuerrecht** Bei Unklarheiten über die Höhe von Steuerzahlungen an den Staat **Strafrecht** Wenn schwere Verbrechen wie Vergewaltigung oder Mord verübt wurden **Verwaltungsrecht** Wenn es zu Konflikten zwischen dem Staat (dem Land, der Stadt, der Gemeinde) und den Bürgern kommt **Versicherungsrecht** Wenn eine Versicherung und ein Versicherter sich nicht einig sind **Zivilrecht** Bei Streitfällen zwischen Personen und / oder Unternehmen (auch genannt: »bürgerliches Recht«)

Wie ein Rechtsstreit abläuft

Eine Auseinandersetzung kommt vor Gericht, wenn sich die Kontrahenten ohne Richter nicht einigen können. Schon allein um Kosten zu sparen, sollten Streitwillige versuchen, ihre Probleme außergerichtlich zu lösen. Sollte das, auch unter Zuhilfenahme eines Anwalts, nicht funktionieren, reicht der Anwalt im Auftrag seines Mandanten eine Klageschrift ein. Dann kann das Gericht das Verfahren eröffnen. Das Gericht stellt dem Antragsgegner die Klageschrift zu und gewährt ihm eine Frist, um Beweise und Argumente für seine Position zu sammeln. Nach Ablauf der Frist kommt es zur mündlichen Verhandlung vor Gericht, dem sogenannten Haupttermin. Dabei werden die verschiedenen Positionen gehört und erörtert. Nachdem er die verschiedenen Argumente gehört hat, bedenkt und bewertet der Richter die unterschiedlichen Positionen. Kommt er zu einem Urteil, legt er einen Termin für die Urteilsverkündung fest. Andernfalls kann er weitere Verhandlungstage zur weiteren Beweisaufnahme festlegen. Ist eine der Parteien mit dem Urteil nicht einverstanden, kann sie widersprechen und Revision einlegen. Dann wird der Fall vor einer höheren Gerichtsinstanz noch einmal verhandelt.

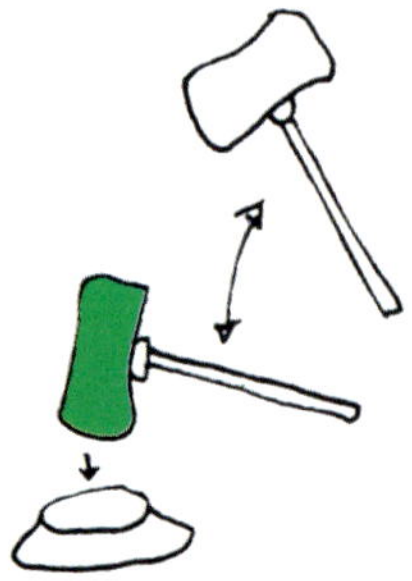

Das Scherbengericht

Durch ein Scherbengericht aus der Stadt verbannt zu werden, das konnte Bürgern Athens um 500 v. Chr. geschehen. ⚖ Zu Jahresbeginn entschieden die Athener per Volksversammlung, ob im laufenden Jahr ein Ostrakismos (Scherbengericht) stattfinden sollte. Falls die Mehrheit zustimmte, wurde ein Tag im Frühling festgesetzt, an dem das Scherbengericht abgehalten wurde. ⚖ Am festgesetzten Tag durfte jeder stimmberechtigte Bürger eine Tonscherbe mit einem Namen darauf abgeben. Kamen mehr als 6000 Stimmen zusammen, musste der Mann, dessen Name am häufigsten genannt wurde, die Stadt für zehn Jahre verlassen. ⚖ Sein Besitz wurde währenddessen für ihn verwahrt. ⚖ Offiziell diente die Verbannung per Scherbengericht dem Schutz der Stadt vor der Errichtung einer Gewaltherrschaft. Tatsächlich nutzten schlaue Politiker das Instrument, um missliebige Gegner loszuwerden. ⚖ 10 500 Ostraka-Scherben wurden (zum größten Teil von deutschen Archäologen) bislang ausgegraben. Sie stammen von einem Ostrakismos im Jahr 471 v. Chr.

Jugendliche Straftäter

Verurteilte je 100 000 Einwohner

Saarland	2017
Niedersachsen	1827
Nordrhein-Westfalen	1514
Bayern	1445
Berlin	1377
Sachsen	1328
Rheinland-Pfalz	1322
Baden-Württemberg	1314
Hamburg	1288
Schleswig-Holstein	1266
Thüringen	1234
Brandenburg	1092
Hessen	1017
Mecklenburg-Vorpommern	954
Bremen	703

Stand: 2007,
Quelle Statistisches Bundesamt

Abkürzungen aus der Welt der Gerichte

AG Amtsgericht
AZ Aktenzeichen
BGB Bürgerliches Gesetzbuch
BGH Bundesgerichtshof
FG Finanzgericht
GG Grundgesetz
JGG Jugendgerichtsgesetz
JSchG Jugendschutzgesetz
LG Landgericht
StGB Strafgesetzbuch
StVO Straßenverkehrsordnung
VG Verwaltungsgericht

§

Juristische Begriffe von A bis Z

⚖ **Befangenheit** Richter oder Sachverständige sind befangen, wenn sie wegen persönlicher Betroffenheit (zum Beispiel weil sie mit dem Angeklagten befreundet sind) kein faires Urteil sprechen können. ⚖ **Einstweilige Verfügung** Rechtsfälle ziehen sich oft sehr lange, zum Teil über Jahre hin. Möchte man schnell etwas erreichen, zum Beispiel einen Baustopp, so kann man eine einstweilige Verfügung erwirken. ⚖ **Fahrlässigkeit** Wenn eine Person ihrer Pflicht nicht mit der gebotenen Sorgfalt nachgegangen ist, so dass eine andere Person zu Schaden gekommen ist. ⚖ **Instanz** Beschreibt den Bereich der Gerichtsbarkeit, innerhalb dessen ein Fall entschieden wird. Das Landgericht verkörpert zum Beispiel eine höhere Instanz als das Amtsgericht. ⚖ **Prozesskostenhilfe** Menschen mit geringem Einkommen haben das Recht auf staatliche Unterstützung bei Anwalts- und Prozesskosten. ⚖ **Rechtskraft** Ein Gerichtsurteil besitzt dann Rechtskraft, wenn es nicht mehr angefochten werden kann. ⚖ **Streitwert** Festlegung, welcher finanzielle Wert einem Rechtsstreit zugrunde liegt. Vom Streitwert hängen auch die Anwalts- und Gerichtskosten ab. ⚖ **Verfassungsbeschwerde** Kann vor dem Bundesverfassungsgericht erhoben werden, wenn man sich in seinen Grundrechten beschnitten glaubt. ⚖ **Zeugnisverweigerungsrecht** In bestimmten Situationen besteht das Recht, eine Zeugenaussage vor Gericht zu verweigern. Zum Beispiel, wenn ein Verwandter angeklagt wurde.

Merkwürdige Gerichtsurteile

Nacktradeln verboten Nackt durch die Gegend zu radeln, das erlaubte sich ein Mann in Baden-Württemberg. Auf Antrag des Landratsamts Rastatt verbot das Verwaltungsgericht Karlsruhe diese Aktivität. Begründung: Nackt zu radeln verstößt gegen die öffentliche Ordnung. *Aktenzeichen: 6K 1058/05* **Automatenrütteln erlaubt** Weil ein Kaugummiautomat trotz Geldeinwurfs keinen Kaugummi herausgab, rüttelte ein Siebenjähriger an dem Automaten. Dieser stürzte auf den Jungen, der sich dadurch an der Hand verletzte. Das Amtsgericht Frankfurt sprach dem Jungen Schadenersatz zu. *Aktenzeichen: 29 C 219/00-69* **Treten verboten** Ein Arbeitnehmer ärgerte sich so über seinen Kollegen, dass er diesem in den Hintern trat, woraufhin ihm der Arbeitgeber kündigte. Zu Recht, entschied das Landesarbeitsgericht Hessen und wies eine Kündigungsschutzklage des Treters ab. *Aktenzeichen: 6 Sa 169/03* **Türzuschlagen erlaubt** Etwas unbedacht knallte ein Autofahrer, der nahe eines Bauernhofs in Nordrhein-Westfalen geparkt hatte, seine Tür zu. Infolge des Krachs starben vor Schreck im Stall des Hofes 143 Hühner. Der Bauer verlangte Schadenersatz, das Oberlandesgericht in Hamm lehnte ab. *Aktenzeichen: 13 U 121/96* **Stehpinkeln verboten** Ein genervter Mann forderte die Zurückerstattung eines Teils der Kosten für eine Urlaubsreise, weil in seinem Hotelzimmer die Klobrille nicht oben stehen blieb, so dass er gezwungen gewesen sei, im Sitzen zu pinkeln. Das Amtsgericht Hannover lehnte ab. *Aktenzeichen: 509 C 1603/98*

Tiere vor Gericht

Tiere als Angeklagte in Gerichtsprozessen – was heute undenkbar wäre, war früher gang und gäbe: In der griechischen und in der römischen Antike waren Tierprozesse an der Tagesordnung, und nach einer langen Pause kamen sie im 13. Jahrhundert in Frankreich wieder auf, bevor sie sich von da aus über ganz Europa verbreiteten. Bei diesen Tierprozessen wurden in der Regel Haustiere wie Schweine und Rinder angeklagt, wenn sie Verletzungen bei den Menschen um sie herum verursacht hatten. Angeklagte Tiere wurden in solchen Prozessen häufig zum Tod verurteilt, zum Beispiel durch Erwürgen, lebendiges Begraben, Verbrennen, Erschlagen, Enthaupten, Ertränken und Verstümmeln. In der Schweiz und England wurden zum Beispiel Schweine gehenkt, denen das Gericht »Kindsmord« vorgeworfen hatte. Für Aufsehen sorgte im Mai 2009 die Kuh »Gülsüm« in dem türkischen Dorf Kadirusagi: Auf dem Schulhof stieß sie ein Denkmal des türkischen Staatsgründers Atatürk um. Weil auf Beleidigung Atatürks und des türkischen Staates hohe Strafen stehen, wurden alle Dorfbewohner von einem Inspektor verhört. Ob in so einem Fall ein Gerichtsverfahren eröffnet wird, hängt davon ab, ob die Kuh absichtlich gehandelt hat oder nicht.

Der Friedhof
FAMILIE
HANS
RICHTER

Die Orte der Toten und der Lebenden

Gestorben wird immer, das gehört zum Leben. Weil der Tod beängstigend und unerklärlich ist, helfen Rituale, ihn zu akzeptieren. Trauerfeiern können solche Rituale sein, aber auch die Beerdigung der Verstorbenen auf Friedhöfen. Friedhöfe haben zwei Vorteile: Hier finden die Lebenden einen Ort, um dem Toten nah zu sein und so allmählich den Trennungsschmerz zu überwinden. Und die Toten sind zugleich so untergebracht, dass ihre verwesenden Leichen keinem Lebenden gefährlich werden können. In der Steinzeit durften wilde Tiere die Knochen der Toten abnagen, bevor diese dann bestattet wurden. Im alten Ägypten erhielten die Verstorbenen reiche Grabbeigaben, um bei ihrer Ankunft im Totenreich nicht mittellos dazustehen. Im antiken Griechenland und im alten Rom wurden die Toten eingeäschert; erst ab dem 2. Jahrhundert setzte sich die Körper-Beerdigung durch. Heutzutage herrscht in Deutschland eine Bestattungspflicht: Jeder verstorbene Mensch muss bestattet werden, und zwar möglichst bald nach seinem Tod. Die Kosten übernehmen die Verwandten oder der Staat. Werden die Gebühren fürs Grab bezahlt, kann dieses bis zu 40 Jahre bestehen bleiben. Danach werden auf den meisten deutschen Friedhöfen die »ewigen Ruhestätten« aufgelassen, um Platz für neue Tote zu erhalten. Schließlich muss das Leben weitergehen …

Toten-Kult

Totenbaum Die giftig-düstere Eibe **Totenblumen** Mohn und andere Todes-Pflanzen **Totenbrett** Brett, das zum Aufbahren eines Leichnams dient **Totenburg** Festungsanlage zum Gedenken an tote Soldaten **Totengärtchen** Umzäunte Grabstätte mit Bepflanzung **Totenhemd** Das letzte Gewand eines Gestorbenen **Totenlade** Alternative Bezeichnung für den Sarg **Totenoffizium** Gebet für einen Verstorbenen **Totenrast** Pause beim Leichenzug **Totenvogel** Raben, Krähen, Käuze

Das Mausoleum, ein Grabbau für besondere Tote

Ein 19 Meter hoher Würfel, auf dem ein von reich verzierten Säulen umgebener Grabtempel ruht – äußerst prächtig war die Grabstelle des Mausolos von Karien (gest. 353 v. Chr.) gestaltet. Dieser Grabbau in Kleinasien gehörte einerseits zu den sieben Weltwundern der Antike, andererseits wurde er schon damals wegen seiner übertriebenen, kitschigen Gestaltung verspottet. Die Römer aber waren beeindruckt: In Anlehnung an Mausolos erfanden sie für opulente Grabbauten reicher Toter den Begriff »Mausoleum«, der sich im Sprachgebrauch vieler Länder bis heute gehalten hat. Mausoleen können einfache Steinbauten auf Friedhöfen sein, aber auch Grabkapellen oder Pyramiden, die ihren eigenen »Friedhof« enthalten. Eine Blüte erlebten sie in Form überkuppelter Säulenbauten ab dem 10. Jahrhundert bei den türkischen und orientalischen Muslimen – und bei mitteleuropäischen Fürsten des 18. Jahrhunderts. Für uns ist die Sache heute einfacher und kleiner: Ein Mausoleum ist jede Grabstätte, die eine Ummauerung besitzt.

Berühmte letzte Ruhestätten

Friedhof Ohlsdorf, Hamburg (Deutschland): Friedhöfe können Parks sein. Dieser ist der größte Park-Friedhof. Mit Bächen, Teichen und 450 verschiedenen Baumarten. **Friedhofsinsel San Michele, Venedig** (Italien): Friedhof der Lagunenstadt Venedig, nur mit dem Boot zu erreichen. **Jüdischer Friedhof Weißensee, Berlin** (Deutschland): Größter innerstädtischer, jüdischer Friedhof Europas. **Le Cimetière du Père Lachaise, Paris** (Frankreich): Größter und bekanntester Friedhof von Paris, auf dem viele Prominente bestattet sind. Unter anderem der Sänger Jim Morrison. **Kremlmauer am Roten Platz, Moskau** (Russland): Hinter dem Lenin-Mausoleum, an der Mauer des Kreml, liegen die Urnen berühmter Kommunisten. **Vatikanische Grotten im Petersdom, Rom** (Italien): Letzte Ruhestätte des Apostels Petrus und vieler Päpste. Der Friedhof, auf dem der Vatikanstaat entstand. **Pyramidenfeld von Gizeh** (Ägypten): Die Pyramiden sind die Friedhöfe der Pharaonen – und sie gehören zu den ältesten erhaltenen Gebäuden der Welt. **Zentralfriedhof, Wien** (Österreich): Letzte Ruhestätte für drei Millionen Verstorbene seit den 1870er Jahren. Damit der am dichtesten »besiedelte« Friedhof überhaupt.

Bestattung und Religion

Christentum In der christlichen Religion existiert die Vorstellung des Lebens nach dem Tod durch die Auferstehung. Nach einem Todesfall trauern die Angehörigen gemeinsam; sie bedenken aber auch die schönen Dinge, die den Verstorbenen im Paradies erwarten. Die Totenwache wird mit gemeinsamem Beten am Vorabend der Beerdigung begangen. Die Begräbnisfeier findet als Gottesdienst in der Kirche statt. Anschließend erfolgt die Beisetzung mit Singen und Beten auf dem Friedhof. Häufig schließt sich dem ein Leichenschmaus an, bei dem die Lebenden noch einmal des Toten gedenken. **Hinduismus** Da Hindus an einen Kreislauf von Leben, Tod und Wiedergeburt glauben, ist der Tod für sie ein weniger einschneidendes Erlebnis als für Angehörige anderer Religionen. Verstorbene Hindus werden von der Familie oder einem Bestatter gereinigt und in Leichentücher gewandet. Der Totenfeier, die betend und singend zu Hause oder in einer Leichenhalle vollbracht wird, folgt die Verbrennung des Leichnams. Anschließend wird die Urne mit der Asche im heiligen Fluss Ganges versenkt, oder die Asche wird über dem Fluss verstreut. **Islam** Todgeweihte, die das Ende nahen spüren, lesen mit ihren Verwandten im Koran. Nach dem Tod stimmen die weiblichen Angehörigen Klagegesänge an. Angehörige oder islamische Geistliche reinigen den Körper des Toten, und zwar nur mit Wasser, ohne Seife. Die Leiche wird in Tücher gehüllt, aber ohne Sarg begraben. Das Gesicht des Toten muss in Richtung der heiligen Stadt Mekka weisen. Die Trauerfeier hat keine spezielle Form. Sie findet zu Hause oder in der Moschee statt. Die Beerdigung soll nach dem Tod möglichst innerhalb eines Tages erfolgen. **Judentum** Die heilige Gemeinschaft »Chewra kadisha« reinigt den Körper und kleidet ihn in weiße Totenkleidung. Der Tote wird in einen schlichten Holzsarg gebettet. Streng gläubige Juden lassen sich nicht verbrennen. In einer Beerdigungskapelle oder in der Synagoge findet eine Trauerfeier statt, wobei der Rabbi aus den heiligen Texten liest. Auf dem Weg zum Friedhof müssen die Sargträger sieben Mal innehalten, um der Trauergemeinde die Gelegenheit zu geben, über den Sinn des Lebens zu grübeln. Nach der Beerdigung findet eine Trauerwoche statt, und nach einem Jahr wird des Verstorbenen noch einmal gedacht.

Tödlich für Tausende: Seuchen und Naturkatastrophen

79 n. Chr. Durch einen Ausbruch des Vulkans Vesuv wird die Stadt Pompeji komplett unter Asche begraben. Tausende Städter sterben. **500–650** Im Römischen Reich herrscht die Beulenpest, mindestens eine Million Menschen verlieren ihr Leben. In Konstantinopel (heute Istanbul) wird die Hälfte der Bevölkerung getötet. **1545** Spanische Entdecker und Eroberer importieren die Pocken-Krankheit nach Südamerika. Allein im Gebiet des heutigen Mexiko sterben ca. 800 000 Einheimische. **1775** Durch ein Erdbeben am 1. November wird die Stadt Lissabon weiträumig zerstört. 50 000 Menschen sterben. Das Erdbeben wird von schockierten Beobachtern zum beispielhaften Akt für die Kraft des »Bösen« erklärt. **1883** Durch den Ausbruch des Krakatau-Vulkans auf der gleichnamigen Insel in Indonesien sterben 30 000 Menschen. Die Eruption löst eine 36 Meter hohe Flutwelle aus. Der Ascheregen verdunkelt die Insel zwei Tage lang. **1918 / 19** Rund 20 Millionen Menschen weltweit fallen der »Spanischen Grippe« zum Opfer. Ein Grund für die hohen Opferzahlen: Durch die Entbehrungen des Ersten Weltkriegs (1914–1918), der bereits ca. 10 Millionen Tote gefordert hat, sind viele Menschen geschwächt und der Virus kann sich leichter verbreiten. **2004** Bei einem Tsunami (durch ein Seebeben ausgelöste Flutwelle) werden in Ostafrika und Südasien ca. 230 000 Menschen getötet. Darunter viele Urlauber aus Europa.

Prominentengräber, Teil I

Lookout Mountain, Golden (Colorado, USA): Buffalo Bill (1846–1917). Westernheld und Kundschafter. Erfinder der ersten Westernshow, mit der er ab 1887 auch durch Europa tourte. *St.-Barbara-Kapelle, Duchcov* (ehemals Dux, Tschechien): Giacomo Casanova (1725–1798). Reisender und Schriftsteller. Bekannt als einer der erfolgreichsten Liebhaber der Geschichte. *Forest Lawn Memorial Park, Glendale* (Kalifornien, USA): Walt Disney (1901–1966). Filmproduzent. Erfinder von Mickey Mouse, Donald Duck & Co. *Friedhof Atuona, Insel Hiva Oa* (Marquesas-Inseln, Französisch-Polynesien): Paul Gauguin (1848–1903). Maler, Grafiker, Kunstschnitzer, der sich vom Leben in der Südsee inspirieren ließ. *Hauptfriedhof Ohlsdorf, Hamburg (Deutschland)*: Carl Hagenbeck (1844–1913). Tierhändler, Zoogründer und Zoodirektor. Erfinder des Erlebniszoos. Erfolgreich, aber auch umstritten wegen seiner Menschenschauen.

Die Feuerbestattung früher und heute

Asche zu Asche, Staub zu Staub: Tote Menschen einzuäschern war in vielen Kulturen der Menschheitsgeschichte eine übliche Art der Bestattung. **Bei den antiken Griechen und Römern** wurden vor allem die Reichen verbrannt, ebenso wie in den alten Kulturen der Tibeter und der Mongolen. Zum Verbrennen dienten in der Regel Scheiterhaufen, auf die die Leichen gelegt wurden. Die Toten waren dabei entweder in Totenkleidung gehüllt oder direkt am Körper geschmückt. **Die australischen Aborigines** zum Beispiel bemalten ihre Verstorbenen vor dem Verbrennen mit roter Ockerfarbe. **Die Wikinger** ließen ihre verstorbenen Anführer in eigens gebauten Bestattungsschiffen brennend in die Ewigkeit ziehen. Grausam war diese Bestattungsmethode vor allem deshalb, weil auch die Diener und Angehörigen mit auf dem Feuerkahn ins Jenseits schippern mussten. Mit dem Einzug des Christentums war die Feuerbestattung vielerorts verpönt. Ähnlich wie Juden und Muslime waren **die Christen** lange Zeit gegen eine Einäscherung der Verstorbenen, weil diese mit ihrem ganzen Leib ins ewige Leben aufsteigen sollten. Heute erlauben die christlichen Kirchen das Einäschern von Leichen. In Deutschland lassen sich 45 Prozent aller Verstorbenen verbrennen, Tendenz steigend. Dabei werden der Leichnam und sein Sarg mit Hilfe von Öl-, Gas- oder Strombrennern auf bis zu 1370 Grad Celsius erhitzt, so dass sie zu Staub zerfallen. Dieser Rest, der bis zu acht Kilogramm wiegen kann, sammelt sich am Boden des Ofens. Von dort aus kann der zu Staub und Asche gewordene Mensch in die Urne gefüllt werden.

Prominentengräber, Teil II

Friedhof Vimmerby (Småland, Schweden): Astrid Lindgren (1907–2002). Kinderbuchautorin. Erfinderin von Pippi Langstrumpf, Michel aus Lönneberga, Karlsson vom Dach & Co. *Friedhof Radebeul-Ost* (Sachsen, Deutschland): Karl May (1842–1912). Schriftsteller. Erfinder von Winnetou, Old Shatterhand, Kara Ben Nemsi und anderen Abenteurern im Wilden Westen und im nicht minder wilden Orient. *Invalidendom* (Paris, Frankreich): Napoleon Bonaparte (1769–1821). General, Feldherr. Ab 1804 französischer Kaiser. Gestorben in Verbannung auf der Insel St. Helena / Südatlantik. *Friedhof Père Lachaise* (Paris, Frankreich): Edith Piaf (1915–1963). Berühmte Chansonsängerin, bekannt als der »Spatz von Paris«.

Balsamieren für die Ewigkeit

Wer will schon gerne sterben? Da aber der Tod nun einmal unvermeidbar ist, suchen Menschen schon seit langem nach der Möglichkeit, wenigstens die leiblichen Hüllen der Verstorbenen für die Ewigkeit zu bewahren. Durch das Einbalsamieren (= eincremen, einsalben) mit speziellen Substanzen lässt sich eine Leiche haltbar machen. Alte Völker nutzten hierfür verschiedene Mittel: Honig und Gewürze (Perser, Syrer, Babylonier), Haar-Extrakt und Sand (Inka-Indianer), Moschus und Rosenwasser (Mongolen) oder Kampfer und Gewürze (Chinesen). Große Fertigkeit in der Kunst der Balsamierung erreichten die Ägypter gegen 3000 v. Chr. Sie entnahmen dem Körper zunächst die Organe. Dann behandelten sie ihn mit konservierenden (= bewahrenden) Substanzen wie Nitratsalz, Harz und Duftöl, und zwar von innen und außen. Schließlich wickelten sie den Toten in Tücher ein, die ebenfalls konservierend wirkten, weil sie den Leichnam luftdicht umschlossen. In den 1970er Jahren wurde in China die sehr gut erhaltene, aber schon 2500 Jahre alte Leiche einer Frau entdeckt. Die Tote war nicht nur mit konservierenden Mitteln behandelt, sondern in einem luftdichten Sarg etwa 16 Meter unter der Erde bestattet. Das Resultat: Bis auf das Gehirn, das geschrumpft ist, sind alle Teile des 34 Kilogramm schweren Körpers gut erhalten. Seit dem 19. Jahrhundert werden Tote so balsamiert, dass ihre Körperflüssigkeiten, insbesondere das Blut, durch konservierende Flüssigkeiten ersetzt werden.

Das Handwerkszeug der Leichenbalsamierer

Balsamier-Tisch aus rostfreiem Stahl. Früher auch aus Porzellan. Die Arbeitsgrundlage.

Desinfektionsmittel. Gegen Parasiten und Gestank. Wird aufgetragen oder aufgesprüht.

Leim. Damit sich die Finger des Toten nicht auseinanderspreizen, werden sie aneinandergeklebt.

Seife und Haarwaschmittel. Der Körper muss sehr sauber gewaschen werden, damit Viren und Bakterien keine Chance haben.

Trokar. Instrument, mit dem Flüssigkeiten in den toten Körper gespritzt werden können.

Einbalsamierungsflüssigkeiten. Haben die Aufgabe, Verwesungs- und Fäulnisprozesse im Körper zu verhindern.

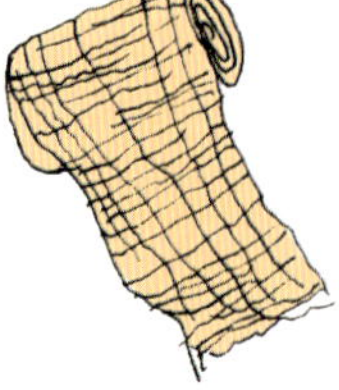

Gegen den Scheintod in Rom: Die Conclamatio

Ein Totenbrauch im alten Rom: Wurden einem Verstorbenen die Augen geschlossen, riefen ihn die Anwesenden laut und eindringlich beim Namen. Mit dieser *Conclamatio* sollte sichergestellt werden, dass derjenige nicht scheintot war. Erwachte der (Schein-)Tote nicht, wurde der Versuch sicherheitshalber kurz vor dem Verbrennen des Leichnams wiederholt.

Laut und schmerzhaft: Die Totenklage

Ein Mensch liegt leblos aufgebahrt. Um ihn herum klagende, jammernde, weinende Frauen, deren heulende Gesänge so elend und bitter klingen, dass das Zuhören wehtut. Solche Totenklagen kennen wir nur aus dem Fernsehen, wenn vom Sterben aus fernen Ländern oder anderen Zeiten berichtet wird. In Mitteleuropa dagegen trauert man still und leise vor sich hin. Moderne Trauer ist privat, zumindest hierzulande. In der griechischen Antike vor 3000 Jahren war die Totenklage üblich, und schon damals waren die Frauen für sie zuständig. Ihr Klagen hatte zweierlei Bedeutung: Zum einen sollte die Grenze zwischen Leben und Tod geschützt werden, denn die Menschen hatten Angst, die Toten könnten ins Reich der Lebenden zurückkehren und diesen schaden. Zum anderen sollte die Angst vor den Toten besiegt und in Mitleid umgewandelt werden. Auch im Römischen Reich wurde bei Todesfällen ausführlich geklagt. Mit zunehmender Verbreitung des Christentums verlor die Totenklage allerdings an Bedeutung: Sie stand im Gegensatz zur Botschaft von Jesus Christus, der die Auferstehung von den Toten gepredigt hatte und selbst verkörperte. Seitdem ist die Totenklage vor allem in nichtchristlichen Gebieten verbreitet, zum Beispiel bei den Muslimen. Weil sich im Zuge der Globalisierung aber auch immer mehr Muslime in christlich geprägten Gegenden ansiedeln, kehrt auch die Totenklage nach Europa zurück.

Die häufigsten Todesursachen in Deutschland

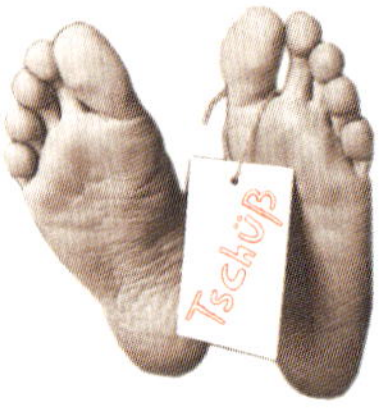

827 155 Menschen starben im Jahr 2007 in der Bundesrepublik Deutschland. Das waren 0,7 Prozent mehr als im Jahr 2006. Fast jeder Zweite verstarb an einem Problem mit dem **Herz-Kreislauf-System** (43,4 Prozent). Jeder Vierte fiel einer **Krebserkrankung** zum Opfer (25,6 Prozent). **Unfälle, Selbstmorde und Morde** führten zu 30 650 Todesfällen. Bei 5011 Toten war ein Verkehrsunfall der Grund für das Ableben. Häusliche Unfälle endeten bei 6361 Menschen tödlich. Eher gering war dagegen im Gesamtverhältnis die Zahl der Menschen, die 2007 bei **Arbeits-, Spiel- oder Schulunfällen** verstarben: 145.

Grabinschriften, die Botschaften der Gräber

Hier liegt Hanns Gottlieb Lamm.
Er starb durch einen Sturz vom Damm,
Eigentlich hieß er Leim,
Das passt aber nicht auf den Reim.

Wer tief und still im Grabe liegt,
Hat über Schmerz und Tod gesiegt,
Er lebt in Gott, der uns vereint,
Zum Trost für den, der trostlos weint.

Hier liegt mein Weib,
Gott sei's gedankt,
Bis in das Grab hat sie gezankt.
Lauf, lieber Leser,
Schnell von hier,
Sonst steht sie auf
Und rauft mit dir.

Du bitt'rer Tod! Du thust uns weh',
Du hast zerrissen das Band der Eh',
Doch droben, wo die Sterne stehen,
Werden wir uns wieder sehen.

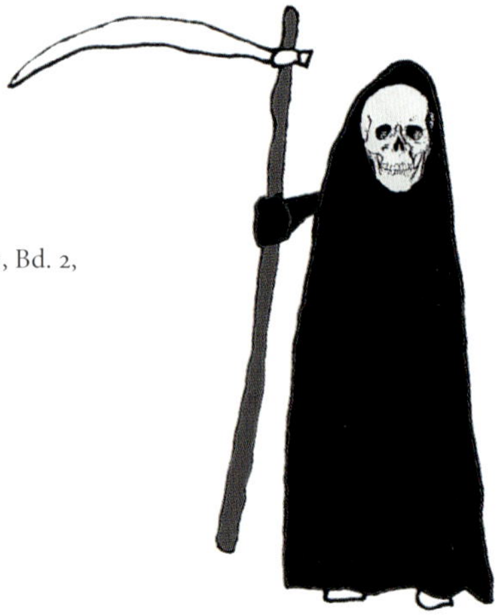

Quelle Enno Hansing,
GRABINSCHRIFTEN FÜR ALLE FÄLLE, Bd. 2,
Bremen 1997

Schillers Bestattung

**Ein ärmlich düster brennend Fackelpaar, das Sturm
Und Regen jeden Augenblick zu löschen droht.
Ein flatternd Bahrtuch. Ein gemeiner Tannensarg
Mit keinem Kranz, dem kargsten nicht, und kein Geleit!
Als brächte eilig einen Frevel man zu Grab.
Die Träger hasteten. Ein Unbekannter nur
Von eines weiten Mantels kühnem Schwung umgeht,
Schritt dieser Bahre nach. Der Menschheit Genius wars.**

Quelle gutenberg.spiegel.de

So dichtete Conrad Ferdinand Meyer (1825–1898) über die Beisetzung des Dichters und Philosophen Friedrich von Schiller (1759–1805), der zunächst unter Ausschluss der Öffentlichkeit in einem Armengrab bestattet wurde. Seit 1827 ruht er neben seinem Freund und Kollegen Johann Wolfgang von Goethe (1749–1832) in der Fürstengruft des Weimarer Friedhofes. Goethe hatte Schillers Gebeine wenige Jahre nach dessen Tod exhumieren (ausgraben) lassen und anhand des Schädels identifiziert. So dachte man bis 2008. Dann aber wurde bekannt, dass der Schädel in Schillers Sarg nicht Schillers eigener Schädel sein kann. Wissenschaftler hatten das mit Hilfe von Gen-Tests festgestellt. Seitdem ist der Schiller-Sarg in der Fürstengruft leer.

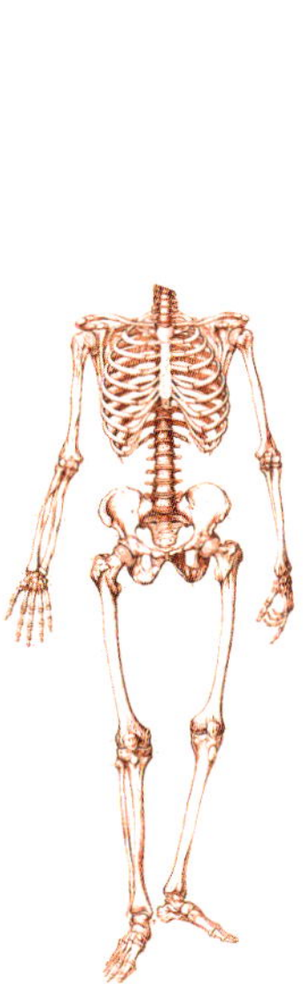

Prominentengräber, Teil III

Friedhof St. Ulrich, Gröden (Südtirol, Italien): Luis Trenker (1892 bis 1990). Österreichisch-italienischer Bergsteiger, Schriftsteller und Schauspieler, der ab den 1920er Jahren vor allem für seine abenteuerlichen Bergfilme bekannt wurde. *Friedhof der Gemeinden Dorotheenstadt und Friedrichswerder* (Berlin, Deutschland): Helene Waigel (1900–1971). Schauspielerin und Theaterchefin. Ruht dort neben ihrem Mann, dem weltberühmten Dramatiker und Regisseur Bertolt Brecht (1898–1956). *Naqsh-e Rostan-Felsengrabstätte* (Provinz Fars, Iran): Xerxes (519–465 v. Chr.). Persischer König von 485 bis 465 v. Chr., der sich große Schlachten mit den Griechen lieferte und für seine monumentalen Bauwerke bekannt wurde. *Pragfriedhof, Stuttgart* (Baden-Württemberg, Deutschland): Ferdinand Graf von Zeppelin (1838–1917). Erfinder und Unternehmer. Erfand und baute die ersten Luftschiffe.

Der Fernsehturm

Die höchsten Fernsehtürme

610 m Fernseh- und Aussichtsturm, Guangzhou (China, ab 2010) 553 m CN Tower, Toronto (Kanada) 540 m Ostankino-Turm, Moskau (Russland) 468 m Oriental Pearl Tower, Schanghai (China) 435 m Turm der Geburt, Teheran (Iran) 421 m Menara KL, Kuala Lumpur (Malaysia) 415 m Radio- und Fernsehturm, Tianjin (China) 405 m Zentraler Fernsehturm, Peking (China) 385 m Fernsehturm, Kiew (Ukraine) 375 m Fernsehturm, Taschkent (Usbekistan)

Stuttgart, Hoher Bopser: der erste seiner Art

Er war der erste seiner Art: In den Jahren 1954 und 1955 wurde auf dem Hohen Bopser, einer 483 Meter über dem Meeresspiegel gelegenen Erhebung in Stuttgart-Degerloch, der erste Fernsehturm der Welt gebaut. Weil der Süddeutsche Rundfunk seine Radio- und Fernsehprogramme möglichst weit senden wollte, war eine besonders hohe Antenne wichtig. Und weil das neue Wahrzeichen Stuttgarts auch touristisch genutzt werden sollte, baute man eine Besucherebene mit Café, Restaurant und Aussichtsplattform ein. In den 217 Meter hohen Turm wurden unter anderem 1430 Tonnen Zement, 340 Tonnen Beton-Spannstahl sowie 55 000 Klinker- und 85 000 Ziegelsteine verbaut; er wiegt 3000 Tonnen über und 1500 Tonnen unter der Erde. Die auf 150 Meter Höhe gelegene Aussichtsplattform lässt sich in 36 Sekunden mit einem Aufzug erreichen; die Fahrtgeschwindigkeit beträgt fünf Meter pro Sekunde. Der Stuttgarter Fernsehturm machte Schule und wurde von vielen Städten weltweit kopiert, so zum Beispiel in Johannesburg (Südafrika, 1958) und Wuhan (China, 1985).

Der Berliner Fernsehturm und die »Rache des Papstes«

Wer an ein typisches Berlin-Bild denkt, der hat sofort den Fernsehturm am Alexanderplatz im Kopf. Auf Postkarten, Firmenlogos, T-Shirts – der Fernsehturm ist ein Symbol für die deutsche Hauptstadt. Vergleichbar mit dem Kölner Dom, dem Lübecker Holstentor und dem Hamburger Michel. Schon immer waren die symbolischen Funktionen des Fernsehturmes mindestens genauso wichtig wie seine technischen und touristischen Aufgaben: Als der Turm auf Geheiß des DDR-Staatsratsvorsitzenden Walter Ulbricht (1893–1973) von 1964 bis 1967 gebaut wurde, sollte er beweisen, dass der kleinere deutsche Staat ebenso fortschrittlich und modern war wie die größere Bundesrepublik. In einer Hinsicht machte der Turm seinen Erbauern allerdings nicht so viel Freude: Wenn seine Stahlkugel von der Sonne beschienen wird, erscheint als Spiegelung ein Kreuz. Da die Führung der DDR sehr religionskritisch eingestellt war, fanden die Berliner schnell einen Namen für das symbolträchtige Zeichen: »Rache des Papstes«.

Das Fernsehturmlied der Jungpioniere

In der zweiten Hälfte des 20. Jahrhunderts war Deutschland in zwei Staaten geteilt, in die Bundesrepublik und die DDR. Fast alle Jugendlichen in der DDR mussten in der 5., 6. und 7. Klasse Mitglied bei den Jungpionieren sein. Diese Organisation sollte die Zugehörigkeit zum Staat und das Gemeinschaftsgefühl stärken. Unter anderem besangen die Pioniere Errungenschaften der DDR, so etwa den Berliner Fernsehturm:

Der Fernsehturm ist groß und schlank,
groß und schlank, groß und schlank
und hat ein Bäuchlein blitzeblank,
Bäuchlein blitzeblank, Bäuchlein blitzeblank.
Da ist kein Magen drin, nee, nee, sondern ein Fernsehturmcafé.
Groß und schlank, blitzeblank, Fernsehturmcafé.

Text Helmut Stöhr *Komposition* Ilse und Hans Naumilkat

Fernsehtürme in Deutschland, Österreich und der Schweiz

368 m Fernsehturm, Berlin
337 m Europaturm, Frankfurt / Main
292 m Fernmeldeturm, Nürnberg
291 m Olympiaturm, München
282 m Telemax, Hannover
279 m Heinrich-Hertz-Turm, Hamburg
266 m Colonius, Köln
260 m Fernmeldeturm, Koblenz
252 m Donauturm, Wien
252 m Fernmeldeturm, Dresden
251 m Fernsehturm St. Chrischona, Basel
217 m Blosenbergturm, Beromünster

Kleine Geschichte der Telegrafie

Feuertelegrafie Um sich über größere Entfernungen hinweg zu verständigen, benutzten die Griechen vor 2500 Jahren Feuer, die sie nachts auf Bergen oder hohen Gebäuden entzündeten. So konnten kurze Nachrichten schneller über weite Strecken verbreitet werden als von Boten zu Pferde. Der Franzose Claude Chappe (1763–1805) erfand 1791 die **»optische Telegrafie«**: Auf einem steinernen Turm befand sich ein fünf Meter hohes Holzgerüst, das von einem 4,62 Meter langen Balken gekrönt wurde. An den Enden des schwenkbaren Balkens waren hölzerne »Arme« befestigt, mit denen verschiedene Zeichen dargestellt wurden. Mit Hilfe von Fernrohren konnten diese Zeichen von benachbarten Türmen aus entziffert werden. Der Abstand zwischen diesen »Tachygraphen« (= Schnellschreiber) betrug elf Kilometer. Im Jahr 1837 baute der Amerikaner Samuel Morse (1791–1872) den ersten elektrischen Apparat zur Übertragung von Botschaften. Damit war die **elektrische Telegrafie**, das Morsen, erfunden. Dabei wird ein Stromkreis durch Drücken einer Taste gezielt unterbrochen. Die Länge und die Reihenfolge der Unterbrechungen bezeichnen bestimmte Buchstabenkombinationen (Morsealphabet). Die erste öffentliche Telegrafenleitung der Welt entstand 1844 zwischen

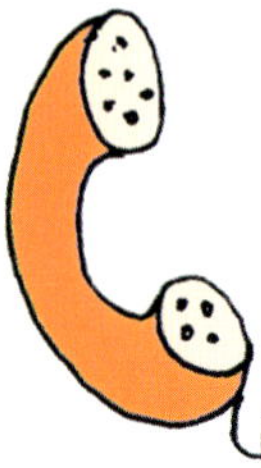

Washington und Baltimore und sendete über 60 Kilometer weit. Die **drahtlose Telegrafie** basiert auf der Übertragung von elektromagnetischen Wellen. Der italienische Physiker Guglielmo Marconi (1874–1937) und der deutsche Physiker Karl Ferdinand Braun (1850–1918) entwickelten und perfektionierten ab 1887 diese Technik, wofür sie im Jahr 1909 den Nobelpreis erhielten. Für die fehlerfreie Weitergabe dieser Wellen wurden Antennen benötigt, die weit oben an einem Gebäude angebracht waren. Heute werden Funkwellen auf drei Arten eingesetzt: Richtfunk, Rundfunk und Mobilfunk.

In die Höhe bauen

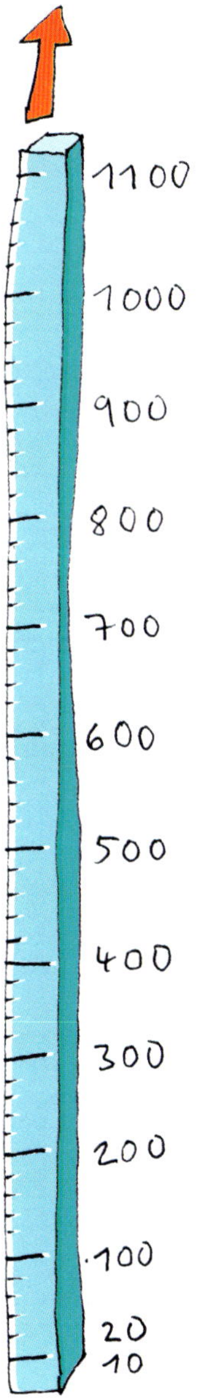

Möglichst hoch nach oben zu bauen hat die Menschheit schon immer fasziniert. Das belegt auch die Geschichte vom Turmbau zu Babel im Alten Testament der Bibel: Als Gott den in den Himmel ragenden Turm bemerkt, gibt er den Menschen zur Strafe verschiedene Sprachen und verteilt sie über die ganze Erde. Der Turmbau – ein Gleichnis dafür, dass die Menschen nicht versuchen sollen, Gott gleichzukommen. Der Turm zu Babel hat tatsächlich existiert. Der deutsche Architekt und Archäologe Robert Koldewey (1855 bis 1925) entdeckte seine Fundamente zwischen 1898 und 1917 bei Grabungen im heutigen Irak. Der Turm war 91 Meter hoch; er wurde 2300 v. Chr. zerstört und im 7. Jahrhundert v. Chr. wieder aufgebaut. 320 v. Chr. ließ Alexander der Große den mittlerweile verfallenen Turm abreißen, um ihn in alter Pracht neu zu errichten. Alexanders früher Tod verhinderte jedoch die Ausführung dieses Planes. Größtes Problem beim Bauen in die Höhe ist die Statik: Hohe Bauwerke müssen so errichtet werden, dass sie auch bei widrigen Wetterbedingungen stabil stehen. Im Altertum lösten die Baumeister dieses Problem, indem sie hohe Gebäude auf einer breiten Basis errichteten. Beim heutigen Hochhausbau beträgt das Verhältnis der Basis zur Höhe dank moderner Baumaterialien eins zu acht: Für 80 Meter Höhe braucht es ein Fundament von 10 Metern Durchmesser. Und die Technik ist noch längst nicht am Ende ihrer Möglichkeiten angelangt: Auf ein Verhältnis von eins zu zwanzig kommt zum Beispiel der Stuttgarter Ingenieur Jörg Schlaich (geb. 1934) bei seinem Entwurf eines Aufwindkraftwerkes. Das über 1000 Meter hohe Bauwerk soll in Australien entstehen. Mit Hilfe erwärmter Luft, die in einem Schlot nach oben steigt, möchten seine Erbauer auf umweltfreundliche Art und Weise Strom erzeugen.

Warum die Telegrafie den Eiffelturm rettete

»La tour Eiffel« ist neben dem Turm zu Babel einer der berühmtesten Türme der Welt: ein Zeichen für Technik und Fortschritt. Und ein Symbol für Paris und französische Lebenskultur. Dabei war das 324 Meter hohe, 10 000 Tonnen schwere Bauwerk anfangs höchst umstritten: Gebaut zur Weltausstellung 1889 nach den Plänen des Ingenieurs Gustave Eiffel (1832–1923), sollte der Eiffelturm eigentlich nach 20 Jahren abgerissen werden. Anfang des 20. Jahrhunderts stellten Forscher und Militärs allerdings fest, dass er sich hervorragend für telegrafische Experimente eignete, so dass von den Abrissplänen Abstand genommen wurde. 1908 konnte man vom Eiffelturm aus 6000 Kilometer weit telegrafieren, 1921 erfolgte eine erste Radioübertragung, 1935 wurden erste Fernsehsignale versendet. So kam es, dass aus dem Werbeträger für die Weltausstellung der erste Funkturm der Geschichte wurde.

Die höchsten Häuser der Welt

818 m *Burj Dubai*, Dubai (Vereinigte Arabische Emirate)
501 m *Taipei 101*, Taipeh (Taiwan)
452 m *Petronas Towers*, Kuala Lumpur (Malaysia)
442 m *Sears Tower*, Chicago (USA)
421 m *Jin Mao Building*, Schanghai (China)
415 m *Two International Finance*, Honkong (China)
391 m *CITIC Plaza*, Guangzhou (China)
384 m *Shun Hing Square*, Shenzhen (China)
374 m *Central Plaza*, Hongkong (China)
369 m *Messeturm*, Frankfurt / Main (Deutschland)

Die ersten Wolkenkratzer: Alle in den USA

1930 *The Trump Building*, New York (283 m)
1930 *Chrysler Building*, New York (319 m)
1931 *Empire State Building*, New York (381 m)
1932 *American International Building*, New York (290 m)
1933 *G. E. Building*, New York (259 m)
1961 *One Chase Manhattan Plaza*, New York (248 m)
1963 *MetLife*, New York (246 m)
1969 *Bank One Plaza*, Chicago (259 m)
1969 *John Hancock Center*, Chicago (344 m)
1970 *U. S. Steel Tower*, Pittsburgh (256 m)

Ein Leuchtturm mitten in der Stadt

Im Kölner Stadtteil Ehrenfeld findet sich ein ganz besonderes Hoch-Bauwerk: der Heliosturm, ein Leuchtturm mitten in der Stadt, weit entfernt von jeglichen Gewässern. Erbaut wurde der 44 Meter hohe Turm im Jahr 1882 direkt um die Ecke auf dem Gelände der Firma Helios, die Lampen und Dynamos herstellte. Warum die Firma einen Leuchtturm in der Stadt errichtete, darüber werden verschiedene Legenden erzählt: Als Werbemaßnahme, um Leuchtturmbetreiber zum Kauf von Helios-Lampen zu animieren, meinen die einen. Als Firmenwahrzeichen, meinen die anderen. Als Blitzableiter und Testturm, sagen Dritte. Und eine vierte Gruppe behauptet, der Turm sei für die Insel Sansibar bestimmt gewesen, habe aber nicht geliefert werden können. Heute gehört die Firma längst der Vergangenheit an, nur der Turm steht noch: als weithin sichtbares Zeichen aus den Anfängen des Industriezeitalters.

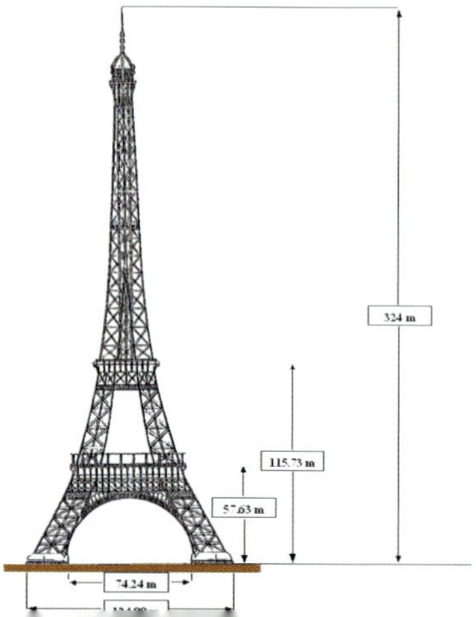

Drei Gerichte aus dem »Panorama Tower« in Leipzig

Das Leipziger Restaurant »Panorama Tower« Plate of Art im Cityhochhaus Leipzig, 29. Stock, hat sich eine junge, freche, internationale Küche auf die Fahnen geschrieben. Auch für Kinder und Jugendliche. Drei Rezepte von Sven Krieg, geb. 1977, stellvertretender Küchenchef.

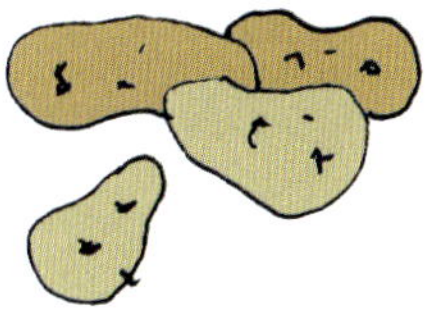

Tagliarini mit Tomate, Basilikum, Parmesan

Zutaten für vier Personen bis 500 g frische Nudeln 300 g Parmesan Tomaten Ein halber Bund Basilikum 1 Zwiebel 0,5 l Tomatensaft

Zubereitung Eine Tomatensauce aus Tomatensaft, Tomaten, Salz, Pfeffer, Zucker, Basilikum und Zwiebeln kochen. Nach Wunsch Knoblauch hinzugeben. Die Tagliarini in Salzwasser kochen. Die Nudeln in der Tomatensauce schwenken, frischen Basilikum und grob gehobelten Parmesan darüber geben. Als Dekoration eignen sich Basilikumblätter.

Grillkäse und Semmelpanade, Spaghetti, Tomate

Zutaten für vier Personen 350 g Spaghetti 4 Stück Halloumi-Grillkäse (in je 3 Scheiben geschnitten) 2 Eier 1 Schale Kirschtomaten 150 g Semmelmehl 1 Zwiebel

Zubereitung Grillkäse-Scheiben würzen, mit Ei und Semmelmehl panieren und in der Pfanne anbraten. Spaghetti in Salzwasser kochen. Die Nudeln mit den Kirschtomatenhälften und Zwiebelwürfeln in Olivenöl anschwenken. Halloumi und Spaghetti zusammen servieren.

Eierkuchen und Apfelmus, Smarties

Zutaten für acht bis zehn Stück Eier 200 g Mehl 1 EL Zucker 500 ml Milch

Zubereitung Eier, Zucker und Milch verrühren, zuletzt das Mehl dazugeben. Den Teig in Öl/Butter ausbraten. Mit Apfelmus füllen und mit Smarties garnieren .

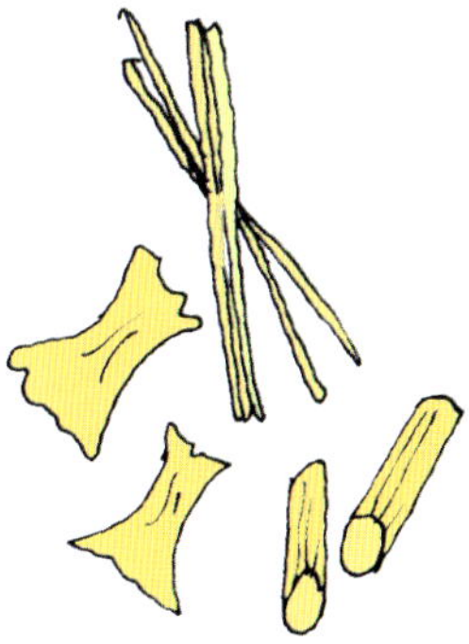

S
DB
GROSSMARKT
Stadion
Wohnviertel
Hafen
DEPOT

S-Bahn
DB

Das Wohn-viertel

Das Fensterrecht

»Ein Bewohner muss das Recht haben, sich aus seinem Fenster zu lehnen und außen an der Außenwand alles umzugestalten, wie es ihm entspricht, so weit sein Arm reicht, damit man von weitem, von der Straße sehen kann: dort wohnt ein Mensch.« So lautet das »Fensterrecht«, das der österreichische Künstler Friedensreich Hundertwasser (1928–2000) im Jahr 1958 formulierte. Er forderte damit für jeden Menschen das Recht zur Mitgestaltung seines Wohnraumes ein. In wütenden Reden und Briefen protestierte der Künstler immer wieder vehement gegen das seiner Ansicht nach menschenunwürdige, unnatürliche Wohnen in den »Schachtelkonstruktionen« und »Käfigbauten« der modernen Welt. Hundertwasser träumte davon, dass Hausbewohner ihre Umgebung wie eine dritte Haut gestalten. Er war der Überzeugung, dass der Mensch von verschiedenen Hautschichten umgeben ist: der natürlichen Haut, der Kleidung und der ihn umgebenden Wohnung. Hundertwassers Traum erfüllte sich zumindest im Kleinen. In Wien konnte er 1983 ein Gebäude nach seinen Vorstellungen erbauen: ein ganz und gar ungewöhnliches Haus, das sich wie ein Puzzle aus vielen verschiedenen Teilen zu einem erstaunlichen Äußeren zusammensetzt. Besonders auffällig: die Fenster, die sich in Form und Farbe sämtlich voneinander unterscheiden. Die Fenster, so Hundertwasser, seien das Wichtigste: Sie dienen als Verbindung zwischen dem Innen und dem Außen, vergleichbar mit den Augen der Menschen.

Die größten Städte Deutschlands

Zahl der Einwohner
Berlin 3 416 255
Hamburg 1 770 629
München 1 311 573
Köln 995 397
Frankfurt am Main 659 021
Stuttgart 597 176
Dortmund 586 909
Essen 582 140
Düsseldorf 581 122
Bremen 547 769

Stand: 2008,
Quelle Citypopulation.de

Viertel und Veedel

Wenn die Schull- und Veedelszöch durch die Innenstadt trompeten, dann ist im Kölner Karneval der eigentliche Höhepunkt erreicht: Auf dem Weg des weltberühmten Rosenmontagszugs haben die Karnevalswagen der Schulen und der Veedel, also der Stadtviertel, ihren großen Auftritt. Im Gegensatz zu den Schülern müssen die Veedelskarnevalisten zwei Tage später, am Veilchendienstag, allerdings noch einen zweiten Auftritt absolvieren: den zu Hause, im eigenen Viertel, also in Ehrenfeld, Nippes, Mülheim, Kalk.

Der Begriff »Viertel« für einen Stadtteil stammt aus der Zeit des Römischen Reichs: Viele Städte waren damals so angelegt, dass sie von den ins Zentrum führenden Straßen in vier Viertel geteilt wurden. Ganz offiziell sind die Städte heutzutage in Stadtteile oder Stadtbezirke gegliedert. Diese können, müssen aber nicht mit dem Bereich übereinstimmen, den die Menschen als ihr Viertel wahrnehmen.

Ein Viertel ist für die Stadtbewohner ein überschaubares, aus wenigen Straßenzügen bestehendes Gebiet, dem sie einen besonderen Charakter zusprechen. Im Quartier Latäng an der Kölner Uni, der Feier-Meile, geht abends für die Studenten die Post ab, so wie im »Viertel« in Bremen. Am Prenzlauer Berg in Berlin fühlen sich Künstler und Autoren zu Hause. Und vom Hamburger Schanzenviertel werden unangepasste Geister und Einwanderer angezogen. Ein Viertel ist letztlich also immer das, was die Menschen daraus machen.

»Viertel« international

Barrio Spanien, Südamerika
Grätzl Wien, Österreich
Kiez Berlin
Kvater Schweden
Mohalla Indien
Quartier Schweiz, Frankreich
Veedel Köln

Warum Stadtmenschen gerne in ihren Städten leben

Die BAT-Stiftung für Zukunftsfragen bat 2000 Bundesbürger über 14 Jahren aus den zehn größten deutschen Städten um eine Einschätzung, warum sie gerne in der Stadt leben.

Weltoffen 86 %
Lebenswert 84 %
Gutes Kulturangebot 83 %
Gutes Verkehrsnetz 83 %
Atmosphäre 83 %
Abwechslungsreich 83 %
Gastfreundlich 81 %
Viele Grünflächen 81 %
Schön 81 %
Gutes Freizeitangebot 78 %
Wachsende Stadt 73 %
Tolerant 72 %
Wirtschaftskräftig 68 %
Familienfreundlich 55 %
Umweltfreundlich 54 %
Sicher 53 %
Seniorenfreundlich 51 %
Sauber 49 %
Kinderfreundlich 49 %
Wohlhabend 48 %

Stand: 2009, *Quelle* statistika.com

Einige berühmte Wohnviertel

Beverly Hills, Los Angeles Wo noch vor wenigen Jahren Schafe grasten, findet sich heute eines der teuersten Wohnviertel der Welt. Beverly Hills, das Quartier der Schönen und Reichen, lockt mit prächtigen Villen und den teuersten Einkaufsstraßen der Welt: Sunset Boulevard und Rodeo Drive. **Köpenick, Berlin** Köpenick wird wegen seiner vielen Parks und Gärten auch »die grüne Lunge« der Hauptstadt genannt. Bis 1920 war dieses Viertel eine eigene Stadt, dann wurde Köpenick samt See, Insel und Schloss eingemeindet. Seitdem hat sich die Einwohnerzahl verzehnfacht. **SoHo, New York** SoHo ist ein beliebtes Wohn- und Künstlerviertel im New Yorker Stadtteil Manhattan. In den 1960er Jahren war die einstmals reiche Gegend um die South of Houston Street (SoHo) völlig verarmt; in den 1970er Jahren kauften Künstler und Freiberufler viele heruntergekommene Fabrikgebäude auf und renovierten sie. **Quartier Latin, Paris** Um die Universitätsgebäude der Sorbonne herum liegen die Straßen des Quartier Latin. Hier wurde jahrhundertelang traditionell Latein gesprochen. Das Quartier Latin war bis vor einigen Jahren das Viertel der Dichter und Denker. Heute wohnen die Studenten wegen der teuren Mieten höchstens noch in den Dienstmädchenzimmern (*chambres de bonne*) der großen Wohnungen.

Zahl der nachgewiesenen Städte v. Chr.

	um 3000	um 2500	um 1900	um 1400
Ägypten	4	6	10	12
Mesopotamien	5	12	22	22
Vorderasien	4	6	13	20
Iran	2	3	3	5
Kleinasien		3	6	9
Kreta				4
Griechenland				10

Quelle STADT-DTV ATLAS

Ein Recht auf Wohnraum?

Wer keine Wohnung hat, der kann sich vor Gericht eine erklagen. Zumindest in Frankreich. Die Nationalversammlung entschied 2007, dass jeder Bürger, der seit einem Jahr in einer Stadt oder Gemeinde lebt, im Fall von Wohnungslosigkeit einen Anspruch auf Hilfe durch die Behörden hat. Helfen die Ämter nicht, können die Betroffenen vor Gericht gehen. Trotzdem hatten 2008 allein in Paris über 100 000 Menschen kein Dach über dem Kopf. In Deutschland gibt es dagegen keinen Rechtsanspruch auf Wohnraum. Wer zu wenig Geld für eine eigene Wohnung hat, bekommt allerdings von den Behörden finanzielle Hilfe. Jedem Bürger über 25 stehen Unterstützungszahlungen für etwa 45 Quadratmeter Wohnraum zu, jedem weiteren Familienmitglied die Miete für weitere 15 Quadratmeter. In Deutschland gab es zu Weihnachten 2008 dennoch 18 000 Menschen, die auf der Straße schliefen. 250 000 Menschen, darunter viele Familien, waren aus Mangel an billigem Wohnraum von Wohnungslosigkeit bedroht.

Kleiner, höher, teurer – Wohnungsrekorde

Die kleinste Wohnung der Welt befindet sich in London: Die 5,7 Quadratmeter große Nische auf dem Raum eines ehemaligen Treppenabsatzes beherbergt ein Minibad, eine Küche im Schrank und ein Fenster mit Blick auf eines der nobelsten Kaufhäuser der Stadt. Kaufpreis: 182 500 Euro. Ein stolzer Betrag, aber immerhin sind die Nebenkosten für Strom und Heizung überschaubar. Ebenfalls in London lockt die vermutlich **teuerste Wohnung der Welt**: 100 Millionen britische Pfund (rund 106 Mio. Euro) muss der zukünftige Besitzer der Penthousewohnung im One-Hyde-Park-Domizil am Hyde Park bei Fertigstellung im Jahr 2010 berappen. Die **teuersten Wohnungsmieten** werden in Hongkong bezahlt: 9700 Dollar beträgt die durchschnittliche Monatsmiete für eine ganz normale Wohnung. Auf den vorderen Rängen für Hochpreismieten folgen Moskau, New York, Tokio und London. Die **höchst gelegene Wohnung der Welt** thront im 87. Stockwerk des 297,3 Meter hohen »Eureka Tower« in Melbourne (Australien). Sie liegt eine Etage unter dem höchsten Stockwerk, das man per Fahrstuhl in nur 40 Sekunden erreichen kann.

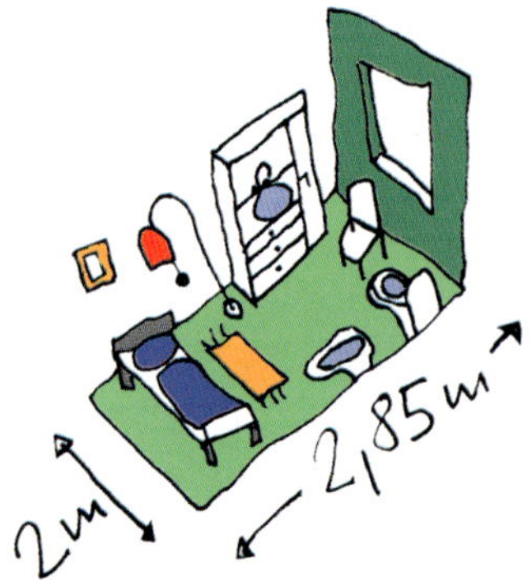

Wohnen für Arme und Arbeiter

Sozialbauten sind Häuser, in denen Menschen mit niedrigem Einkommen wohnen können. Besonders viele Familien mit Kindern könnten sich ein Leben in der teuren Stadt nicht erlauben, wenn sie nicht in einem staatlich geförderten Sozialbau unterkommen würden. Die Fuggerei in Augsburg (Bayern) gilt als die älteste Sozialsiedlung der Welt. Sie wurde 1521 errichtet. Dieses Dorf in der Stadt besteht aus 67 Häusern mit 140 Wohnungen, hat acht Straßen und wird von einer Mauer mit drei Stadttoren umgeben, die auch heute noch abends um zehn von einem Nachtwächter verschlossen werden. Wer in der Fuggerei wohnen möchte, muss unverschuldet in Not geraten und katholisch sein. Bekommt man eine Wohnung, ist eine sehr geringe Miete zu zahlen: 88 Cent im Jahr plus ein tägliches Gebet für den Stifter der Siedlung, Jakob Fugger (1459–1525). Die »Familistére« in Guise (Nordfrankreich) ist eine der ersten modernen Sozialwohnsiedlungen. Sie wurde von Jean Baptiste Andre Godin (1817–1888) errichtet. Drei große Wohnhäuser mit jeweils einem glasüberdachten Innenhof, der auch zum gemeinsamen Feiern diente, wurden durch eine Kinderkrippe, eine Schule und ein Theater ergänzt. Die Bewohner verfügten außerdem über ein gemeinsames Wasch- und Badehaus. Die Menschen sollten in der Nähe ihrer Arbeitsstelle, der Ofenfabrik Godins, ein angenehmes, sicheres und würdiges Leben führen können. In Berlin gibt es verschiedene Sozialsiedlungsprojekte, die baulich herausragend sind. So zum Beispiel die von dem Architekten Walter Gropius ab 1962 entworfene Gropiusstadt in Neukölln, die von 1995 bis 1999 ökologisch gebaute Heinrich-Böll-Siedlung in Pankow und das zusammen mit den Bewohnern Mitte der 1980er Jahre entwickelte Projekt »Wohnregal Admiralstraße«.

Ideenwohnen

Gartenstadt 1898 entwickelte der Brite Ebenezer Howard (1850–1928) die Idee einer Stadt, in der die Menschen zu erschwinglichen Preisen im Grünen wohnen und dennoch alle Annehmlichkeiten des städtischen Lebens genießen können. Gartenstädte sind zum Beispiel der Essener Stadtteil Margarethenhöhe und Hellerau in Dresden. **Satellitenstadt** Ab den 1950er Jahren entstanden in der Nähe vieler großer Städte sogenannte Großwohnsiedlungen beziehungsweise Satellitenstädte. In diesen neu gebauten, komplett durchgeplanten Städten gibt es alles, was eine Stadt zu bieten hat: Geschäfte, Restaurants, Arztpraxen, Kinos, Spielplätze, Sportmöglichkeiten. **Trabantenstadt** Wie Vororte aus riesigen Wohntürmen sehen die »Schlafstädte« am Rand der großen Metropolen aus. Trabantenstädte sind im Gegensatz zu Satellitenstädten keine eigenen Städte, sondern reine Wohnviertel, in denen wenig Infrastruktur (Geschäfte, Restaurants usw.) vorhanden ist, zum Beispiel der Stadtteil Mettenhof in Kiel.

Hausbesetzer, die Wohnpiraten

Die jungen Frauen und Männer haben es eilig. Im Schutz der aufkommenden Dunkelheit brechen sie am 19. September 1970 die Tür des altehrwürdigen Jugendstilhauses (Kunstrichtung um 1900) in der Eppensteiner Straße 47 in Frankfurt auf. Mit Plakaten, Pinseln, Farbe und Werkzeugen ausgerüstet, nehmen sie die Räume des riesigen Hauses in Besitz. Sie beseitigen Schutt und Schmutz, renovieren grob, stellen erste Möbel in die Zimmer – und lassen Transparente aus den Fenstern wehen: »Besetztes Haus« steht darauf. Diese Besetzung leer stehender Häuser war eine Wohnrevolution! Auf ähnliche Weise wurden in den folgenden Jahren in vielen europäischen Städten Häuser übernommen. Die Hausbesetzer sind häufig Studenten oder Menschen, die keine bezahlbare Wohnung finden können, weil die Besitzer der Häuser den Wohnraum lieber in teure Büroräume umwandeln oder die Wohnungen verkommen lassen, um nach dem Abriss viel Geld für das Grundstück zu kassieren. In der spanischen Stadt Barcelona gibt es mit über 200 besetzten Häusern die bis heute größte Hausbesetzerszene Europas. Die Häuser sind sogenannte offene Häuser, in denen Veranstaltungen stattfinden und Künstler Aufführungen oder Ausstellungen organisieren. Viele besetzte Häuser sind inzwischen legalisiert, das heißt nach den geltenden Gesetzen des Landes vermietet – und manche Hausbesetzer sind inzwischen sogar Hausbesitzer.

Slums, Favelas, Gecekondus

Ursprünglich wurden mit dem englischen Wort *slum* in den 1820er Jahren einfache und schlecht ausgestattete Wohnungen beschrieben. Diese lagen vor allem in den engen Gassen, die sich um die Londoner Fabriken schlängelten. Dreck und Elend prägten diese Viertel der Fabrikarbeiter, sie hatten keine Wasser- und in späteren Jahren auch keine Stromversorgung. UN-HABITAT, das Programm der Vereinten Nationen für menschliche Siedlungen, definiert »Slum« heute als eine Siedlung, in der mehr als die Hälfte der Einwohner in unzumutbaren Unterkünften hausen. Etwa jeder sechste Mensch lebt derzeit in einem Slum, das sind rund eine Milliarde Slumbewohner weltweit. In Argentinien heißen die Armenviertel »Villa Miseria«, in Brasilien »Favela«. Viele dieser Viertel sind durch hohe Kriminalität und Drogenhandel in Verruf geraten. In türkischen Städten findet man häufig sogenannte Gecekondus. Übersetzt heißt das Wort »über Nacht hingestellt«. Ein Haus, das über Nacht auf öffentlichem Grund gebaut wurde, darf in der Türkei nach altem osmanischem und bis heute gültigem Recht nicht abgerissen werden. Und so entstehen Nacht für Nacht neue Häuser auf den Hügeln um die großen Städte. In der türkischen Hauptstadt Ankara leben 70 Prozent der Bevölkerung in Gecekondus.

Berühmte Plattenbausiedlungen

Hochhausviertel wurden ursprünglich »Plattenbau« genannt, weil sie in der Regel aus riesigen Betonfertigbauteilen bestehen.
Während der Zeit der deutschen Teilung (1949–1990) entstanden in der DDR sehr viele sehr große Plattenbauviertel. Hintergrund: Im Osten wurden viel weniger Einfamilienhäuser gebaut als im Westen, so dass eine Wohnungsnot herrschte, der man mit großen Hochhäusern Herr zu werden versuchte. Im Lauf der Jahre setzte sich die Bezeichnung Plattenbau als generelle Beschreibung von Hochhausgegenden in allen Teilen Deutschlands durch.

Marzahn / Berlin 58 000 Wohneinheiten **Neustadt / Halle** 40 550 Wohneinheiten **Grünau / Leipzig** 38 545 Wohneinheiten **Fritz-Heckert-Gebiet / Chemnitz** 31 306 Wohneinheiten **Neuperlach / München** 24 000 Wohneinheiten **Großer Dresch / Schwerin** 20 700 Wohneinheiten **Chorweiler / Köln** 20 000 Wohneinheiten **Märkisches Viertel / Berlin** 17 000 Wohneinheiten **Weststadt / Braunschweig** 12 000 Wohneinheiten **Vahr / Bremen** 11 800 Wohneinheiten

Ungewöhnliches Wohnen

Dachhaus Wohngelegenheit, die auf dem Flachdach eines großen Gebäudes errichtet wird. Zum Beispiel in Hongkong, wo auf Hochhausdächern richtiggehende Armenviertel gewachsen sind. Gefährlich für Familien mit kleinen Kindern. **Erdhaus** Einfamilienhäuser, die in Erdhügel hinein gebaut oder mit Erde »gekrönt« wurden. Solche Häuser, die einen schnell ans berühmt-berüchtigte Teletubbyland erinnern, findet man zum Beispiel in der Schweiz. Ihr Vorteil: hervorragende Wärmedämmung, geringe Energiekosten. **Hügelhaus** Im nordrhein-westfälischen Marl entstanden in den 1970er Jahren die ersten Häuser dieser Art: terrassenförmig nach oben wachsende Gebäude, die viele kleine, verschachtelte Einfamilienhäuser zu einem Wohnhügel vereinen. Experimentell! **Papphaus** Nur 800 Kilogramm schweres Wohndomizil, das vor allem in wärmeren Regionen wie in Namibia (Afrika) genutzt werden kann. Es besteht vollständig aus fest zusammengepresstem Altpapier. Eine Lösung für die Armen der Welt – dann zumindest, wenn sie in trockenen Regionen leben. **Wohncontainer** Wohnhaus aus Stahlcontainern, häufig mit Terrasse. Die US-Regierung stattet Menschen, die ihre Häuser bei der Kreditkrise 2008/2009 verloren haben, mit Wohncontainern aus. Je bunter, desto besser. **Wohnboot** Fest verankertes Haus auf dem Wasser, das genauso ausgestattet ist wie ein normales Wohnhaus, bei Bedarf aber in ein anderes Gewässer geschifft werden kann. Durch das Wellenplätschern für alle die geeignet, die nicht gut einschlafen können.

Megacitys – Welt der Städte

In den letzten 50 Jahren hat sich die Weltbevölkerung auf 6,7 Milliarden Menschen verdoppelt, in den nächsten Jahrzehnten werden noch einmal drei Milliarden Erdenbürger hinzukommen. Seit 2008 gibt es weltweit mehr Städter als Landbewohner – insgesamt leben 3,3 Milliarden Menschen in Städten. Im Jahr 2030, so schätzt die Stiftung »Weltbevölkerung«, werden es fünf Milliarden Menschen sein, also rund 60 Prozent. Anderthalb Milliarden Menschen lebten in Asien im Jahr 2005 in Städten. In China waren es rund 532 Millionen, in Indien 317 Millionen. In den USA zogen 241 Millionen Menschen den Großstadtdschungel dem Landleben vor. In den Entwicklungsländern wächst die Verstädterung am schnellsten, weil viele Menschen auf der Suche nach Lohn und Brot ihre Dörfer verlassen und sich in die Stadt begeben. Zurzeit leben 30 Prozent aller Städter, also eine Milliarde Menschen, in Slums. In den Industrieländern wohnten 2005 rund 74 Prozent der Menschen in Städten. 2030 werden es 81 Prozent sein, wobei über die Hälfte dieser Menschen in mittleren und kleinen Städten unter 500 000 Einwohnern leben werden. Im Jahr 2005 wohnten rund neun Prozent aller Stadtbewohner in den 20 Megacitys der Welt (Städte mit mehr als 10 Millionen Einwohnern).

Megaurbane Ballungsräume

Das Wort Ballungsraum beschreibt eine Stadt und ihr unmittelbares Umland. Megaurbane Ballungsräume sind Gegenden, in denen Städte ineinander übergehen. So wie es beispielsweise beim Ruhrgebiet mit seinen 12 Millionen Einwohnern der Fall ist.

Zahl der Einwohner

Tokio (Japan) 33 800 000
Seoul (Korea) 23 900 000
Mexiko-Stadt (Mexiko) 22 900 000
Delhi (Indien) 22 400 000
New York (USA) 21 900 000
São Paulo (Brasilien) 21 000 000
Manila (Philippinen) 19 200 000
Los Angeles (USA) 18 000 000
Schanghai (China) 17 900 000

Stand: 2009, *Quelle* citypopulation.de

Der Großmarkt

Der Markt für die Großen

Obst, Gemüse, Fleisch, Milchprodukte, Nudeln, Fisch – Lebensmittel, die vom Produzenten zum Verbraucher gelangen müssen, tun dies meist über die Zwischenstation »Großmarkt«: Importeure und Erzeuger liefern ihre Waren bei einem der Großmärkte an, so dass Restaurants, Krankenhäuser, Supermärkte und andere Großabnehmer die benötigten Waren an einem Ort kaufen können. Noch Anfang des 19. Jahrhunderts verkauften die Erzeuger von Lebensmitteln ihre Produkte ausschließlich auf den Märkten der nahe gelegenen Städte. Weil die Städte jedoch immer größer wurden, konnten sie Mitte des 19. Jahrhunderts nur noch teilweise direkt versorgt werden. Die Großmärkte wurden erfunden. Sie hatten jederzeit geöffnet, und mit Hilfe der modernen Transportsysteme konnten seit den 1910er Jahren immer mehr Waren aus entfernten Regionen und Ländern in die Städte gebracht werden. Die Warenvielfalt vergrößerte sich dadurch enorm. Heute versorgen alleine in den 17 Großmärkten, die sich in der GFI (Gemeinschaft zur Förderung der Interessen der Deutschen Großmärkte e. V.) zusammengeschlossen haben, 20 000 Beschäftigte rund 50 000 Abnehmer jährlich mit 7,4 Millionen Tonnen an Waren, wobei in Deutschland und an den Rändern der Nachbarstaaten insgesamt 105 Millionen Verbraucher erreicht werden.

Der Berliner Großmarkt

Hauptfläche Großmarkt Beusselstraße 330 000 m^2 (ca. 97 Fußballfelder) Händler 300 Warenumschlag / Jahr 1 Milliarde Euro Versorger für 3,4 Millionen Berliner und 2,6 Millionen Brandenburger Beschäftigte 2500 Auszubildende Fleischerei / Jahr 500 Größte Halle 29 000 m^2 Fläche Blumengroßmarkt Friedrichstraße 23 037 m^2 Umschlag von Blumen / Jahr 31 Millionen Euro

Nach der Modernisierung 2010 wird der Blumengroßmarkt aus Berlin-Mitte in den allgemeinen Großmarkt Beusselstraße verlegt.

Stand: 2008, *Quelle* Berliner Großmarkt

Woher die Großmarktwaren stammen – Beispiel München

Italien 24 %
Deutschland 17 %
Spanien 16 %
Griechenland 10 %
Niederlande 5 %
Mittelamerika 5 %
Belgien / Frankreich 4 %
Osteuropa 4 %
Sonstige 12 %

Stand: 2008, *Quelle* Großmarkt München

Der größte (Groß-)Markt der Welt

Paris ist eine Reise wert. Und der Vorort Rungis erst recht. In dem gerade mal 5600 Einwohner »großen« Ort, knapp 13 Kilometer vor Paris, ist seit Anfang der 1970er Jahre der Großmarkt der französischen Hauptstadt untergebracht. Dieser Großmarkt ist größer als das Fürstentum Monaco; 230 Fußballfelder hätten auf seiner Fläche Platz; 1400 Unternehmen mit rund 13 000 Angestellten sind hier am Werk, um Paris und halb Frankreich mit Lebensmitteln zu versorgen. Auf dem 220 Hektar großen Areal befinden sich Verkaufsgebäude, Kühlhallen, Verwaltungsgebäude, Restaurants, Bars, Hotels und sogar ein eigener Bahnhof. Der Markt verfügt über eine sehr gute Verkehrsanbindung an Autobahnen und den Flughafen Paris-Orly, was die Anlieferung exotischer Lebensmittel aus fernen Ländern erleichtert. Auf dem Großmarkt der Großmärkte kaufen Restaurants und Spitzenköche aus ganz Mitteleuropa all die Dinge, die die Herzen und Mägen ihrer Kunden begehren. Deshalb ist nicht mehr Paris, sondern das Dorf vor den Toren der Metropole die Haupt-»Stadt« des leckeren Essens und der kulinarischen Genießer.

Kaisergranat 8–12er
Aus Dänemark.
Direkt vom Fischerboot gekauft.
Kiste à 3 kg.

Kanadischer Hummer 2/3 kg
Gefangen vor Anticosti (*Insel im Sankt-Lorenz-Golf*), bekannt für seine vielen großen Hummer.
Stückware.

Bürgermeisterstück von Texas Beef
Die Tiere von Texas Beef stammen alle aus der Region von Amarillo (Texas).
Stück ca. 1,5 kg.

Rungis Express

Känguruschnitzel, Schwertfischfilet und Kalahari-Trüffel, das sind nur drei von Dutzenden exotischen Spezialitäten, die die Firma Rungis Express täglich aus Frankreich zu deutschen Spitzenköchen kutschiert: 1700 Kunden beliefert das in Meckenheim bei Bonn angesiedelte Unternehmen ein- bis zweimal in der Woche mit Waren vom Pariser Großmarkt. Das Sortiment umfasst über 3000 exquisite Artikel aus 80 Ländern; darunter auch einmal spanische Trüffel zu 2500 Euro pro Kilogramm. Ein Aufschrei ging durch die deutsche Feinschmeckergemeinde, als Rungis Express im Jahr 2005 zahlungsunfähig war – ein Aufatmen folgte, als ein Investor erklärte, das Unternehmen aufzukaufen und weiterführen zu wollen.

Rungis Express – eine Artikelauswahl

Erdbeeren
Aus Deutschland. Tagsüber im Freiland, nachts im Tunnel herangereift.
Karton mit 10 Schalen à 500 g.

Mini-Karotten
Aus Südafrika.
Mit ca. 10 cm langem Grün.
Karton 6 × 200 g.

Morchel getrocknet
Aus der Türkei.
Neue Ernte, Direktimport.
Packung à 500 g.

Juni 2009. *Quelle* rungisexpress.com

Die Belieferung einer Supermarktkette

37,6 Milliarden Euro Umsatz, 280 000 Mitarbeiter, 13 000 Auszubildende, 12 000 Märkte: beeindruckende Zahlen, die den 1898 gegründeten Lebensmittelhändler Edeka zur größten Supermarktkette Deutschlands machen. Der Name Edeka stammt noch aus der Gründungszeit und ist eine Variante der Abkürzung des Gründungsnamens »Einkaufsgenossenschaft der Kolonialwarenhändler im Halleschen Torbezirk Berlin«, kurz: EdK. Heute ist Edeka ein Unternehmen, das seinen täglichen Warenbedarf nicht einfach im nächsten Großmarkt decken kann, denn dies würde jeden Großmarkt überfordern. Wie alle großen Lebensmittelhändler hat Edeka deshalb seine eigenen 40 Großmärkte, die über ganz Deutschland verteilt sind und so auch Waren aus der jeweiligen Region aufnehmen können. In Neumünster stehen zum Beispiel 38 295 Quadratmeter Lagerfläche zur Verfügung, in Malchow 33 300, in Straubing 32 500. 1900 Lkw beliefern von diesen Lagern aus täglich die einzelnen Märkte. Hinzu kommen eigene Tochterunternehmen, die die Waren für die Edeka-Märkte herstellen. Bei der Firma FrankenGut mit Niederlassungen in Nürnberg, Würzburg und Bamberg verarbeiten beispielsweise 350 Mitarbeiter täglich 170 000 Kilogramm Frischfleisch zu 120 Sorten Wurst und Kochfleisch. In Nordrhein-Westfalen betreibt Edeka mit dem Zentrallager Hamm-Rhynern eines der modernsten Zwischenlager der Welt: Computergesteuert werden hier 12 000 Artikel vollautomatisch gelagert, verpackt, verschickt und nachbestellt.

Die größten Gastronomen in Deutschland

Umsatz in Millionen Euro; Anzahl der Filialen

McDonald's	2835	1333
Burger King	764	662
Lufthansa	740	19
Tank & Rast	590	389
Nordsee	301	360
Metro	251	260
Subway	206	698
Karstadt	179	134
Ikea	173	43
Aral	173	1163

Stand: 2008, *Quelle* »Food-Service«

Die größten Lebensmittelhändler Deutschlands

Umsatz in Milliarden Euro

Edeka	37,6
REWE	34,0
Metro	31,6
Lidl	26,5
Aldi	24,5
Tengelmann	14,0
Lekkerland	7,9
Schlecker	5,1
Karstadt	4,4
Globus	3,9

Stand: 2008, *Quelle* Trade Dimensions

Reklameschild von 1898

Das Innenleben des Erdbeerjoghurts

Hm, lecker. Erdbeerjoghurt. Und so günstig! Und dann auch noch von hier, schließlich werden Milch und Erdbeeren in Deutschland zuhauf produziert … und die Molkerei ist auch nicht sooo weit weg … Da kann man doch mit gutem Gewissen zuschlagen. Oder? Drei Milliarden Becher Erdbeerjoghurt werden in Deutschland pro Jahr verkauft. Milchbauern, Erdbeerzüchter, Molkereien und Supermärkte verdienen mehr oder weniger gut an dem süßen Snack. Was nur deshalb funktioniert, weil sie den Joghurt mit Hilfe der Methoden der modernen Lebensmittelindustrie herstellen: in großen Fabriken, in großen Mengen, mit Zutaten, die aus ganz Europa herangekarrt werden. Für einen in Stuttgart hergestellten Erdbeerjoghurt, so haben Umweltschützer herausgefunden, wurden Erdbeeren aus Polen verwendet, die in Aachen verarbeitet wurden. Gesamtstrecke: 1246 Kilometer. Die Etiketten wurden in Bayern auf aus Niedersachsen stammendem Papier gedruckt; den Leim lieferten Firmen aus Holland und Belgien. Gesamtstrecke: 1168 Kilometer. Auch für die Joghurtkulturen (917 km), den Deckel (864 km), die Milch (36 km) und für den Zucker (107 km) fielen beträchtliche Wegstrecken an. Insgesamt mussten für den Joghurt 9115 Kilometer Transportwege zurückgelegt werden. Wege, die ihren Preis haben: Jeder deutsche Erdbeerjoghurtesser verursacht bei einem vorausgesetzten Konsum von 55 Kilo (entspricht einem 150-Gramm-Becher Joghurt am Tag) jährlich 500 Kilogramm Stickoxide, 35 Kilogramm Ruß und 32,5 Kilogramm Schwefeldioxid. Wirklich günstig ist der kleine Snack also nicht. Den wahren Preis des Erdbeerjoghurts zahlt die Umwelt.

Quelle umweltjournal.de

Berühmte Großmärkte

Blumenmarkt, Aalsmeer 19 Millionen Blumen sowie zwei Millionen Pflanzen täglich werden nahe Amsterdam (Niederlande) auf dem größten Blumenmarkt der Erde versteigert, dessen Behausung zugleich das größte Handelshaus der Welt darstellt. Pflanzensorten: 12 000. Mitarbeiter: 12 000. **Großmarkt Hamburg** 1,5 Millionen Tonnen Obst, Gemüse und Blumen werden von fast 500 Unternehmen auf dem Großmarkt in Hammerbrook jährlich verkauft. Gegründet 1962. Erreichte Endkunden: ca. 15 Millionen. **Markthallen München** In der bayerischen Landeshauptstadt agiert der Großmarkt als Marktbetreiber. Vier innerstädtische Märkte müssen die Verantwortlichen zusätzlich zu ihrem Großmarktgeschäft organisieren, darunter den berühmten Viktualienmarkt. 1912 gegründet, war die Markthalle damals wegen ihrer hydraulischen Aufzüge und der unterirdischen Anlieferungsmöglichkeit der modernste Großmarkt der Welt. **Tsukiji-Markt, Tokio** Kavier und Hummer, Hai und Hecht, Thunfisch und Makrele – der Fischmarkt der japanischen Hauptstadt ist der größte der Welt. Besonderheit: Die Fische werden an den Meistbietenden versteigert. Täglicher Umsatz: ca. 2000 Tonnen. Jährlicher Gewinn: ca. 5,5 Milliarden Euro.

Warum Bioblumen?

Als Mitbringsel bei einer Einladung, zum Muttertag oder Valentinstag – wer Blumen schenkt, macht dem Beschenkten eine Freude. Jeder kann sich das ab und zu leisten, schließlich sind Blumen beim Discounter superbillig. Was man dabei leicht vergisst: Die Freude des einen ist häufig des anderen Leid. Die Billigblumen sind nur deshalb so günstig, weil sie von völlig unterbezahlten Mitarbeitern (häufig Frauen) unter sehr umweltschädlichen Bedingungen herangezogen werden, und zwar in Afrika und Lateinamerika. Die Produktionskosten sind so niedrig, dass es sich eher lohnt, die Blumen aus Kenia oder Ecuador einzufliegen, als sie in der eigenen Umgebung zu züchten. Wer Blumen mit ungetrübter Freude verschenken möchte, der sollte sich nach fair gehandelten Bioprodukten umschauen: Die Vertreiber dieser Blumen achten auf umweltgerechte Erzeugung und faire Löhne. Außerdem sorgen sie dafür, dass ein Teil des Erlöses in Klimaschutzprojekte fließt. Dadurch ist auch der Transport der Blumen ökologisch korrekt.

Der Schlachthof

20 000 Schweine werden jeden Tag in der Schlachterei der Stadt Rheda-Wiedenbrück (Westfalen) getötet. Damit ist der Schlachthof der modernste und größte Europas: Die Tiere werden hier fabrikmäßig betäubt, getötet, gehäutet, zerlegt und verarbeitet, so dass der Metzger Wurst, Steaks und Schnitzel daraus machen kann. 🍎 Das Schlachten ist ein lohnendes Geschäft: Allein 40 Kilogramm Schweinefleisch verzehrt durchschnittlich jeder Deutsche Jahr für Jahr. 🍎 Die moderne Fleischverarbeitung entstand in den USA: In den 1880er Jahren machten fünf gewiefte Unternehmer Chicago zur Fleischhochburg. Nach Erfindung des Eisenbahn-Kühlwagens konnten sie Frischfleisch zunächst ins ganze Land transportieren. Um dem Bedarf gerecht zu werden, entwickelten sie moderne Schlachtanlagen mit Förderbändern, Schnellzerlegung und fabrikmäßigen Arbeitsabläufen. 🍎 Kritiker aus der Tierschutzbewegung klagen diese Art des Umgangs mit Tieren heftig an; sie sprechen von Verbrechen gegen die Natur und wünschen ein weniger grausames und artgerechteres Schlachten. 🍎 Der Münchener Schlachthof entstand in den Jahren 1876 bis 1878. Bis dahin hatten die meisten Metzger selbst geschlachtet. Um die Hygiene in den Städten zu verbessern, legten die Behörden jedoch in den 1870er Jahren fest, dass dort nur noch in speziellen Gebäuden geschlachtet werden durfte.

Die wertvollsten Marken der Welt

Wert in Milliarden Dollar

Coca-Cola USA 67
IBM USA 59
Microsoft USA 59
General Electric USA 53
Nokia Finnland 36
Toyota Japan 34
Intel USA 31
McDonald's USA 31
Disney USA 28
Google USA 26
Mercedes Benz Deutschland 26
Hewlett-Packard USA 24
BMW Deutschland 23
Gillette USA 22
American Express USA 22

Stand: 2008, *Quelle* Interbrand

Die größten Rinderschlachter

Tonnen in Millionen

USA 11,9
Brasilien 9,9
China 8,1
EU 7,9
Argentinien 3,1

Stand: 2008, *Quelle* ESDA

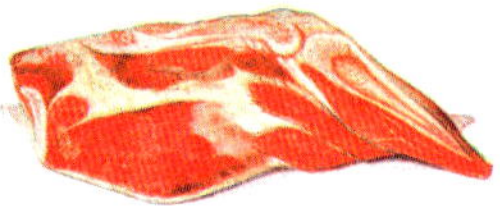

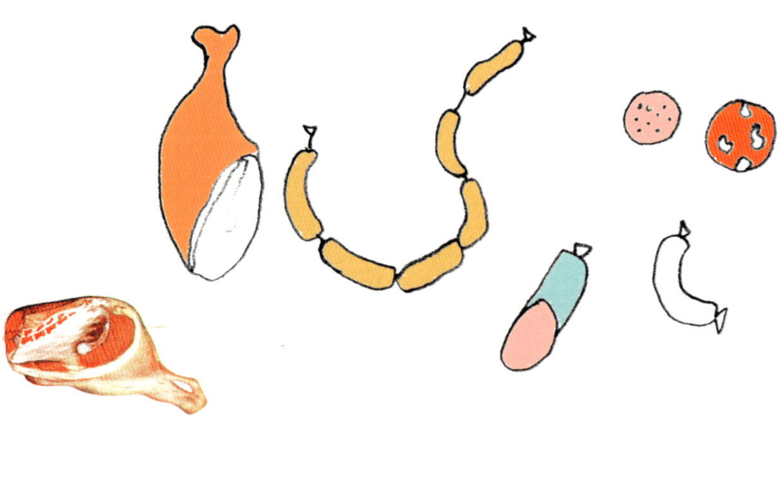

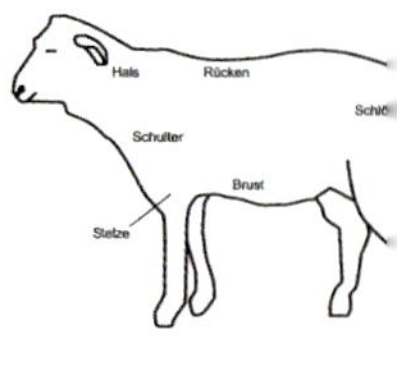

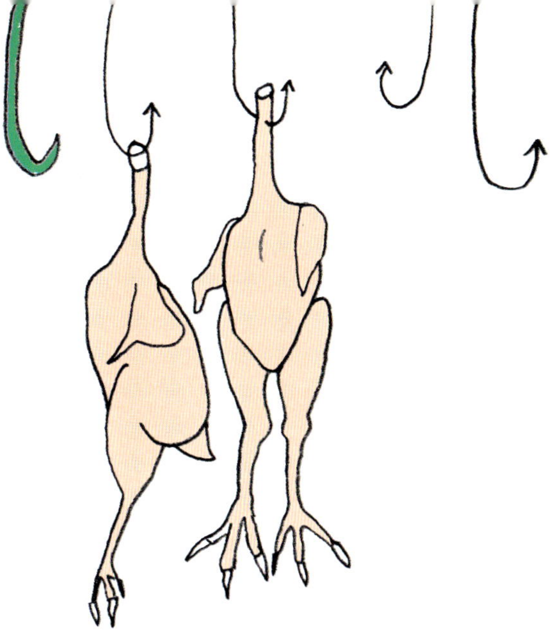

Die heilige Johanna der Schlachthöfe

Chicago, 1920er Jahre. Eine Wirtschaftskrise tobt. Die Arbeiter des Schlachthofes verarmen und leiden Hunger. Johanna Dark, die Betreiberin einer Armenküche und eine Kämpferin für die Rechte der Arbeiter, versucht die Not durch eine Zusammenarbeit mit dem »Fleischkönig« Pierpont Mauler zu lindern. Aber der geldgierige Mauler benutzt die gutgläubige Johanna nur, um noch mehr Geld zu verdienen … »Die heilige Johanna der Schlachthöfe« ist ein berühmtes und viel gespieltes Theaterstück des Dramatikers Bertolt Brecht (1898–1956), das wegen seiner immer wieder aufflackernden Aktualität auch 70 Jahre nach seiner Entstehung regelmäßig aufgeführt wird. Brecht zeigt mit seinem Stück, dass moderne Hungersnöte nicht gottgegeben sind, sondern gemacht werden: von gierigen Menschen wie Pierpont Mauler. Er lässt die Arbeiter und ihre Familien hungern, obwohl genügend Fleisch für alle da wäre – nur weil er seinen Gewinn immer weiter steigern möchte. Angesichts des Hungers in vielen Ländern der Dritten Welt ist Brechts Drama auch heute noch aktuell: Weltweit werden genügend Lebensmittel hergestellt, um alle Menschen auf der Erde ernähren zu können. Da sie in den armen Ländern aber zu niedrigeren Preisen verkauft werden müssten, verzichten die reichen Länder dort auf die Vermarktung ihrer Waren. Um die Preise und ihren Gewinn nicht zu gefährden, nehmen sie den Hunger in den armen Ländern in Kauf. Auch Deutschland und die anderen europäischen Länder stellen da leider keine Ausnahme dar.

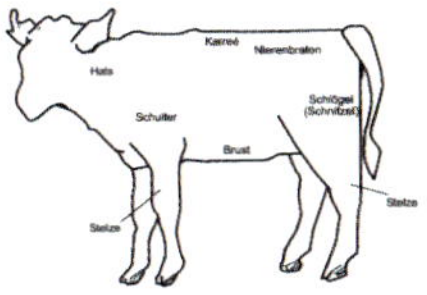

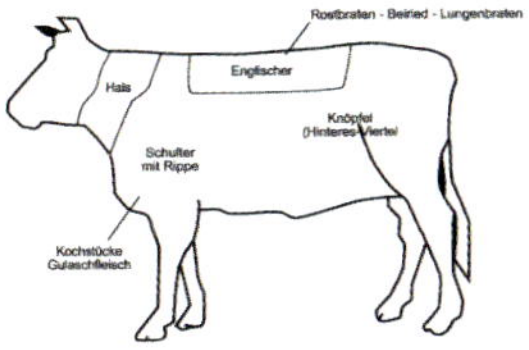

Das Stadion

Arena, Stadion, Schubladenrasen

»Auf Schalke« ist immer mächtig was los: Wenn nicht gerade der FC Schalke 04 vor 61 673 Zuschauern bei ausverkauftem Haus antritt, kann man in der Gelsenkirchener Arena Opernkonzerte, Komödianten und Rockstars bewundern, Biathlonwettkämpfe samt anschließender Megaparty mit 50 000 Teilnehmern bestaunen – oder auch ganz einfach in der Stadionkapelle sowie in einer der vielen Gaststätten eine Taufe, Hochzeit oder seinen Geburtstag feiern. Immer mehr Fußballstadien werden wie in Gelsenkirchen zu Veranstaltungsorten, die man nicht nur an Fußball-Spieltagen, sondern jeden Tag nutzen kann. So kommen die Baukosten schneller wieder in die Kassen und der Betreiber macht mehr Gewinn. Dafür wird sogar der Name des Gebäudes verkauft – im Gelsenkirchener Fall an eine Bierbrauerei. Der Begriff »Stadion« bezeichnete in der griechischen Antike einen Laufwettbewerb über 600 Fuß; bei den Olympischen Ur-Spielen entsprach dies 192,25 Metern. Ab dem 6. Jahrhundert v. Chr. wurden Bauwerke für die Laufwettkämpfe errichtet, für die sich die Bezeichnung »Stadion« einbürgerte. Der Begriff »Arena« (lat. *harena* = Sand) stammt dagegen aus dem antiken Rom, wo er die Stätten für Gladiatorenkämpfe, Wagenrennen und Wettläufe, aber auch die berühmten Amphitheater beschrieb. Großes Theater bietet auch die Arena in Gelsenkirchen. Damit der Fußball nicht darunter leidet, erfährt der Rasen eine besondere Behandlung: Er liegt in einer Wanne und lässt sich nach Bedarf in das Stadion hinein- oder aus ihm herausfahren wie in einer Schublade.

Zwanzig Stadionmitarbeiter

Balljunge, Berichterstatter, Eis-Meister, Fanbeauftragter, Imbissverkäufer, Jockey, Manager, Maskottchen, Masseur, Notarzt, Ordner, Platzwart, Polizist, Sanitäter, Schiedsrichter, Sportler, Stadionsprecher, Techniker, Trainer, Vereinspräsident

Die Haut des Stadions

Die Allianz-Arena, in der die beiden größten Münchener Vereine FC Bayern und TSV 1860 spielen, beeindruckt besonders von außen: Das Stadion ist von einer aufsehenerregenden, beleuchtbaren »Haut« umgeben, die in den Farben der beiden Vereine erstrahlen kann. Bei dieser Fassade handelt es sich um die größte Membranhülle der Welt.

2760 rautenförmige Kissen aus ETFE-Folie bilden 66 500 m^2 Bedachung und Fassade 1380 Kissen sind jeweils unterschiedlich groß und haben eine andere Form Größe der Kissen: von 7,6 m^2 bis 40,7 m^2 Ventilatoren blasen die Kissen mit einem dauerhaften Druck von 350 Pa (Pascal) auf (Druckerhöhung bis 800 Pa möglich) Bei Schneefall veranlassen 12 Druckmessdosen den nötigen Druckausgleich, um einer Schneehöhe von ca. 1,6 m standzuhalten Lebensdauer ca. 25 Jahre, nicht brennbar, selbstreinigend durch Regen 19 Kissen auf 51,41 m Höhe können zum Kühlen und Luftaustausch geöffnet und geschlossen werden Jedes dieser speziellen Hydraulik-Kissen trägt eine Maximallast von 8 t und hält einem Windsog von 22 t stand 1056 (von insgesamt 2760) beleuchtete Kissen (in den Farben Weiß, Blau und Rot) 25 344 Leuchtstofflampen mit einer Lebensdauer von 8000 Stunden Rote, blaue und transparente Abdeckscheiben in jeder Leuchte ermöglichen den Farbwechsel 100 Kilometer Kabel mussten für die Beleuchtung der Außenfassade verlegt werden Material: Stahl, Blech, Aluminium, durchleuchtender Kunststoff Größte LED-Anzeige Europas (100 000 Dioden)

Quelle Allianz-Arena

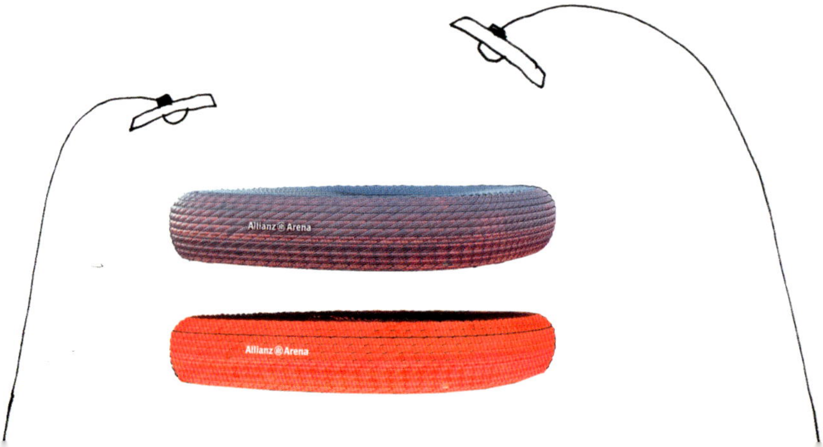

Der dickste Fußballer aller Zeiten

Bradford, England, 7. Februar 1907. Eigentlich soll der Bradford FC gegen Accrington Stanley spielen, aber es gibt ein Problem: Das Trikot des Bradforder Torwarts William Henry Foulke hat fast dieselbe Farbe wie die Trikots der Gastmannschaft. Blöderweise ist Foulkes Bauchumfang so gewaltig, dass auf die Schnelle kein passendes andersfarbiges Trikot aufgetrieben werden kann. Es gibt nur eine Lösung: Foulke spielt mit einem Bettlaken bekleidet, das einer der Zuschauer von zu Hause besorgt hat. Mächtig wie ein Walross, wendig wie eine Katze: William Henry Foulke, genannt »Fatty« oder »Man Mountain« (= Mann wie ein Berg), wog zwar bis zu 140 Kilogramm, war aber trotzdem ein hervorragender Torwart. Mit Sheffield United, seinem Stammverein, wurde er 1898 und 1902 zwei Mal englischer Pokalsieger und ein Mal sogar englischer Meister. Dass im Fußball um 1900 ganz andere Regeln herrschten als heute, kam dem dicken Mann im Tor sicher zugute: Torhüter durften damals in der gesamten eigenen Hälfte des Spielfeldes aktiv sein, und sie durften von den Gegnern körperlich angegriffen werden. Bei »Fatty« hatten die Stürmer der anderen Mannschaften aber wohl ziemlich schweres Spiel …

Die Riefenstahlrinne im Berliner Olympiastadion

Kleine Tricks zeigen manchmal große Wirkung. So zum Beispiel die »Riefenstahlrinne« im Berliner Olympiastadion. Dieser 1,8 Meter breite und 2,5 Meter tiefe Graben ermöglichte der Filmemacherin Leni Riefenstahl (1902 bis 2003) im Jahr 1936 die Aufnahme besonders beeindruckender Bilder von den Olympischen Spielen. Riefenstahl, die bevorzugte Filmemacherin von Adolf Hitler, sollte mit ihren beiden Filmen FEST DER VÖLKER und FEST DER SCHÖNHEIT nicht nur die olympischen Sportwettkämpfe dokumentieren, sondern auch die Größe und Bedeutung Deutschlands herausstellen. Sie ließ ihre Kameraleute aus der Rinne heraus drehen, weil die muskelbepackten Körper der Athleten aus dieser Froschperspektive noch übermenschlicher und erhabener wirkten. Wie Riefenstahl ihre filmischen Ideen umsetzte, gilt noch heute als bahnbrechend und brillant. Zum Beispiel perfektionierte sie Schienenfahrten mit der Kamera, um den Bewegungen der Sportler besser folgen zu können. Und sie filmte große Massen von oben, indem sie Kameras an Luftballons befestigte. Weil die Filmemacherin mit ihrer Kunst die Politik Hitlers und der Nationalsozialisten verklärte, sind ihre Werke aber auch heute noch höchst umstritten: als Dokumente einer menschenverachtenden, undemokratischen Denkweise.

Auch sehr sportlich: Flitzer

Ein grünes Rechteck, weiße Linien, 22 Spieler, drei Schiedsrichter, diverse Trainer, Masseure, Betreuer sowie Ersatzspieler – und ein junger Mann ohne irgendwelche Klamotten am Leib, der unter allgemeinem Lachen übers Spielfeld joggt, bis er von einem Offiziellen »eingefangen« wird – wenn ein »Flitzer« ein Meisterschaftsspiel unterbricht, kann sogar Fußball richtig lustig sein. Flitzern geht es – im Gegensatz zu den Exhibitionisten (Menschen, die sich gerne nackt zeigen) – nicht um sexuelle Befriedigung, sondern darum, vor möglichst vielen Menschen Aufsehen zu erregen. Häufig wollen Flitzer auch gegen politische oder gesellschaftliche Missstände protestieren.

Die größten Fußballstadien

Zahl der Besucher
150 000 *Stadion »1. Mai«*, Pjöngjang (Nordkorea) 120 000 *Yuba Bharati Krirangan-Stadion*, Kalkutta (Indien) 105 000 *Aztekenstadion*, Mexico City (Mexiko) 99 000 *Camp Nou*, Barcelona (Spanien) 96 000 *Maracanã-Stadion*, Rio de Janeiro (Brasilien)

Stadionsprechersprüche

»Bitte keine Getränke mehr an Herrn Wiese zu verabreichen.«

Lotto King Karl, Sprecher des Hamburger SV, nachdem ein Fan eine Flasche auf den Gäste-Torwart Tim Wiese von Werder Bremen geworfen hat

»Bitte passen Sie auf die Spieler des FC Bayern auf. Die waren teuer.«

Markus Pürzer, Sprecher des FC Gern aus München, als nach dem Spiel gegen die Bayern, das mit 0 zu 18 endet, die Fans auf den Platz laufen

»Es wird euch einen Scheißdreck interessieren, aber der FC Bayern München ist Deutscher Meister.«

Der Stadionsprecher des Lokalrivalen 1860 München Stefan Schneider am 30. Spieltag der Saison 2007/2008

Der Betzenberg in Zahlen

Das Fritz-Walter-Stadion des 1. FC Kaiserslautern, genannt »Betze«, liegt auf dem 285 Meter hohen Betzenberg in Kaiserslautern (Pfalz). Anlässlich der Fußballweltmeisterschaft 2006 wurde es modernisiert. Nicht zuletzt wegen der lautstarken, fanatischen Fans der Mannschaft, die wie ein zwölfter Mann hinter den »roten Teufeln« standen, galt der Betzenberg lange als fast uneinnehmbare Festung.

Sitzplätze 32 137 Stehplätze 16 363 Logenplätze 108 Behindertenplätze 100 Länge 245 m Breite 184 m Höhe Tribüne 32 m Höhe Dach 37 m Dachfläche 26 859 m² Flutlicht-Leuchten 232 Anzeigetafeln 175 m² Lautsprecher 86 Beschallung 38 500 Watt Kioske 34 Toiletten 336 Urinale 200

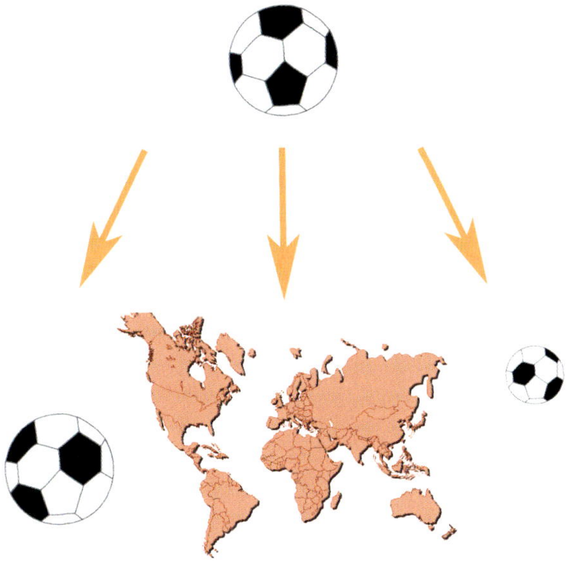

Fußballfakten weltweit

Weltweit sind 265 Millionen Spielerinnen und Spieler sowie fünf Millionen Schiedsrichter in Sachen Fußball aktiv. Das sind ungefähr vier Prozent der Weltbevölkerung, also jeder 25. Dies ergab eine Befragung des Weltfußballverbands im Jahr 2006 unter seinen 207 Mitgliedverbänden. Gezählt wurden Berufsfußballer, registrierte Spieler, Beach-Soccer-Spieler, Funktionäre und Schiedsrichter.

Fünf Fußballstadionkatastrophen

21. September 1962 Beim Spiel Gabun gegen Kongo-Brazzaville erfasst ein Erdrutsch das Stadion. Neun Menschen sterben, dreißig werden verletzt. **24. Mai 1964** Weil der Schiedsrichter des Spieles Peru gegen Argentinien im Nationalstadion von Lima (Peru) ein Tor der Heimmannschaft nicht anerkennt, brechen Unruhen aus, bei denen 318 Menschen ums Leben kommen. **6. Dezember 1976** Beim Länderspiel von Haiti gegen Kuba in der Stadt Port-au-Prince (Haiti) werden Feuerwerkskörper gezündet. Weil manche Fans glauben, es handele sich um Maschinengewehrfeuer, entsteht eine Panik, in deren Folge die Maschinenpistole eines Soldaten versehentlich ausgelöst wird. Sechs Menschen sterben. **29. Mai 1985** Im Heysel-Stadion in Brüssel (Belgien) kämpft der FC Liverpool gegen Juventus Turin um den Europapokal der Landesmeister (heute: Champions-League-Finale). Als englische Fans die italienischen Anhänger angreifen, werden 39 Menschen getötet. **15. April 1989** Beim Spiel Nottingham Forest gegen FC Liverpool im Hillsborough Stadium, Sheffield (England) ist die Tribüne schon voll, aber immer mehr Fans drängen nach. 95 von ihnen werden an der Tribünenbegrenzung zerquetscht.

Sport ist Mord

Der Ringer **Mal »King Kong« Kirk** starb 1987 im Wettkampf an einem Herzschlag. Augenzeugen vermuten, dass Kirks Gegner »Big Daddy« eine gewisse Mitschuld trifft: Der 165 Kilogramm schwere Ringer hatte längere Zeit auf seinem Konkurrenten gelegen. Die deutsche Leichtathletin **Birgit Dressel** starb am 10. April 1987 in der Universitätsklinik Mainz mit gerade einmal 26 Jahren. Drei Tage lang hatten 24 Ärzte vergeblich versucht, ihr Leben zu retten: In Dressels Körper fanden sich Spuren von über 100 Präparaten, die sie unter Anleitung eines Dopingarztes zur Leistungssteigerung eingenommen hatte – und die ihren Körper von innen zerstört hatten. Kurz nach der Fußballweltmeisterschaft 1994 in den USA wurde der kolumbianische Spieler **Andrés Escobar** in Medellin (Kolumbien) von Unbekannten erschossen, weil er mit einem Eigentor das Ausscheiden der kolumbianischen Mannschaft verursacht hatte. **Marco Pantani**, einer der erfolgreichsten Radrennfahrer der 1990er Jahre (gewann unter anderem die Tour de France und den Giro d'Italia), starb am 14. Februar 2004 in Rimini durch eine Überdosis Kokain. Der Italiener – genannt »Elefantino« (wegen seiner großen Ohren) – hatte es wohl nicht verkraftet, dass er als Dopingsünder überführt worden war.

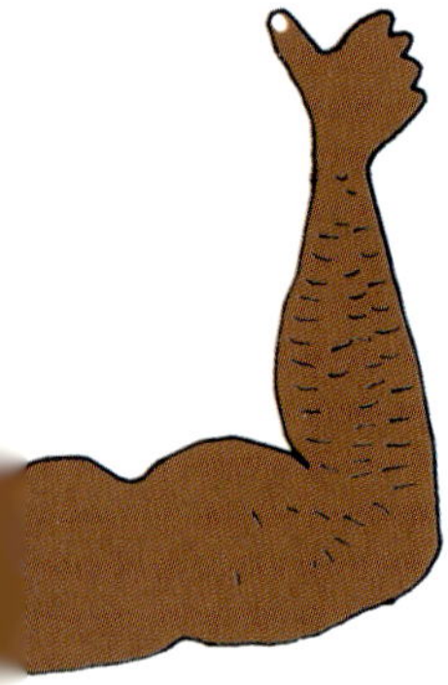

Laufen dunkelhäutige Sportler schneller?

Zum Beispiel die Kenianer: Seit Jahren zeigen sie beim Langstreckenlauf Spitzenleistungen, halten die Weltrekorde über 15, 20 und 25 Kilometer, stellen die Hälfte der besten Marathonlaufzeiten. Da liegt die Frage nahe: Laufen dunkelhäutige Sportler besser und schneller? Für die Dominanz schwarzer Sportler in den Laufdisziplinen gab es verschiedene Erklärungsversuche, aber keine wirklich treffende Begründung. Die Annahme, die Kenianer seien deshalb so gut im Langstreckenlauf, weil sie von Kindheit an lange Wege in die Schule zurücklegen müssen, hat mit der sportlichen Wirklichkeit der Läufer nichts zu tun. Die Vermutung, die Vorteile ergäben sich aus dem Training in Höhenlagen, wurde von Sportwissenschaftlern widerlegt. Und die These, die Afrikaner hätten ein »Läufer-Gen«, das sie von Natur aus schneller macht, konnte ebenfalls nicht bewiesen werden. Aber es gibt Unterschiede: Im Körperbau und in der Muskulatur haben manche schwarze Sportler ihren weißen Kontrahenten gegenüber klitzekleine Vorteile, wie etwa einen etwas höheren Anteil an »schnellen« Muskelfasern. Außerdem verfügen viele Afrikaner und deren Nachfahren in Nordamerika über größere Anteile eines Enzyms, das die Milchsäureproduktion einschränkt, wodurch sie weniger schnell »muskelmüde« werden. Zusammen mit hartem Training und einem guten Team kann das offenbar den entscheidenden Unterschied ausmachen.

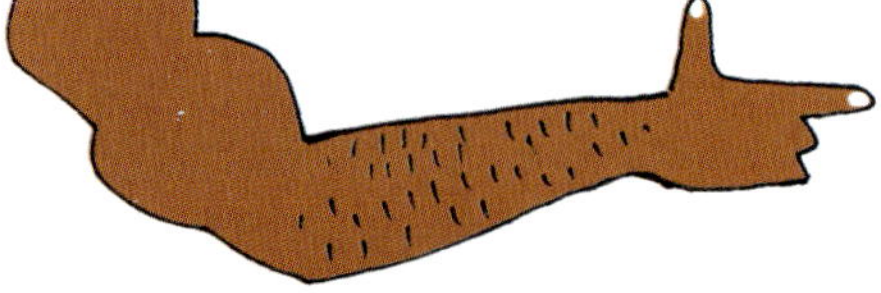

Die PECH-Regel für Verletzungen

P Nicht weiter bewegen, sondern **Pause** machen. Den verletzten Körperteil schonen und ruhig stellen.

E Die Verletzung sofort mit **Eis** (oder einem kalten Umschlag) kühlen. Das lindert den Schmerz und begrenzt eventuelle Blutungen im Gewebe. Offene Wunden sollten aber nicht gekühlt werden.

C Einen mäßig gespannten Druckverband an das verletzte Körperteil anbringen (**Compression**). Das hilft gegen Schwellungen und Schmerzen.

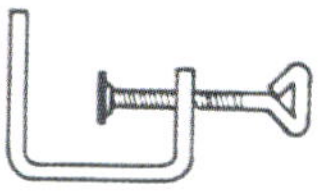

H Das Ruhigstellen des betroffenen Körperteils sollte möglichst durch eine **Hochlagerung** unterstützt werden. Dadurch lassen sich Schwellungen und Schmerzen begrenzen.

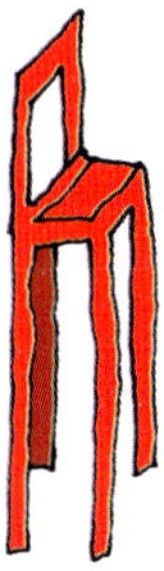

Nationalsportarten

Argentinien *Pato* Mannschafts-Reitsport **Bangladesch** *Kabaddi* Mannschafts-Fangspiel **Chile** *Rodeo* Wildpferdreiten **Irland** *Hurling* Hockey-ähnlicher Mannschaftssport **Japan** *Sumo* Ringen **Kanada** *Lacrosse* Mannschafts-Ballspiel **Kirgisistan** *Buzkashi* Mannschafts-Reiterspiel **Schottland** *Shinty* Hockey-ähnlicher Mannschaftssport

Arschbomben und Schneckenspucken – merkwürdige Meisterschaften

Saunen Hitzebeständigkeit ist die beste Voraussetzung, die angehende Weltmeister in dieser »Sport«-Art mitbringen sollten. Austragungsort: Heinola (Finnland). **Schlammschnorcheln** Weltmeister wird, wer am schnellsten durch eine undurchsichtige Schlammbrühe in Llanwrtyd Wells (Wales) schnorchelt. **Schneckenspucken** Wer es schafft, eine Strandschnecke am weitesten über den Sand zu spucken, der wird Strandschneckenspuckmeister im bretonischen Moguériec (Frankreich). **Handyweitwurf** Die Meisterschaften im Weitwurf von Mobiltelefonen werden seit 2001 in Finnland ausgetragen. Rekordhalter: Timmo Lillium aus Finnland, 85 Meter. **Splashdiving** Wer die beste »Arschbombe« ins Wasser legt, ist am Ende Meister aller Klassen. Wird in verschiedenen europäischen Ländern ausgetragen.

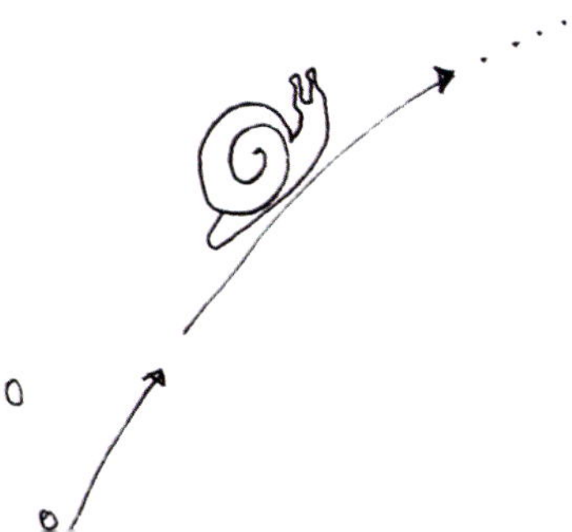

Ewige Olympiarekorde?

Die ältesten noch gültigen Olympiarekorde stammen aus den 1980er Jahren. Damals war die Welt in zwei verfeindete Seiten gespalten, den Ostblock mit der UdSSR (heute: Russland) an der Spitze und den Westen unter Führung der USA. Das zweigeteilte Deutschland lag im Zentrum des Konfliktes: Die Deutsche Demokratische Republik gehörte zum Ostblock, die Bundesrepublik Deutschland zum Westen. Die Kontrahenten trugen ihren Konflikt auch auf sportlicher Ebene aus: Immer neue Höchstleistungen der eigenen Athleten sollten den Gegner beeindrucken und einschüchtern. Auf Geheiß ihrer unter Erfolgszwang stehenden Trainer nahmen viele Athleten aufputschende Dopingmittel ein, die ihre Leistungen verbesserten. Auch deshalb, so ist zu vermuten, halten sich manche Olympiarekorde aus dieser Zeit bis heute.

800 Meter Frauen: **Jarmila Kratochvilova** (ČSSR), 1983, 1:53,28 Minuten 400 Meter Frauen: **Marita Koch** (DDR/Rostock), 1985, 47,60 Sekunden 4×100 Meter Frauen: **DDR-Staffel**, 1985, 41,37 Sekunden Diskuswurf Männer: **Jürgen Schult** (DDR/Neubrandenburg), 1986, 74,08 Meter Hammerwurf Männer: **Juri Sedych** (UdSSR), 1986, 86,74 Meter Kugelstoßen Frauen: **Natalja Lissowskaja** (UdSSR), 1987, 22,63 Meter Hochsprung Frauen: **Stefka Kostadinowa** (Bulgarien), 1987, 2,09 Meter 100 Meter Frauen: **Florence Griffith-Joyner** (USA), 1988, 10,49 Sekunden 100 Meter Hürden Frauen: **Jordanka Donkowa** (Bulgarien), 1988, 12,21 Sekunden Siebenkampf Frauen: **Jackie Joyner-Kersee** (USA), 1988, 7291 Punkte

Das Stadt-Buch Stadion Seite 178 und 179

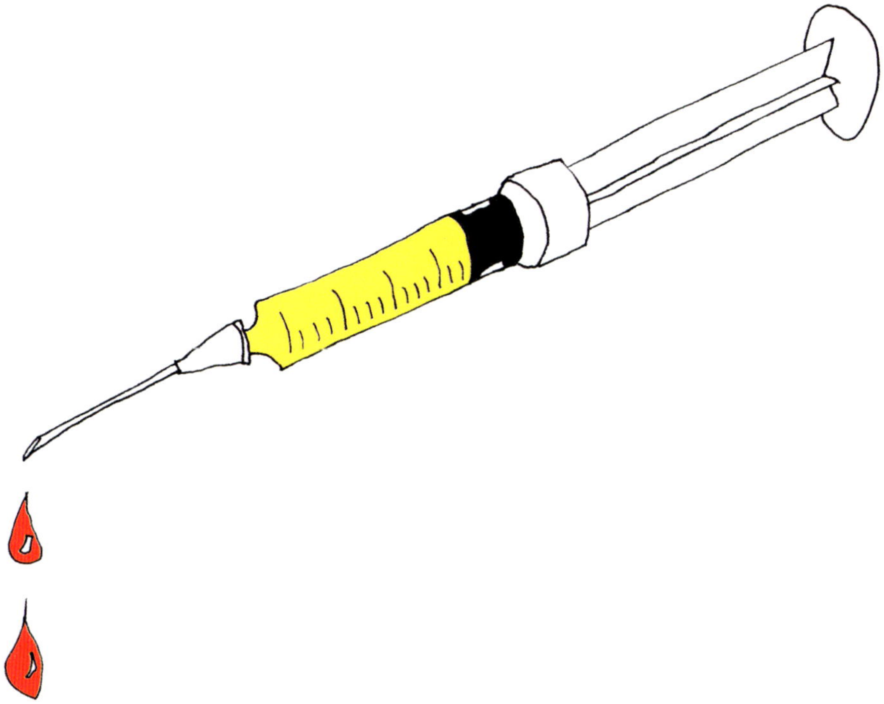

Fünf berühmte Dopingsünder

Tom Simpson (1937–1967): Der Radfahrer starb während der Tour de France 1967 beim Aufstieg auf den Mont Ventoux, weil er Aufputschmittel zu sich genommen, aber zu wenig getrunken hatte. **Benjamin Sinclair »Ben« Johnson** (geboren 1961): Nach Olympiasieg und Weltrekord über 100 Meter bei der Olympiade in Seoul 1988 des Dopings überführt. **Marion Jones** (geboren 1975): Die US-amerikanische Sprinterin und Weitspringerin gab im Herbst 2007 zu, bei den Olympischen Spielen 2000 in Sydney (Australien) gedopt zu haben. Wegen wiederholter Falschaussage wurde sie zu einer sechsmonatigen Gefängnisstrafe und zur Ableistung von 800 Stunden gemeinnütziger Arbeit verurteilt. **Diego Armando Maradona** (geboren 1960): Dem Fußballhelden und Kapitän der argentinischen Nationalmannschaft wird bei der Weltmeisterschaft 1994 in den USA nachgewiesen, fünf verschiedene verbotene Substanzen eingenommen zu haben. **Johann Mühlegg** (geboren 1970): Dem aus dem Allgäu stammenden, aber für Spanien startenden Ski-Langläufer wurden nach einer positiven Dopingprobe drei Goldmedaillen aberkannt, die er bei den Olympischen Spielen 2002 in Salt Lake City (USA) gewonnen hatte.

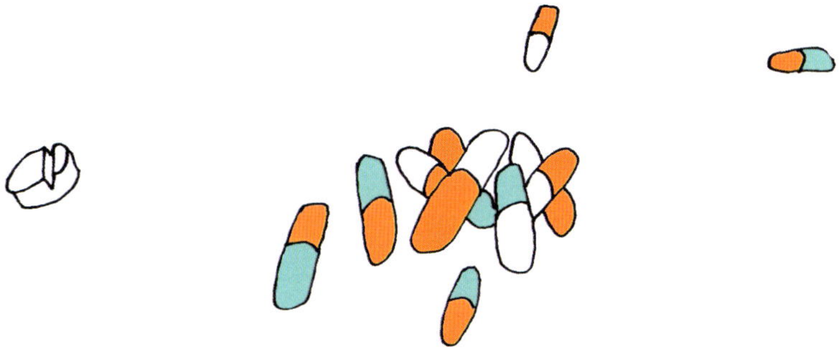

Der
Hafen

Der Hamburger Hafen, ein Tor zur Welt

Im Zeitalter vor Radio, Fernsehen und Internet war der Hamburger Hafen Deutschlands Tor zur Welt: Hier reisten seit dem Mittelalter Menschen aus aller Herren Länder an. Hier konnte man exotische Modetrends zuerst bestaunen. Hierhin verschifften Entdecker ihre Beutestücke aus anderen Weltteilen, um sie anschließend in Deutschland zu präsentieren. Der Hafen hatte nicht nur eine kaufmännische, sondern auch eine symbolische Bedeutung, eben als Tor zur Welt. Obwohl die Schiffe vom Meer aus über 100 Kilometer auf der Elbe zurücklegen müssen, gilt der Hafen der Hansestadt als Seehafen. Eine Ansiedlung mit Hafen existiert in Hamburg seit dem 9. Jahrhundert, seit dem 12. Jahrhundert floriert der Schiffsverkehr, seit dem 15. Jahrhundert ist der Hamburger Hafen wichtigster Fernhandelsposten Deutschlands. Immer wieder wurden die Anlagen erweitert und ausgebaut. So etwa von den 1840er bis in die 1880er Jahre, als über 20 000 Menschen zwangsweise umgesiedelt wurden, um Platz für den Freihafen und die Speicherstadt zu schaffen. Im Freihafen können Waren zollfrei gelagert und umgeschlagen werden, die Speicherstadt bietet riesige Lagerflächen. Heute ist die symbolische Bedeutung des Hafens als Tor zur Welt geschwunden, seine kaufmännische Funktion aber geblieben: Fast 10 Millionen Container im Jahr werden in Hamburg umgeschlagen. So gelangen die schönen Dinge von Übersee, die man heute per Mausklick entdecken und kaufen kann, auch tatsächlich nach Deutschland.

Der Hamburger Hafen in Zahlen

Ankommende Seeschiffe pro Jahr 12 300
Davon Containerschiffe 7600
Binnenschiffe 11 100
Kaimauern für Seeschiffe 35 km
Liegeplätze 320
Liegeplätze für Großschiffe 38
Transportaufkommen 39,7 Millionen t
Arbeitsplätze / Hamburg 163 000
Tiefster Liegeplatz 17 m unter NN (Normalnull)
Zulässige Schiffstiefgänge 12,80 bis 15,10 m (flutabhängig)
Größe des Hafengebiets 7236 ha
Davon Wasserfläche 2987 ha
Höchste Sturmflut 6,45 m über NN
Länge Hochwasserschutz / Deiche 126,7 km
Öffentliche Straßen im Hafen 137 km
Hafen-Gleisanlagen 314 km
Radarstationen 13
Leuchttürme 130
Brücken 147

Stand: 2007, *Quelle* Hafen Hamburg

Neun Ostseehäfen

Danzig Polen
Helsinki Finnland
Kaliningrad Russland
Kiel Deutschland
Klaipėda Litauen
Kopenhagen Dänemark
Stockholm Schweden
Riga Lettland
Tallinn Estland

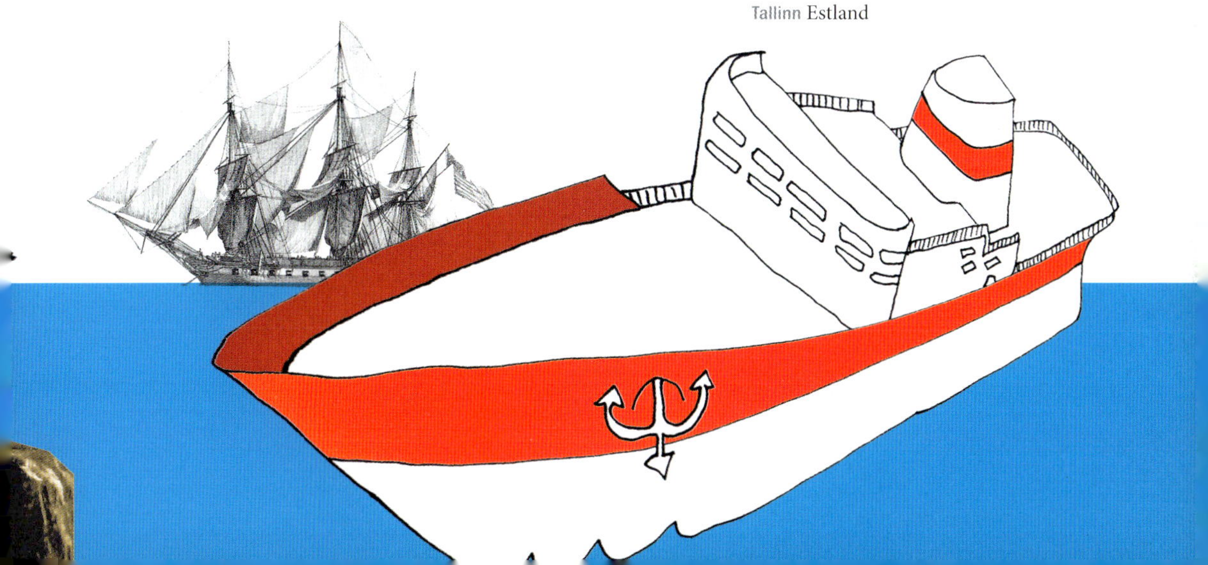

Wohnen wie der Hafenkapitän

Wohnen wie der Hafenkapitän? Kein Problem in Hamburg. Dann zumindest, wenn man es sich leisten kann. In bester Lage werden in der Hansestadt bis zum Jahr 2025 insgesamt 157 Hektar Hafenareal (davon 123 Hektar Landfläche) in ein Wohn- und Geschäftsviertel umgebaut, das die Hamburger Innenstadt um 40 Prozent vergrößern wird. 10 Kilometer Promenadenwege sollen dabei entstehen, 5500 Wohnungen für 12 000 Menschen, Arbeitsflächen für 40 000 Angestellte. Außerdem ein Konzerthaus, zwei U-Bahn-Haltestellen, eine Universität sowie eine Grundschule mit Kindergarten und Turnhalle. Von den Kosten werden fünf bis sechs Milliarden Euro privat finanziert, die Stadt steuert 1,3 Milliarden Euro bei. Ein zukunftsweisendes und teures Projekt, das nicht zuletzt auch Hamburgs Ruf als moderne Metropole sichern soll. Ganz so neu ist die Idee einer Besiedlung in dieser Gegend allerdings nicht: Schon im 16. Jahrhundert lebten hier Tausende Menschen, und es gab sogar einen eigenen Hinrichtungsplatz für Piraten. Wegen des immer schneller wachsenden Bedarfs an Hafengebieten mussten die Menschen im 19. Jahrhundert weichen. Jetzt erobern sie das Gelände zurück.

Einige Hafenarbeiter

Bootsbauer, Buchhalter, Hafenfacharbeiter, Hafenschiffer, Importeur, Industriemechaniker, Kapitän, Kommissionierer, Kornumstecher, Kranführer, Lagerarbeiter, Lotse, Matrose, Mechaniker, Nautiker, Reepschläger, Schlosser, Scheuermann, Seegüterkontrolleur, Seefrachtspeditionskaufmann, Staplerfahrer, Tallymann, Teilezurichter, Taucher, Zollbeamter, Zugmaschinenfahrer

Schiffe international

CV Containerschiff *Container Vessel*

DSV Tiefsee-U-Boot *Deep Submergence Vessel*

FB Fähre *Ferryboat*

FV Fischkutter, Fischereischiff *Fishing Vessel*

MS Motorschiff *Motor Ship*

NS Atombetriebenes Schiff *Nuclear Ship*

PS Schaufelraddampfer *Paddle Steamer*

RV Forschungsschiff *Research Vessel*

SS Dampfschiff *Steam Ship*

SS Segelschiff *Sailing Ship*

SV Segelschiff *Sailing Vessel*

SY Segelyacht *Sailing Yacht*

Lukrativ: Das Strandrecht bei Schiffsunfällen

Branscombe, England, im Januar 2007. Ein Mann schiebt ein Motorrad weg, eine Frau sichert eine halbe Palette Windeln, ein Paar rollt leere Weinfässer über den Strand. Das Schatzfieber ist ausgebrochen in dem kleinen Ort: Vor der Küste ist das Frachtschiff MSC Napoli auf Grund gelaufen, und rund 200 der geladenen 3000 Container wurden an den Strand gespült. Die Polizei warnt die Schatzsucher vor Meeresströmungen und Erkältung, sieht dem Treiben ansonsten aber tatenlos zu. In unseren Zeiten ein ungewöhnlicher Vorfall. Strandgut zu sichern war allerdings jahrhundertelang ein lukrativer Nebenverdienst. Strandete ein Schiff, so fielen sowohl die Waren wie auch die Überlebenden den Küstenbewohnern beziehungsweise dem regierenden Fürsten zu. Klar, dass da mitunter nachgeholfen wurde, zum Beispiel durch eine Umpositionierung von Leuchtfeuern, um die Schiffe absichtlich auf Grund laufen zu lassen. Erst ab dem 12. Jahrhundert setzte sich die Überzeugung durch, dass wenigstens die Menschen ihre Freiheit behalten sollten. Trotzdem wurde für die Schiffbrüchigen von ihren Heimatstädten Lösegeld verlangt. Auf Betreiben der Hansestädte (z.B. Hamburg, Lübeck, Bremen, Wismar) wurde dieses Recht im 14. Jahrhundert zugunsten der Schiffbrüchigen geändert – was dazu führte, dass die Strandanwohner vielerorts den Schiffbrüchigen nicht mehr halfen, die Güter des Schiffes jedoch weiterhin an sich nahmen und sich dabei auch noch im Einklang mit dem Gesetz befanden. Noch heute hat der Finder von Strandgut das Anrecht auf einen Bergelohn.

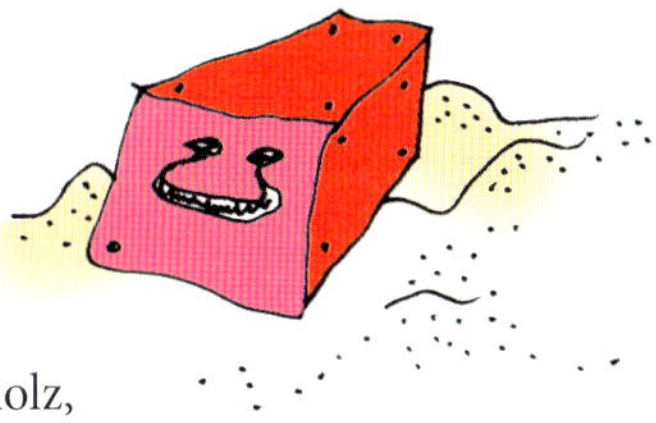

Wie man ein Floß baut

Im Wald verschiedene Baumstämme sammeln. Wichtig: Trockenholz, das am Boden liegt, hat einen besseren Auftrieb. **Die Stämme von Ästen, Astansätzen, Unregelmäßigkeiten befreien.** **Zwei längere Stämme als Längsstreben auswählen.** Diese sollten sehr stabil sein, da sie das komplette Gewicht tragen. **Die möglichst gleichmäßig ausfallenden kürzeren Stämme dicht aneinander quer auf die Längsstämme legen.** **Die Stämme im seichten Wasser mit Seilen aneinander sowie an den Längsstämmen festbinden und gut zuknoten.** **Mit Hilfe leerer Kanister oder Fässer kann der Auftrieb verbessert werden.** Allerdings wird das Floß wegen des größeren Tiefgangs dann langsamer. **Zum Steuern des Floßes ein bis zwei Ruder anfertigen.** Ein Seil zum Festbinden nicht vergessen.

Seemannslatein von A bis Z

Abdriften Vom Kurs abtreiben, zum Beispiel durch eine Strömung. **Bambuse** Ungelernter Seemann, der sich trotz mangelnder Erfahrung geschickt anstellt. **Clubbing** Das Schiff mit schleifendem Anker im Strom treiben lassen. **Dödelmoker** Schiffszimmermann, der für alle Holzarbeiten und für den Bootsbau zuständig ist. **Erste Geige** »Sonntags«-Uniform, die Marinesoldaten zu besonderen Anlässen tragen. **Flurplattenindianer** Scherzhafte Bezeichnung für Schiffsmaschinisten. **Gammelpäckchen** Seemannsbezeichnung für Drückeberger oder Faulpelze. **Hafenlümmel** Currywurst mit Pommes frites (im Hafen Hamburg). **Himmelskomiker** Seemannspfarrer. **Joghurtbecher** Kleines Sportboot aus Kunststoff. Scherzhafte Bezeichnung. **Klabautermann** Der Sage nach ein unsichtbarer Kobold, der das Schiff unsicher macht. Glücksbringer. **Labskaus** Püree aus Kartoffeln, Fleisch, Zwiebeln und roter Beete. Seemannsgericht. **Pfannkucheneis** Wenn das Wasser mit einer dünnen Eisschicht bezogen ist. **Rüberrobber** Passagiere, die sich die Schiffsfahrt durch Mitarbeit an Deck verdienen. **Seebär** Seemann, der schon viele Jahre lang im Dienst ist. **Zampelbüdel** Sack aus Segeltuch, in dem Arbeiter des Hamburger Freihafens früher ihr Frühstück transportierten. **Zwölfhauer** Beiboot mit Rudern für zwölf Matrosen.

Die größten Containerumschlagplätze

Containerstückzahlen

Singapur	29 218 200
Schanghai	27 980 000
Hongkong	24 248 000
Shenzhen	21 413 888
Pusan	13 425 000
Dubai	11 827 299
Ningbo	11 226 000
Guangzhou	11 001 300
Rotterdam	10 783 825
Qingdao	10 320 000
Hamburg	9 737 110

Stand: 2008, *Quelle* Hafen Hamburg

Mit Park: Das größte Schiff der Welt

Ein Kreuzfahrtschiff mit einem fußballfeldgroßen Park im offenen Rumpf, das ist die Krönung der Gigantomanie. Die **Oasis of the Seas** ist wie ihr Schwesterschiff **Allure of the Seas** 360 Meter lang, 65 Meter hoch und 47 Meter breit. Sie fasst bis zu 5400 Passagiere, macht maximal 20 Knoten / Stunde und wird von acht Motoren angetrieben. Ihre Entstehungs- und Baukosten belaufen sich auf 900 Millionen Euro. Das Kreuzfahrtschiff, das von 2006 bis 2009 auf der finnischen Werft stx europe gebaut wurde, ist eines der größten Schiffe der Welt. Tatsächlich gibt es viele größte Schiffe: Der luxemburgische Fünfmaster **Royal Clipper** ist mit 134 Meter das größte Segelschiff, die 304 Meter messende **SS Manhattan** der größte Eisbrecher, die 224 Meter lange **M/S Color Magic**, die zwischen Kiel und Oslo verkehrt, die größte Autofähre. Und was kommt als Nächstes? Ein Ozeanriese mit Zoo? Da müssen wir abwarten bis zum nächsten »größten Passagierschiff der Welt«, das experimentierfreudige Scheichs eines reichen Ölstaats sicher schon planen.

Hafen, international

Afrikaans Hawe
Bretonisch Porzh
Chinesisch Gǎngkǒu
Dänisch Havn
Englisch Harbour
Estnisch Sadam
Finnisch Satama
Italienisch Porto
Japanisch Minato
Indonesisch Bandar
Litauisch Uostas
Niederländisch Haven
Portugiesisch Abrigo
Schwedisch Hamn
Spanisch Puerto
Ungarisch Kikötö
Tschechisch Přístav
Türkisch Liman
Vietnamesich Cảng
Walisisch Harbwr

Dortmund: Der größte Kanalhafen Europas

Seine besten Jahre liegen hinter ihm, aber er ist immer noch der größte: 10 Hafenbecken, 11 Kilometer Uferlänge, 170 Hektar Betriebsgelände, 60 500 Quadratmeter überdachte Lagerfläche, 40 Krananlagen, neun Schnellumschlaghallen, drei Containerbrücken bietet der Dortmunder Kanalhafen seinen Nutzern. Rund drei Millionen Tonnen Frachtgüter wurden von den 160 am Hafen angesiedelten Unternehmen mit 5000 Mitarbeitern 2007 in dem Areal umgeschlagen. Das waren allerdings drei Millionen Tonnen weniger als zu den besten Zeiten des größten Umschlagplatzes der Binnenschifffahrt. Die Verringerung erklärt sich vor allem aus dem Niedergang der Stahlindustrie des Ruhrgebietes seit den 1970er Jahren. Die Wirtschaft in der Region hat sich grundlegend gewandelt, weg von der Schwerindustrie früherer Zeiten, hin zu Medien, Handel und Dienstleistung, und das zeigt sich auch am Hafen, wo statt mehrerer Millionen Tonnen Eisenerz im Jahr jetzt Hunderttausende Container verschifft werden. 2008 waren es rund 800 000 Stück. Dahinter folgen die Baustoffe mit 765 700 Tonnen. Auf Rang drei lagen Mineralöle mit 570 600 Tonnen.

Karpfen

Binnenfischerei in Deutschland

Viel Fisch: Rund 56 000 Tonnen wurden im Jahr 2007 aus deutschen Binnengewässern herausgefischt, was einen Erlös von 210 Millionen Euro einbrachte. Am einträglichsten war die Aufzucht und »Ernte« von Karpfen, Forellen und Co. in Teichen, Zuchtanlagen und Netzgehegen: 44 000 Tonnen verkaufter Fisch erbrachten Einnahmen von 132 Millionen Euro, wobei die Regenbogenforelle mit 24 000 Tonnen der Erfolgsfisch Nummer eins war, gefolgt vom Karpfen mit 15 000 Tonnen. In Flüssen und Seen wurden 11 500 Tonnen Fisch von insgesamt 1,6 Millionen offiziell zugelassenen Anglern an Land gezogen. Die Berufsfischerei auf deutschen Seen landete auf Rang drei; trotz seit Jahren rückläufiger Tendenz immer noch mit einem Ertrag von immerhin 3000 Tonnen.

Quelle Jahresbericht der deutschen Binnenfischerei

Bachforelle

Fischerei von A bis Z

Ausleger Balken, der quer zum Schiffskörper angebracht ist. Dient der Fischerei mit Schleppnetz. **Beifang** Fische, die mit ins Netz geraten sind, aber nicht Ziel des Fanges waren. **Echolot** Gerät, das die Wassertiefe misst und Fischschwärme ortet. **Fanggrund** Gebiet, in dem regelmäßig gefischt wird, weil dort immer wieder große Fischbestände auftauchen. **Gezeiten** Regelmäßiger Wechsel von Hoch- und Niedrigwasser im Abstand von etwa 12 Stunden. **Hochsee** Meeresgebiete, die mindestens zwölf Seemeilen vom Land entfernt sind. Betrifft über 90 Prozent der Meeresfläche weltweit. **Kiemennetz** Im Wasser senkrecht stehendes, feinmaschiges Netz, in dessen Maschen sich die Fische verfangen. **Langleinen** Vor allem in der Hochseefischerei verwendete Leinen mit Haken, die mehrere Kilometer lang sein können. **Maschenweite** Beschreibt die Länge des Abstandes zwischen den Knoten eines Netzes. **Offshore** Meeresgebiete, die außerhalb der 12-Seemeilen-Zone liegen und deshalb zu keinem Staat gehören. **Räuchern** Konservierungsmethode, um Fisch mit Rauch haltbar zu machen. Wirkt für drei bis vier Tage. **Schelfmeer** Küstennahe Meeresgebiete mit einer Wassertiefe von höchstens 200 Metern. Betrifft etwa 7 Prozent der Meere. **Thunreusen** In Küstennähe fest installierte Fangnetze, die Fallen für (Thun-)Fische darstellen. Können mehrere Kilometer lang sein. **Überfischung** Wenn von einem Fischbestand so große Mengen weggefischt wurden, dass die Art auszusterben droht und die Fischerei sich nicht mehr lohnt. **Weichtiere** Wirbellose Tiere (lat. *mollusca*). Zum Beispiel Muscheln, Schnecken, Tintenfische. **Zugnetz** Netz, das hinter einem Fischtrawler hergezogen wird. Auch: Zuggarn.

Die deutsche Fischereiflotte seit 1970

Anzahl der Schiffe / Beschäftigte

1970	2816	7003
1980	1136	4076
1990	1214	4757
2000	2315	4340
2007	1871	3267

Quelle Fischerei-Portal des Bundes und der Länder

Die Schiffe der deutschen Fischereiflotte

Anzahl der Schiffe / Beschäftigte

Kleine Küstenfischerei	1393	1824
Kutter- und Küstenfischerei	397	1057
Muschelfahrzeuge	13	39
Universal- und Spezialfroster	9	282
Sonstige Fahrzeuge	59	65

Die Sache mit der Überfischung

Fisch schmeckt und ist für die Gesundheit unverzichtbar: Wenn Menschen Eiweiße verdauen, entstehen im Darm Aminosäuren, die der menschliche Körper selbst nicht herstellen kann. Und im Fisch sind bis zu 20 Prozent solcher Eiweiße enthalten. Das Problem dabei: Immer mehr Menschen essen immer mehr Fisch, weltweit stieg der Konsum von durchschnittlich neun Kilogramm im Jahr 1961 auf 16,5 Kilogramm im Jahr 2003. Mit Hilfe großer Trawler und neuer Techniken steigert die Fischindustrie die Fangmengen permanent. Und das wiederum hat die sogenannte Überfischung zur Folge: Dabei wird ein Fischbestand so stark abgefischt, dass er sich nicht auf natürliche Weise wiederherstellen kann und auszusterben droht. Davon betroffen sind weltweit drei Viertel aller Fischarten. Hinzu kommt der sogenannte Beifang, der acht Prozent jedes Fanges ausmacht: Meerestiere, die »versehentlich« mit im Netz landen und anschließend wieder ins Meer geworfen werden. Die meisten von ihnen haben keine Überlebenschance. Wird die Überfischung nicht gestoppt, drohen riesige Probleme: Die Fischbestände sterben aus. Das ökologische Gleichgewicht der Meere wird geschädigt. Fischer aus armen Ländern, die keine andere Verdienstmöglichkeit haben, verlieren ihre Lebensgrundlage. Mit Fischstäbchen und Co. sollte man deshalb zurückhaltend sein. Ein wirklich gutes Gewissen kann man beim Fischessen nur dann haben, wenn der Fisch aus einer Aquakultur (Fischzucht) mit umweltgerechter Bewirtschaftung stammt.

Einige gefährdete Fischarten

Alaska-Seelachs, Dornhai (Schillerlocke), Flussaal, Granatbarsch, Heilbutt, Hering, Hoki, Makrele, Marlin, Rotbarsch, Sardelle, Sardine, Scholle, Seehecht, Seeteufel, Steinbeißer, Thunfisch, Viktoriabarsch, Wittling

Quelle Greenpeace Deutschland

Schiffe und Eisberge

Ein Eisberg verursachte die berühmteste Schiffskatastrophe überhaupt: Am 14. Dezember 1912 sank die als eigentlich unsinkbar geltende **Titanic**, 1523 Menschen starben, nur 705 überlebten. 80 Menschen kamen ums Leben, als das dänische Schulsegelschiff **København** im Dezember 1928 oder Januar 1929 auf der Fahrt von Buenos Aires (Argentinien) nach Melbourne (Australien) Leck schlug und versank. Vermutete Untergangsursache: ein Eisberg. Das gleiche Schicksal ereilte zehn Jahre später vor Wollaston Island an der Südspitze Südamerikas das deutsche Segelschulschiff **Admiral Karpfanger**: Zwischen Port Germein (Australien) und Hamburg verschwand der Viermaster mit 40 000 Säcken Weizen an Bord spurlos in den Fluten, alle 60 Besatzungsmitglieder starben. Zwischen Grönland und Kopenhagen verkehrte die 90 Meter lange, dänische Fähre **Hans Hedtoft**, die während eines Sturmes einen Eisberg touchierte, was 40 Besatzungsmitglieder und 55 Passagiere das Leben kostete. Bei den Shetlandinseln kollidierte am 23. November 2007 das kanadische Expeditions-Kreuzfahrtschiff **Explorer** mit einem Eisberg. Das Schiff sank nach rund 14 Stunden; Passagiere und Besatzungsmitglieder konnten sich mit Hilfe der Beiboote retten.

Das
Depot

Die Stadt unter der Stadt

Wer wüsste nicht gern, auf welchem Grund er lebt? In manchen Häusern ist schon der Gang in den Keller spannend: Staub, Spinnennetze, Mäusekot, Modergeruch, verrottete Möbel, merkwürdige Umbauten, Reste von Luftschutzräumen – unheimlich! Aber wer weiß schon, welche Geheimnisse noch weiter darunter liegen, in den verborgenen Räumen unter der Stadt? **In Berlin** etwa finden sich nie benutzte U-Bahn-Schächte, riesige Wasserreservoirs, verlassene Kühlräume, vergessene Lagerhallen, dunkle Gänge, tiefe Schächte – und der »Führerbunker« von Adolf Hitler. **In der ungarischen Kleinstadt Tapolca**, in der wegen ihrer Heilquellen schon seit der Steinzeit Menschen lebten, kann man mit Booten durch die dreistöckigen Höhlensysteme unter der Stadt kreuzen. **Unter der Altstadt von Mexico City** entdeckten Archäologen 1978 Überreste eines einstmals über 60 Meter hohen Aztekenheiligtums, der großen Pyramide von Tenochtitlán, die die spanischen Eroberer des Landes 1521 zerstört hatten. Alte Städte sind auf ihrer Geschichte gebaut, und wer tief genug gräbt, kann in der Vergangenheit seiner Stadt lesen wie in einem Buch. Manchmal ragt diese Geschichte aber auch bis in den eigenen Keller hinein. So wie bei dem Kölner Studenten Josef Gens, der am Karfreitag 1965 bei Renovierungsarbeiten im Keller seines Elternhauses auf große schwere Steinquader stieß – und so das 14,60 Meter hohe Grabmal des römischen Legionärs Poblicius entdeckte, das dieser zwischen 40 und 50 n. Chr. dort hatte errichten lassen.

Das Depot ist …

… ein (meist unterirdischer) **Parkplatz für U-Bahnen**.

… ein **Bankschließfach** für Wertpapiere.

… ein Aufbewahrungsort für **Kunstsammlungen**.

… ein **Armeelager** für Kraftstoff und Munition.

… ein Begriff für eine **archäologische Fundstelle**.

… ein **Medikament**, das im Körper gelagert wird.

… ein **Kulturzentrum** in Dortmund.

U-Bahn-Bauweisen

Die offene Tunnelbauweise, auch **»Berliner Bauweise«** genannt, wurde zu Beginn des 20. Jahrhunderts in der deutschen Hauptstadt perfektioniert. Die Tunnelröhren werden in einer Baugrube errichtet und erst nach Fertigstellung mit Erdreich überdeckt. **»Cover and Cut«** beschreibt eine Bauweise, bei der die Baugrubenabdeckung von vornherein als endgültige Tunneldecke genutzt wird, während darunter der Tunnel gegraben wird. Das hat den Vorteil, dass der Verkehr über dem U-Bahn-Tunnelbau weiter fließen kann. Die **»neue österreichische Tunnelbauweise«** berücksichtigt geologische Besonderheiten des Gebirges: Die Wände des Tunnels erhalten eine nachgiebige Betonschale, um eventuellen Bewegungen der Gesteinsschichten und des Erdreichs standhalten zu können. Ist der Baugrund nicht tragfähig genug oder liegt die Streckenführung unter Wasser, fügt man Tunnelteile per **Caissonbauweise** ein. Dabei werden mehrere Caissons (Senkkästen) ins Wasser gelassen und wasserdicht miteinander verbunden. In den Kästen kann die U-Bahn »trocken« gebaut und abgedichtet werden. Mitunter werden U-Bahnen nach oben verlegt und verlaufen als **Hochbahnen** über Dämme, Stützmauern und Brücken. Nachteil: Diese Bauweise ist sehr lärmintensiv für die Anwohner. Außerdem lässt sich der Verkehr nicht so stark entlasten wie bei einem Untergrundbau. Hochbahnstrecken existieren zum Beispiel in New York, Berlin, Chicago und Tokio.

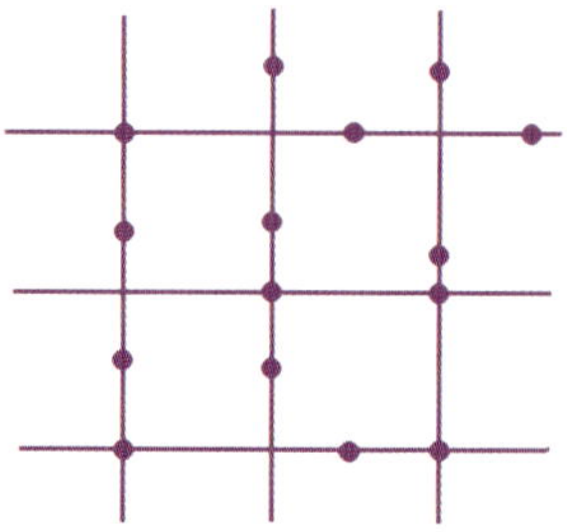

Vermaschtes Netz

Durchmesserlinien

U-Bahn-Verstrickungen

Durchmesserlinien z. B. Athen, Helsinki Fischblasen-Netz z. B. Mailand, Nowosibirsk Kreuzform-Netz z. B. Kyoto, Sapporo Ring-Netz z. B. Glasgow Ring-Radialen-Netz z. B. Moskau, Wien Sekanten-Netz z. B. Leningrad, Minsk Vermaschtes Netz z. B. London, Paris X-förmiges Netz z. B. Lyon, San Francisco

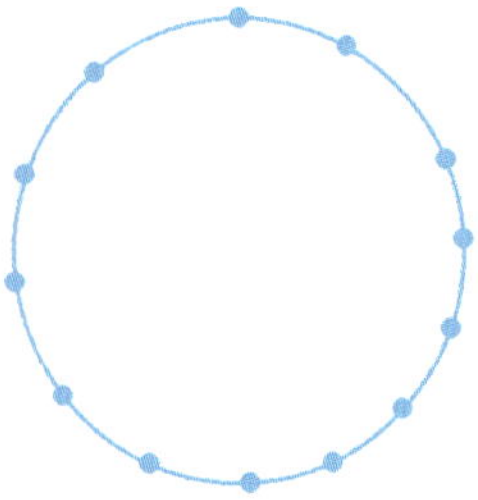

Ring-Netz

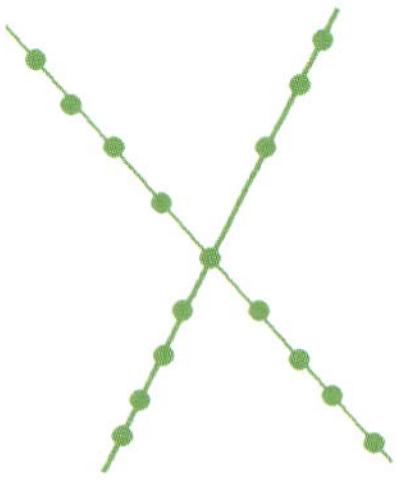

Kreuzform-Netz

Fischblasenn-Netz

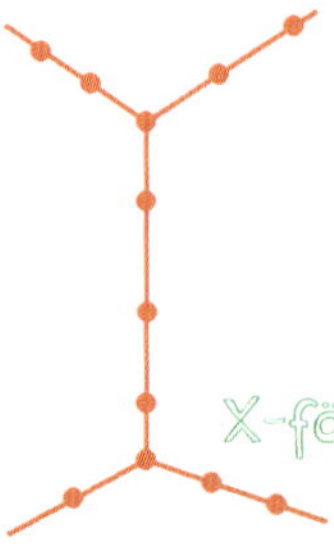

X-förmiges Netz

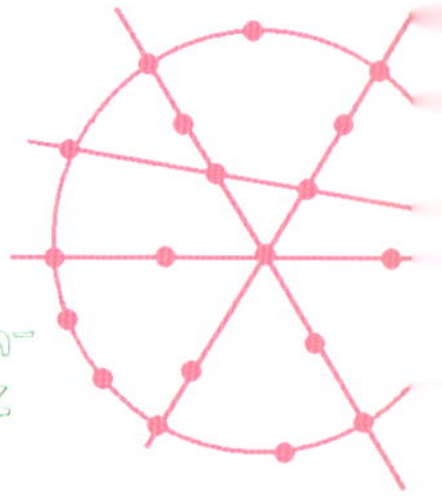

Ring-Radialen-Netz

Daten und Fakten über die Berliner U-Bahn

- Eröffnung 1902
- Fahrgastfahrten / Jahr 473,1 Millionen
- Fahrzeuge 1312
- Zugfahrten / Tag 3500
- Streckenlänge 145 km
- Bahnhöfe 170
- Abstand zwischen den Bahnhöfen 380 m bis 1215 m
- Wagenbestand 1278
- Länge / Zug 100 m
- max. Fahrgastzahl / Zug 600 bis 750
- Kilometerleistung / Jahr 124 Millionen
- Durchschnittsgeschwindigkeit 31,1 km / h
- Tiefster Bahnhof Alexanderplatz, 18 m unter NN (Normalnull)
- Höchster Bahnhof Gleisdreieck, 14 m über NN
- Durchschnittliche Tunneltiefe 5 m unter NN
- Weichen 876
- Rolltreppen 362
- Aufzüge 94
- Fahrscheinautomaten 2630
- Fahrscheinentwerter 5085
- Mitarbeiter 11 638
- Auszubildende 389

Stand: 2009, *Quelle* Berliner Verkehrsbetriebe

Wenn der Wurm im Tunnel steckt

Er bevorzugt Salzwasser, reist viel, ist seefest und verspeist am liebsten Holz. Der Schiffsbohrwurm ist das Grauen jedes Holzschiff-Kapitäns: Unersättlich gräbt er sich durch den Schiffskörper, den er dabei mit porösen »Wohnröhrchen« versieht. Mit seinen zahnähnlichen Schalen erledigt der Wurm vorn die Wühlarbeit, während er hinten mit Hilfe eines körpereigenen Kalksekrets dafür sorgt, dass die Tunnelröhre, die er sich ins Holz gebohrt hat, stabil und bestehen bleibt. Der Holzliebhaber wird im Schnitt 20 Zentimeter, ausnahmsweise aber auch einmal über einen halben Meter lang. Berühmt wurde der Schiffsbohrwurm durch eine Idee des französischen Ingenieurs Marc Isambard Brunel (1769–1849), der sich von ihm zu der Erfindung des Schildvortriebs für den Tunnelbau inspirieren ließ. Mit dieser Maschine wird ebenfalls vorn gebuddelt und hinten stabilisiert. Der Erfinder hatte ehrgeizige Pläne: Mit Hilfe des Schildvortriebs wollte er den ersten Tunnel überhaupt unter einem Fluss bauen, was in den 1820er Jahren niemand außer ihm für machbar hielt. 1843 wurde jedoch der 366 Meter lange Thames-Tunnel unter der Themse in London (England) mit zwei Röhren nach fast 20-jähriger Bauzeit eröffnet. Zunächst war er Fußgängern vorbehalten, schließlich diente er als Eisenbahntunnel.

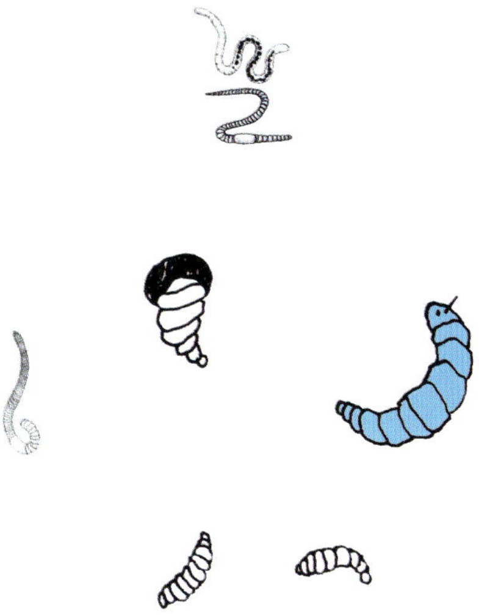

Das Römerschiff im U-Bahn-Schacht

Da staunten die Bauarbeiter nicht schlecht: Anfang Dezember 2007 entdeckten sie beim Bau einer neuen U-Bahn-Linie ein acht Quadratmeter großes, mit Nägeln beschlagenes, offensichtlich sehr altes Holzstück. Das Holz, so stellte sich bald heraus, ist Teil eines gut erhaltenen Lastkahns, mit dem die Römer 2000 Jahre zuvor Güter transportierten. Das Schiff war mindestens 23 Meter lang, dreieinhalb Meter breit und konnte bis zu 30 000 Kilogramm Ladung aufnehmen. Anhand der Jahresringe einer Planke fanden Experten heraus, dass die verbaute Eiche ihre Keimzeit im Jahr 142 v. Chr. hatte. Als Teil des Schiffsrumpfes war diese Eiche rund 200 Jahre später im Einsatz, also zwischen 50 und 100 n. Chr. Dies ließ sich mit Hilfe von Glasscherben aus dem Rumpf des Lastkahns feststellen. Da außer dem ersten Holzstück noch viele weitere Teile gefunden wurden, kann das Schiff nun im Museum für antike Schifffahrt in Mainz restauriert und wiederaufgebaut werden.

Der (unterirdische) Stachus

»Da geht's ja zu wie auf'm Stachus!«, lautet eine bayerische Redewendung, die immer dann benutzt wird, wenn irgendwo so richtig viel los ist. Eine Aussage, die sich auf den Münchener Verkehrsknotenpunkt Karlsplatz bezieht, der im Volksmund nach einer alten Kneipe Stachus heißt. 3400 Trambahnen, 96 400 Autos, 900 000 Fußgänger täglich – in den 1960er Jahren war der Karlsplatz der verkehrsreichste Platz Europas. Was also tun, um das Chaos wenigstens ein wenig zu ordnen? Die Münchener Stadtverwaltung wandelte einen Teil der Zufahrtsstraßen zur Fußgängerzone um und erweiterte den Platz nach unten: Nach vierjähriger Bauzeit wurde 1970 das Stachusbauwerk als seinerzeit größtes unterirdisches Einkaufszentrum eröffnet. Auf fünf Stockwerken in bis zu 40 Meter Tiefe finden sich jetzt Läden, Versorgungsebenen, Parkhäuser, moderne U-Bahnhöfe und ein S-Bahnhof. Seitdem geht es auch unter dem Karlsplatz zu »wie auf'm Stachus«: In den Haupteinkaufszeiten besuchen bis zu 30 000 Menschen stündlich das unterirdische Einkaufszentrum.

Das Stachusbauwerk in Zahlen

Fläche 23 000 m² · Lagerfläche 7300 m² · Parkplätze 800 · Wände 26 000 m² · Decken 92 000 m² · Spannstahl 1700 t · Betonstahl 13 600 t · Flucht- und Kontrollgänge 4,5 km · Sprinkleranlagen 7500 · Sprinklerleitungen 30 km · Elektroleitungen 370 km · Wasserleitungen 16 km

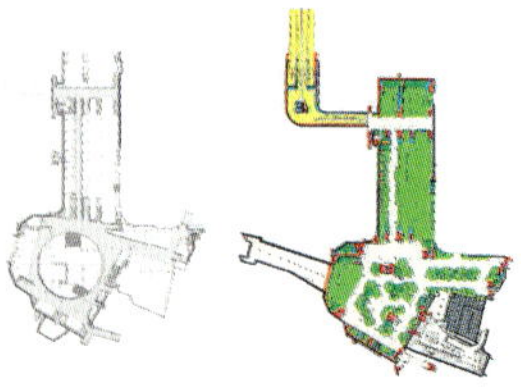

Unbekannte Unterwelten

Atomversuchsbunker, Haigerloch, Baden-Württemberg In einem Felsenkeller unter der Haigerlocher Schlosskirche bauten deutsche Atomforscher während des Zweiten Weltkriegs einen Forschungsreaktor. **Barbarastollen, Oberried bei Freiburg / Breisgau** Sicher und gut verpackt in rund 700 Stahlbehältern lagern hier bedeutende Kulturgüter der Deutschen, etwa die Baupläne des Kölner Doms. **Großbunker »Weingut II«, Landsberg am Lech** 900 Flugzeuge des Typs Me 262 sollten während des Zweiten Weltkriegs in der unterirdischen Halle bombensicher gebaut werden können. Dient heute als Depot der Luftwaffe der Bundeswehr. **Quellengrotte, Bad Reichenhall** Dient seit über 2000 Jahren der Salzgewinnung. Zuletzt umgebaut 1863. Über eine 103 Meter lange Pumpleitung wurden 50 000 Liter Salzlösung pro Tag ausgespült. **Speicherringanlage des Deutschen Elektronen-Synchrotrons, Hamburg** 15 bis 20 Meter unter der Erdoberfläche werden Protonen und Elektronen zu Versuchszwecken mit Lichtgeschwindigkeit in einem Ring herumgeschickt. **Schrazellöcher, Rabmühle, Oberpfalz** Unterirdisches Höhlensystem aus dem Mittelalter. Solche »Erdställe« wurden um das Jahr 1000 herum in vielen Orten Mitteleuropas angelegt. Über den Zweck rätseln die Forscher. **Tiefgarage unter dem Hauptbahnhof, Frankfurt / Main** 1978 gebauter, unterirdischer Parkplatz für Pendler und Stadtbesucher, der zugleich als Schutzraum bei Bombenangriffen vorgesehen war. **Zentraler Kommandobunker der DDR, Prenden** Nahe Wandlitz bei Berlin wollte die Führung der DDR im Kriegsfall in diesem unterirdischen Bunker sicher unterkommen. Mittlerweile steht er unter Denkmalschutz und wurde für die Öffentlichkeit unzugänglich gemacht.

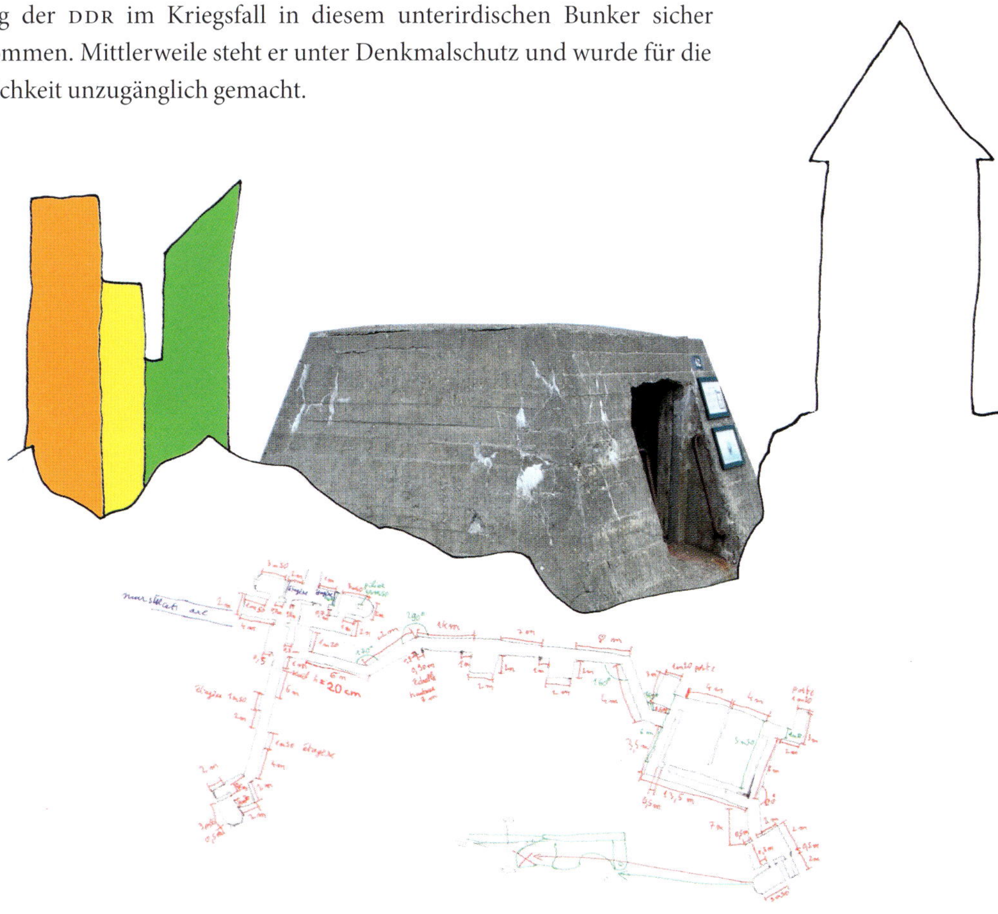

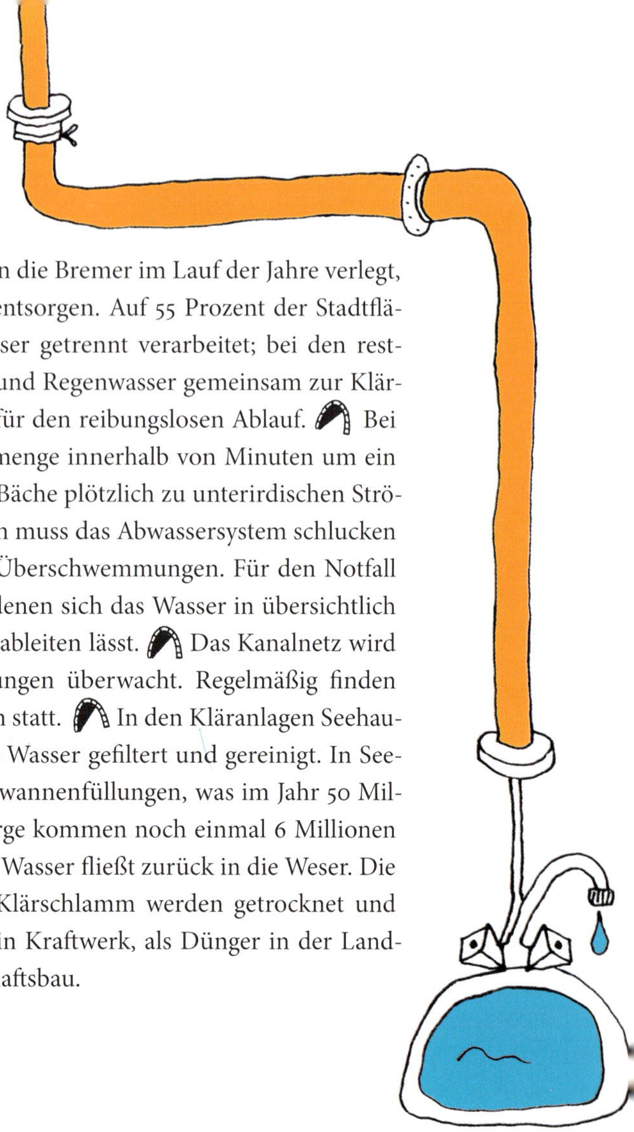

Die Abwasser von Bremen

Insgesamt 2300 Kilometer Rohre haben die Bremer im Lauf der Jahre verlegt, um unter der Stadt ihr Abwasser zu entsorgen. Auf 55 Prozent der Stadtfläche werden Regen- und Schmutzwasser getrennt verarbeitet; bei den restlichen 45 Prozent gelangen Schmutz- und Regenwasser gemeinsam zur Kläranlage. Über 100 Pumpwerke sorgen für den reibungslosen Ablauf. Bei starken Regenfällen kann die Wassermenge innerhalb von Minuten um ein Hundertfaches steigen, so dass kleine Bäche plötzlich zu unterirdischen Strömen anschwellen. Diese Wassermassen muss das Abwassersystem schlucken können, sonst drohen Rückstau und Überschwemmungen. Für den Notfall gibt es unterirdische Stauräume, aus denen sich das Wasser in übersichtlich dosierten Mengen computergesteuert ableiten lässt. Das Kanalnetz wird mit Videokameras und durch Messungen überwacht. Regelmäßig finden Spülungen und Ausbesserungsarbeiten statt. In den Kläranlagen Seehausen und Farge wird das ankommende Wasser gefiltert und gereinigt. In Seehausen sind das täglich 850 000 Badewannenfüllungen, was im Jahr 50 Millionen Kubikmetern entspricht; in Farge kommen noch einmal 6 Millionen Kubikmeter hinzu. Das gereinigte Wasser fließt zurück in die Weser. Die jährlich anfallenden 17 000 Tonnen Klärschlamm werden getrocknet und weiterverarbeitet: als Brennstoff für ein Kraftwerk, als Dünger in der Landwirtschaft, als Baumaterial im Landschaftsbau.

Wissen aus dem Klo

Camera secreta (lat. heimliches Gemach), so nannten manche Chronisten des Mittelalters die Latrinen städtischer Häuser ihrer Zeit: in mehreren Meter Tiefe liegende, wegen der Geruchsbelästigung häufig nur durch einen schmalen Schacht zugängliche, gemauerte Gruben, die sich meist im Hinterhof fanden. Hier versenkten die Hausbewohner nicht nur ihre Exkremente, sondern auch Abfälle, unter anderem Keramik, Glas, Knochenreste und Stoffe. Wenn die Kapazität der Latrine nach einer gewissen Zeit erschöpft war, musste ein »Schyssenfeger« oder »Goldgräber«, also ein Latrinenreiniger, bestellt werden. Er säuberte die Latrine unter teilweise lebensgefährlichen Bedingungen. In einem Fass wurde der Müll aus der Stadt geschafft und in einem Fluss oder auf einem Müllfeld entsorgt. Wahre Goldgruben sind solche Latrinen für die Archäologen unserer Zeit: Beim Wühlen in nicht entsorgten Abfällen finden sie spannende Zeitzeugnisse, die ihnen Aufschluss über die Lebensgewohnheiten der damaligen Menschen verschaffen. Wissen aus der Latrine also, aber kein Wissen fürs Klo.

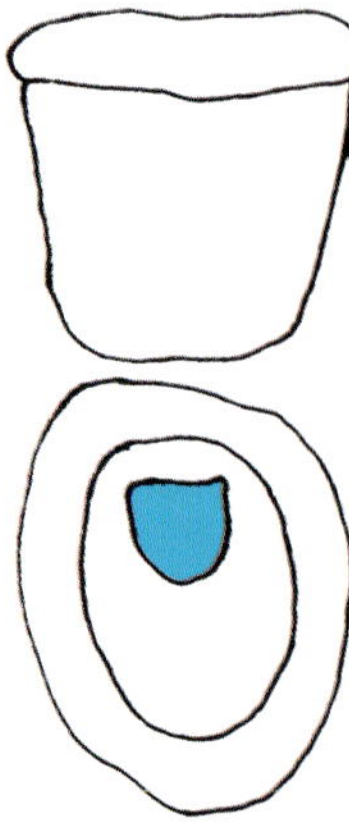

Unter der Stadt

Von Anton Wildgans, 1881–1932, österreichischer Dichter und Dramatiker. Entstanden 1917. *Quelle* antonwildgans.at

Knapp unter der Stadt, in der die Paläste stehn,
Die Türme der Dome in Wolken greifen,
Wo blühende Zweige in Gärten wehn
Und alle die müßigen Schritte schweifen –
Knapp unter der Stadt, in der die Autos jagen,
Die Frauen Seide und Glitzern tragen,
Wo in den Nächten durch goldene Säle
Auf Wogen von gepudertem Fleisch
Das Sinne verwirrende Gekreisch
Von heiteren Geigen niederprasselt –
Knapp unter der Stadt, da sind die Kanäle!

Da sickern die Abwässer zusammen!
Was lüsterne Gaumen geletzt
Und mit prickelnden Flammen
Die Pulse gehetzt:
Lust, Reiz – geronnen zu Kot;
Was den großen Hunger gestillt
Von Millionen Magen,
Gekaute, verdaute Not:
Brot –
Brei und Jauche jetzt,
Dampfender Gischt, Gestank!

Dort in ewiger Nacht,
Schacht an Schacht,
Bei eklem Fraß und Begatten
Hausen die Ratten!
Dort im Sickern und Stauen
Schleimiger Gemenge
Brüten und brauen
Die Miasmen,
Steigen und drängen
Die bösen, typhösen
Dünste durch Rohre und Schläuche,
Nisten sich in Lungen und Bäusche,
Werden Fieber und werfen nieder
Wehrlose Glieder,
Und aus den Gittern der Kanäle,
Aus Grundwässern und Brunnen,
In die der Abhub gedrungen,
Reckt sich die Seuche! …

Aber der Strom, der heilige Strom
Nimmt alles auf
In seinen silbernen Lauf!
Kaum, daß ein Schauer,
Ein gelblich-grauer,
Über sein ewiges Antlitz geht.
Jenseits der Brücken
Fließt er in rauschender Hehre,
Spiegelnd goldener Wolken Saum,
Zum Meere –
Und alles war Traum.

Film Film
KINO
KINO
Chinatown
Hotel ZENTRAL
Vergnügungsviertel

HOTEL
福 Chinesisches Zeichen für »Glück« 福
CITY-FLITZER

Das Hotel

Das Luxus-Hotel, ein Luxus-Gefühl

»Wie andere Männer zu Heim und Herd heimkehren, so komme ich zu Licht und Halle, Zimmermädchen und Portier«, schrieb der als »rasender Reporter« bekannte Schriftsteller und Journalist Egon Erwin Kisch (1885–1948) über sein Leben in den Hotels dieser Welt. In den langen Fluren, verwinkelten Gängen, heimeligen Nischen, geselligen Bars der Hotels wohnt man, schläft man, liebt man, lebt man – und kommt dabei für einen Moment wildfremden Menschen nahe: die große Welt im Kleinen. Die zufälligen Nachbarschaften für ein paar Tage, die schnelle Vertrautheit mit den Angestellten, dazu der Luxus erlesener Mahlzeiten, frisch duftender Wäsche und wie von Zauberhand stets in Ordnung gehaltener Zimmer – dieses »Zuhause auf Zeit« hat etwas Aufregendes. Hotels sind viel mehr als nur Übernachtungsherbergen: zum Beispiel Verhandlungsräume für Politiker und Wirtschaftsbosse oder Liebesnester für Paare, die kein gemeinsames Zuhause haben. Historische Hotels in den Zentren großer Städte verbreiten noch dazu das exotische Flair vergangener Zeiten – während moderne Hotelbauten im Verkehrschaos der Millionenmetropolen einen Moment der Ruhe versprechen und ein kleines, kurzes Gefühl von Heimat. Wichtig dabei: die Vergänglichkeit, das Abreisedatum. Würde das Hotel-Gefühl länger anhalten, würde es Alltag und damit uninteressant.

Hotelzimmercheck

Umfrage Was tun Sie als Erstes, wenn Sie ein Hotelzimmer betreten?

65 Prozent Das Zimmer und das Bad auf Sauberkeit prüfen

54 Prozent Die Vorhänge aufziehen und die Aussicht anschauen

17 Prozent Sich im Bad frisch machen

16 Prozent Das Hotel und seine Umgebung erkunden

16 Prozent Die Koffer auspacken

10 Prozent Die Beleuchtung regulieren

5 Prozent Die Matratze (durch Springen) testen

4 Prozent Familie und Freunde anrufen

2 Prozent Ein kleines Nickerchen machen

Quelle hotel-blog.de

Ein Kaiser, eine Stadt und ein Hotel: das Adlon

»Bei mir ist es kalt. Es zieht und es ist feucht und die Kamine heizen nicht genug. Also wenn Sie heiß baden wollen, gibt's nur eins: Gehen Sie ins Adlon!«, sagte Kaiser Wilhelm II. (1859–1941) zu seinen Gästen, wenn es in seinem Schloss während der Wintermonate kalt, zugig und feucht war. Der deutsche Kaiser zahlte dem Hotel jährlich 150 000 Mark, nur damit das Adlon jederzeit Zimmer für ihn bereitstellte. Hoteldirektor Lorenz Adlon (1849–1921) erklärte 1907 in einem Interview anlässlich der Eröffnung, was ein gutes Hotel vor allem ausmacht: »Ein gutes Hotel erkennt man am Bett. Es muss so gebaut und aufgestellt sein, dass der Gast eine vollendete Nachtruhe hat. Deshalb gibt es bei uns auch keine Klingel, sondern nur Lichtsignale. Auf allen Treppen und Fluren liegen dicke Läufer. In jedem Zimmer muss die Möglichkeit zur völligen Dunkelheit bestehen. Das Bett selbst muss schon beim bloßen Anblick ein Gefühl des Wohlbehagens auslösen. Es soll dem Gast das Gefühl vermitteln, er sei geborgen in einem Nest, in das die feindlichen Einflüsse von außen nicht eindringen können.« Das Adlon erlebte nach seiner Eröffnung eine wechselhafte Geschichte, nachdem es in den 1920er Jahren zum berühmtesten Hotel Deutschlands geworden war. **1925 bis 1930**: zwei Millionen Gäste. **1945**: Zerstörung durch einen Brand, nur ein Seitenflügel bleibt erhalten. **1980er Jahre**: Nutzung des Seitenflügels als Internat. **1984**: Sprengung der Ruine. **Ab 1995**: originalgetreuer Wiederaufbau. **1997**: Neueröffnung. **Bis 2006**: ständige Vergrößerung und Erweiterung.

Das Adlon in Zahlen

Mitarbeiter 421 aus 32 Nationen
Mitarbeiter / Küche 53
Mitarbeiter / Housekeeping 61
Mitarbeiter / Empfang 36
Mitarbeiter / Roomservice 13
Auszubildende 49
Fläche 60 000 m²
Investitionskosten 415 Mio. Euro
Zimmeranzahl 304 (davon 78 Suiten)
Übernachtungen 77 362 Zimmerbuchungen mit 119 558 Gästen
Stromverbrauch 11,5 Mio. KWh
Wasserverbrauch 76 555 m³
Kaviar 550 kg
Champagner 12 000 Flaschen
Rotwein 13 500 Flaschen
Eier 150 000 Stück
Vollmilch 19 800 l
Fettarme Milch 34 100 l
Schokolade 26 580 kg
Torten 4380 Stück (aus eigener Patisserie)
Teilchen / Plunder 182 500 Stück (aus eigener Patisserie)
Speiseeis 2190 kg
Blattgold 55 kg
Blumen 148 000 Stück
Clubsandwichs 52 100 Stück
Papiertücher 676 000 Stück
Slipper 41 400 Paar
Geputzte Schuhe 12 400 Paar
Limousinentransfers / Flughafen 5880

Stand: 2008, *Quelle* Hotel Adlon

Die Sache mit dem Hôtel de Ville

Ein Hinweisschild zum »Hôtel de Ville« gibt es in jedem französischen Ort, es führt zum Rathaus. Die spinnen, die Franzosen! Haben die ihre Gemeindeverwaltung in Hotels untergebracht? Nein, denn der Begriff »Hotel« stammt von dem französischen Wort *hostel* ab. Hostel wiederum wurden im 17. Jahrhundert die Palais (Paläste) der Landadligen genannt, die von dort aus ihre Güter verwalteten. Sie mussten nach der französischen Revolution 1789 abdanken, seitdem werden die meisten öffentlichen Angelegenheiten von Mitarbeitern der demokratisch verfassten Gemeinden mit dem Bürgermeister an der Spitze durchgeführt. Geblieben ist ein Wort: »Hôtel de Ville«, das Palais der öffentlichen Verwaltung.

Zahl der Hotelübernachtungen in der EU 2008

Spanien 269 600 000
Italien 246 800 000
Deutschland 219 300 000
Frankreich 203 900 000
England 172 800 000
Österreich 82 100 000
Griechenland 61 100 000
Portugal 39 500 000
Niederlande 32 900 000
Irland 28 200 000
Tschechische Republik 28 100 000
Schweden 25 900 000
Polen 25 500 000
Rumänien 19 900 000
Bulgarien 17 000 000
Belgien 16 500 000

Quelle Eurostat

Hotelrekorde

Das **Grandhotel de kromme Raake** im niederländischen Eenrum ist laut Guiness-Buch der Rekorde mit nur einem Doppelzimmer das kleinste Hotel der Welt. Den Titel »gruseligstes Hotel der Welt« darf das **Hotel del Coronado** in San Diego an der kalifornischen Küste in Anspruch nehmen. Seit eine junge Frau namens Kate Morgan, Bewohnerin von Raum 3327, im Jahr 1892 unter mysteriösen Umständen ums Leben kam, soll es in dem Raum spuken. Die höchsten Hotels der Welt finden sich unter den Spitzen chinesischer Hochhäuser: Das höchste von ihnen ist das **Park Hyatt** im 492 Meter hohen Shanghai World Financial Center. Das **Grand Hyatt** in Schanghai verfügt über den am höchsten gelegenen Swimmingpool und den längsten Wäscheschacht der Welt: In 25 Sekunden rasen die Wäschesäcke zur Säuberung vom 88. in den 55. Stock. Das größte Hotel der Welt sieht aus wie die italienische Stadt Venedig: Das **Venetian Resort Hotel** mit 7128 Zimmern, 18 Restaurants, Dutzenden Geschäften, einem Kasino, einem Museum und einem Wachsfigurenkabinett liegt mitten in der Wüste in Las Vegas/USA. Sogar die berühmten Kanäle wurden dem originalen Venedig nachgebaut, allerdings sind sie im Venetian Resort Hotel bloß knietief. Das vielleicht aufregendste Hotel der Welt ist das **Burj al Arab Hotel** in Dubai, der Hauptstadt der Vereinigten Emirate. Das 321 Meter hohe Gebäude hat die Form eines vom Wind aufgeblähten Segels und befindet sich auf einer künstlichen Insel, 280 Meter vom Festland entfernt.

Hotelbegriffe von A bis Z

American Plan Hotel mit Vollpension (alle Mahlzeiten inklusive)

Bankettservice Veranstaltungen werden geplant und durchgeführt

Concierge Rezeptionsmitarbeiter für spezielle Wünsche in Luxushotels

Down Comforter Daunendecke

European Plan Zimmer ohne Verpflegung

Free Continental Breakfast Kleines Frühstück ohne warme Speisen

Garni Tageshotel. Bietet ein Frühstück, aber keine weiteren Speisen an

Hotelbegriffe von A bis Z *Fortsetzung*

In-Room-Coffee Kaffeemaschine im Zimmer **Jacuzzi** Warmwassersprudelbecken

KIT Zimmer mit Küche (Kitchen) **Kingsize Bed** Bett der Größe 200 × 200 cm

Laundry Hotel mit Wäscherei / Münzwaschautomat

Number in party Anzahl der Personen, z. B. für Tischreservierung

Operator Telefonvermittler **Page** Hoteldiener

Queensize Bed Bett der Größe 150 × 200 cm

Twin Room Zimmer mit zwei getrennten Betten

Vacancy Es sind noch Zimmer frei **Wall Bed** Klappbett im Zimmer

Das Hôtel Ritz in Paris

Im Jahr 1898 eröffnete der Schweizer Hotelier Cäsar Ritz in Paris an der Place Vendôme ein luxuriöses Grandhotel. Zu dieser Zeit war es das weltweit erste Hotel mit Heizung, Bad und Telefon auf jedem Zimmer. Die Küche führte der berühmte Auguste Escoffier (1846–1935), der als »König der Köche« gilt. Heute gehört das Ritz dem ägyptischen Unternehmer und Milliardär Mohamed Al-Fayed. **Zimmer** 103 **Suiten** 56 **Nobel-Suiten** 10 **Zimmer-Preise** zwischen 550 und 870 € **Teuerste Suite** 13 000 € (Suite Impériale) **Größe der Suite Impériale** 167 m² **Beistellbett** 100 € **Backwaren, die täglich für das Frühstück hergestellt werden** 2900 (darunter 900 Brötchen) **Weinkeller** 35 000 Flaschen Wein sowie seltene Liköre und Weinbrände (Cognacs ab dem Jahr 1812) Die Einrichtung im Louis-quinze-, Louis-seize- und Empire-Stil wird von einem 30-köpfigen **Handwerkerteam** gepflegt (Polsterer, Dekorateure, Maler, Schreiner) Ein **Hotelflorist** stellt täglich 250 Blumenbukette her und verarbeitet jährlich ca. 200 000 Rosen und 100 000 Orchideen *Berühmte Gäste* Der Schriftsteller **Ernest Hemmingway** (für den ein Barkeeper des Ritz den Cocktail Bloody Mary erfunden haben soll) Die Modeschöpferin **Coco Chanel** (die seit dem Jahr 1934 bis zu ihrem Tod 1971 eine Suite gebucht hatte) **Diana, Princess of Wales** (die 1997 vor ihrem tödlichen Unfall im Hôtel Ritz gewohnt hatte)

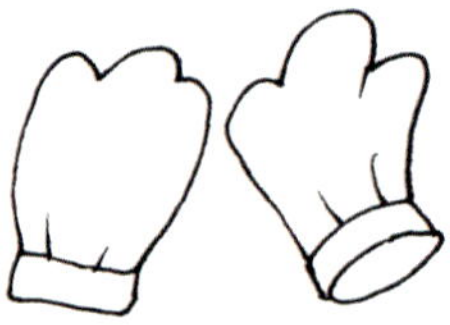

Zehn berühmte Hotels

Das Atlantic Hotel in Hamburg Ein ehrwürdiges Alsterschloss

Der Bayerische Hof in München Ein barocker Bajuwarenpalast

Das Bora Bora auf Bora Bora Ein naturbelassener Südseetraum

Das Chelsea Hotel in New York Ein buntes Künstlerdomizil

Der Copacobana Palace in Rio de Janeiro Ein epochales Strandhotel

Das Grandhotel in Königswinter Ein ehemaliges Regierungsgästehaus

Das Imperial in Wien Eine kaiserliche Antiquität

Das Peninsula in Hongkong Eine eurasische Luxusmelange

Das Polana Hotel in Maputo Ein afrikanischer Höhepunkt

Das Savoy in London Ein englischer Klassiker

Die Entstehung des Restaurants

Begonnen hat alles mit einer Brühe. Aus Fleisch und Gemüse gekocht, sollte sie gesund und stärkend auf den Körper wirken. Nach diesem Gericht wurde vor fast 250 Jahren in Paris ein neuer eleganter Ort benannt, der ausschließlich dem öffentlichen Speisen diente: das Restaurant (frz. *restaurant* = »stärkend«). Die Auswahl im ersten »Restaurant« (eröffnet 1766) beschränkte sich noch auf die Brühe und einige leichte Gerichte. Das sollte sich bei den Nachahmern ändern: Bei ihnen konnte man ein mehrgängiges Menü zusammenstellen, man saß an kleinen Tischen in Séparées (Nischen) und ließ sich das Essen von einem Ober servieren, der auch Wein dazu empfahl. Bezahlt wurde kein Einheitspreis wie im Gasthaus, sondern die Summe der einzelnen Bestandteile, die man verspeist und getrunken hat. Im 19. Jahrhundert wurde der französische Restaurantstil zum Exportschlager. In New York und London kochte man die »haute cuisine« (gehobene Küche) nach. Das 1865 in London eröffnete Café Royal war dort so bekannt, dass sogar Telegramme ankamen, die nur mit »Restaurant, London« adressiert waren. Um die Jahrhundertwende breiteten sich die schicken Restaurants aus, die einem Luxushotel angeschlossen waren, etwa im New Yorker Waldorf-Astoria (1893) oder im Palace Hotel in St. Moritz (1895). Auch heute noch gehören die feinsten Restaurants zu einem Hotel. So zum Beispiel, laut Feinschmeckerführer Gault Millau, die beiden besten deutschen Restaurants »Vendôme« (Grandhotel Schloss Bensberg in Bergisch Gladbach) und »Schwarzwaldstube« (Hotel Traube Tonbach in Baiersbronn).

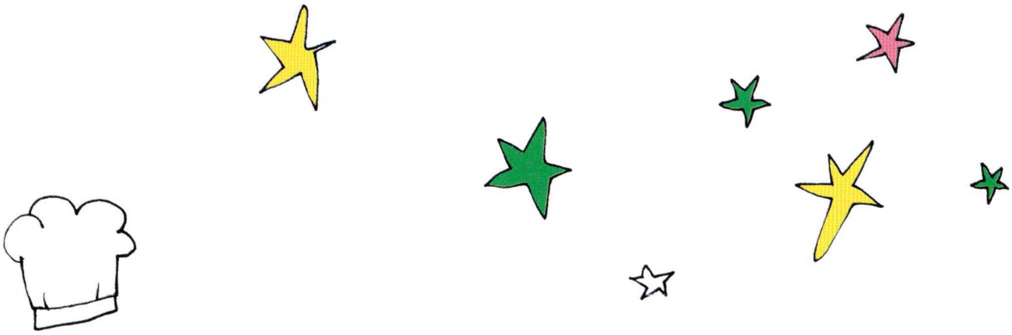

Sternenklasse(n)

* Die **Touristenklasse** ist in der Ausstattung eher schlicht. Die Zimmer sind mindestens acht Quadratmeter groß, verfügen über Bett, Kleiderschrank, Sitzgelegenheit, Beleuchtung und einen feuerfesten Papierkorb. Sie haben eine eigene Dusche und werden täglich gereinigt. ** Die **Standardklasse** hat Zimmer von mindestens 12 Quadratmeter Größe. Zusätzlich gibt es hier eine Nachttischbeleuchtung pro Bett, eine Sitzgelegenheit sowie einen Fernseher im Zimmer. Das Frühstück ist inklusive und kann am Buffet eingenommen werden. *** Die Zimmer der **Komfortklasse** sind mindestens 14 Quadratmeter groß. Zusätzlich zur Standardklasse bieten sie eine Kofferablage, einen Ankleidespiegel, eine Tischlampe, Radio und Telefon. Im Bad sind Haartrockner und Heizmöglichkeiten vorhanden. Für den Gast steht im Zimmer ein Getränkeangebot bereit. **** Die **First Class** für gehobene Ansprüche hat Zimmer von 16 Quadratmeter Größe. Im Zimmer befindet sich ein Kühlschrank mit gekühlten Getränken. Dem Gast stehen Bademantel und Hausschuhe zur Verfügung, ein Internetanschluss ist vorhanden. Zum Service gehört auch, dass Frühstück oder Speisen à la carte bis 22 Uhr auf das Zimmer gebracht werden. ***** Zimmer der **Luxuskategorie** sind über 18 Quadratmeter groß und mit Möbeln der gehobenen Klasse ausgestattet. Die Gäste werden persönlich begrüßt und erhalten ein Willkommensgeschenk wie Blumen oder ein Getränk. Die Bäder sind sehr gut ausgestattet, jedes Zimmer hat einen Safe. Die Rezeption ist durchgehend besetzt, und es steht ein Fitness- bzw. Wellnessbereich zur Verfügung.

Klassifizierung durch den deutschen Hotel- und Gaststättenverband

Die teuersten Hotels

Die **größte Hotelsuite Europas** im Genfer Kempinski-Hotel ist 1080 Quadratmeter groß und erstreckt sich über zwei Etagen. Sie hat einen Empfangsbereich, einen Speisesaal mit einer Tafel für zwölf Personen, ein Kaminzimmer, ein Billardzimmer, einen Fitnessraum. Hinzu kommen ein eigener Koch und ein Butler. Kosten: 30 900 Euro pro Nacht. 26 862 Euro kostet eine Übernachtung im **Ty-Warner-Penthouse** im Four Seasons Hotel in Manhattan / New York. Das 213 Quadratmeter große Luxusapartment, dessen Räume bis zu sieben Meter hoch sind, findet sich im 52. Stockwerk auf Augenhöhe mit den imposantesten Wolkenkratzern der Stadt. Für besondere Gäste ausgelegt ist die **Apartment Suite** des Ritz-Carlton Hotels in Berlin: Die Suite verfügt neben allem Luxus über schusssichere Scheiben, eigene Fahrstühle und einen privaten Sicherheitsdienst. Für 14 500 Euro pro Nacht stehen den illustren Gästen außerdem eine eigene Bentley-Limousine, eine Privatassistentin und ein Badebutler zur Verfügung.

Hotelverwandtschaft

Automatenhotel Hotel ohne Rezeption. Das Zimmer wird mit Passwort vergeben, bezahlt wird mit Kreditkarte. Für Handels- und Durchreisende gedacht, oft an Verkehrsknotenpunkten zu finden. **Backpacker Hostel** Einfache, günstige Übernachtungsmöglichkeit für Rucksacktouristen, wobei der Gast kein Zimmer bucht, sondern nur eine Übernachtung in Mehrbettzimmern. **Hotel Mama** Bezeichnung, die sich für das Wohnen zu Hause »bei Muttern« eingebürgert hat, auch wenn man schon alt genug ist und längst eine eigene Wohnung haben könnte. **Kapselhotel** Wabenartig angeordnete Schlafzimmer, die genauso groß sind wie das Bett darin. In Japan gebräuchlich. Einziger Luxus für die Schläfer: ein Fernseher. **Motel** Kombiwort aus Motor und Hotel. Übernachtungsmöglichkeiten für Reisende, die mit dem Auto bis vor die Tür ihres Zimmers fahren wollen. **Rotel** Rollendes Hotel. In der Regel sind damit Busse mit Übernachtungsmöglichkeit gemeint, ähnlich wie Schlafwagen in Zügen oder Kabinen auf Kreuzfahrtschiffen.

Wunschlos glücklich im Hotel?

König für eine Nacht: Dem Gast den bestmöglichen Service zu bieten, das ist das Motto richtig guter Hotels. Ihre Mitarbeiter sollen den Kunden ihre Wünsche von den Augen ablesen können. Da dies nicht immer perfekt funktioniert, suchen die weltweit führenden Hotelketten andere Möglichkeiten: Mit Hilfe eines Kundenbindungsprogramms wird das »Gastverhalten« beobachtet und gespeichert: Welche Getränke hat der Gast bestellt? Wann wollte er geweckt werden? Welche Schokoriegel hat er aus der Minibar stibitzt? Welche Sonderwünsche hat er geäußert, welche Beschwerden vorgetragen? Und so ist der Reisende freudig überrascht, wenn ihm bei der nächsten Übernachtung am anderen Ende der Welt unbekannte Hotelmitarbeiter ganz automatisch seine Wünsche erfüllen. Die Frage ist nur: Ist dies bloß eine tolle Kundenbindung oder doch schon Überwachung? Datenschützer sind nicht so begeistert. Der »Big Brother Award« in der Kategorie Verbraucherschutz, also der Oscar für den Missbrauch von persönlichen Daten, ging 2007 an drei der wichtigsten Hotelketten. Die Betreiber des Imperial in Wien können über all das nur müde gähnen: Sie führen bereits seit 1950 Buch über die Gewohnheiten ihrer Gäste. Allerdings von Hand.

Verrückte Hotels

Das **Null Stern Hotel** eröffnete am 5. Juni 2009 in dem Schweizer Ort Teufen (Kanton Appenzell-Ausserrhoden) in einem alten Atomschutzbunker. Frank und Patrik Riklin, Künstler und Zwillingsbrüder, entwarfen es als Gegenmodell zu den gängigen Luxushotels. Übernachtungen im Flugzeugwrack, einem stillgelegten Güterzug und in rundfensterigen Hobbit-Räumen bietet das **Hotel Woodlynpark** im Waitomo-Distrikt (Neuseeland) an. Neueste Errungenschaft des Hauses: Ein stillgelegter Frachter mit Kapitäns- und Titanic-Raum. Das **Hotel Propeller Island** in Berlin bietet Mottozimmer für verschiedene Vorlieben: Schnarchen in der Gefängniszelle, übernachten im Sarg, Träumen in der Gummizelle. Außerdem im Angebot: ein Raum in Orange, ein schwebendes Bett, ein Zimmer in Quadrat-Gestaltung, ein Bad im Schrank. Das **Höhlenhotel Casas Cueva** nördlich von Granada (Spanien) verspricht einen Hauch von Steinzeitleben. Das **Leuchtturm-Hotel** in Harlingen (Niederlande) hat nur ein einziges (Doppel-) Zimmer. Das **Eis-Hotel** in Jukkasjärvi (Nordschweden) besteht komplett aus gefrorenem Wasser. Es verfügt über 60 Zimmer, geschlafen wird bei 0 Grad Celsius auf Rentierfellen. Ein Hotel für Menschen, die das absolut Besondere lieben: Es wird jedes Jahr am Winteranfang neu gebaut.

Das Kino

Die Erfindung des Films, die Kinos der Anfangszeit

Jahrmärkte, Gaststätten, Ladenlokale und einfache Veranstaltungsräume – sie dienten als die ersten Vorführorte der Filmgeschichte, nachdem 1895 den Brüdern Lumière in Paris und den Brüdern Skladanowsky in Berlin die ersten Filmvorführungen gelungen waren. Da die Skladanowskys für ihre Filmshow im Berliner Varieté Wintergarten Publikum zuließen und Eintritt verlangten, betrachtet man sie als die ersten Vertreter des (kommerziellen) Kinos. 🎥 In diesen Jahren wurden Filme in Gaststätten, auf Jahrmärkten und in Varietés als Ergänzung zum normalen Aufführungsprogramm gezeigt. Am meisten verbreitet war die Form des Wanderkinos. 🎥 Erste feste Kinos entstanden um 1905. Diese Kintopps, Nickelodeons oder Ladenkinos waren in Ladenlokalen untergebracht. Mindestens genauso wichtig wie der Film waren die Umstände der Vorführung: Man plapperte, kommentierte, diskutierte. 🎥 Mit der Einführung richtiger »Saalkinos« im heutigen Sinne änderte sich der Film grundlegend: Es kamen mehr wohlsituierte, gut gebildete Bürger. Und es mussten wechselnde Filme produziert werden, schließlich konnte man dem Publikum an einem Ort nicht immer denselben Streifen zeigen. Das Ergebnis: Das moderne Geschichtenkino, die Filmindustrie entstand. 🎥 Das Kino, sagen Filmwissenschaftler, ist ein Produkt der Moderne: Mit den schnellen Schnitten, den vielen Blickwinkeln, dem Aufbau aus vielen kleinen Teilen entspricht es dem hektischen Leben des Industriezeitalters in pulsierenden Metropolen. 🎥 Nicht von ungefähr lagen viele Spielstätten der Anfangszeit an Verkehrsknotenpunkten: an Bahnhöfen, U-Bahn-Stationen, in der Nähe von Warenhäusern, Einkaufspassagen und Grandhotels.

Kino, Kino, Kino

Autokino, Daumenkino, Flohkino, Freiluftkino, Geruchskino, Hinterhofkino, IMAX-Kino, Kinderkino, Kommunales Kino, Multiplexkino, Museumskino, Programmkino, Saalkino, Sexkino, Schachtelkino, Stadionkino, Wanderkino

In acht Film(metropol)en um die Welt

Los Angeles DENN SIE WISSEN NICHT, WAS SIE TUN (USA, 1955). Der Prototyp des rebellischen Jugendfilms, angesiedelt in der Heimatstadt der nach jugendlichen Rebellen immerzu strebenden Filmindustrie. **New York** FRÜHSTÜCK BEI TIFFANY (USA, 1961). Klassiker der leichten Komödie mit abgründiger Tiefe und Milieudarstellung der Reichen und Schönen in der Stadt der Städte. **Paris** DIE FABELHAFTE WELT DER AMÉLIE (Frankreich, 2001). Märchenhafte Komödie über eine schüchterne junge Frau – und über das Pariser Künstlerviertel Montmartre. **Prag** AMADEUS (USA, 1984). Poppig gemachter Lebensfilm des österreichischen Komponisten Wolfgang Amadeus Mozart; gedreht in der tschechischen Hauptstadt, weil es hier noch viel wienerischer aussieht als in Wien. **Sydney** MATRIX (USA, 1999). In der Zukunftswelt des Jahres 2029 kämpfen die Menschen gegen übermächtige Maschinen. Spielt in Chicago (USA), wurde aber in Sydney (Australien) wegen seiner tollen Hochhauskulisse gedreht. **Tokio** GODZILLA (Japan, 1954). Ein Monster wütet in der Stadt. Das japanische Original zur berühmteren Hollywood-Variante. Ein Anti-Atom-Film. **Venedig** WENN DIE GONDELN TRAUER TRAGEN (Italien, Großbritannien, 1973). Geheimnisvoller Thriller, in dem die geheimnisvolle Lagunenstadt zu einer Hauptdarstellerin wird. **Wellington** HERR DER RINGE (USA, 1999/2000). In Wellington und um die neuseeländische Hauptstadt herum fand Regisseur Peter Jackson die Landschaften von Mittelerde – deren Verfilmung sich bis dahin keiner vorstellen konnte.

Das gibt es nur im Kino, Teil I

Vom Hellen ins Dunkle, und dort geht es nur um eines: das andere Helle vorne auf der Leinwand. Man verlässt das Eigene, um für zwei Stunden an einem Anderen teilzunehmen. Eine Fantasiereise, die mit Hilfe des dunklen Raumes und des projizierten Lichtstrahls stattfindet – und die doch alle Begleiterscheinungen einer »richtigen« Reise mit sich bringt: Aufregung vorher, Erleichterung nachher. Und natürlich jede Menge Proviant: Popcorn, Eis, Cola, Limo. Gleich nach dem Reisebeginn sind viele Menschen, die eben noch tuschelten und knisterten, ganz still und konzentriert – und starren auf das helle Viereck vorne. Na, das musste ja so kommen: Alle haben gute Sicht, nur man selber nicht. Im letzten Moment kommt noch einer rein – und setzt sich einem natürlich genau in den Blick. Was tun? Wegsetzen wäre unhöflich. Und nervend für die anderen. Doch dann: Kaum hat der Film begonnen, sinkt der Störenfried vorne im Sitz nach unten. Der Blick ist frei. Nur langsam kann man sich in die Geschichte hineinfinden. Na, ob das der richtige Film … – und plötzlich, nur gefühlte zwei Sekunden später, ist der Spaß schon wieder vorbei. Man war versunken, man war ein anderer! Bis zum Schluss. Dann aus dem Dunklen zurück ins Helle. Ein paar Minuten noch bleibt man bei dem Anderen, halb zumindest, pendelt zwischen den Welten. Dann ist das helle Viereck nur noch Erinnerung, und man ist ganz einfach wieder man selbst.

Im Kino

»Kino ist ein Vorwand, sein eigenes Leben ein paar Stunden lang zu verlassen.« Steven Spielberg, geb. 1946, amerikanischer Regisseur und Drehbuchautor

»Ich mache keine Filme. Ich mache Kino.« Jean-Luc Godard, geb. 1930, französischer Regisseur

»Wenn einer nicht Regie führen, nicht schreiben, nicht komponieren kann, wenn einer überhaupt nichts kann, wird er Produzent.« Billy Wilder, 1906–2002, österreichisch-amerikanischer Drehbuchautor, Regisseur und Produzent

»Wenn ein Film Erfolg hat, ist er ein Geschäft. Wenn er keinen Erfolg hat, ist er Kunst.« Jean Gabin, 1904–1976, französischer Schauspieler

»Der Film lebt so lange, wie es im Kino dunkel ist.« Samuel Goldwyn, 1882–1974, polnisch-amerikanischer Produzent

»Kino ist der Ort, an dem man viel über die Leidenschaft der Menschen erfährt, vorausgesetzt, dass man sich durch die Ereignisse auf der Leinwand nicht ablenken lässt.« Danny Kaye, 1913–1987, amerikanischer Schauspieler

Das gibt es nur im Kino, Teil II

Eine Fanfare, mit der alles beginnt. Einen Vorspann, der schon eine fieberhafte Spannung aufbaut, bevor irgendetwas passiert ist. Hunderte Schüsse aus einem Maschinengewehr, die auf wunderbare Weise alle den Helden des Films verfehlen. Schmatzende Küsse, deren Beteiligte sich beinahe verschlingen – und die doch so unschuldig wirken, als hätten die Küssenden sich gar nicht berührt. Helden und Schurken, speziell solche asiatischer Herkunft, die so unglaublich hoch und weit springen können, dass man sie zur nächsten Olympiade schicken möchte. Gesprächspartner, die bei jeder Bemerkung ihres Gegenübers eine schlagfertige Antwort auf der Zunge liegen haben. Schlusswendungen, die so rührend und glücklich sind, dass man sich heimlich eine Träne aus dem Auge reiben muss. The End – ein Ende.

Kinobesucher in Deutschland

Besucher in Millionen

1999	149
2000	152,2
2001	177,9
2002	162,9
2003	149,0
2004	156,7
2005	127,3
2006	136,7
2007	125,4
2008	129,4

Quelle insidekino.com

Neu, kaum begreifbar, faszinierend: aus der Anfangszeit des Kinos

Nun sitze ich manchen Abend vor der weißen Leinwand und, nachdem es mich schon beim Eintritt jedesmal belustigt hat, daß es hier eine Kassa, eine Garderobe, Musik, Programme, Saaldiener, Sitzreihen gibt, all dies pedantisch genau so wie in einem wirklichen Theater mit lebendigen Spielern, nach dieser, wie mir scheint, witzreichen Beobachtung macht mich das leise Sausen des Apparats siedend vor Erwarten. Ich habe die Liste studiert, ich weiß, welche Nummer »belehrend«, welche »urkomisch«, »sensationell« oder »rührende Szene aus dem wirklichen Leben« sein wird. Und bald verfinstert sich der Saal zu einer »Reise nach Australien«. Ich sehe Straßen, Menschen, die vorbeigehn, sehr schnell trotz aller Behaglichkeit, manche bleiben stehn und unbeteiligt schaun sie unter ihren australischen Mützen her zu mir. Grüß dich Gott, Mensch, du siehst mich nicht, vielleicht bist du schon tot, einerlei, sei mir gegrüßt!

Aus dem Essay »Kinematographentheater«, den der österreichisch-ungarisch-israelische Schriftsteller Max Brod (1884–1968) im Jahr 1909 verfasst hat. *Quelle* filmportal.de

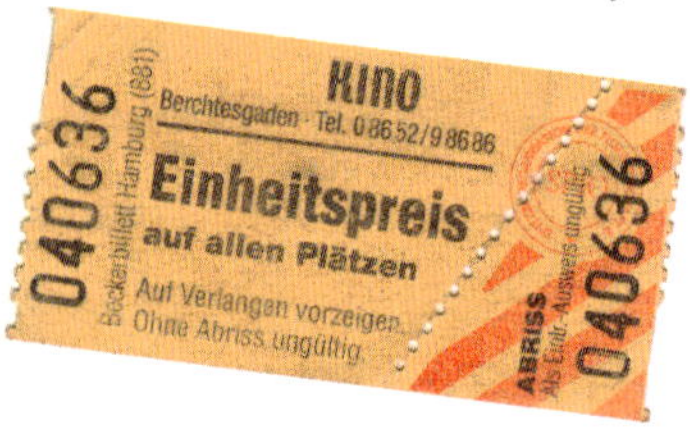

Sechs Berliner Kinos im Wandel der Zeit

Alhambra Palast Kurfürstendamm 68: Gebaut 1921, eröffnet 1922. Maximal 1000 Plätze. Nutzung heute: Hotelspeisesaal. **Filmtheater am Friedrichshain** Bötzowstraße 1–5: Gebäude aus den Jahren 1924/1925 mit 1000 Plätzen. Heute: Kino mit 400 Plätzen. **Cinema** Bundesallee 111: Als »Corso-Lichtspiele« und »Kolibri-Lichtspiele« ein Programmkino der ersten Stunde. Mit 130 Plätzen und Dolby-Stereo-Klang auch heute noch cinematographisch attraktiv. **Korso Lichtspiele** Tempelhofer Damm 2: Im Jahr 1930 zu einem Kino umgebaut. Maximal 435 Plätze. Seit Mitte der 1960er Jahre: Supermarkt. **Silvana Lichtspiele Treptow** Baumschulenstraße 78: 1916 bis 1961. Maximal 428 Plätze. Nutzung heute: Galerie/Reinigungsunternehmen. **Welt im Licht** Kreuzstraße 3–4: Aus gelegentlichen Filmvorführungen in »Anton Ringels Gesellschaftshaus« wächst in den 1910er Jahren ein Kinobetrieb mit zwei Sälen. Nutzung heute: Tanzschule.

Bollywoodkino ist …

Die indische Filmindustrie aus Bombay (Indien): Deshalb wurde das H von Hollywood von den indischen Fans kurzerhand durch ein B ersetzt. **Lang, länger, am längsten**: Ein richtiger »Masala Movie« (nach der indischen Gewürzmischung benannt) ist mindestens drei Stunden lang. **Pop**: Es kann passieren, dass im Kino plötzlich 1000 Leute aufstehen und den Song, der gerade im Film läuft, auswendig mitsingen. **Eine Traumfabrik**: Die meisten Geschichten handeln von Liebe (mit Hindernissen), von Familien (armen und reichen) und von Träumen (von Liebe und Reichtum). **Das Ziel vieler Jungs und Mädchen**: Zu Hunderten treffen sie jeden Tag in Bombay ein, um ihr Glück beim Film zu versuchen. **Film City**: Eine eigene Studiostadt im Norden von Bombay. Dort wird jede Kulisse gebaut – vom alten Tempel bis zum modernen Wolkenkratzer. **Hindi Cinema**: Benannt nach der bekanntesten indischen Sprache Hindi. Es gibt natürlich auch Filme aus anderen indischen Städten und in fast jeder der 26 amtlichen indischen Sprachen. **Sooo schön traurig**: Keine anderen Filme können so viele Tränen fließen lassen. Am Ende wird aber meistens alles gut. **Ein gutes Geschäft**: Auch wenn die Kinokarte nur 50 bis 100 Rupien (= 75 Cent bis 1,50 Euro) kostet, kommt eine Menge Geld zusammen, wenn man bedenkt, dass Indien eine knappe Milliarde Einwohner hat. **Ein Massenspektakel**: Spricht sich herum, dass (wieder mal) ein Film gedreht wird, erscheinen sofort Hunderte von Leuten, die sich an den Absperrungen drängeln.

Nachgefragt bei Merle Kröger, geboren 1966, halb Inderin, halb Deutsche, Kriminalschriftstellerin, Produzentin und Drehbuchautorin, auch von indischen Filmen.

Die erfolgreichsten Filme

TITANIC (1997): 1,8 Mrd. Dollar · DER HERR DER RINGE – DIE RÜCKKEHR DES KÖNIGS (2003): 1,1 Mrd. Dollar · FLUCH DER KARIBIK 2 (2006): 1,06 Mrd. Dollar · THE DARK KNIGHT (2008): 997 Mio. Dollar · HARRY POTTER UND DER STEIN DES WEISEN (2001): 968 Mio. Dollar · PIRATES OF THE CARIBBEAN – AM ENDE DER WELT (2007): 958 Mio. Dollar · HARRY POTTER UND DER ORDEN DES PHOENIX (2007): 937 Mio. Dollar · STAR WARS – EPISODE I (1999): 922 Mio. Dollar · DER HERR DER RINGE – DIE ZWEI TÜRME (2002): 921 Mio. Dollar · JURASSIC PARK (1993): 920 Mio. Dollar

Stand: März 2009,
Quelle Internet Movie Data Base

Filmrekorde in Deutschland

Bestes erstes Wochenende mit 2 590 464 Besuchern: HARRY POTTER, Teil 1 · Bestes zweites Wochenende mit 2 082 263 Besuchern: DER HERR DER RINGE, Teil 2 · Bestes fünftes Wochenende mit 967 139 Besuchern: TITANIC · Beste erste Woche mit 3 612 053 Besuchern: ICE AGE · Beste zweite Woche mit 2 914 708 Besuchern: DER HERR DER RINGE, Teil 3 · Beste fünfte Woche mit 1 304 338 Besuchern: TITANIC · Bester Starttag mit 705 348 Besuchern: STAR WARS – DIE RACHE DER SITH

Stand: Juni 2009, *Quelle* insidekino.com

Kinokrise? Multiplex!

Die Rede vom »Ende des Kinos« begleitet den Film fast von Anfang an: Mit Erfindung des Tonfilms in den 1920er Jahren war der Stummfilm plötzlich »von gestern«. Mit Einführung des Fernsehens in den 1950er Jahren schien das Kino in seinen Grundfesten bedroht. Und mit der Markttauglichkeit der VHS-Kassette in den 1980er beziehungsweise der DVD in den 1990er Jahren schien das Kino gänzlich überflüssig zu werden: Wer geht noch ins Kino, wenn es zu ihm nach Hause kommt? Das Kino reagierte auf alle Krisen souverän: Tonfilme erweiterten die Erzählmöglichkeiten um eine neue Dimension, die des Dialogs. Der kleine Fernsehkasten wurde durch opulente Breitwandbilder in seine Schranken gewiesen. Und die VHS-Kassette verbesserte ebenso wie die DVD sogar die finanziellen Möglichkeiten der Filmindustrie: durch Verwertung der Filme auch über das heimische Fernsehgerät. Der größte Coup war allerdings die Reaktion der Filmindustrie auf die große Krise in den 1990er Jahren, als viele Kinos mangels Zuschauermasse schließen mussten: Von Hürth bei Köln ausgehend wurde die ganze Republik mit Multiplexkinos überzogen – Kinos, die aus mehreren Sälen in einem großen Gebäude bestehen und die auch über den reinen Filmgenuss hinaus noch jede Menge »Event« versprechen: Kneipen, Cafés, Eisdielen und, und, und. Damit fand das Kino zu seinen Anfängen auf dem Jahrmarkt zurück, aber sehr zeitgemäß und auf höchstem technischem Niveau. Die Wirkung: Von 1996 bis 2005 eroberten die Multiplexkinos in einem unglaublichen Siegeszug 50 Prozent des Marktes, und vom möglichen Tod des Kinos war keine Rede mehr. So beeindruckend der Erfolg der Multiplexkinos ist, so sehr vermissen (ältere) Menschen bei ihnen die Ausstrahlung der früheren Spielstätten, die ins Straßenbild der Städte eingefügt waren. Und den Charme der »Programmkinos«, in denen unabhängige, häufig bessere Filme laufen. Manche frühe Kinos waren übrigens viel größer als heutige: Das größte Lichtspieltheater der Stummfilmzeit, das Roxy Theatre in New York, bot bis zu 6200 Besuchern auf einmal Platz.

Die größten Muliplexkinos in Deutschland

Cinemaxx, Essen 5370 Plätze
Cinecittà, Nürnberg 4984 Plätze
Mathäser-Filmpalast, München 4283 Plätze
Ufa-Palast, Stuttgart 4238 Plätze
Cinedom, Köln 3748 Plätze
Kinopolis, Sulzbach 3734 Plätze
Cinestar, Dortmund 3702 Plätze
Cinestar, Frankfurt / Main 3550 Plätze
Cinemaxx, Potsdamer Platz, Berlin 3544 Plätze
UCI-Kinowelt, Bochum 3354 Plätze

Stand: 2009, *Quelle* wikipedia.de

Die Filmstudios in Potsdam-Babelsberg

Ein Viertel, das die Welt kennt: Im Potsdamer Stadtteil Babelsberg sind nicht nur der berühmte Filmpark Babelsberg und die Filmhochschule Konrad Wolf zu finden, sondern auch die Babelsberger Filmstudios, in denen seit Beginn des 20. Jahrhunderts Kinofilme, später auch Fernsehfilme und -serien gedreht und produziert wurden. Seit 1912 leuchten in den 16 Studios auf 420 000 Quadratmetern die Scheinwerfer, und die Studiokulissen von Babelsberg spiegeln ein Jahrhundert deutscher (Film-)Geschichte. Etwa die weltberühmten Stummfilmproduktionen der 1920er Jahre, die immer auch die politische Zerrissenheit der Weimarer Republik darstellten. Kaum zehn Jahre später die oft unterhaltsam daherkommenden Erbauungsfilme am Ende der 1930er und zu Beginn der 1940er Jahre, die auf versteckte Weise immer auch Propaganda für die Nazis darstellten. In den 1950er und 1960er Jahren die zum Teil herausragenden Filme der DDR-Filmindustrie der Nachkriegszeit, die zumindest versuchten, Kritik an der sozialistischen Diktatur zu formulieren, wofür es immer wieder auch Verbote hagelte. Und schließlich die Produktionen der Zeit nach der Wiedervereinigung von 1990 bis heute: Fernsehen und Film arbeiten in Babelsberg Hand in Hand zusammen, und die internationale Filmindustrie hat das Potsdamer Filmviertel entdeckt: als einen Ort, an dem man – mit Hilfe staatlicher Filmförderung – professionell und kostengünstig Kino für die Welt produzieren kann.

Zwanzig berühmte Filme aus Babelsberg

1915 DER GOLEM 1922 DR. MABUSE, DER SPIELER 1922 NOSFERATU – SYMPHONIE DES GRAUENS 1924 DIE NIBELUNGEN 1930 DER BLAUE ENGEL 1944 DIE FEUERZANGENBOWLE 1945 KOLBERG 1946 DIE MÖRDER SIND UNTER UNS 1953 DIE GESCHICHTE VOM KLEINEN MUCK 1957 DAS SINGENDE, KLINGENDE BÄUMCHEN 1966 SPUR DER STEINE 1988 WEIHNACHTSGANS AUGUSTE 1989 IMMENSEE 1994 DIE UNENDLICHE GESCHICHTE 1999 SONNENALLEE 2004 DIE BOURNE VERSCHWÖRUNG 2007 DIE FÄLSCHER 2008 OPERATION WALKÜRE 2008 DER VORLESER 2009 INGLOURIOUS BASTARDS

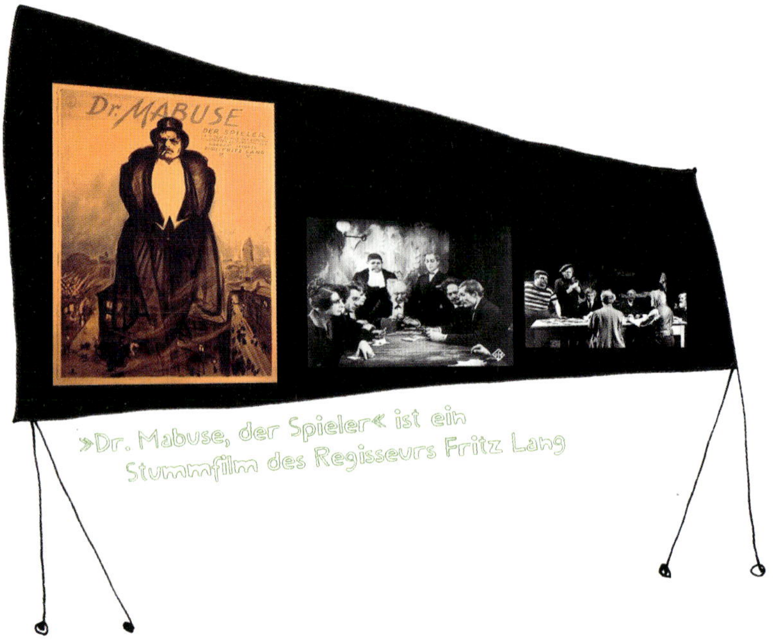

»Dr. Mabuse, der Spieler« ist ein Stummfilm des Regisseurs Fritz Lang

Berühmte Filmstudios aus aller Welt

Beijing Filmstudio, Peking (China) Das größte Studio Asiens, mit 1350 Beschäftigten und 26 Hektar Fläche. Angesiedelt in einem Vorort der chinesischen Hauptstadt. **Cinecittà, Rom (Italien)** Die Heimat der Historienschinken. Heilige Hallen des italienischen Films. **Filmstudios Barrandov, Prag (Tschechien)** Entstehungsort der berühmten tschechischen Jugendserien und -filme. Zum Beispiel PAN TAU. **Pinewood Studios, Iver Heath, Nähe London (England)** Hier standen viele James-Bond-Kulissen. **Ramoji Film City, Hyderabad (Indien)** Größtes Studio der Welt, in dem bis zu 60 indische, aber auch internationale Filme zugleich gedreht werden können. **Universal Studios, Hollywood, Los Angeles (USA)** Eines der ersten Hollywoodstudios der Stummfilmzeit. Heute noch in Betrieb.

Der Unterschied zwischen Kino und Fernsehen

Große Leinwand	← →	Kleiner Bildschirm
Werbung vorher	← →	Werbepausen
Ausgehen	← →	Hinsetzen
Nachos	← →	Käsebrot
Eintrittskarte	← →	Einschaltknopf
Spannung	← →	Ent-Spannung
Filmplakate	← →	Programmzeitschrift
Ergreifend	← →	Ernüchternd
Ende	← →	Weitersehen

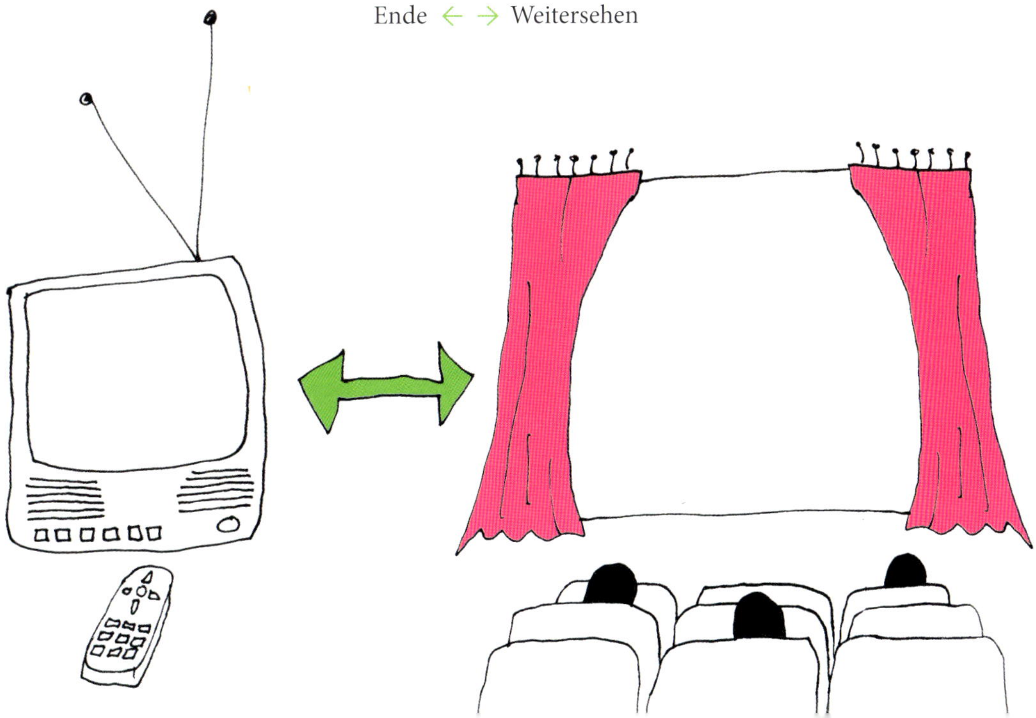

China-
town
福 Chinesisches Zeichen
für »Glück« 福

Chinatown, das Viertel der Chinesen

Mitten in San Francisco erhebt sich ein farbenprächtiges Drachentor, hinter dem eine belebte Straße direkt in die »Stadt der Chinesen« führt: nach Chinatown. Nur einen Steinwurf entfernt eine andere Welt: Häuser mit Pagodendächern, asiatische Händler, ein ganz eigener Duft nach Gewürzen und Tee und sogar die Telefonzellen und Straßenlaternen sind bunt verziert – Klein-China in den Vereinigten Staaten. 福 Es war der Fund von Gold im American River nahe der damals noch sehr beschaulichen Siedlung San Francisco, der zu der ersten großen Einwanderungswelle von chinesischen »Gastarbeitern« in die USA führte. Allein im Jahr 1849 kamen rund 80 000 Menschen per Schiff nach San Francisco. 福 Die chinesischen Einwanderer wohnten meist in derselben Gegend, so dass nach kurzer Zeit die erste Chinatown Amerikas entstand. Andere sollten folgen, zum Beispiel die sehr berühmte in New York. Dass die chinesischen Einwanderer unter ihresgleichen blieben, wurde durch die rassistisch eingestellte amerikanische Mehrheitsgesellschaft verstärkt, die den Asiaten feindselig gegenüberstand. 福 In Deutschland lebten damals nur sehr wenige Chinesen. Lediglich in Hamburg existierte in der ersten Hälfte des 20. Jahrhunderts ein Chinesenviertel. Dort hatten sich viele chinesische Schiffsheizer niedergelassen. 1944 wurde »Hanbao-Chinatown« von den Nationalsozialisten zerstört. 福 Heute leben 80 000 Chinesen in Deutschland; die meisten sind als Köche oder zum Studieren ins Land gekommen.

Ausländer in Deutschland I

Herkunftsländer
Türkei 1 738 831
Italien 534 657
Polen 361 696
Griechenland 303 761
Serbien 282 067
Kroatien 227 510
Russland 187 513
Österreich 175 653
Bosnien-Herzegowina 157 094
Ukraine 128 950
Holland 123 466
USA 99 265
Vietnam 83 076
Marokko 69 926
Brasilien 30 340

Hinzu kommen noch die Einwanderer mit doppelter Staatsangehörigkeit beziehungsweise die eingebürgerten mit deutschem Pass, also die Menschen mit »Migrationshintergrund«. Zählt man sie hinzu, erhöhen sich die Zahlen beträchtlich.

Stand: 2006

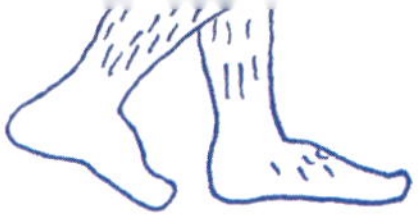

Das Wandern ist der Völker Lust. Und Frust

Zum Beispiel in Köln, auf dem Eigelstein hinter dem Hauptbahnhof: Hier wohnen viele Türken, hier gibt es sehr viele türkische Geschäfte und Restaurants. Neben Nippes, Mülheim, Ehrenfeld und Kalk ist der Eigelstein eines der bekanntesten Multi-Kulti-Viertel der Stadt, Menschen aus Dutzenden Herkunftsländern leben hier (meist) friedlich zusammen. 福 Weil es in den 1950er und 1960er Jahren einen Mangel an Arbeitskräften gab, warb die BRD Arbeiter aus Spanien, Italien, Griechenland, Marokko und der Türkei an. Diese Arbeiter wohnten zunächst in Sammelunterkünften, ab 1962 ließen sie sich in Stadtteilen nieder, in denen sie günstige Wohnungen mieten konnten. So entstanden ab 1962 in Köln, ab 1965 auch in anderen deutschen Städten die multikulturellen Viertel. 福 Die Geschichte der Migration, also des Auswanderns aus dem eigenen Land, ist so alt wie die Menschheit: Erst durch das Hin- und Herwandern früher Menschenaffen zwischen Afrika und Europa entstand der Mensch. 福 Krieg und Hunger, aber auch die Entdeckungslust führten während der Menschheitsgeschichte immer wieder zu Auswanderungsbewegungen. So zum Beispiel während der großen Völkerwanderungen zwischen 370 und 570 n. Chr. 福 Durch moderne Reisemöglichkeiten ist das Auswandern heute leichter geworden, eine weltweite Arbeitsmigration ist entstanden: Allein zwischen 2000 und 2005 wanderten 3,3 Millionen Menschen in die Industrieländer ein. In Europa lebten 2008 rund 70,6 Millionen Einwanderer.

Das ABC der Migration

A

Assimilation Anpassung verschiedener gesellschaftlicher Gruppen aneinander

Aufenthaltsstatus Berechtigung einer Person ohne deutsche Staatsangehörigkeit, sich in Deutschland aufzuhalten

Ausweisung Eine Person fremdländischer Staatsangehörigkeit wird zwangsweise in ihr Herkunftsland zurückgeschickt

Asyl Zufluchtsort, Obdach vor Verfolgung und Gefahr

Asylbewerber Eine Person fremder Staatsangehörigkeit, die aus politischen Gründen (zum Beispiel, weil sie wegen ihrer politischen Einstellung in ihrem Herkunftsland verfolgt wird) um Aufnahme bittet

Das ABC der Migration *Fortsetzung*

Bleiberecht Ein Asylbewerber erhält das Recht, sich dauerhaft in Deutschland niederzulassen

Duldung Ein abgelehnter Asylbewerber entgeht bis auf weiteres der Ausweisung. Zum Beispiel, weil im Herkunftsland lebensbedrohliche politische Verhältnisse herrschen

Einbürgerung Einem Antrag auf den Erwerb der Staatsbürgerschaft des Einwanderungslandes wird stattgegeben

Emigranten Auswanderer

Exil Vorübergehende Abwesenheit aus der Heimat. Dient in der Regel dem Schutz vor politischer Verfolgung

Familienzusammenführung Ehepartner und Kinder von Einwanderern dürfen nach bestimmten Fristen ebenfalls nach Deutschland einreisen

Immigration Einwanderung

Integration Eingliederung in die Gesellschaft

Multikulti Das Zusammenleben von Menschen verschiedener Herkunft und Kulturen

Rückführer Polizist, der abgelehnte Asylbewerber bei der Zwangsabschiebung nach Hause begleitet

Spätaussiedler Einwanderer mit deutschen Vorfahren (etwa aus Russland)

Zuwanderer Person aus einem anderen Land, die vorübergehend oder dauerhaft Aufnahme gefunden hat, zum Beispiel als Student, als Manager, als Ehepartner, als adoptiertes Kind

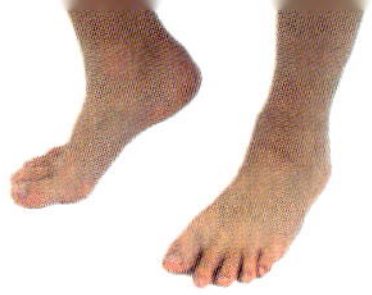

Migration bedeutet …

福 Auswanderung von Menschen in ein anderes Land oder Wechsel des Wohnorts von Menschen innerhalb eines Landes *Soziologie* 福 Positionsveränderung von Zellen im Körper *Biologie* 福 Wanderung von Erdgas vom Muttergestein ins Speichergestein *Geologie* 福 Umherschwirren von Ionen in einem elektrischen Feld *Elektronik* 福 Umsiedlung einer Gruppe von Tieren (einer Tierpopulation) in ein anderes Revier *Zoologie* 福 Veränderung der Bahn von Planeten während der Entstehung eines Planetensystems *Astrologie* 福 Verlust von Kunden, die sich einer anderen Firma zuwenden *Ökonomie*

Wortherkunft: Der Begriff Migration stammt vom lateinischen *migrare* (= auswandern) ab.

Ausländer in Deutschland II

Anteile nach Bundesländern

Hamburg 14,2 %
Berlin 13,9 %
Bremen 12,7 %
Baden-Württemberg 11,8 %
Hessen 11,3 %
Nordrhein-Westfalen 10,6 %
Bayern 9,4 %
Saarland 8,3 %
Rheinland-Pfalz 7,7 %
Niedersachsen 6,6 %
Schleswig-Holstein 5,3 %
Sachsen 2,8 %
Brandenburg 2,6 %
Mecklenburg-Vorpommern 2,3 %
Thüringen 2 %
Sachsen-Anhalt 1,9 %

Stand: 2007,
Quelle Bundeszentrale für politische Bildung

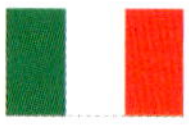

Klein-Istanbul, Petit-Africa und Little Italy

福 **Klein-Istanbul** wurden in den 1980er Jahren Straßenzüge in deutschen Großstädten genannt, in denen besonders viele Türken leben. So etwa die Oranienstraße im Berliner Stadtteil Kreuzberg. Eine ganz normale Straße, die allerdings wichtige historische Bedeutung hat: In ihren vielen Imbissen und Restaurants bahnte sich der Siegeszug des Döners in Deutschland an. 福 An der Metrostation Château Rouge mitten in Paris herrscht an manchen Wochentagen ein Treiben wie in einer afrikanischen Metropole: schwarze Frauen in bunten Kleidern schlendern an Ständen mit Kunsthaarteilen oder Kochbananen vorbei; Männer bieten Trockenfisch und (meist raubkopierte) CDs an; Marabouts und Feticheure können konsultiert werden, um die bösen Geister zu besänftigen. Die meisten der Afrikaner in Frankreich stammen aus den ehemaligen Kolonien, also aus Ländern, die früher unter französischer Herrschaft standen. Viele Bewohner von **Petit-Afrika** sind damit gar keine Staatsbürger eines afrikanischen Landes, sondern ganz einfach Franzosen. 福 Die italienischen Auswanderer haben in die USA nicht nur ihr Essen, ihren Sinn für Mode und ihre Lebensfreude eingeführt, sondern auch eine Verbrechenskultur: die des Mobsters, eines Angehörigen der Mafia, die nicht nur das New Yorker Italienerviertel **Little Italy** kontrollierte. Die Gangster Lucky Luciano (1896–1962) und Al Capone (1899–1947) gehören zu den sagenumwobensten Figuren der italienischen Amerikaner.

Jeder ist ein Ausländer, fast überall

»Ein Land mit nur einer Sprache und einer Sitte ist schwach und gebrechlich. Darum ehre die Fremden und hole sie ins Land.« Stephan I., 975–1038, erster König der Ungarn

»Laß fremde Art doch gelten / selbst dann, wenn sie dich quält! / Gar oft ist, was wir schelten / grad was uns selber fehlt.« Wilhelm Kuhnert, 1865–1926, deutscher Maler und Schriftsteller

»Die einzigen Ausländer, die wir gekannt haben, waren die Indianer aus den Büchern von Karl May.« Wolfgang Schäuble, deutscher Innenminister, in einem Gespräch mit den Kindern von Einwanderern über seine eigene Kindheit

»Ein Fremder ist ein Freund, den man nur noch nicht kennt!« Irisches Sprichwort

Die Deutschen in den USA und das Bremerhavener Auswandererhaus

Die USA, eine heimliches deutsches Bundesland? Das könnte man fast meinen: Laut einer Volkszählung aus dem Jahr 2000 bezeichnen sich 42,8 Millionen Amerikaner (also 15,2 Prozent der Bevölkerung) als deutschstämmig. Das ist eine größere Zahl als bei den Iren (30,5 Millionen), den Afroamerikanern (24,9) und sogar den Engländern (24,5). 1 382 610 Amerikaner sprechen das Deutsche als ihre Muttersprache. 福 Mit 14 Ochsen, 30 Bierfässern und jeder Menge Zwieback an Bord stachen 13 Familien aus Krefeld am 24. Juli 1683 in See, um ihr gelobtes Land in der Neuen Welt zu finden. Ihnen folgten im 18. und 19. Jahrhundert insgesamt rund sieben Millionen Deutsche. 福 Die Überfahrt mit dem Schiff war damals sehr strapaziös; manchen kostete sie das Leben. Wie die Auswanderer sich gefühlt haben, das kann man im Deutschen Auswandererhaus in Bremerhaven nachvollziehen: In dem Museum sind viele Stationen der Reise, unter anderem die Schiffspassage, originalgetreu nachempfunden. 福 Manche Deutsch-Amerikaner wurden später weltberühmt. So zum Beispiel der Erfinder des Heinz-Ketchups, der Klavierbauer Steinway und der Bierbrauer Adolphus Busch (»Anheuser-Busch«). Dem berühmtesten Amerika-Auswanderer verdanken wir eine sehr beliebte Beinbekleidung: Levi Strauss (1829–1902) aus Bamberg, Erfinder der Jeans.

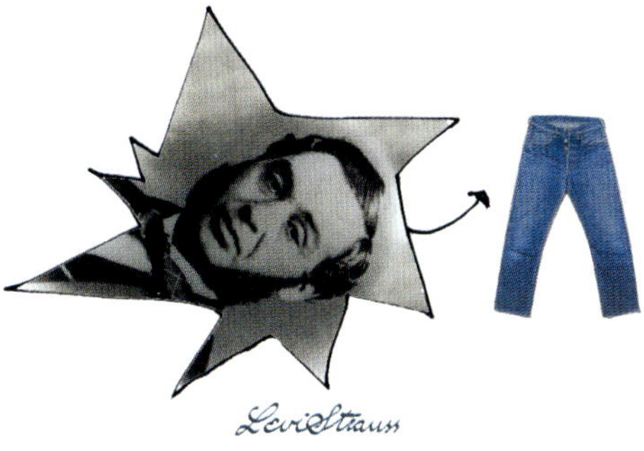

An die deutschen Auswanderer nach Amerika

Wie preis't euch Deutschen man so sehr
Ein Paradies dort über'm Meer?
Was drängt, der Zukunft unbewußt,
Euch von der Heimath Mutterbrust?

Es mag der träge Bürger ziehn!
Dem Fleiß kann hier auch Segen blühn;
Hier, wo es nicht an Land gebricht,
Giebt es auch Uebervölkrung nicht.

Ihr Deutschen Brüder, schaut umher,
Noch ist manch Plätzchen menschenleer,
Das zum Gedeihen edler Frucht
Nur einen treuen Pfleger sucht.

Hier strotzt ein Wald in üpp'ger Kraft
Des Bodens, der den Weizen schafft;
Dort strebt im Sand und hier im Moor
Nur kümmerlich die Saat empor.

Drum weckt durch Fleiß und Thätigkeit,
Was uns Natur so reichlich beut!
Dies liegt im Vaterlande ja
Euch näher als Amerika.

Und weichet nicht von Treu und Pflicht,
Und weicht vom Vaterlande nicht,
Weil er, bey trüber Gegenwart,
Auf bessre Zukunft ruhig harrt.

So denket fest und gut und wahr
Ein ächter Deutscher immerdar;
Wer nicht zu diesen sich gesellt,
Mag ziehen in die neue Welt!

Sieben von 49 Strophen des Gedichtes eines unbekannten Verfassers, der sich gegen die massenhafte Auswanderung von Deutschen in die Vereinigten Staaten wandte. Gedruckt am 23. Januar 1833 in Baltimore (USA); beschlagnahmt im Sommer des gleichen Jahres im Osnabrücker Land. *Quelle* Staatsarchiv Osnabrück / Universität Oldenburg

Vaterland und Muttersprache

Das Wort »Vaterland« entstand im Mittelalter, wo es ganz einfach die Besitzverhältnisse an einem bestimmten Stück Land beschrieb: das Land des Vaters. 福 Im Lauf der Jahrhunderte veränderte sich die Bedeutung des Begriffes parallel zur Entstehung der Nationalstaaten. Er wurde zunehmend genutzt, um das Land zu beschreiben, aus dem jemand stammte. In der Regel ist die Zugehörigkeit zu einem Vaterland auch durch die Verwendung einer bestimmten Sprache gekennzeichnet. 福 Die Muttersprache ist die in der frühen Kindheit gelernte, erste Sprache. Häufig handelt es sich bei der Muttersprache um die des Vaterlandes. 福 Als »Zweitsprache« wird die Sprache bezeichnet, die ein Mensch in jungen Jahren durch Kontakte zu den Menschen seines Umfeldes wie eine zweite Muttersprache erlernt, etwa im Kindergarten. Also zum Beispiel das Deutsche bei Einwandererkindern, die zunächst Türkisch gelernt haben. 福 Eine Fremdsprache erwirbt man im Unterschied zur Zweitsprache nicht durch »learning by doing«, sondern in der Schule. Fremdsprachen werden »auf Vorrat« für eine spätere Anwendung erworben. Wenn ein türkisches Einwandererkind nur das Deutsche, nicht aber das Türkische gelernt hat, so könnte seine erste Fremdsprache die seines Vaterlandes sein. Dann zumindest, wenn es sich für die Türkei als »sein« Land entscheidet.

Die beliebtesten Auswanderungsländer der Deutschen

Jährliche Zahl der Einwanderer aus Deutschland

Schweiz 18 007
USA 13 750
Österreich 10 345
Großbritannien 9395
Polen 9090
Spanien 8149
Frankreich 7572
Kanada 3831
Niederlande 3554
Türkei 3451
Insgesamt 64 735

Stand: 2006,
Quelle Statistisches Bundesamt

Ausländer in Deutschland III

1961 686 000
1970 2 738 000
1980 4 566 000
1990 5 582 000
2000 7 268 000
2005 7 289 000
2006 7 256 000

Quelle Bundeszentrale für politische Bildung

Auch ein Einwanderer: der Kiosk

Jetzt schnell noch nach Ladenschluss etwas zu lesen kaufen? Oder doch lieber Süßigkeiten? Vor allem aus Großstädten ist er nicht wegzudenken: der Kiosk – je nach Region auch Bude, Büdchen oder Trinkhalle genannt. 福 Das Wort »Kiosk« und seine ursprüngliche Bauform stammen aus dem Orient. Im Persischen und Türkischen wurden prächtige Gartenpavillons von Herrschern und auch Brunnenhäuschen reicher Wohltäter so bezeichnet. 福 Diese vornehme Herkunft lässt sich heute kaum noch erahnen. Dabei sind auch in Deutschland die ersten Kioske als antialkoholische Erfrischungsstationen begründet worden. In der zweiten Hälfte des 19. Jahrhunderts kam in Deutschland das Trinken von mit Kohlensäure versetztem Mineralwasser in Mode. Die findigen Abfüller hatten die Idee, für den Verkauf spezielle Häuschen zu errichten, daher die Bezeichnung Trinkhalle – in Frankfurt am Main hat sich noch der Name »Wasserhäuschen« erhalten. Der Verkauf von Alkohol war den Kioskbetreibern sogar bis in die 1920er Jahre offiziell verboten.

Kulinarische Importschlager an der Imbissbude

China Gebratener Reis 福 Frankreich Baguette 福 Griechenland Gyros 福 Indien Chicken Curry 福 Italien Pasta 福 Japan Sushi 福 Libanon Falaffel 福 Mexiko Tortilla 福 Türkei Döner Kebap 福 USA Hamburger

Der Multikulti-Kochtopf

Essen aus aller Herren Länder: Der Begriff »Fusion Food« (= Essensverschmelzung) entstand in den 1970er Jahren im amerikanischen Bundesstaat Kalifornien. Dort lebende Asiaten verschmolzen Rezepte der asiatischen Küche mit amerikanischen und internationalen Zubereitungsarten, weil sie nicht genügend Zutaten für ein »rein« asiatisches Kochen bekommen konnten. Das Ergebnis: Fusion Food. Das Multikulti-Kochen mit vermischten Rezepten und Zutaten aus aller Welt wurde in den 1980er Jahren zu einer Mode, verbreitete sich in den 1990er Jahren um die Welt und ist heute Normalität. Sushi aus Japan gibt es jetzt bayerisch mit Rettich und Kartoffelstampf, Schnitzel wird in Honig und Sesamöl eingelegt und mit Reis serviert und die arabischen Falaffel-Bällchen passen ganz hervorragend zu Steak, Braten, Rouladen und Co.

Vom Kampf der Essens-Kulturen

福 Als vorzügliche französische Spezialität gilt ein Gericht namens **Ratatouille**, das man am besten mit »zusammengerührter Fraß« übersetzen könnte. Der »Fraß« stammt ursprünglich aus der Region um Nizza und besteht aus Elementen der italienischen, der spanischen und der französischen Küche. Er enthält zum Beispiel Auberginen, Zucchini, Tomaten, Kartoffeln, Knoblauch und Zwiebeln. 福 Eine schöne Mischung bilden auch die deutsche Wurst und die indische Gewürzmischung Curry: die **Currywurst**. Die auch dann noch so heißt, wenn sie in Stücke geschnitten wurde, eigentlich also nicht mehr Wurst, sondern bereits Geschnetzeltes ist. 福 Das **Böfflamott** ist ein aus Frankreich nach Deutschland eingewandertes, vor allem in Bayern zu findendes Gericht. Anfang des 19. Jahrhunderts verbündeten sich die Bayern mit dem französischen Kaiser Napoleon Bonaparte, woraufhin dieser ihr Kurfürstentum in den Rang eines Königreiches erhob. Das Königreich ist längst verschwunden, ebenso wie die französischen Soldaten. Geblieben ist dagegen die bayerische Variante des französischen Rinderschmorbratens »Bœuf à la Mode« – eben das Böfflamot. 福 Das Wort »Vielfraß« stammt vom norwegischen Wort »**Fjellfräs**« ab. Die Raubtiere von der Art des Fjellfräs sind Marder und fressen Ratten, Mäuse und anderes Kleingetier. Korrekt übersetzt bedeutet Fjellfräs »Gebirgskatze«, aber durch den ähnlichen Klang hat sich die Bezeichnung »Vielfraß« eingebürgert.

Ausländer in Deutschland IV

福 Anteil an der Gesamtbevölkerung 8,8 % 福 Westdeutschland 9,7 % 福 Ostdeutschland 2,4 % 福 Unbefristete Aufenthaltsgenehmigung 60 % 福 Länger als 10 Jahre in Deutschland 63,3 % 福 Länger als 20 Jahre in Deutschland 34,6 % 福 Länger als 30 Jahre in Deutschland 21,6 % 福 Durchschnittliche Aufenthaltsdauer 17,3 Jahre

Das Vergnügungsviertel

Massenspaß Volksfest

Volksfeste sind das wichtigste Angebot der Freizeitindustrie, wenn man die Besucherzahlen betrachtet: 178 Millionen Besuche auf Volksfesten finden in Deutschland durchschnittlich im Jahr statt. Bei den Schwimmbädern sind es – zum Vergleich – 160 Millionen, bei den Kinos 140, bei den Theatern 33,8 und in der Fußballbundesliga 9,3 Millionen. 63,2 Prozent der Bevölkerung besuchen Volksfeste, und jeder Volksfestfreund entscheidet sich im Durchschnitt 3,2 Mal im Jahr für ein paar Stunden auf der Kirmes. Im Schnitt bleiben die Besucher knapp über drei Stunden vor Ort. 86 Prozent aller Fans von Achterbahn, Losbude, Bierzelt und Co. kommen in Begleitung; Süddeutsche entscheiden sich öfter für einen Nachmittag auf dem Volksfest als Norddeutsche; jüngere Menschen sind deutlich häufiger vertreten als ältere. 39,2 Prozent der Besucher sind Tagesausflügler, 3,9 Prozent sind Übernachtungsgäste. 56,9 Prozent leben in der Stadt, in der das Fest stattfindet. 67 Millionen Tagesausflüge pro Jahr werden unternommen, um ein Volksfest zu besuchen. Die Anzahl der Gäste aus dem Ausland unterscheidet sich je nach Bekanntheit der Veranstaltung. Beim Münchener Oktoberfest sind es immerhin 10 Prozent.

Stand: 2008, *Quelle* Deutscher Schaustellerbund

Das Oktoberfest in Zahlen I

Größe Theresienwiese 42 ha · Arbeitskräfte 12 000 · Besucher 6,2 Millionen · Bierausschank 6,9 Millionen l · Toiletten 964 · Urinale 878 · Behindertentoiletten 17 · Schausteller 208 · Marktkaufleute 307 · Gastronomiebetriebe 83 · Bierzelte 14 · Größtes Bierzelt Hofbräu, 10 000 Sitzplätze · Sitzplätze insgesamt 100 000 · Lampen 350 000 · Stromverbrauch 2,7 Millionen kWh · Wasserverbrauch 90 Millionen l · Restmüll 764 000 kg · Straßenreinigung 181 000 kg · Speisereste / Knochen 265 000 kg · Altpapier 43 000 kg · Fundsachen 4400 (darunter: 4 Gebisse)

Stand: 2007/2008, *Quelle* Stadt München

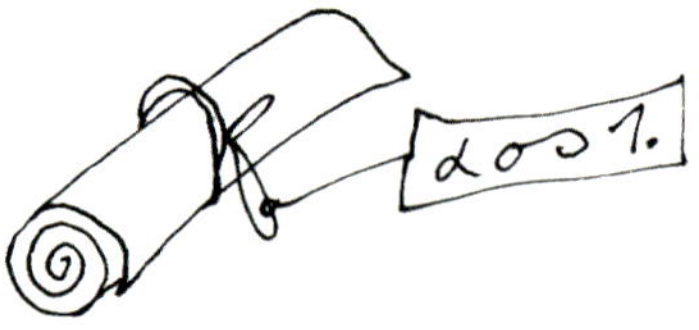

Die Kirmes, ein Kirchenklassiker?

Mit 4,8 Millionen Besuchern zählt die Cranger Kirmes in Herne 2008 zu den größten Volksfesten Deutschlands. Nur das Münchener Oktoberfest war mit seinen 6,7 Millionen Besuchern beliebter. Rechnet man das Besucheraufkommen pro Tag, war das etwas kürzere Fest in Herne sogar erfolgreicher. Achterbahnen, Schießstände, Losbuden, Autoscooter, Musik, Mandeln, Fritten, Cola, Bier – so sieht eine Kirmes heutzutage aus. Es geht ums Vergnügen – und ums Geldverdienen. Geschichtlich betrachtet, war das anders: Das Wort Kirmes stammt vom mittelhochdeutschen Begriff *kirmesse* ab, der die feierliche Segnung neuer Gottesdiensträume beschreibt. Dieses Fest wurde ab dem späten Mittelalter (um 1200) in vielen Gemeinden zur Erinnerung an die Einsegnung einmal jährlich gefeiert. Es entwickelte sich vielerorts zum wichtigsten Kirchenfest. Die Kirchmesse zog viele Menschen an, und wo viele Menschen sind, gibt es etwas zu verdienen. Der Kirmes-Handel erblühte, und bald waren viele Kirchweihfeste mit einem Jahrmarkt verbunden. Dort gab es nicht nur Waren aus aller Welt und allerlei Leckereien zu kaufen, es wurden auch Glücksspiele, Vorführungen und Tanz angeboten. Von der mittelalterlichen zur heutigen Kirmes war es dann nur noch ein kleiner Schritt: Der Verkauf von Waren fiel im 20. Jahrhundert weg, weil allerorten Warenhäuser entstanden. Der Tanz verlegte sich in Tanzlokale. Das Glücksspiel, die Leckereien und die Schausteller aber blieben.

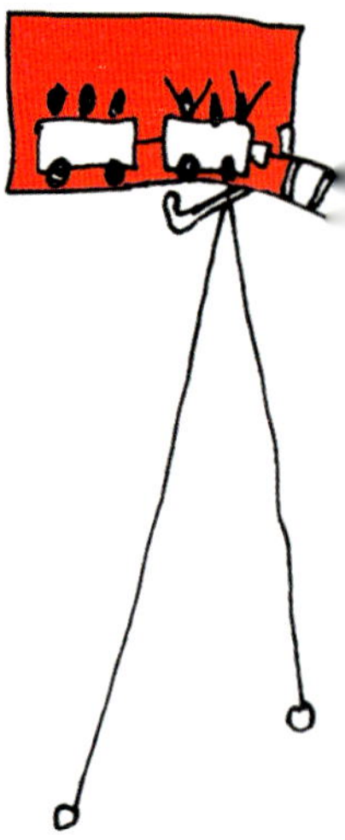

Das Oktoberfest in Zahlen II

Jahr	Bier *hl*	Brathendl *Stück*	Würstchen *Paar*
2003	62 294	487 487	190 635
2004	61 163	481 649	179 889
2005	61 012	479 610	179 557
2006	61 100	494 135	144 635
2007	69 406	521 872	142 253

Ein Hektoliter (hl) entspricht 100 Litern.
Quelle Oktoberfest

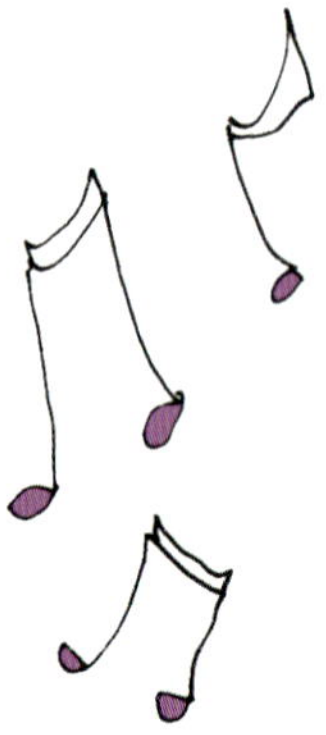

Kleines A und O der Achterbahn

New York im Jahr 1884, das Vergnügungsviertel Coney Island. Unter dem Kommando von La Marcus Thompson (1848–1919) wird die Switch Back Railway aufgebaut, eine hölzerne Erlebnisbahn mit wellenförmigen Hügeln, aber noch ohne Kurven oder gar Loopings. Die Bahn erlebt riesigen Zuspruch, die Erfolgsgeschichte der Achterbahn beginnt. Vorläufer der Achterbahn gab es schon lange vorher: Im russischen St. Petersburg wurden im 15. Jahrhundert während der Wintermonate Hügel so vereist, dass man achterbahnartig auf ihnen rodeln konnte. Ein weiterer Vorläufer existierte in den Vereinigten Staaten: Die Kohlenwagen in den Bergwerken wurden üblicherweise von Eseln gezogen. Ein Arbeiter kam auf die Idee, die Esel auf dem Weg in den Stollen die Wagen nicht mehr selber ziehen zu lassen, sondern sie auf die Wagen zu stellen und sie kräftesparend nach unten rollen zu lassen. Das Ergebnis: Zukünftig waren die Tiere nicht mehr zu bewegen, »zu Fuß« den Berg hinabzugehen, weil ihnen die »Achterbahnfahrt« ein solches Vergnügen bereitete. Die Menschen taten es ihnen nach, machten ein Geschäft daraus, und bald verdienten die Bergwerker mit den Abfahrten mehr als mit ihrer eigentlichen Arbeit. Ihren Namen verdankt die Achterbahn ihrer Form: Die ersten Bahnen sahen von oben aus wie eine Acht, und als im Jahr 1908 auf dem Münchener Oktoberfest die erste (amerikanische) Bahn aufgebaut wurde, hatte die Achterbahn in Deutschland ihren Namen weg. In den Vereinigten Staaten setzten sich andere Begriffe durch: *Rollercoaster* (= Rollbahn), *Thrill Ride* (= Nervenkitzel-Fahrt), *Scream Machine* (= Schrei-Maschine). In älteren Freizeitparks gibt es noch heute Holzachterbahnen; üblich sind seit den 1930er Jahren aber die komfortableren, leichter aufzubauenden und belastbareren Bahnen aus Stahl. Loopings können seit Mitte der 1970er Jahre gefahren werden, mittlerweile existieren Achterbahnen mit bis zu zehn Überschlägen hintereinander.

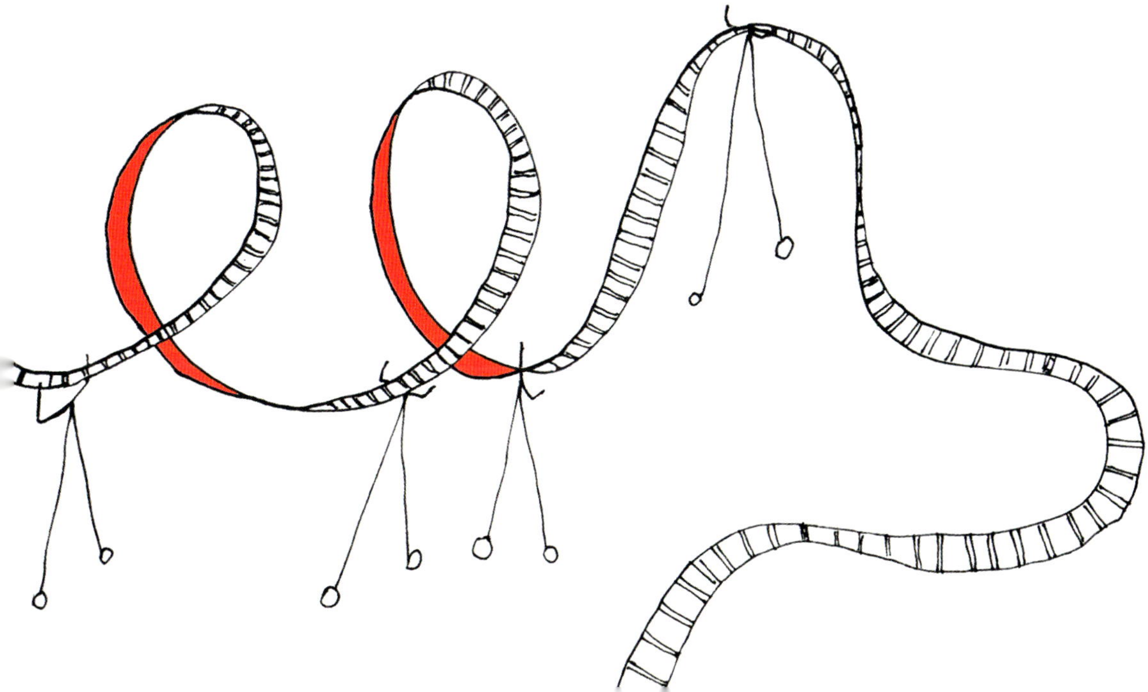

Achterbahn von A bis Z

Airtime Kurzes Abheben aus dem Sitz

Banking Kurvenneigung der Schienen

Camelback Hügel mit Airtime-Effekt

Diving Machine Achterbahn in freiem Fall

First Dorp Erste Abfahrt

g-Kraft Wirkung der Beschleunigung auf den Körper

Herzlinie Drehung in Höhe der Herzen der Fahrgäste

Inversion Überschlag

Layout Gestaltung der Streckenführung

Mega Coaster Achterbahn mit 50 bis 70 m Höhe

Pretzel Loop Überschlag in Brezel-Form

Ride Operator Achterbahn-Mitarbeiter

Stratacoaster Achterbahn mit über 120 m Höhe

Top Hat Hügel mit senkrechtem Anstieg/Abstieg

Water Coaster Wasserachterbahn

Zero G Roll Rolle mit Schwerelosigkeit-Effekt

Die Psychologie der Achterbahnfahrt

Die zuletzt fast unerträgliche Spannung des Anstiegs, dann der rapide Sturz zu Tal. Die dramatische, unüberwindbar scheinende Kurvenlage – auf die sanft-erholsame Slalombewegungen folgen. Und sowieso ein ständiges Hin und Her zwischen Schwerelosigkeit und Erdanziehungskraft – das macht eine gelungene Achterbahnfahrt aus. Achterbahnfahren ist ein ständiges Wechselspiel zwischen Anspannung und Entspannung, so wie das Leben auch, nur viel zugespitzter, in kürzerer Zeit und auf engerem Raum. Die halsbrecherische Fahrt löst einen besonderen Bewusstseinszustand aus, sie ist ein Rausch. In der Achterbahn, sagt der Soziologe und Achterbahnexperte Sacha Szabo, gibt es zwei Typen: den Angstsucher und den Angstmeider. Der eine jubelt, der andere schreit. Beide genießen die Fahrt: der eine aus Spaß, der andere aus Angstlust. Für einen Moment entfliehen sie dem Denken und gehen völlig in der Gegenwart auf. In diesem kurzen Rausch geraten die Probleme in Vergessenheit. Die Achterbahn ist typisch für das Volksfest im Ganzen, denn im Sich-Treibenlassen, im Genuss von Süßkram und Fettigem, in der unproduktiven Sinnlosigkeit von Rausch-Erlebnissen offenbart sich ein Sinn: der, den Alltag auszublenden und einen Augenblick lang völlig unbeschwert zu sein.

Achterbahn-Superlative

Schnellste Achterbahn *Weltweit* Kingda Ka (Six Flags Great Adventure Park, New Jersey, USA): 206 km/h *Europa* Furious Baco (Port Aventura, Spanien): 135 km/h **Höchste Achterbahn** *Weltweit* Kingda Ka: 139 m *Europa* Silver Star (Europa Park, Deutschland): 73 m **Höchste Abfahrt** *Weltweit* Kingda Ka: 127 m *Europa* Silver Star: 67 m **Längste Achterbahn** *Weltweit* Steel Dragon 2000 (Nagashima Spa Land, Japan): 2479 m *Europa* The Ultimate (Lightwater Valley, Großbritannien): 2268 m

Zwei Kirmesrezepte zum Selbermachen

Gebrannte Mandeln

Zutaten für 4 Portionen 200 g Zucker 1 Päckchen Vanillezucker 100 ml Wasser 200 g Mandeln, ganz und ungeschält etwas Butter

Zubereitung Zucker, Vanillezucker und Wasser zum Kochen bringen. Mandeln zugeben und unter Rühren weiterkochen, bis der Zucker trocken wird. Dann weiterrühren, bis der Zucker leicht zu schmelzen beginnt und die Mandeln glänzen. Ein Backblech mit Butter einfetten, Mandeln darauf schütten und abkühlen lassen.

Hot Dogs

Zutaten für 4 Portionen 4 Hot-Dog-Brötchen 4 Wiener Würstchen Tomatenketchup Senf

Zubereitung Brötchen in der Mikrowelle, im Backofen oder auf dem Toaster erwärmen. Jeweils ein Ende abschneiden. Mit dem Stiel eines Kochlöffels der Länge nach ein Loch in das Brötchen stechen. In das Loch etwas Ketchup und Senf geben, das Würstchen einschieben. Mit Gurkenscheiben und (gerösteten) Zwiebeln kann man den Geschmack verfeinern. Sind keine Brötchen vorhanden, einfach ein Baguette nehmen.

Das größte mobile Riesenrad

Je größer, desto aufwendiger. Mit jedem Meter Höhe steigt der Materialaufwand für ein Riesenrad überdurchschnittlich. Kein großes Problem bei einem fest verankerten Riesenrad wie dem 175 Meter hohen Great Berlin Wheel, das 2010 am Bahnhof Zoo in Betrieb gehen wird. Bei mobilen Riesenrädern, die von Kirmes zu Kirmes ziehen, ist das anders, denn hier erhöht das zusätzliche Material den Transportaufwand. Das größte mobile Riesenrad der Welt wurde 1980 erstmals aufgestellt und gehört der Schaustellerfirma Steiger aus Bad Oeynhausen. Es ist 60 Meter hoch, erstrahlt mit 14000 Glühlampen, verfügt über 42 Gondeln und wiegt 450000 Kilogramm. Für den Aufbau benötigen die Mitarbeiter bis zu sechs Tage, für den Abbau vier Tage. Die Radkonstruktion besteht aus 14 Speichen. Den Großteil des Transportes übernehmen zwei Seitenlader, die bis zu 31000 Kilogramm Material heben und transportieren können. Wegen gestiegener Kosten ist das größte Riesenrad der Welt heute nicht mehr so häufig unterwegs wie in den 1980er und 1990er Jahren. Auf einigen Kirmes-Klassikern kann man es aber immer noch antreffen: Auf dem Hannoveraner Schützenfest, auf dem Hamburger Hummelfest, auf dem Cannstatter Wasen in Stuttgart und auf dem Freimarkt in Bremen. Für diese Groß-Feste mit ihren immensen Besucherzahlen ist kein Aufwand zu groß.

Die ältesten Volksfeste

836 Libori Paderborn
852 Lullusfest Bad Hersfeld
965 Talmarkt Bad Wimpfen
985 Domweih Verden
1035 Freimarkt Bremen
1298 Stoppelmarkt Vechta
1313 Gillamoos Abensberg
1338 Allerheiligenkirmes Soest
1339 Bartlmähdult Landshut
1340 Schobermesse Luxemburg

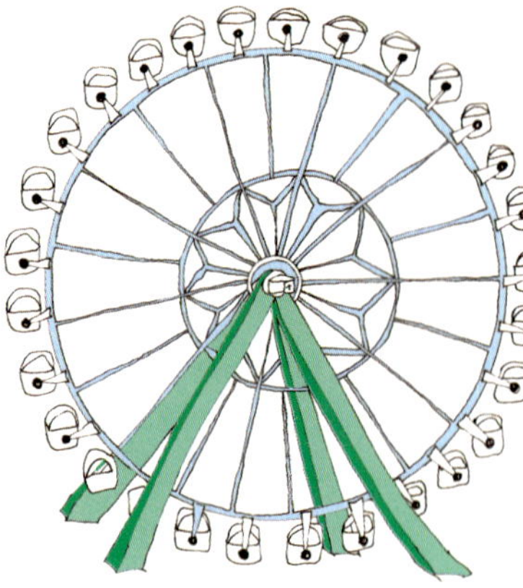

Die größten Riesenräder

208 Meter **Great Beijing Wheel, Peking, China** (2010) 185 Meter **Dubai Wheel, Dubai, Vereinigte Arabische Emirate** (2009) 175 Meter **Great Berlin Wheel, Berlin, Deutschland** (2011) 165 Meter **Singapore Flyer, Singapur** (2008) 160 Meter **Stern von Nanchang, Nanchang, China** (2006) 135 Meter **London Eye, London, England** (1999) 120 Meter **Changshar Riesenrad, Changsha, China** (2004) 120 Meter **Zhengzhouer Riesenrad, Zhengzou, China** (2003) 120 Meter **Sky Dream Fukuoka, Fukuoka, Japan** (2003) 117 Meter **Diamond an Flower Ferris Whell, Tokio, Japan** (2005)

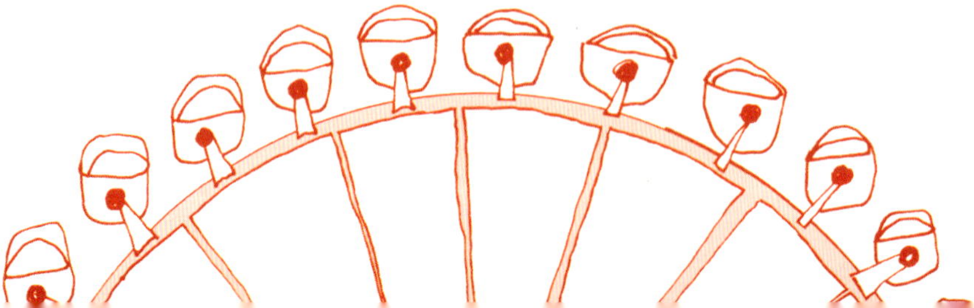

Freizeitparks in Europa

Autostadt Wolfsburg Fahren und er-fahren. Viel Wissenswertes zum Thema Autofahren und Mobilität. **Bobbejaanland (Belgien)** Familienfreundlicher Vergnügungspark mit Hallen-Achterbahn. Direkt an der deutschen Grenze gelegen. **Dinosaurierpark Münchehagen** Freiluftmuseum auf dem Gelände, wo im Jahr 1980 rund 140 Millionen Jahre alte Saurierspuren gefunden wurden. **Disneyland Resort, Paris (Frankreich)** Erlebnispark, der die Landschaften, Ereignisse und Figuren vieler Geschichten von Walt Disney fast perfekt Wirklichkeit werden lässt. **Erlebniswelt Nürburgring, Eifel** Für Motorsportfans und Geschwindigkeitsfanatiker. Mit Fliehkraft-Simulator für Nordkurven-Gefühle. **Europa-Park, Rust** Freizeitpark, der die europäische Idee verdeutlicht. Inklusive italienischer Geisterbahn, Alpen-Bobbahn und französischer Raumfahrt-Achterbahn. **Legoland, Billund (Dänemark)** Paradies für alle Lego-Fans. Das älteste Legoland überhaupt und Vorbild für die Legoländer in Windsor (Großbritannien) und Günzburg (Schwaben). **Movie Park Germany, Bottrop** Familienfreundlicher Hollywood-Vergnügungspark mit Nick-Kinderland und jeder Menge SpongeBob-Spaß. **Tivoli, Kopenhagen (Dänemark)** Vergnügungspark, gegründet 1843. Attraktionen: Das höchste Kettenkarussell der Welt (80 m) und eine Holz-Achterbahn aus dem Jahr 1914. **Universum Science Center, Bremen** Wissenschaft zum Ausprobieren und Mitmachen. Mit begehbarer Gebärmutter, Erdbebenraum, arktischer Eiskammer und Labyrinth.

Volksfestvergnügungen von A bis Z

Autoscooter, Bierzelt, Currywurst, Dosenwerfen, Entchenangeln, Flirten, Geisterbahn, Handlesen, Irrgarten, Jukebox, Kettenkarussell, Losbude, Magenbrot, Nachos, Orangenlimonade, Pommes frites, Riesenrad, Schiffsschaukel, Twister, Überschlagschaukel, Vogelschießen, Wildwasserbahn, Zuckerwatte

Pferde, Löwen, Artisten – die Geschichte des Zirkus

Seine Wurzeln hat der Zirkus in der Antike: Das Wort stammt vom altgriechischen *kirkos* ab, auf dem wiederum das lateinische *circus* beruht. »Circus« bedeutet ganz einfach »Kreis«. Im Circus Maximus, mit bis zu 385 000 Zuschauern das größte Stadion aller Zeiten, fanden zur Zeit des Römischen Reiches Wagenrennen, Tierhetzen und Gladiatorenrennen statt. Mit dem Zirkus im heutigen Sinne hatten die Veranstaltungen nichts zu tun. Geblieben ist das Runde: Der Engländer Philipp Astley (1742–1814) kaufte 1769 ein Gebäude, in dem eine Manege Platz hatte. Hier konnte er dem staunenden Publikum artistische Kunststücke auf Pferden vorführen. Die Idee machte in ganz Europa Furore, und bald kamen auch andere Darbietungen hinzu, zum Beispiel dressierte Löwen und ein Schattentheater. In Frankreich etablierte sich Anfang des 19. Jahrhunderts die Bezeichnung »Zirkus«. Deutschland erlebte im 19. Jahrhundert eine Zirkusblüte; viele Zirkusfamilien unterhielten feste Häuser in mehreren Städten; die Vorführungen wurden immer akrobatischer und bunter. Die Idee des reisenden Zirkus mit Zelt kam aus den Vereinigten Staaten nach Europa, wo im Jahr 1830 das erste Zirkuszelt aufgebaut wurde. Speziell in Deutschland hatte diese Idee großen Erfolg: Zu Beginn des 20. Jahrhunderts waren Dutzende Wanderzirkusse im Land unterwegs. Heute haben es alteingesessene, kleinere Zirkusunternehmen schwer, weil die Unterhaltskosten hoch sind und das Zuschauerinteresse abgenommen hat. Angesichts dessen das Ende der Zirkuskultur zu fürchten, ist aber verfehlt: Jüngere Gründungen wie der Kölner Circus Roncalli aus dem Jahr 1976 beweisen, dass man mit Mut und Fantasie auch in den Zeiten des Fernsehens erfolgreich einen Zirkus betreiben kann.

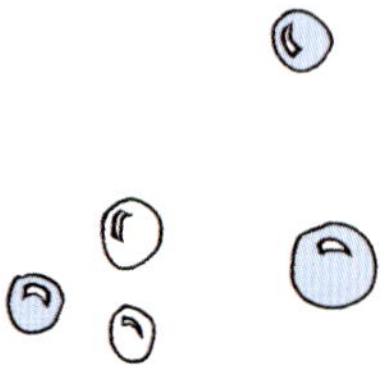

Die Sache mit der Tierdressur

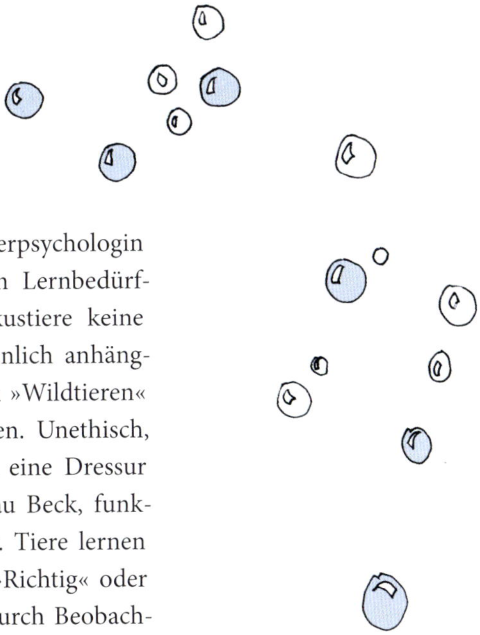

Ist Dressur Tierquälerei? Nein, meint die Tierpsychologin Elisabeth Beck, denn auch Tiere haben ein Lernbedürfnis. Außerdem seien die allermeisten Zirkustiere keine Wildtiere, sondern Nachzüchtungen und ähnlich anhänglich wie Haustiere. Auch die Abrichtung von »Wildtieren« könne man nicht als Tierquälerei bezeichnen. Unethisch, also moralisch nicht akzeptabel, sei jedoch eine Dressur mit Zwangsmethoden. Dressur, sagt Frau Beck, funktioniert ohne Zwang sowieso besser als mit. Tiere lernen bestimmte Verhaltensmuster, indem ihnen »Richtig« oder »Falsch« signalisiert wird. Tiere lernen durch Beobachtung, durch Bewegungswahrnehmung und durch das Prinzip von Versuch und Irrtum. Dabei wird ihnen, zum Beispiel durch das Geräusch eines Knackfrosches, signalisiert, dass sie den geforderten Ablauf richtig gemacht haben, und erhalten dann eine Belohnung. Nach einer gewissen Zeit kann die Belohnung weggelassen werden, das Klicken reicht als Signal. Am leichtesten erzielt man Dressurerfolge, indem man das natürliche Verhalten der Tiere »einfängt«. Wenn beispielsweise das Tier sowieso von sich aus mit einem Ball spielt, klickt man genau in dem Moment. Mit der Zeit erkennt das Tier das Signal »Ball spielen!«, handelt wie gewünscht und der Dressurerfolg ist erreicht.

Circus Krone, der größte Zirkus Europas

Gründung 1905 · Sitzplätze Kronebau in München 3000 · Sitzplätze / Zelt 5000 · Platzbedarf 30 000 qm · Anschaffungskosten / Zelt 1 000 000 Euro · Zeltgröße 3000 qm · Zelthöhe 14 m · Transportkosten / Jahr 900 000 Euro · Ausgaben / Tag 25 000 Euro · Verpflegung / Tag 3000 Euro · Fleisch für Raubtiere/Tag: 180 kg · Stroh für Elefanten / Tag 700 kg · Brot für Elefanten / Tag 105 kg · Gagen / Jahr 5 000 000 Euro · Mitarbeiter 400 · Tiere 250 · Wohnwagen 330 · Reklamekolonne 16 Mitarbeiter · Plakate / Saison 300 000

Stand: 2009, *Quelle* Circus Krone

555
STADT-AUTOBAHN
Bankenviertel
Industriegebiet
Gefängnis
Flughafen

TAXI
TAXI
STADT-TAXI

Das Banken-viertel

Tische, Banken, ein Kapitalistendom und jede Menge Hochhäuser

Wer die Wolkenkratzer von Hongkong, New York und Singapur sieht, kann sich angesichts eines Mangels an vergleichbaren Silhouetten in deutschen Städten fragen: Wie ist es eigentlich möglich, dass Deutschland zu den erfolgreichsten Volkswirtschaften der Welt gehört und noch nicht einmal über »richtige« Hochhausstädte verfügt? Immerhin gibt es die Skyline des Bankenviertels von Frankfurt / Main, wo sich so viele Hochhaustürme tummeln, dass man bei ihrem Anblick wenigstens ein bisschen ökonomische Weltläufigkeit verspürt. Der Begriff »Bank« stammt aus der Antike: *bancus* bezeichnete im alten Rom die Arbeitstische der Geldwechsler. Erste Bankaktivitäten im heutigen Sinn sind aus dem Mittelalter überliefert, als von Kaufleuten die Grundlagen für die noch heute üblichen Geldgeschäfte entwickelt wurden. Über 400 Banken haben heute ihren Hauptsitz in Frankfurt, auch die Europäische Zentralbank ist hier angesiedelt. Die örtliche Börse für den Aktien- und Wertpapierhandel kann auf eine lange Vorgeschichte zurückblicken: In Berichten aus dem 12. Jahrhundert wurde erstmals eine Frankfurter Messe erwähnt; 1240 erhielt die Stadt ein kaiserliches Messeprivileg; 1585 legten die Händler einheitliche Wechselkurse für die vielen einzelstaatlichen Währungen in Deutschland fest. Im 19. Jahrhundert tätigten die Kaufleute immer mehr Finanzgeschäfte und gaben 1879 dem Finanzplatz Frankfurt mit dem 43 Meter hohen »Kapitalistendom«, also dem Börsenbau, ein bis heute beeindruckendes bauliches Gesicht.

Banken in Deutschland

Zahl der Geldinstitute 2277 **Zahl der Zweigstellen** 39 838 **Beschäftigte** 680 450 **Beschäftigte pro Bank** 299 **Spareinlagen** 563,8 Milliarden Euro **Bankkarten** 91,9 Millionen **Bargeldlose Zahlungsvorgänge** 16 170 Millionen **Geldautomaten** 56 939

Stand: 2006–2008,
Quelle Deutscher Bankenverband, Deutsche Bundesbank

Wichtige Banken

Bausparkasse Die Bank der Häuslebauer

Deutsche Bank Die größte deutsche Privatbank

Deutsche Bundesbank Die Bank des Staates

Fürst-Fugger-Privatbank Die Bank mit der längsten Geschichte

GLS-Gemeinschaftsbank Die Bank der Umweltschützer

Hypo Real Estate Die Bank der Bankenkrise von 2008

Landeszentralbank Die Bank der Bundesländer

Pax-Bank Die Bank der katholischen Kirche

Postbank Die Bank der deutschen Post

Raiffeisenbank Die ländliche Bank der Arbeiter und Bauern

Sparkasse Die Bank für jedermann in Städten und Gemeinden

Volksbank Die städtische Bank der kleinen Unternehmer

Begriffe aus der Welt der Banken, Teil I

Aktie Anteil an einem Unternehmen **Cashflow** Geldfluss (Überschuss nach Abzug der Ausgaben von den Einnahmen) **Debitoren** Schuldner (Kreditkunden) **Effektivzins** Wirkliche Kreditkosten mit Gebühren **Festgeld** Fest angelegtes Geld über eine bestimmte Zeit **Geldwäsche** Unerlaubte Einkünfte werden »legal gemacht« **Hausbank** Bank, bei der man Stammkunde ist **Inflation** Preissteigerung **Jedermann-Konto** Konto auf Guthabenbasis **Kredit** Ausleihen eines Geldbetrages **Liquidität** Zahlungsfähigkeit **Marktwert** Preis, den eine Sache erzielt

Merkwürdige Münzen, Teil I

Angsttaler Ein Taler aus dem deutschen Großherzogtum Mecklenburg-Schwerin des Jahres 1848 wurde umgangssprachlich als Angsttaler bezeichnet. Auf seiner Vorderseite fehlen die damals üblichen Buchstaben v. G. G. (von Gottes Gnaden). Vor allem die Numismatiker (Münzkundler) späterer Jahre deuteten das als Zeichen der Angst des Großherzogs Friedrich Franz II. (1842–1883) vor den revolutionären Ereignissen jenes Jahres. Damit lagen sie allerdings falsch. Schon sein Vorgänger, der Großherzog Paul Friedrich (1837–1842), hatte auf diese drei Buchstaben verzichtet. **Sterntaler** Ein Taler aus Hessen-Kassel aus den Jahren 1776, 1778 und 1779 trägt auf seiner Rückseite den Ordensstern des 1770 gestifteten Hausordens vom Goldenen Löwen. Ein Hausorden wird nur an die Mitglieder der fürstlichen Familie oder an eine begrenzte Anzahl von Rittern verliehen. Da mit diesen Talern der Sold von 12 000 hessischen Soldaten bezahlt wurde, die der Landgraf Friedrich II. (1720–1785) an Großbritannien für den Unabhängigkeitskrieg in Nordamerika »verliehen« hatte, wird der Sterntaler vor allem in den USA auch »Bluttaler« genannt.

Unser Ein und Alles? Das Geld

In der Geschichte des Geldes spiegelt sich die Geschichte der menschlichen Zivilisation: Anfangs, als die Menschen in kleinen Stämmen lebten, brauchten sie kein Geld, da die nötigen Tätigkeiten gemeinschaftlich oder im Tausch von Arbeit gegen Arbeit verrichtet und verrechnet wurden. Mit der weiteren Entwicklung des Menschen war eine Ausweitung seines Wirkungskreises verbunden, man verkehrte und tauschte auch mit Mitgliedern weiter entfernt lebender Gruppen. Je größer die Wirkungskreise wurden und je mehr Spezialisierungen der Mensch erfand, desto komplizierter wurde das Tauschen. Man brauchte ein »Medium«: das Geld. Mit Hilfe des Geldes konnte der Handel auch ohne direktes Tauschen von Sachen stattfinden, der Zivilisation war der Weg geebnet. Je mehr mit Geld gehandelt und gearbeitet wurde, desto stärker trat jedoch seine Verwendung als Tauschmittel in den Hintergrund. Stattdessen erhielt es selbst immer größere Bedeutung: (Möglichst viel) Geld zu haben wurde für viele Menschen zum wichtigsten Ziel. Höhepunkt der Entwicklung: Durch Geschäfte mit dem Geld anderer versuchen Banken und Wertpapierhändler, immer noch mehr Geld zu verdienen. Diesen Geschäften liegen längst keine realen Tauschgüter mehr zugrunde. Das Geld wurde für viele zum Ein und Alles. Interessant: Je mehr diese Entwicklung voranschritt, desto stärker verschwand das wirkliche, anfassbare Geld zugunsten von Buchungen in elektronischen Rechensystemen. Geld ist heute mehr denn je vor allem eine Idee. Aber eine mit immensen Wirkungen.

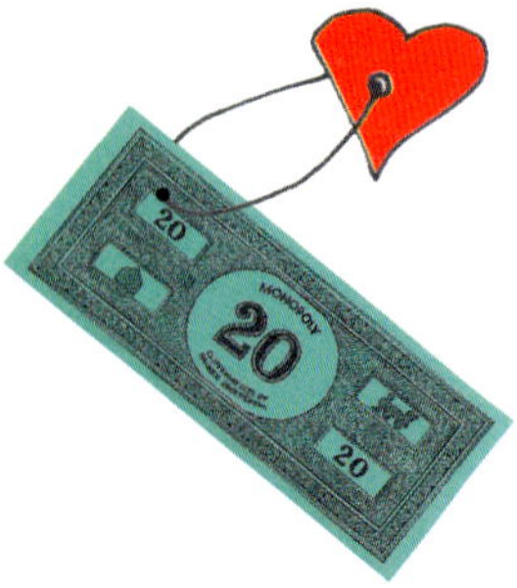

Dagobert Duck und die Liebe zum Geld

Nachgefragt bei Gerhard Severin, geboren 1954, amtierende Präsidente von D.O.N.A.L.D. *(Deutsche Organisation nichtkommerzieller Anhänger des lauteren Donaldismus) und Richter am Amtsgericht Hof*

Dagobert Duck kann sein Geld nicht zur Bank bringen, weil alle Banken schon voll mit seinem Geld sind. Das erklärt er zumindest Donald, als sich einmal die Geldsäcke vor seinem Tresor zu stapeln beginnen. Dagobert ist eigentlich auch gar kein Kapitalist. Er möchte sein Geld am liebsten bei sich haben und es gar nicht investieren. Er ist vielmehr Sammler von Geld und braucht es, um darin zu baden. Das ist sein Dilemma: Sein Geld würde sich noch besser vermehren, wenn er es einsetzen würde, aber er bringt es nicht übers Herz, sich davon zu trennen. Von keiner einzigen Münze. Man kann Dagobert zwar als geizig bezeichnen, aber wenn wirklich Not am Mann ist, hilft er auch. So zum Beispiel seiner verarmten Jugendliebe, der »schönen Nelly«. Kennengelernt hat er sie zur Zeit des Goldrauschs am Klondike (Ende des 19. Jahrhunderts in Nordamerika). Sechzig Jahre später verzichtet er in einem Wettkampf zu ihren Gunsten auf eine Goldader. Einem Eingeborenenstamm erklärt Dagobert Duck einmal sein Wirtschaftsmotto: »Billig einkaufen, teuer verkaufen«. Erst einmal sparen, sich von den Banken Zinsen zahlen lassen und dann durch geschickte Geschäfte immer nur solide Gewinne machen. Luftgeschäfte, wie sie die Finanzkrise 2008 ausgelöst haben, kämen in Entenhausen nicht vor. Ein großes Rätsel bleibt, wie es Dagobert schafft, in seinem Geld tatsächlich zu baden. Einmal wird berichtet, dass seine Federn und Poren voller Goldstaub seien, weil er sich schon lange in seinen Talern wälzt. Das hat ihn wohl so abgehärtet, dass er wirklich wie ein Maulwurf darin herumwühlen kann.

Mehr oder weniger gebräuchliche Währungen

Angola **Kwanza**
Bangladesch **Taka**
Chile **Peso**
Dänemark **Krone**
Eritrea **Nakfa**
Falklandinseln **Pfund**
Gambia **Dalasi**
Haiti **Gourdes**
Indien **Rupie**
Jordanien **Dinar**
Korea **Won**
Laos **Kips**
Malawi **Kwachas**
Namibia **Rand**
Oman **Rial**
Polen **Zloty**
Katar **Rial**
Russland **Rubel**
Samoa **Tala**
Tansania **Schilling**
Usbekistan **So'm**
Vietnam **Dong**
Westsahara **Dirham**

Zinsen: Zeit ist Geld

Wer mehr aus seinem Geld machen will, gibt es einer Bank, die hohe Zinsen zahlt. Wer kein Geld hat, versucht sich Geld zu möglichst niedrigen Zinsen von einer Bank zu leihen. Was ist aber der Zins überhaupt? Antwort: der Verdienst für das Verleihen von Geld. Was wiederum die Frage aufwirft: Warum wird für das bloße Verleihen von Geld etwas bezahlt, während andere Menschen für ihr Geld hart arbeiten müssen? Ist das nicht unmoralisch? Seit der Antike ist der Zins umstritten. Für den griechischen Philosophen Aristoteles war es sogar »wider die Natur«, dass aus Geld mehr Geld entsteht. Denn Geld sei doch nur zum Warentausch da. Auch die jüdische und christliche Religion befolgten lange Zeit streng das Verbot, Zinsen zu erheben. Der Kirchengelehrte Thomas von Aquin definierte im 13. Jahrhundert den Zins als Preis für die Zeit, die der Verleiher auf sein Geld verzichtet. Zeit sei jedoch ein Geschenk Gottes, das nicht verkauft werden dürfe. Im islamischen Recht gilt das Zinsverbot bis heute. Die islamischen Banken finden aber dennoch Kniffe und Tricks, um ihren Kunden gewinnbringende Geldanlagen zu verschaffen, die der »Scharia«, der religiösen Gesetzgebung, nicht widersprechen. Unsere westliche kapitalistische Wirtschaft würde ohne Zinsen nicht funktionieren. Denn dann würden alle ihr Geld unter die Matratze stecken und es nicht mehr in den Wirtschaftskreislauf einbringen. Schließlich wird man durch die »Belohnung« der Zinseinnahme überhaupt erst dazu motiviert, sein Geld bei anderen einzusetzen. Zu hoch darf der Zins aber auch nicht werden, weil dann weniger Geld geliehen wird, mit dem zum Beispiel Fabriken gebaut und neue Werte geschaffen werden. Zentralbanken, die für das Gebiet zuständig sind, in dem eine Währung gilt, können die Zinssätze steuern: durch Erhöhung oder Senkung des Leitzinses. Sie versuchen so dafür zu sorgen, dass die Wirtschaft wächst – oder dass zu starkes Wachstum abnimmt.

Was Banken machen I

Geld … *anhäufen, auszahlen, anlegen, bezahlen, einfordern, ersetzen, hinterlegen, investieren, rollen, säubern, umtauschen, verbreiten, verleihen, vermehren, vernichten, verschicken, verwalten, wiegen, zählen*

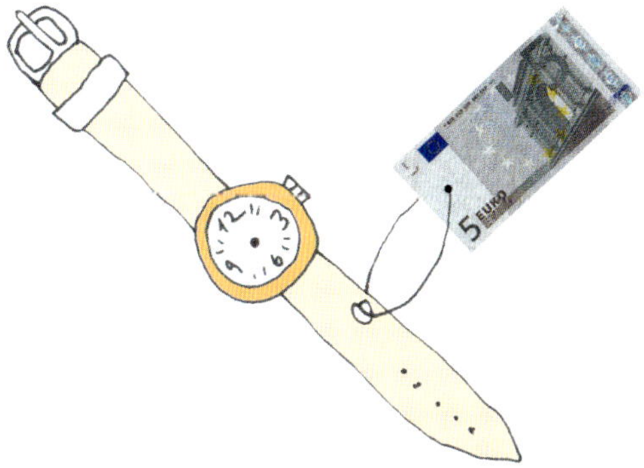

Merkwürdige Münzen, Teil II

Nasenblutengulden Sammler nennen so einen Zweidritteltaler (Zweidrittelstück) aus Braunschweig-Lüneburg von 1693. Weil der Stempel gerissen war, mit dem die Münze geprägt wurde, hat es auf den Münzen den Anschein, als würde dem dort abgebildeten Kurfürsten Ernst August (1629–1698) die Nase bluten. **Rebellentaler** Ende des 16. Jahrhunderts lag Herzog Julius von Braunschweig-Wolfenbüttel mit mehreren adligen Familien seines Herzogtums in Streit. Mit einer Reihe von emblematischen (sinnbildlichen) Talern spottete er über diese Familien. Auf dem sogenannten Rebellentaler (1595) verunglimpfte er seine Gegner als Rebellen und stilisierte sich selbst zum »Wilden Mann«. Das war ein sagenhafter, furchterregender Riese aus dem Harz. Auf der Münze trägt er eine Fackel und einen Spieß, an dem ein Hund leckt. Die Abkürzungen N. M. T. (lat. *noli me tangere* = Rühr mich nicht an) und D. C. S. C. (lat. *durum contra stimulum calcitrare* = Es ist schwer, wider den Stachel zu lecken [sich zu widersetzen]) sollen zusätzlich Furcht einflößen.

Was Banken machen II

Aktien und Wertpapiere kaufen und verkaufen, Ausbildungsförderung für Schüler / Studenten organisieren, Bankkaufleute ausbilden und beschäftigen, Bauprojekte planen und finanzieren, Firmenbeteiligungen eingehen, Wohnungen und Häuser verkaufen, Wohnungs- und Häuserkäufe finanzieren, Schließfächer (für Wertsachen) vermieten, Unternehmensgründungen unterstützen, Versicherungen verkaufen

Bankberufe

Anlageberater, Bankier, Bankkaufmann, Börsenmakler, Buchhalter Controller, EDV-Experte, Filialleiter, Finanzberater, Finanzplaner, Fremdsprachensekretär, Geschäftsführer, Investmentbanker, Jurist, Kassierer, Kreditsachbearbeiter, Kundenberater, Manager, Mathematiker, Ökonom, Pressesprecher, Prokurist, Sekretär, Statistiker, Revisor, Telefonist, Vermögensmanager, Vertriebsmitarbeiter, Wirtschaftsprüfer

Banknoten-Puzzle in Mainz: Das nationale Analysezentrum

Verbrannt, vom Hamster angeknabbert oder in einem feuchten Versteck vermodert: Allein im Jahr 2007 zerstörten die Deutschen versehentlich Banknoten und Münzen im Wert von 16,6 Millionen Euro. Ist das Geld nur leicht beschädigt, kann man sich bei jeder Bank neuwertigen Ersatz beschaffen. Für die fast aussichtslos erscheinenden Fälle unterhält die Deutsche Bundesbank ein Expertenteam: Im nationalen Analysezentrum für beschädigtes Geld in Mainz sind die Mitarbeiter in der Lage, anhand der Sicherheitsmerkmale Banknoten zu rekonstruieren. Schon ein Quadratmillimeter reicht aus, um den ursprünglichen Wert eines zerfetzten Geldscheins zu bestimmen. Der Service ist kostenlos und kann von allen verzweifelten Geldvernichtern genutzt werden. Voraussetzung dafür ist, dass das Geld nicht mutwillig zerstört wurde. Außerdem muss der Eigentümer mehr als die Hälfte des Geldscheins einreichen oder aber nachweisen, dass die andere Hälfte tatsächlich vernichtet ist. Auf diese Weise schützt sich das Servicezentrum davor, dass ein beschädigter Geldschein zweimal vorgelegt wird. Das spektakulärste Banknoten-Puzzle vollbrachten die Mainzer Experten mit einem großen Batzen wiedergefundenen Lösegelds. Fünfzehn Jahre lang hatte der Entführer des Unternehmersohns Richard Oetker 21 Millionen D-Mark in einem Erdloch versteckt. Bakterien, Würmer und Insekten hatten sich in dieser Zeit über die 21 000 Tausendmarkscheine hergemacht. Immerhin 12 400 000 D-Mark konnte das Mainzer Analysezentrum erkennen und der Familie Oetker erstatten.

Begriffe aus der Welt der Banken, Teil II

Nominalzins Zinskosten ohne Gebühren **Order** Auftragserteilung **Pensionsfond** Verwaltet Gelder der Altersvorsorge **Quatembergeld** Vierteljährliche Abgabe **Rückstellung** Zurückgelegtes Geld für schwierige Zeiten **Saldo** Was unter dem Strich herauskommt **Treppenzins** Ansteigender Zinssatz **Umsatz** Gesamtwert der Einkünfte eines Unternehmens **Volksaktie** Günstige Aktie für jedermann **Währung** Zahlungsmittel eines Landes **Xenomarkt** Finanzmarkt mit mehreren Währungen **Yen** Währung Japans seit 1871 **Zinseszins** Zinsen auf nicht ausbezahlte Zinsen

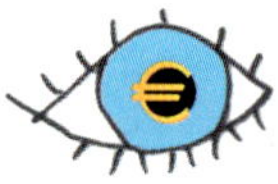

Falschgeld erkennen: Kippen, Fühlen, Sehen

Den Schein waagerecht in der Hand halten und langsam kippen. Auf den echten Banknoten im Wert bis 20 Euro zeigt auf der Vorderseite ein silbriger Streifen abwechselnd das Euro-Symbol oder den Geldwert als dreidimensionale Abbildung. Auf der Rückseite schimmert in der Mitte ein metallisch-goldener Streifen, auf dem das Euro-Symbol und der Geldwert mehrfach zu sehen sind. Bei den Banknoten im Wert von 50 bis 500 Euro ist auf einer silbrigen Folie abwechselnd ein Bauwerk oder der Wert des Scheins zu erkennen. Auf der Rückseite dieser Scheine wechselt die große Zahl, die den Wert angibt, ihre Farbe von Rot nach Olivgrün oder Braun. **Den Schein auf den Tisch legen und mit dem Finger darüberfahren.** Die echten Banknoten bestehen aus Baumwolle, dadurch fühlen sie sich griffiger und fester an als Papierfälschungen. Durch eine besondere Drucktechnik sind die mehrsprachigen Abkürzungen für »Europäische Zentralbank« (BCE ECB EZB EKT EKP) etwas erhaben und lassen sich ertasten. **Den Schein gegen das Licht halten und genau betrachten.** Auf echten Geldscheinen ist ein Bauwerk als Wasserzeichen sichtbar. Die Wertzahl ist ebenso als auffallend helles Wasserzeichen zu sehen. Dunkle senkrechte Balken erscheinen als Balkenwasserzeichen. Ein Sicherheitsfaden ist als dunkle Linie mit heller Beschriftung zu erkennen. Der Wert der Geldscheine, der auf Vorder- und Rückseite nur in Bruchstücken aufgedruckt ist, erscheint jetzt als vollständige Zahl. **Den Schein unter einer UV-Lampe betrachten.** Im UV-Licht leuchten im Papier verstreute Fasern in Blau, Rot und Grün auf, die blaue Europaflagge und Unterschrift des EZB-Präsidenten werden grün und die im normalen Licht gelben Sterne in der Europaflagge strahlen orange. Auf der Rückseite werden die Brückenmotive und die Europakarte unter UV-Licht grün.

Quelle Deutsche Bundesbank

Weisheiten über Banken

»Als erstes im Bankgeschäft lernt man den Respekt vor Nullen.«
Carl Fürstenberg, 1850–1933, deutscher Bankier

»Was ist ein Dietrich gegen eine Aktie? Was ist ein Einbruch in eine Bank gegen die Gründung einer Bank? Was ist die Ermordung eines Mannes gegen die Anstellung eines Mannes?« Bertolt Brecht, 1898–1956, deutscher Dramatiker und Dichter in der DREIGROSCHENOPER

»Banken sind gefährlicher als stehende Armeen.«
Thomas Jefferson, 1743–1826, amerikanischer Präsident von 1801–1809

»Eine Bank ist eine Einrichtung, von der Sie sich Geld leihen können – vorausgesetzt, Sie können nachweisen, dass Sie es nicht brauchen.«
Mark Twain, 1835–1903, amerikanischer Schriftsteller

»Wenn sie einen Schweizer Bankier aus dem Fenster springen sehen, springen sie hinterher. Es gibt garantiert etwas zu verdienen.«
Voltaire, 1694–1778, französischer Schriftsteller und Philosoph

»U-Haft-Package«: Wenn (Bank-)Manager ins Gefängnis müssen

Manager sind Menschen, die anderen etwas zu sagen haben. Das zeigt schon die Herkunft des Wortes, im Lateinischen bedeutet *manum agere* nämlich »jemanden an die Hand nehmen«. Manager, die dabei auch noch extrem viel Geld verdienen, werden »Spitzenmanager« genannt und sitzen auf den Chefsesseln von Banken und großen Firmen. Wenn es in der Wirtschaft kriselt, ist das kein besonders angenehmer Job. Nicht zuletzt, weil sich die weniger verdienenden Menschen fragen, ob nicht Bezahlung und Leistung bei den Managern auseinanderklaffen. Nicht wenige würden den ein oder anderen Manager am liebsten im Knast sehen. Und manchmal geschieht das auch, etwa wenn herauskommt, dass die Führungskräfte es mit dem Bezahlen von Steuern nicht so genau genommen haben. Oder wenn sie sich mit verbotenen Aktiengeschäften bereichert haben. Aber Manager sind abgesichert, auch wenn Gefängnisstrafe droht. Ein Versicherungsunternehmen hält zu den Geächteten: Roland Rechtsschutz. Dort wird ein »Manager-Rechtsschutz mit U-Haft-Package« angeboten. Also eine Rundumversorgung für gefallene Führungskräfte, die eine Untersuchungshaft antreten müssen. Sie bekommen Medikamente, falls sie welche brauchen, und eine Limousine wartet bei Bedarf vor dem Gefängnistor. Sogar ein (kleineres) Gehalt wird weitergezahlt. Wenn sie also die Krise haben und im Knast landen, nimmt Roland die Manager an die Hand.

Das Industriegebiet

Die Industrie in der Stadt

Eine Stadt kann so von der Industrie geprägt sein, dass man die Stadt irgendwann damit gleichsetzt. Leverkusen zum Beispiel genießt den Beinamen »Bayer City«, weil der riesige Chemiekonzern den Charakter und das Aussehen der Stadt stark beeinflusst: Fast überall in der Stadt finden sich Werke, Lagerhallen, Verwaltungsgebäude; entlang der Werksgebäude reihen sich Tausende Parkplätze für die Arbeiter und Angestellten; das Stadion der »Werkself« Bayer 04 liegt zentrumsnah; das riesige Bayer-Kreuz, das Symbol des Unternehmens, ist von keinem Punkt der Stadt aus zu übersehen. Da wird klar: Bayer ist Leverkusen, Leverkusen ist Bayer.
Überhaupt prägt die Industrie auf viele verschiedene Weisen das Gesicht unserer Städte: Etwa als schick angelegte Gewerbegebiete in Randlage, nahe der Autobahn. In Form von Industriebrachen, deren Abriss niemand bezahlen kann, weshalb sie verfallen und vor sich hin gammeln, während die Natur langsam wieder das Kommando übernimmt. Als Industriemuseum und gut gepflegtes Zeugnis der Vergangenheit, das eine Zeitreise in die Geschichte erlaubt.
Oder aber auf so angenehme Weise wie in Dortmund: Im Stadtteil Hörde entsteht auf der Fläche des ehemaligen Stahlwerkes Hermannshütte ein Freizeitgebiet samt 1200 Meter langem, 300 Meter breitem, drei Meter tiefem See. Die alten Arbeitersiedlungen rund um das Werk werden dadurch auf einmal zu bevorzugten Wohnlagen. Das Stahlwerk selbst wurde demontiert und in China wieder aufgebaut.

Zwanzig Industriegebiete

Automobilindustrie, Computerindustrie, Druckindustrie, Elektroindustrie, Konsumgüterindustrie, Kulturindustrie, Kunststoffindustrie, Lebensmittelindustrie, Lederwarenindustrie, Luft- und Raumfahrtindustrie, Metallindustrie, Mineralölindustrie, Möbelindustrie, Musikindustrie, Ölindustrie, Papierindustrie, Solarindustrie, Schwerindustrie, Spielwarenindustrie, Stahlindustrie, Textilindustrie, Vergnügungsindustrie, Verpackungsindustrie

Die Industrie, heute

Noch in den 1970er Jahren war das Ruhrgebiet eindeutig als Industrieregion zu erkennen: Die Schlote der Fabriken rauchten, und wer weiße Wäsche im Garten aufhängte, musste damit rechnen, dass sie nach dem Trocknen schwarz war, wegen der vielen Rußpartikel in der Luft. Die Industrie, eine Lebensader der Gesellschaft – aber auch eine Dreckschleuder. Seitdem hat sich viel geändert: Viele Unternehmen mussten schließen, weil sich der Betrieb nicht mehr lohnte. Und die verbleibenden Firmen gaben viel Geld für Umweltschutztechnologien aus. Das Ergebnis: Die Industrie ist nicht mehr so deutlich sichtbar, die Schlote nebeln maßvoller und die Wäsche auf der Leine bleibt weiß. Mittlerweile sprechen viele Experten von einem »Ende des Industriezeitalters«: Die Zeiten der Industrie, insbesondere der Schwerindustrie (Bergbau, Eisen, Stahl, Schwer-Chemie) sind vorbei, sagen sie, stattdessen spielen Medien, Tourismus und Dienstleistungen eine immer wichtigere Rolle. Tatsächlich hat sich die Industrie umgestellt: Zechen, Stahlwerke und Werften wurden geschlossen, weil die Unternehmen im Vergleich zu anderen Gegenden der Welt zu teuer produzierten. Von einem Ende des Industriezeitalters kann trotzdem keine Rede sein: Viele Industriezweige (etwa im Bereich Maschinenbau) stellten sich so intelligent auf die Erfordernisse des Weltmarktes ein, dass Deutschland seine Rolle als eine der führenden Industrienationen wahren konnte. Im Jahr 2008, vor der großen Wirtschaftskrise, gelang der deutschen Industrie mit 7,7 Millionen Beschäftigten eine Wertschöpfung von 525 Milliarden Euro, wobei der Maschinenbau (15,2 Prozent) vor dem Autobau (14,6 Prozent) an der Spitze lag.

Die größten deutschen Unternehmen

Volkswagen AG Autoindustrie – Daimler AG Autoindustrie – Eon AG Energie – Siemens Elektroindustrie – Metro AG Handel – BASF S. E. Chemie – Deutsche Telekom AG Telekommunikation – Deutsche Post AG Postbeförderung – Unternehmensgruppe Schwarz Handel – ThyssenKrupp AG Stahl- und Rüstungsindustrie – BMW AG Autoindustrie – Rewe Group Handel – RWE AG Energie – Robert Bosch GmbH Elektroindustrie – EADS N. V. Luft- und Raumfahrt

Stand: 2008, *Quelle* welt.de

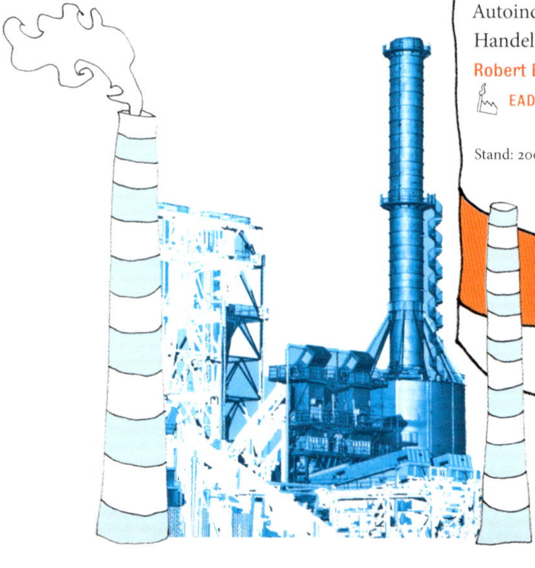

Der Kunststoff, ein Vorzeigeprodukt der chemischen Industrie

Sie transportieren Schulbrote, sie fangen den Babyurin auf, sie dienen als Sitzgelegenheit, sie ermöglichen das Weiterleben von Herzkranken, sie nehmen bei Bedarf jede Form an: Kunststoffe, auch »Plastik« oder »Plaste« genannt. Sie sind großartig und problematisch in einem: Sie erleichtern uns das Leben in vielerlei Hinsicht und sind aus unserem Alltag nicht mehr wegzudenken. Andererseits sind sie nicht selten ungesund bis krebserregend, und ein gewaltiges Müllproblem stellen sie auch noch dar. Die Grundlage der Kunststoffe ist häufig Rohbenzin, das bei der Bearbeitung von Erdöl und Erdgas in den Veredelungsraffinerien entsteht – und aus dem durch eine Veränderung der chemischen Moleküle ein Legostein, ein Laptopgehäuse, eine Salatschüssel, ein Armaturenbrett werden kann. Die ersten »Kunststoffe« der Menschheitsgeschichte entstanden auf natürlicher Basis, zum Beispiel mit Hilfe von Bernstein oder Birkenpech, einer Substanz, die aus der Rinde von Birken gewonnen werden kann. Damit klebten schon die Steinzeitmenschen, was für sie zu kleben war. Industriell wurden erstmals Mitte des 19. Jahrhunderts Kunststoffe auf der Basis von Naturkautschuk (Gummi) hergestellt. Die Herstellung auf heutige Weise begann in den 1910er Jahren mit Forschungen des deutschen Chemikers Hermann Staudinger (1881–1965), der für seine Arbeit 1953 den Chemie-Nobelpreis erhielt. Seit den 1950er Jahren konnte man Kunststoffe auf Basis von Staudingers Überlegungen so günstig produzieren, dass die Erde in den folgenden Jahrzehnten mit »Formobjekten« aus Plastik geradezu überschwemmt wurde.

Industrieberufe

Gesuchte Mitarbeiter in Industrieberufen

Anlageningenieur Sägen, Arbeitsvorbereiter, Außendienstmitarbeiter, Berater Netzleitstellen, Entwicklungsingenieur Sensorkomponenten, Kundendiensttechniker, Leiter Konstruktion Apparatebau, Leiter Qualitätssicherung, Mechaniker/Verpackungsentwicklung, Mikrotechnologe, Montage-Kalkulator, (Projekt-)Ingenieur, Projektabwickler Automatisierungstechnik, Prozessingenieur Kristallzüchtung, Servicemanager Lichttechnik, Servicetechniker, Stahlbaukonstrukteur, Technischer Flottenmanager, Technischer Leiter Nahrungsmittelproduktion, Zerspannungsmechaniker

Stand: Juli 2009, *Quelle* Industrie.de

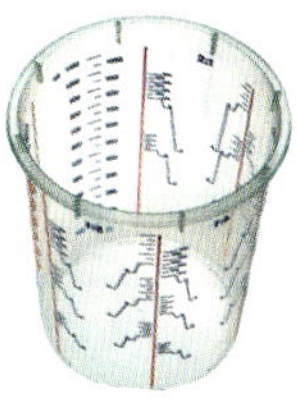

Wood-Stock

Acetron

Carbolux

Ecoprene

Degadur

Bakelit

Geberit

Hostaform

Fundopal

Isoplast

Jupital

Die Kunst, einen Kunststoff wie einen Kunst-Stoff klingen zu lassen

Koresin

Je nach Bestandteilen und Herstellungsweise können Kunststoffe ganz verschiedene Eigenschaften haben: Sie können hart oder weich sein, hitzebeständig oder kältefest, rund oder eckig, formbar oder starr. Kunststoff ist ein Material für jeden Zweck, weshalb es mittlerweile auch einige Tausend Variationen davon gibt – und täglich kommen neue hinzu. Stoffe, die nicht über gewohnte Namen verfügen wie »Holz«, »Stein«, »Metall« oder »Papier«. Auch das ist eine Arbeit, die die Industrie verrichtet: den Sprachschatz wachsen zu lassen, Tag für Tag neue Bezeichnungen zu erfinden. Namen, die die Firmen sich genau so ausgedacht haben, dass sie irgendwie neu und erfolgversprechend klingen. Namen, die im Fall der Kunststoffindustrie nicht nur nach Kunststoff, sondern nach Kunst-Stoff klingen. Kunst-Namen, die verbergen, dass sich dahinter doch nur eine Variation des immer Gleichen verbirgt: die Kombination von ein paar Atomen und Molekülen. Auf gut Deutsch: Plastik.

rene

Lemmaloy

Megablend

Oxyvinyls

Nipolon

Pentaclear

Quelflam

Siroplast

Rubinate

Technomid

Quelle kunststoffe.de

Ubepol

Vyprene

Yparex

Wood-Stock

Xenalak

Ziamid

Die industrielle Revolution, ein Wendepunkt der Geschichte

Die Stadt und die Industrie, ein Paar in gegenseitiger Abhängigkeit: Viele moderne Städte entstanden erst durch die Industrialisierung, und ohne die Industrie wären die heutigen Städte nicht lange lebensfähig. Im 18. und 19. Jahrhundert wurden die (europäischen) Gesellschaften von der industriellen Revolution erfasst: Durch bahnbrechende Erfindungen, durch Ausweitung des Handels und durch neue Produktionsmethoden konnten immer mehr Güter in fabrikmäßiger Massenfertigung zu günstigen Preisen hergestellt werden. Eine Entwicklung, die die Menschheit gravierend verändern sollte. Aus den (meist) bäuerlichen Lebensformen Mitteleuropas wurden städtische Industriegesellschaften. Ganze Volksgruppen siedelten auf der Suche nach Arbeit in andere Teile Europas um; beispielsweise kamen viele Polen als Bergarbeiter ins Ruhrgebiet. Der Lebensschwerpunkt vieler Menschen verlagerte sich vom Land in die Stadt mit ihren neuen Fabriken und Arbeitsmöglichkeiten. Europa und Amerika errangen durch ihre wirtschaftliche Kraft eine Vormachtstellung in der Weltpolitik. Außerdem begann eine Auseinandersetzung, die im Grunde noch bis heute anhält: die um eine gerechte Verteilung der Gewinne. Viele Fabrikbesitzer beschäftigten ihre Arbeiter unter so miserablen Bedingungen, dass sie selbst zwar gut verdienten, die Arbeiter aber am Rand des Machbaren lebten. Aus Protest gegen diese Zustände entstand die Arbeiterbewegung, die zum Beispiel ein Verbot der Kinderarbeit, Urlaubsanspruch und eine begrenzte Wochenarbeitszeit durchsetzte.

Einige wichtige Erfindungen (für die Industrialisierung)

1779	Mule-Spinnmaschine
1786	Mechanischer Webstuhl
1793	Baumwoll-Entkernmaschine
1798	Hochdruckdampfmaschine
1800	Drehbank
1804	Dampfbagger
1805	Musterwebstuhl
1826	Schiffsschraube
1827	Aluminium
1829	Dampflokomotive
1830	Nähmaschine
1834	Drahtseil
1837	Telegraf
1851	Stahlformguss
1854	Glühbirne
1861	Telefon
1866	Schreibmaschine
1867	Verbrennungsmotor
1867	Dynamit
1867	Stahlbeton
1879	Elektrische Lokomotive
1881	Elektrische Straßenbahn
1888	Spannbeton
1890	Luftreifen
1897	Dieselmotor

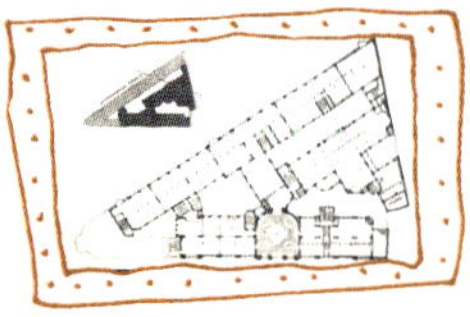

Die industrielle Revolution in Daten und Fakten

1769 James Watt (1736–1819) lässt am 5. Januar seine Dampfmaschine patentieren. Die Maschine wird zum Modell für viele Industriemaschinen. **1779** Der Weber **Samuel Crompton** (1753–1827) erfindet die moderne Spinnmaschine »Mule«, die in großer Menge verbreitet wird. **1783** In Ratingen wird mit der **»Textilfabrik Cromford«** die erste deutsche Baumwollspinnerei gegründet. **1807** Die **Gebrüder Dinnendahl** (Essen) konstruieren und bauen die ersten deutschen Dampfmaschinen. **1812** In England wird am 11. Mai das **Zerstören von Maschinen** unter Todesstrafe gestellt. Wütende Arbeiter hatten gegen schlechte Löhne protestiert und ihren Ärger gegen Maschinen gerichtet. **1825** Zwischen Stockton und Darlinton (England) wird am 27. September die erste Eisenbahnstrecke für zahlende Passagiere eröffnet. **1835** Die **erste deutsche Eisenbahn** verkehrt auf einer sechs Kilometer langen Strecke von Nürnberg nach Fürth und zurück. 1840 ist das Gleisnetz 469 Kilometer lang, 1875 sind es bereits 27 956 Kilometer. **1836** Der **erste Pflug aus Stahl** wird in den USA vorgestellt. Dadurch sind auch harte Böden zu bearbeiten. Ein wichtiger Schritt hin zu einer landwirtschaftlichen Industrie. **1839** Der Engländer **Henry Fox Talbot** (1800–1877) erfindet die Fotografie mit der Möglichkeit, mehrere Abzüge derselben Abbildung zu machen. **1844 Samuel Morse** (1791–1872) erfindet die Telegrafie mit Hilfe von elektrischen Signalen und des Morsealphabets. Text des ersten Telegramms: »What hath God wrought« (Was hat Gott bewirkt). **1849** In Preußen sind **270 000 Fabrikarbeiter** beschäftigt. Ende der 1870er Jahre werden es 865 000 sein. **1858** Der **Berliner Lokomotivenhersteller Borsig** stellt seine tausendste Dampflokomotive her. Beginn der Produktion: 1841. **1889** Die seit Jahren immer wieder aufflackernden **Proteste gegen schlechte Bezahlung und miserable Arbeitsbedingungen** in vielen Industriebetrieben erleben am 3. Mai des Jahres einen Höhepunkt. Um die 100 000 Bergarbeiter streiken im Ruhrgebiet.

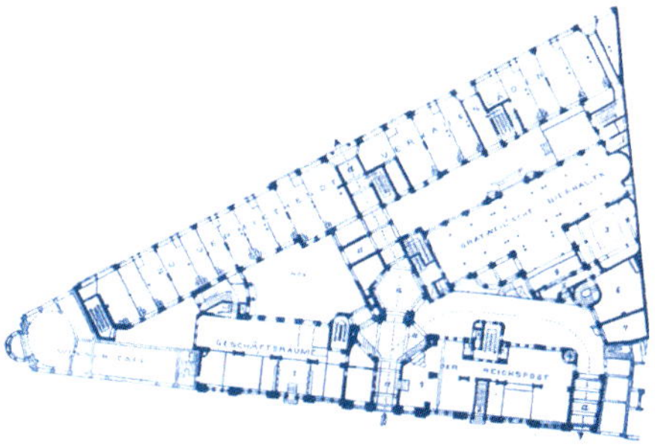

Warum es sinnvoll ist, alte Industriegebäude zu erhalten

Weil die Industrialisierung mit all ihren Folgen bis heute eine große Wirkung auf das alltägliche Leben hat.

Weil sich an den Industrieanlagen zeigen lässt, wie unsere Stadtlandschaften zu dem wurden, was sie sind.

Weil es einfach unfassbar ist, welch riesige Fabriken und Maschinenparks zwischen 1800 und 1900 erbaut wurden.

Weil sie ein wichtiges Zeugnis über die Entstehung unseres Wohlstands sind.

Weil sie davon zeugen, welch unglaubliche Leistungen man mit Ideenreichtum, Mut und Durchhaltevermögen erreichen kann.

Weil alte Industriegebäude häufig viel schöner und opulenter gestaltet sind als moderne Industrie-Zweckbauten.

Weil man beim genauen Betrachten des Gestern sinnvoll für das Morgen lernen kann.

Weil die Stilllegung und der erfolgreiche Rückbau von (einst umweltschädlichen) Industrieanlagen beweisen, dass kein ökologischer Fehltritt ewig währen muss.

Die Route der Industriekultur

Wer mit offenen Augen auf einer Autobahn im Ruhrgebiet unterwegs ist, kann ganz schön ins Staunen kommen: hier ein Schlot, dort ein Gasometer, da eine Fabrikanlage – auch wenn vieles im Lauf der Jahrzehnte abgerissen wurde, die Spuren der Industriekultur sind doch unübersehbar. Geschichtsinteressierte, die es genauer wissen wollen, können der »Route der Industriekultur« folgen: Um den »Eiffelturm des Ruhrgebietes«, die Essener Zeche Zollverein, herum, hat der Regionalverband Ruhrgebiet 25 Wege entworfen, auf denen man thematisch sortiert verschiedene Denkmäler der Industriegeschichte bewundern kann: 19 sogenannte Ankerpunkte als besonders interessante Orte, außerdem sechs Museen, neun Aussichtspunkte sowie zwölf Arbeitersiedlungen. Mit dabei: ein Schwimmbad im Industriedenkmal, ein Glaselefant im Industrie-Landschaftspark, Theateraufführungen in Maschinenlandschaften. Die Route der Industriekultur kann mit Bus und Bahn, aber auch mit dem Fahrrad oder Auto befahren werden. Wer mehr wissen möchte über die Geschichte der Industrie, der kommt hier aus dem Staunen nicht mehr heraus.

Was die Route der Industriekultur bietet

Arbeitersiedlungen, Bergwerke, Brauereien, Brücken, Fabrikantenvillen, Fabrikhallen, Gießereien, Gleisanlagen, Hafenanlagen, Hochöfen, Gasometer, Kanäle, Kokereien, Kraftwerke, Produktionshallen, Scherenschleifereien, Schleusen, Schiffshebewerke, Stahlwerke, Stollen, Tuchmachereien, Tunnel, Verwaltungsgebäude, Walzanlagen, Wassertürme

Fünf (von 25) Themen-Wege der Route der Industriekultur

Duisburg – Stadt und Hafen Spaziergang durch den größten Binnenhafen Europas und über den »Hafenpfad« durch das angrenzende Stadtviertel »Ruhrort«. Eine Zeitreise durch 250 Jahre Industriegeschichte. **Essen – Kulturlandschaft Zollverein** Im 19. und 20. Jahrhundert eines der größten Kohlebergwerke mit bis zu 5000 »Kumpels«, die unter Tage arbeiteten. Heute Veranstaltungszentrum und Museum. Riesiges Areal, das sich am besten mit dem Fahrrad erkunden lässt. **Dortmund – Dreiklang Kohle, Stahl, Bier** »Kolonie Landwerk«, »Kokerei Hansa«, »Luftschacht Rote Fuhr« – so und ähnlich heißen die Stationen des Rundweges durch die Dortmunder Industriegeschichte. Zur Metropole des Ruhrgebietes wurde die Stadt wegen ihrer Kohle-, Stahl- und Brauereiindustrieanlagen. **Oberhausen – Industrie macht Stadt** Wer einen Panoramablick über das Ruhrgebiet bekommen will,

der ist in Oberhausen an der richtigen Stelle: Vom 117,5 Meter hohen Dach des Gasometers aus, das man in gläsernen Aufzügen erreicht, sieht man fast alles. Vor allem: Oberhausen als eine Stadt, die nach den Bedürfnissen der Industrie gebaut wurde. **Bochum – Bahnen im Revier** Undenkbar wäre der Industrieerfolg des Ruhrgebietes ohne die Verkehrsmittel gewesen, also ohne die Binnenschifffahrt und die Eisenbahn. In Bochum-Dahlhausen findet sich ein Bahnmuseum in weitgehend erhaltenen Anlagen aus der Hochzeit der Industrialisierung. Höhepunkt: eine Fahrt mit der Draisine.

Die Müllverbrennungsanlage: Abfall zu Gold machen

Wenn es der Wirtschaft eines Landes gut geht, blüht der Wohlstand. Der Wirtschaft, das besagt das Wachstumsprinzip, geht es dann »richtig« gut, wenn sie wächst, wenn sie also immer mehr Güter produziert. Mehr Produktion bedeutet aber auch: mehr Ausschuss, mehr Abfall – mehr Wohlstandsmüll. Die wachsende Müllmenge ist der Preis für unseren Wohlstand, und die Frage ist: wohin damit? Im Prinzip gibt es zwei Möglichkeiten der Entsorgung: auf der Deponie oder in der Müllverbrennungsanlage (MVA). Deponien brauchen viel Platz, sie stinken, außerdem können Giftstoffe ins Grundwasser sickern. Deshalb hat sich unsere Gesellschaft entschieden, den Müll vor allem durch Verbrennung zu entsorgen. In den letzten Jahrzehnten, vor allem in den 1990er Jahren, wurden überall große Müllverbrennungsanlagen gebaut. Das Schlaue an der Sache mit der Müllverbrennung: Auch die Entsorgung des Mülls ist eine Industrie. An der Errichtung von Müllverbrennungsanlagen wird ebenso verdient wie an ihrem Betrieb, also an der Anlieferung und der Verbrennung des Mülls. Dieses Geschäft ist umso lukrativer, je mehr Müll anfällt, weil dann die Müllverbrennungsanlage besser ausgelastet ist. So könnten am Ende alle profitieren, wäre da nicht die Sache mit der Umwelt: Zwar sind die meisten Müllverbrennungsanlagen technisch gut ausgerüstet, trotzdem lässt sich nicht vollständig verhindern, dass beim Müllverbrennen umweltschädliche Stoffe frei werden. Beziehungsweise: fast nicht. Denn wer Müll von vornherein vermeidet, der schadet der Umwelt in jedem Fall weniger. Allerdings sorgt er auch nicht unbedingt dafür, dass die Wirtschaft weiter wächst …

Das Gefängnis

Der Philosoph, das Panoptikum und das Gefängnis

Hohe Mauern, Stacheldraht, abweisende Gebäude, vergitterte Fenster, Wachtürme – Haftanstalten sind nicht gerade anheimelnde Gebäude. Kein Wunder, schließlich geht es für die unfreiwilligen Bewohner dieser Häuser nicht um einen Entspannungsurlaub, sondern um Sühne und Reue. Trotzdem bedeutet das Rechtsverständnis, für das Gefängnisse stehen, geschichtlich gesehen einen großen Fortschritt: Der Entzug von Freiheit ist eine moderne, zivilisierte Reaktion auf ein Verbrechen. Die Tat wird gesühnt, zugleich bekommt der Verurteilte die Chance auf eine spätere Wiedereingliederung in die Gesellschaft. Vor dieser Neuerung, die erst im 19. Jahrhundert stattfand, hatte bei Bestrafungen der Rachegedanke im Vordergrund gestanden. Verurteilte wurden sehr häufig mit Folter, Verstümmelung oder dem Tod bestraft. Die meisten Zuchthäuser entstanden im 16. Jahrhundert. Sie waren damals aber Orte, wo Bettlern, Geisteskranken und aufsässigen Jugendlichen das Arbeiten und eine ordentliche Lebensführung beigebracht werden sollte. Gesetzesbrüchige aus höheren sozialen Schichten wurden demgegenüber meist zu der weniger ehrenrührigen Festungshaft verurteilt. Anfang des 19. Jahrhunderts erfand der englische Baumeister und Philosoph Jeremy Bentham (1748–1832) die Gefängnisbauweise des Panoptikums. Hier sind die Zellen sternförmig um eine zentrale Säule angelegt, wodurch das Wachpersonal jederzeit alles und jeden im Blick hat. Viele Gefängnisbauten orientieren sich an dieser Idee der totalen Überwachung, auch wenn die Pläne Benthams niemals bis ins letzte Detail umgesetzt wurden. Der französische Philosoph Michel Foucault (1926–1984) übertrug Überlegungen über die panoptische Gefängnisbauweise auf die ganze Gesellschaft: Das Prinzip der »Disziplinaranstalt« hat sich seiner Meinung nach längst in der ganzen Gesellschaft durchgesetzt. Zwischen Gefängnis und Schule besteht demnach als Idee betrachtet kein wesentlicher Unterschied.

Die Top 15 der »Schurken«-Staaten

Strafgefangene auf 100 000 Einwohner

USA 751
Russland 713
Belize 487
Kuba 487
Weißrussland 426
Ukraine 356
Singapur 350
Südafrika 335
Estland 333
Französisch-Guayana 315
Lettland 292
Vereinigte Arabische Emirate 288
Mongolei 269
Taiwan 259
Thailand 256

Stand: 2003–2007,
Quelle Diverse

Die Justizvollzugsanstalt Werl in Daten und Fakten

1. Juli 1908 **Gründung** als »Königlich Preußisches Centralgefängnis« **Größe** 13,5 ha **Insassen** 863 **Einzelzellen** 635 **Sicherungsverwahrte** 60 **Gemeinschaftszellen** 228 **Beschäftigte** 440 **Beschäftigte im Vollzugsdienst** 312 **Auszubildende im Vollzugsdienst** 40 **Beschäftigte im Werkdienst** 41 **Beschäftigte im Werkaufsichtsdienst** 22 **Psychologen / Seelsorger / Sozialarbeiter** 14 **Ärzte und Krankenpfleger** 14 **Höhe der Mauern** 6 m **Wachtürme** (»Aussichtskanzeln«) 7 **Hafturlaube** (2007) 116 **Kosten pro Hafttag und Häftling** 75 Euro **Einkünfte Gefängnisarbeit / Tag** 15 Euro

Die Flucht des Grafen von Monte Christo und andere Gefängnisausbrüche

Vierzehn Jahre sitzt ein verzweifelter Mann unschuldig auf einer Gefängnisinsel ein. Schließlich kann er fliehen, findet einen Schatz – und kehrt als reicher Mann unerkannt in seine Heimat zurück, um sich zu rächen. So verläuft die spannende Geschichte des 1844 bis 1846 erstmals veröffentlichten Literaturklassikers DER GRAF VON MONTE CHRISTO von Alexandre Dumas (1802–1870). Ein Buch, das Schule machte: Als Vorlage für Tausende Nachdichtungen, Modernisierungen, Verfilmungen. Der Gefängnisausbruchsklassiker schlechthin. Spektakuläre Gefängnisausbrüche finden aber nicht nur in Film und Literatur, sondern auch in der Wirklichkeit statt: Der Betrüger Oleg Buchilov kratzte im Dezember 2008 mit einem Messer Mörtel und Ziegelsteine aus der Wand seiner Zelle in der Hamburger Justizvollzugsanstalt (JVA), quetschte sich durch das entstandene Loch und seilte sich mit Hilfe von Bettlaken in die Freiheit ab. Yasar B., ein Drogendealer, versteckte sich unbemerkt in einem Pappkarton, den eine Spedition im November 2008 in der JVA Willich-Anrath abholte. Im Oktober 2007 verschwand der Bankräuber Rahim C. spurlos aus der JVA Krefeld; entweder mit Hilfe eines bestochenen Beamten oder mit Hilfe eines heimlich nachgemachten Schlüssels. Richtiggehend filmreif sind die Ausbrüche des griechischen Bankräubers und Entführers Vassilios Palaiokostas: Am 22. Februar 2009 kreiste ein Hubschrauber über dem Athener Kaorydallos Gefängnis und ließ eine Strickleiter hinab, über die Palaiokostas entkam. Das Pikante an der Sache: Einen Tag später sollte ein Prozess stattfinden – weil der Ausbrecher schon einmal auf dieselbe Weise aus dem Knast getürmt war.

Sieben Gründe, warum Gefängnisstrafen sinnvoll sind

Solange ein Straftäter im Gefängnis sitzt, ist er daran gehindert, weiter Böses zu tun. Der Gefangene soll lernen, wie er nach der Entlassung keine Straftaten mehr begeht. Zum Beispiel dadurch, dass er im Gespräch mit Psychologen viel über sich selbst erfährt, etwa über die Ursachen seiner Verbrechen und was man dagegen tun kann. Im Gefängnis kann man Schulabschlüsse nachholen oder Wissen auffrischen, eine Berufsausbildung machen oder im erlernten Beruf weiterarbeiten und sich darin fortbilden. Viele führen im Gefängnis (zwangsläufig) ein gesünderes Leben als »draußen«: geregelter Tagesablauf, einfaches und gesundes Essen, viel Sport, kein Alkohol, keine Drogen. Im Gefängnis gibt es viele Wohngemeinschaften. Dort kann man – alleine oder mit Hilfe der Beamten – lernen, seinen Alltag selbst zu organisieren, also untereinander zu klären: Wer kocht heute? Wer duscht zuerst? Wer ist dran mit putzen oder spülen? Im Gefängnis kann man lernen, seine Freizeit sinnvoller zu gestalten als »rumzuhängen« oder »abzuchillen«: Bands oder Theatergruppen treten auf, Schriftsteller lesen aus ihren Büchern, es gibt Sportfeste, eine Kirmes hinter Mauern, aber auch eine Bibliothek mit 11 000 Büchern, Diskussionsgruppen, Koch- oder Computerkurse, Bibelstunden. Zum Schluss das vielleicht Wichtigste (ist nicht ganz so einfach zu verstehen!): Weil sie Tag für Tag Unfreiheit hautnah erleben, entdecken viele Strafgefangene erst im Gefängnis, was die Freiheit wert ist, aber auch, dass man mit ihr verantwortlich umgehen muss.

Nachgefragt bei Michael Skirl (geb. 1951), Leiter der Justizvollzugsanstalt in Werl. Hier sind vor allem männliche Strafgefangene untergebracht, die schwere Verbrechen begangen haben.

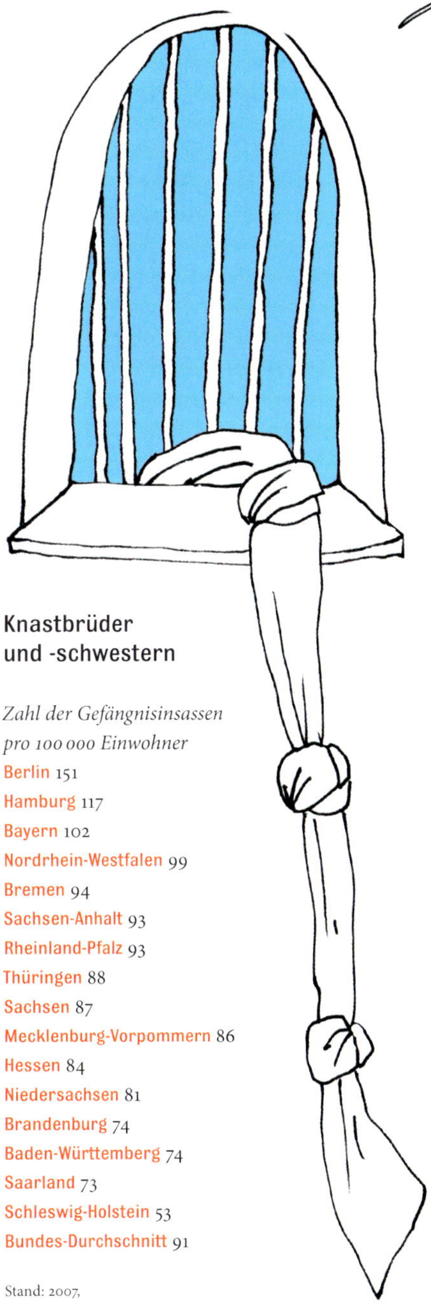

Knastbrüder und -schwestern

Zahl der Gefängnisinsassen pro 100 000 Einwohner

Berlin 151
Hamburg 117
Bayern 102
Nordrhein-Westfalen 99
Bremen 94
Sachsen-Anhalt 93
Rheinland-Pfalz 93
Thüringen 88
Sachsen 87
Mecklenburg-Vorpommern 86
Hessen 84
Niedersachsen 81
Brandenburg 74
Baden-Württemberg 74
Saarland 73
Schleswig-Holstein 53
Bundes-Durchschnitt 91

Stand: 2007,
Quelle Statistisches Bundesamt

Was das Strafmaß aussagt

Die Dauer einer Freiheitsstrafe sagt zunächst etwas über die Schwere einer Straftat aus: Je schlimmer ein Verbrechen, desto länger muss der Verurteilte einsitzen. Die großen Unterschiede im Vergleich der Bundesländer bedeuten aber nicht unbedingt, dass beispielsweise in Bremen häufiger schwere Verbrechen begangen werden als in Hamburg. Sie erklären sich durch verschiedene Kulturen der Rechtsprechung: In manchen Bundesländern werden höhere Strafen für bestimmte Delikte verhängt als in anderen. Das treibt die Zahlen nach oben. Andererseits werden in bestimmten Ländern kleinere Delikte konsequenter bestraft als in anderen. Dies wiederum senkt die Durchschnittsdauer der Strafen, weil die niedrigeren Strafen plötzlich eine größere Rolle in der Statistik spielen. Auch wenn der statistische Vergleich nicht viel beweist, für eines ist er trotzdem gut: Die Gefängnismanager nutzen die Daten, um die Ausstattungen ihrer Anstalten zu planen. Dafür ist nur wichtig, wie hoch die Strafen ausfielen – nicht, wie sie zustande kamen.

Durchschnittliche Dauer der Freiheitsstrafen in Monaten

Bremen 13
Schleswig-Holstein 10
Sachsen 9
Niedersachsen 9
Hessen 8
Brandenburg 8
Sachsen-Anhalt 8
Nordrhein-Westfalen 8
Baden-Württemberg 7
Hamburg 7
Thüringen 7
Mecklenburg-Vorpommern 7
Berlin 7
Rheinland-Pfalz 5
Bayern 5
Saarland 3

Stand 2007,
Quelle Statistisches Bundesamt

Wissenswertes übers Gefängnis

Wichtigste Grundlage für das Gefängnisleben ist das Strafvollzugsgesetz aus dem Jahr 1977. Oberstes Ziel dieses Gesetzes: Die Strafgefangenen sollen lernen, irgendwann ein normales Leben zu führen. Sie sollen sich resozialisieren, also wieder in die Gesellschaft einpassen. Männer und Frauen müssen laut Strafvollzugsgesetz getrennt untergebracht werden. Da der Anteil der Frauen im Stravollzug mit vier Prozent nur sehr gering ist, sind sie häufig in denselben Gefängnissen wie die Männer, allerdings in getrennten Abteilungen, untergebracht. Bestimmte Gefangene können im offenen Vollzug unterkommen. Dabei handelt es sich um Gebäude ohne vergitterte Fenster und »Umfassungsmauern«. Vier Fünftel aller Gefangenen bleiben allerdings im geschlossenen Vollzug, weil sie für den offenen Umgang nicht geeignet sind und oft zu schwere Verbrechen begangen haben. Auch Insassen des geschlossenen Vollzugs können »Vollzugslockerungen« und bis zu 21 Tage Hafturlaub pro Jahr beantragen. Sogenannte Freigänger schlafen im Gefängnis, dürfen die Anstalt aber tagsüber zur Arbeit verlassen.

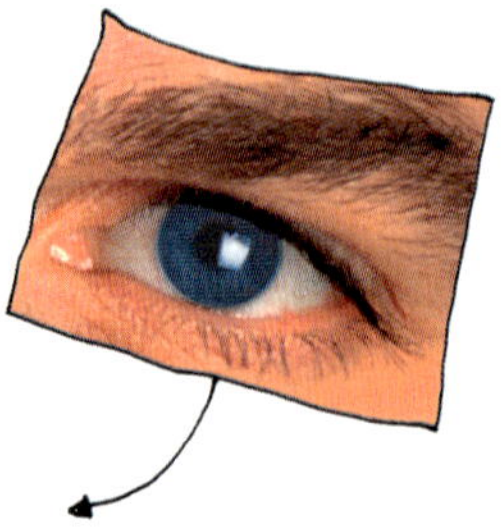

Beruf Bewährungshelfer

»Bewährung«: So nennt man den Zeitraum, in dem ein verurteilter Straftäter (mit einer Haftstrafe von höchstens zwei Jahren) nicht ins Gefängnis muss. Das Gericht vertraut darauf, dass er in dieser Zeit keine Straftaten begeht, beobachtet aber seine Entwicklung sehr genau. Im Strafgesetzbuch ist festgeschrieben, dass ein Bewährungshelfer dem Verurteilten zur Seite stehen und überwachen soll, ob er die Auflagen und Weisungen des Gerichts erfüllt. Bevor jemand als Bewährungshelfer arbeiten kann, muss er Sozialarbeit oder Sozialpädagogik studiert haben. An einem typischen Arbeitstag spricht ein Bewährungshelfer mit seinen Klienten über ihre Lebenssituation. Er berät mit ihnen zum Beispiel, wie sie eine Arbeit bekommen, ihre Schulden abbauen oder von einer Sucht wegkommen. Darüber hinaus fragt er, wie sie selbst das Risiko einschätzen, eine neue Straftat zu begehen. Hierzu werden sogenannte Rückfallvermeidungspläne erstellt. Der Verurteilten sollen lernen, Situationen, in denen sie bereits straffällig geworden sind, von vornherein zu vermeiden. Dazu gehört, dass sie den Kontakt zu kriminellen Menschen abbrechen, dass sie eine Drogentherapie machen oder ein Antigewalttraining absolvieren. Diese Tätigkeiten hält der Bewährungshelfer in einer Akte fest und informiert regelmäßig das Gericht. Wenn der Bewährungshelfer dem Gericht Verstöße gegen die Auflagen mitteilt, widerruft das Gericht die Bewährung und der Klient muss seine Strafe im Gefängnis absitzen. Ungefähr 75 Prozent aller Verurteilten bestehen die Bewährungszeit. Bundesweit betreuen derzeit etwa 2500 Bewährungshelfer rund 170 000 Straffällige.

Nachgefragt bei Hans Gerz, Bundesvorsitzender der Arbeitsgemeinschaft der Bewährungshelferinnen und Bewährungshelfer e. V.

15 Gefängnisvariationen

Arrest, Bau, Café Viereck, Gitter, Käfig, Karzer, Kerker, Kiste, Kittchen, Knast, Loch, Schwedische Gardinen, Verlies, Zieglstadl, Zuchthaus

Produkte aus Gefängniswerkstätten

JVA Aachen Starenkasten aus Holz JVA Bielefeld-Brackwede I Holzwahlfisch JVA Büren Holzblume auf Metallstab JVA Castrop-Rauxel Schwarzwaldvogelhaus JVA Dortmund Herz aus Sperrholz mit Gravur JVA Duisburg-Hamborn Turnierkicker JVA Heinsberg Gartenstein mit eingraviertem Grinsegesicht JVA Herford Grill mit Rädern und höhenverstellbarem Rost JVA Moers-Kapellen Holz-Herz mit vier Teelicht-Kerzen JVA Willich I Denkspiel »Vier Kugeln«

Quelle Knastladen.de

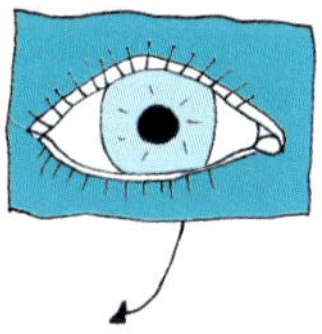

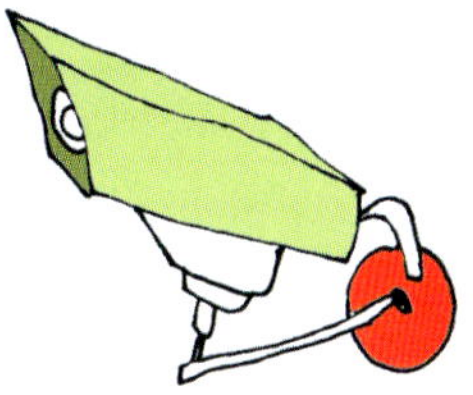

Einige bekannte Gefängnisse der USA

Abu Ghraib Gefängnis im Irak, das die amerikanische Armee nach Eroberung des Landes im Jahr 2003 übernahm. Berühmt wurde es für die Bilder von Quälereien von Gefangenen. **Alcatraz** Ehemaliges Hochsicherheitsgefängnis auf einer Insel vor San Francisco. Berühmt aus vielen Gefängnisfilmen wie FLUCHT AUS ALCATRAZ. **Guantánamo** Häufig kritisiertes US-Spezialgefängnis, in dem Terrorismus-Verdächtige eingesperrt und misshandelt wurden. Soll bis 2010 geschlossen werden. **Sing Sing** Hochsicherheitsgefängnis nahe New York für 2300 Gefangene, das bereits im 19. Jahrhundert errichtet wurde.

Ein Gefängniseinbruch als Nationalfeiertag?

Schon beim Gedanken an die Bastille schlotterten viele Franzosen vor Angst. Ein vom König gesiegelter Brief (*lettre de cachet*) reichte im 18. Jahrhundert aus, um ohne Angabe von Gründen auf unbestimmte Zeit in dem mächtigen Festungsbau in Paris zu landen. Jeden konnte es treffen. Gerüchte gingen um, dass König Ludwig XIV. (1638–1715) hier sogar seinen geheim gehaltenen Zwillingsbruder hatte umbringen lassen, den legendären »Mann mit der eisernen Maske«. Die Bastille als Gefängnis war das Sinnbild schlechthin für die erbarmungslose Willkür von Herrschern, die absolute, also unbeschränkte Macht besaßen. So wurde die Erstürmung der Bastille durch das aufständische Volk am 14. Juli 1789 zum Wahrzeichen der Französischen Revolution. Obwohl sich zu dieser Zeit in dem Gefängnis tatsächlich nur sieben Häftlinge aufhielten, die zudem recht gut behandelt wurden: vier Betrüger, zwei Geisteskranke und ein junger Adliger, den seine eigene Familie wegen eines unsteten Lebenswandels hatte inhaftieren lassen. Dem Mythos vom schrecklichen Gefängnis tat das aber keinen Abbruch. In den Archiven der Bastille fanden Journalisten genug Stoff, um das Schreckbild weiter auszumalen. Der Bauunternehmer Pierre-François Palloy, der sogleich mit dem Abriss der Bastille beauftragt worden war, fabrizierte aus den Bruchstücken des Gemäuers Tausende von Souvenirs. Der französische Nationalfeiertag, der noch heute jährlich am 14. Juli begangen wird, bezieht sich eigentlich aber nur indirekt auf den Sturm der Bastille. Nimmt man es ganz genau, dann wird tatsächlich des »Föderationsfestes« (*fête de la fédération*) gedacht, das die Revolutionäre am ersten Jahrestag ihrer Erhebung 1790 gefeiert hatten.

Das Lieblingsgericht der Gefangenen der JVA Werl

Spaghetti Bolognese für 850 »Verpflegungsteilnehmer«
werden in der Küche der JVA Werl auf folgende Weise zubereitet:

85 kg Hackfleisch (Schwein, Rind oder Geflügel) in 6 kg Öl anbraten. 30 kg in Würfel geschnittene Zwiebeln ausschwitzen. 15 kg Tomatenmark dazugeben. Mit Knoblauch, Salz, Pfeffer, Oregano würzen. Die Masse mit Brühe anreichern. Je nach Fleischart 10 bis 30 Minuten gar kochen. Mit 10 kg Tomatensoßenpulver andicken, so dass man 0,25 l pro Person erhält. Parallel 170 kg Spaghetti-Nudeln in Salzwasser bissfest kochen.

Spaghetti Bolognese »Knast«
für den Hausgebrauch in Freiheit (Zutaten für vier Personen):

500 g Hackfleisch (Schwein, Rind oder Geflügel) in ein wenig Öl anbraten. 1 geschälte und gewürfelte Zwiebel anbraten / ausschwitzen. 1 gepresste Knoblauchzehe dazugeben. 1 Packung Tomatenmark hinzufügen. Die Masse mit 0,5 l Brühe anreichern. Mit Salz, Pfeffer und Oregano kräftig würzen. Die Soße, falls nötig, andicken, zum Beispiel mit Mehl. Parallel 500 g Spaghetti-Nudeln in Salzwasser bissfest kochen.

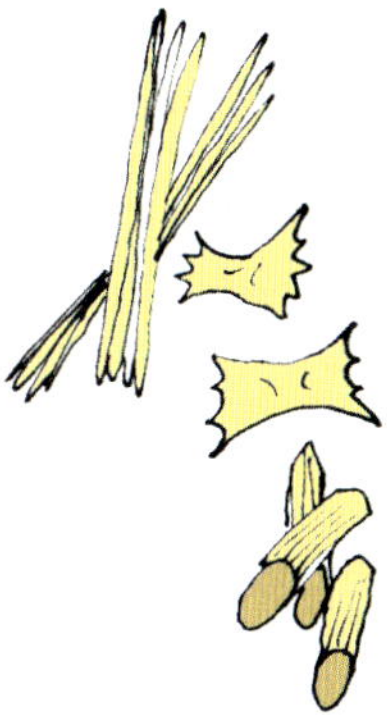

Rezepte
Friedhelm Lohmann,
Küche der JVA Werl

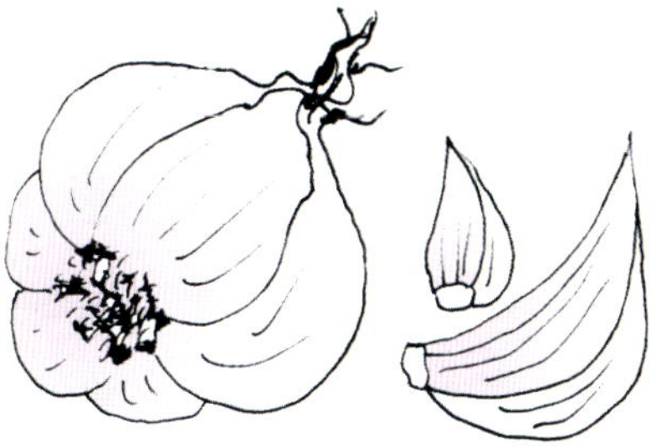

Die Stadt-autobahn

Autobahnen in Deutschland

Länge des Streckennetzes
1950 2128 km 1960 2551 km 1970 4110 km 1980 7292 km 1990 8822 km 1995 11 143 km 2000 11 515 km 2005 12 174 km 2006 12 363 km 2007 12 531 km

Quelle autobahn-online.de

Die A 555, eine ganz besondere Stadtautobahn

Die Jahre nach 1933 hätten auch ihre guten Seiten gehabt, heißt es manchmal. Zum Beispiel, dass die Nationalsozialisten damals die Autobahnen erfunden und damit die Arbeitslosigkeit bekämpft hätten. Stimmt nicht: Die erste deutsche Autobahn, die zwischen den Städten Bonn und Köln verlief, wurde am 6. August 1932 eröffnet und damit einige Monate vor Hitlers Machtantritt. Seit Anfang 1929 hatten Bauunternehmen an der Straße gearbeitet. Sie konnte nur deshalb gebaut werden, weil der Staat sie mitfinanzierte und 5500 eigentlich arbeitslose »Notstandsarbeiter« bezahlte. Adolf Hitler lernte vom Erfolg des Projektes. Er veröffentlichte am 11. Februar 1933 einen Straßenbauplan mit Autobahnen, die sich durch ganz Deutschland ziehen sollten. Die schon existierende Köln-Bonner Strecke erklärte seine Regierung kurzerhand zur Landstraße, um selbst den Ruhm für »die erste Autobahn« ernten zu können. Es ist also alles nur geklaut: Dieser Ruhm, der bis heute als eine der wenigen positiven Errungenschaften der Naziherrschaft nachklingt, gebührt eigentlich einem anderen: dem Kölner Bürgermeister und späteren Nachkriegs-Bundeskanzler Konrad Adenauer, der für das erste deutsche Autobahnprojekt verantwortlich war. Die »Adenauerautobahn« heißt heute A 555 und ist noch immer eine ganz besondere Strecke: eine der meistbefahrenen und ungewöhnlichsten Autobahnstrecken Deutschlands. Sie beginnt und endet in zwei Kreisverkehren – und sie führt mitten durch eine riesige Chemiefabrik.

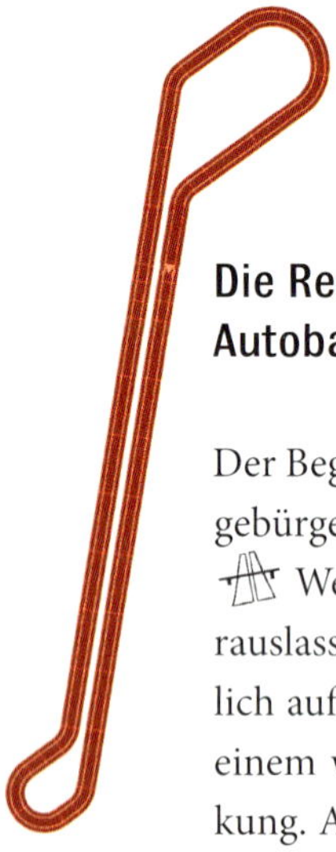

Die Rennsau und die AVUS, Autobahn einer eingeschlossenen Metropole

Der Begriff »Rennsau« hat sich umgangssprachlich für solche Autofahrer eingebürgert, die gerne einmal das Gaspedal bis zum Anschlag durchdrücken. Wer während der Zeit der deutschen Teilung in West-Berlin die Rennsau rauslassen wollte, hatte jedoch nur sehr beschränkte Möglichkeiten: Lediglich auf der AVUS (Automobil-Verkehrs- und Übungs-Straße) herrschte auf einem wenige Kilometer langen Teilstück keine Geschwindigkeitsbeschränkung. An der Grenze zwischen West-Berlin und der DDR war Schluss, denn auf der Transitstrecke nach Westdeutschland galt Tempo 100. Gebaut wurde die AVUS zur Förderung der Autoindustrie von 1913 bis 1921. Von den 1920er Jahren bis 1998 fanden auf ihr auch Autorennen statt; am Süd- und am Nordende gab es jeweils eine spektakuläre Steilkurve. Die Steilkurven wurden an Rennwochenenden an die Autobahnstrecke »angedockt« und diese solange für den Normalverkehr gesperrt. In den 1950er Jahren fanden auf der AVUS sogar Grand-Prix-Rennen wie »Der große Preis von Deutschland« statt. Heute ist die Strecke ein Teil der A 115. Der Begriff »Rennsau« stammt übrigens nicht von den berühmt-berüchtigten Berliner Kodderschnauzen, sondern aus dem süddeutschen beziehungsweise österreichischen Sprachraum. Im 19. Jahrhundert bezeichnete »Rennsau« ein Hausschwein, dessen Besitzer so arm waren, dass ihre Sau auf der Suche nach Nahrung über die anderen Grundstücke des Dorfes stromern musste.

Die Geschichte des Verkehrs vor der Zeitenwende

10 000 v. Chr. Durch regelmäßige Benutzung von Pfaden entstehen Trampelpfade, die Vorläufer der Straßen. **5000 v. Chr.** Das Rad wird erfunden. Ochsen dienen als Zugtiere von Radkarren. **4000 v. Chr.** Entstehung erster Großstädte mit Pflasterstraßen. Handelsrouten zwischen den Städten werden aufgebaut. **3000 v. Chr.** In Indien pflastert man Straßen mit Ziegeln. Pferde und Esel werden als Zugtiere genutzt. **2500 v. Chr.** Die ersten Metallreifen werden gebaut. Entwicklung des Wagens mit vier Rädern. **700 v. Chr.** Auf der Königsstraße des assyrischen Reiches wird eine drastische Verkehrsregel erlassen: Wer das Parkverbot missachtet, kann mit der Todesstrafe belegt werden. **500 v. Chr.** Mit der Karawanenroute (Mittlerer Osten) und der Bernsteinstraße (Europa) entstehen die ersten Langstreckenstraßen. **300 v. Chr.** Die Via Appia in Italien, die indische Königsstraße und die Seidenstraße entstehen. **200 v. Chr.** In China wird eine zentrale Straßenverwaltung eingesetzt, im Römischen Reich gibt es immer mehr Verkehrsregeln. **45 v. Chr.** Wegen vieler Staus erklärt Herrscher Julius Cäsar die Innenstadt Roms zur fahrzeugfreien Zone.

Autobahntunnel in Deutschland

Name	Ort	Straße	Eröffnung	Länge
Rennsteig	Oberhof	A 71	2003	7916 m
Königshainer Berge	Waldhufen	A 4	1999	3300 m
Elbtunnel	Hamburg	A 7	1975	3101 m
Berg Bock	Suhl	A 71	2002	2740 m
Engelberg	Leonberg	A 81	1999	2530 m
Coschütz	Dresden	A 17	2004	2353 m
Aubing	München	A 99	2006	1935 m
Heidkopf	Reiffenhausen	A 38	2006	1724 m
Ortskern Britz	Berlin	A 100	2000	1713 m
Bürgerwald	Waldshut	A 98	1997	1436 m
Hösbach-West	Hösbach	A 3	2004	1380 m
Nollinger Berg	Rheinfelden	A 861	2002	1268 m
Eichelberg	Einhausen	A 71	2005	1123 m
Dölzschen	Dresden	A 17	2004	1070 m
Flughafen	Düsseldorf	A 44	1992	1070 m

Einige geplante Autobahntunnel

Elbtunnel	Glückstadt	A 20	5113 m
Hirschhagen	Lichtenau	A 44	4150 m
Jagdberg	Jena	A 4	3034 m
Alleentunnel	Frankfurt / M.	A 66	2800 m
Dortmund City	Dortmund	A 40	1900 m

Stand: 2009, *Quelle* Autobahn-online.de

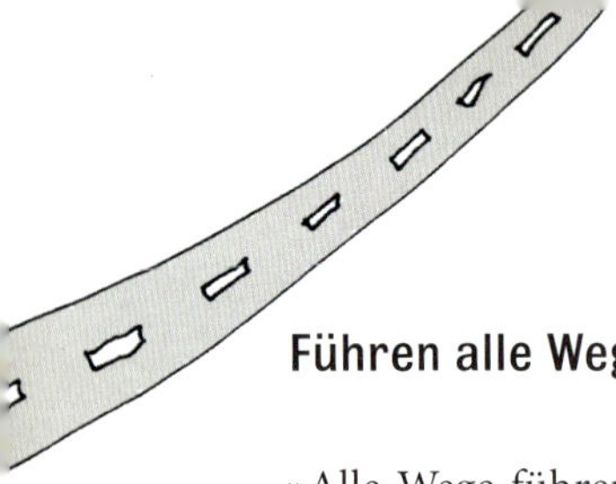

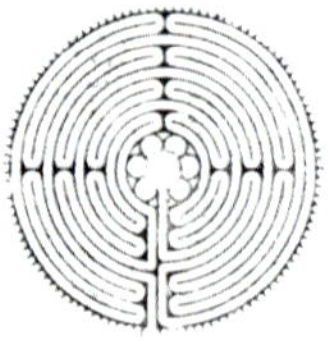

Führen alle Wege nach Rom?

»Alle Wege führen nach Rom.« Dieser Ausspruch meint, dass eine Angelegenheit, egal, welchen Weg sie auch nimmt, nur auf eine einzige Weise enden kann. Ein Spruch, der nicht zuletzt tatsächlich mit einem Straßensystem zu tun hat: Das am längsten existierende Großreich der europäischen Geschichte (600 v. Chr.–600 n. Chr.) konnten die Römer nur deshalb aufbauen und über Jahrhunderte erhalten, weil sie über ein erstklassiges Straßensystem verfügten. Die Gesamtlänge dieses Straßensystems, dessen Wege alle irgendwie in Rom begannen (oder endeten), betrug bis zu 80 000 Kilometer. Die Straßen waren zwischen fünf und 15 Meter breit. Im wahrsten Sinne des Wortes wegweisend war die legendäre römische Straßenbautechnik: Auf einer festen Sohle (Erde oder Holz) wurde ein etwa ein Meter hoher Erddamm aufgetragen, den man zunächst mit Sand planierte, dann mit Steinen belegte, anschließend mit Zement beziehungsweise Mörtel befestigte und schließlich mit Felsplatten bedeckte. Der Spruch »Alle Wege führen nach Rom« bezieht sich aber nicht nur auf die römischen Straßen, sondern auch auf die Weltsicht der Römer, nachdem viele von ihnen gegen Ende des Reiches zu Christen geworden waren: Ihre Stadt mit dem Vatikan (Papstsitz), so dachten sie, sei der Mittelpunkt der Erde. Eine zeitgemäße Deutung des Spruches lässt sich aber auch anders lesen: Nicht aufgeben! Es gibt immer noch einen anderen Weg, um ein Ziel zu erreichen …

Wissenswertes über Straßen, Autos, den Verkehr

In Deutschland stehen für den »überörtlichen Verkehr« 231 000 Kilometer Straße zur Verfügung. Davon sind 53 400 Kilometer Bundesfernstraßen, 40 000 Kilometer Bundesstraßen und 12 500 Kilometer Autobahnen. Innerhalb geschlossener Ortschaften kommen noch einmal 396 000 Kilometer Gemeindestraßen hinzu. Das Autobahnnetz verfügt zwar nur über einen Anteil von fünf Prozent am Fernstraßenverbund, auf ihm wird aber ein Drittel aller jährlichen Fahrleistungen erledigt. Die Autobahnen sind auch deshalb wichtig, weil Deutschland in der Mitte Europas viele Straßen diverser europäischer Länder verbindet. Deshalb wird Deutschland auch als »Transitland Nr. 1« bezeichnet. Ungefähr ein Viertel der Umweltbelastung, die ein Auto insgesamt verursacht, entsteht schon bei der Herstellung.

Berechnet man alle Folgekosten des Autoverkehrs ein (Straßenbau-, Unfall- und Umweltkosten), so berappen die Steuerzahler jährlich rund 3000 Euro für jedes zugelassene Kfz. Insgesamt verursacht der Straßenverkehr 80 Milliarden Euro Folgekosten pro Jahr. Auf deutschen Straßen fallen jährlich etwa 65 000 Tonnen Abrieb von Autoreifen an; auf 100 Kilometer entstehen durchschnittlich 8 Gramm Abrieb. In den Einkaufsgegenden von Großstädten bestehen samstags bis zu drei Viertel des gesamten Verkehrs aus dem, was Autofahrer am meisten hassen: der Parkplatzsuche.

Schnell, schneller – Tempolimit?

Das ist einzigartig in der Welt: Die Bundesrepublik Deutschland empfiehlt für die Autobahnen eine Richtgeschwindigkeit von 130 km/h, ein generelles Tempolimit aber gibt es nicht – im Gegensatz zu allen anderen Ländern, wo man auch auf den Autobahnen nicht schneller als mit 120 oder 130 km/h flitzen darf. Ob ein Tempolimit auch in Deutschland sinnvoll wäre, darüber wird sei Jahren diskutiert. Dafür spricht: Weniger Stress auf den Straßen, weniger Umweltbelastung, weniger Verkehrsunfälle, weniger Verkehrstote. Dagegen spricht: Dass ein Tempolimit eine Einschränkung der Freiheit des Einzelnen bedeuten würde, dass ein Tempolimit im Land der großen Autos der für den Wohlstand wichtigen Autoindustrie schaden würde, dass Reisende mehr Zeit brauchen würden, um von A nach B zu kommen, was insbesondere gestressten Geschäftsreisenden Probleme bereiten würde. Der letzte Punkt belegt, worum es bei der Diskussion um das Tempolimit wirklich geht: die Psychologie. Man möchte das Gefühl haben, schnell zu sein. Wie wenig das bringt, merkt man aber spätestens dann, wenn einen die lahmste Ente und der dickste Laster nach einem kurzen Aufenthalt auf dem Rasthof wieder überholt haben. Lohnt sich dafür das größere Risiko? Ist dafür die deutlich höhere Umweltbelastung zu rechtfertigen? Das Autofahren ist für viele Deutsche ein Symbol der Freiheit, sie können selbst entscheiden, wann sie wohin wie schnell fahren wollen. Ein Tempolimit passt nicht in dieses Konzept. Dafür nimmt man auch Stress, Risiko und Umweltbelastung in Kauf …

Die Geschichte des Verkehrs nach der Zeitenwende

400 In Ephesus (heute: Türkei) wird eine Straßenbeleuchtung installiert. **850** In Cordoba (Spanien) befestigt man die Straßen und versieht sie ebenfalls mit einer Straßenbeleuchtung. **1154** In Paris wird die Straßenreinigung eingeführt. **1400** Die Inkas beginnen in Südamerika mit dem Bau eines 10 000 Kilometer langen Straßensystems, das bis auf 5000 Meter in die Anden hinaufführt. **1525** Das erste Busunternehmen der Geschichte ist ein Kutschendienst in Mailand. **1600** In Mexiko-Stadt gibt es die erste Straße mit Mittelstreifen. **1766** In London werden Fußwege gesetzlich vorgeschrieben. **1896** Wegen der zunehmenden Zahl an Unfällen wird die Autoversicherung erfunden. **1902** Autofahrer in Berlin müssen per Handsignal anzeigen, wohin sie abbiegen möchten. **1918** Die dreifarbige Verkehrsampel wird erfunden. Der erste Autoverleih entsteht.

Wie die Ampeln funktionieren

»Lichtzeichenanlage« oder »Lichtsteuerungsanlage«, so heißen Ampeln ganz offiziell. Sie dienen der Steuerung und Verbesserung des Verkehrsflusses, der Minimierung von Gefahren an belebten Kreuzungen und der Sicherheit von Fußgängern. Wie lange eine Ampel auf Grün, Rot oder Gelb geschaltet ist, wird elektronisch gesteuert. Viele Ampeln funktionieren nach einem festen Plan von Signalzeiten. In großen Städten und an Verkehrsknotenpunkten ist auch eine verkehrsabhängige Steuerung möglich: Über sogenannte Verkehrsdetektoren werden die Verkehrsströme gemessen und die Ampeln ganz nach Bedarf geschaltet. Die Steuerung von Ampeln erfolgt häufig durch eine zentrale Verkehrsüberwachung. Deren Mitarbeiter können je nach Verkehrslage zwischen verschiedenen Schaltprogrammen wählen. So kann auf die Verteilung des Verkehrs Einfluss genommen werden. Möglich ist zudem eine bevorzugte »Grün«-Schaltung bestimmter Straßenzüge und Fahrtrichtungen; zum Beispiel, um einem Krankenwagen oder einem Feuerwehrzug eine möglichst schnelle Fahrt zum Einsatzort zu gewährleisten. Freie Fahrt erhalten an vielen Ampelkreuzungen auch die Busse des öffentlichen Nahverkehrs. Sie werden von den Lichtschaltanlagen »erkannt«, da sie mit besonderen Detektoren versehen sind. Tritt bei einer Ampel eine Störung auf, sorgt ein Notprogramm für ihr sofortiges Umschalten auf gelbes Blinklicht. Eine spezielle Sicherung vermeidet, dass die Signalanlagen verschiedener Fahrtrichtungen gleichzeitig auf Grün schalten.

Straßenverkehrsnetze

USA 4 238 646 km
Indien 1 716 940 km
Japan 935 860 km
Frankreich 891 476 km
Russland 762 133 km
Deutschland 690 122 km
Spanien 661 877 km
China 561 779 km
Italien 485 122 km
Kanada 421 880 km
Großbritannien 387 333 km
Australien 344 777 km
Polen 311 772 km
Indonesien 275 810 km
Kasachstan 249 084 km

Stand: 2009, *Quelle* Welt in Zahlen.de

Verkehrsregelungen

Fußgänger hatten Mitte des 19. Jahrhunderts in Europa ein schweres Leben: Bis 1862 in Liverpool erstmals Verkehrsinseln zu ihrem Schutz errichtet wurden, galt im europäischen Straßenverkehr das Recht des Stärkeren. In London wurden 1868 erstmalig Signale zur Regelung des Verkehrs aufgestellt. Diese ersten Ampeln funktionierten mit Signalflügeln, die von Hand bedient wurden, und nachts leuchteten rote und grüne Gaslichter. Im Jahr 1902 wurden die Autofahrer in Berlin erstmals dazu verpflichtet, einen Fahrtrichtungswechsel mit der Hand anzuzeigen. Vorher konnte man einfach so abbiegen. 1906 wurde in Deutschland die »Vorfahrtsregel« in Kraft gesetzt. Andere Länder folgten, bis sie 1952 internationaler Standard wurde. Der erste französische Verkehrsposten wurde 1912 in Paris in Form eines 4,50 Meter hohen Bronzepodests aufgestellt. Im Glaskasten auf dem Podest saß eine Polizistin, die weiße und rote Verkehrssignale betätigte. Sie war jedoch nur 22 Tage im Einsatz, da die Pariser die Signale einfach ignorierten. Der Polizist Lester Wire installierte 1912 die erste elektrisch betriebene Rot-Grün-Licht-Ampel in Salt Lake City (USA). Zunächst wurde die Ampel mit der Hand umgeschaltet. Im New York der 1920er Jahre waren Polizisten mit Westen ausgestattet, an denen Ampelsignale befestigt waren. Ab 1934 fanden schließlich die bis heute gebräuchlichen Ampeln weltweit Verbreitung.

Der
Flughafen
D-AI

Der Flughafen, eine Stadt in der Stadt

Was kennzeichnet eine Stadt? Zum Beispiel: Menschenmengen, Verkehrssysteme, (Markt-)Plätze, Ladenzeilen, Arztpraxen, Gaststätten, Cafés, Parks, Museen, Kinos, und all das auf dichtem Raum. So gesehen, sind auch moderne Großflughäfen Städte. Zum Beispiel der 1680 Hektar große Flughafen München, auf dessen Areal im Jahr 2008 über 34 500 000 Passagiere zwischen Land- und Luftverkehr wechselten. Bei 554 Unternehmen, die am Flughafen München ihr Geld verdienen, arbeiteten 2006 insgesamt 27 400 Beschäftigte. Rund 8300 Mitarbeiter waren für Fluggesellschaften tätig, 7500 für den Flughafen, 2600 im Hotel- und Gaststättenbereich, 1800 bei Behörden, 1300 bei Speditionen und in Lagern, 1200 im technischen Bereich, ebenso viele bei Banken und in Verkaufsgeschäften, 300 in Reisebüros und 200 bei Autovermietungen sowie Busgesellschaften. 60 Prozent der Flächen, also 925 Hektar, sind Grünflächen. Im Airport Center, einer der größten überdachten Freiflächen Europas, finden regelmäßig Veranstaltungen statt, zum Beispiel Beachvolleyballturniere und ein Weihnachtsmarkt. Ein Besucherpark lockt mit wechselnden Veranstaltungen, man kann historische Flugzeuge und Kunstausstellungen bestaunen und ein medizinisches Zentrum besuchen, es gibt Shopping Malls, ein Museum, ein Kino, Hotels, Biergärten, Restaurants. Bei all diesem »städtischen« Leben tritt das Eigentliche, der Flugverkehr, fast in den Hintergrund: Im Jahr 2008 starteten 99 Fluggesellschaften ihre Flugzeuge von München aus in 71 Länder zu 244 verschiedenen Zielflugstätten. Einschließlich der Landungen wurden 432 300 Flugbewegungen gezählt.

Die Flughäfen mit den meisten Reisenden

Atlanta (ATL) 90 039 280

Chicago (ORD) 69 353 654

London-Heathrow (LHR) 67 056 228

Tokio-Haneda (HND) 66 735 587

Paris Charles de Gaulle (CDG) 60 851 998

Los Angeles (LAX) 59 542 151

Dallas / Fort Worth (DFW) 57 069 331

Peking (PEK) 55 662 256

Frankfurt (FRA) 53 467 450

Denver (DEN) 51 435 575

Stand: 2008

Die Geschichte des Flughafens, Teil I

✈ Die ersten erfolgreichen motorisierten Flugversuche unternahmen die Gebrüder **Orville und Wilbur Wright** 1903/1904 in den USA. Diese Versuche dauerten anfangs zwar nur höchstens eine Minute, aber sie bedeuteten einen Durchbruch auf dem Weg zum Reisen durch die Lüfte. ✈ Wo die ersten Flieger starteten, entstand natürlich auch **der erste Flughafen**: An der Kreuzung Yellow Spring's Road / Dayton Springfield Pike in der Nähe von Dayton / Ohio hatten sich die Wrights ihr Testgelände eingerichtet, mit einer holperigen Wiese als Start- und Landebahn und einem hölzernen Hangar für die Fluggeräte. Immerhin: An der Wiese mit Straßenkreuzung konnte man nach Belieben (und bei jedem Wind) in alle Himmelsrichtungen starten. ✈ Nach dem Erfolg der Wrights brach eine weltweite Flugbegeisterung aus, die Entwicklung ging rasant voran und bald stellte sich den Architekten eine ganz neue, ungekannte Aufgabe: die Entwicklung von Flughäfen für den Personenluftverkehr. ✈ In Deutschland konzentrierte man sich zur Zeit der Gebrüder Wright zunächst jedoch auf eine andere Art der Beförderung: die Luftschifffahrt, vor allem mit Hilfe der berühmten Zeppeline. Auch für sie mussten geeignete Start- und Landeareale entwickelt werden, insbesondere die Luftschiffhallen, in denen die empfindlichen Vehikel vor Wind und Wetter geschützt waren. ✈ Die Deutsche Luftschifffahrts-Aktiengesellschaft DELAG, gegründet 1909, war weltweit die erste Fluggesellschaft. Sie verkehrte zwischen Düsseldorf, Baden-Baden, Berlin, Gotha, Frankfurt / Main, Hamburg, Dresden und Leipzig. Bis zum Beginn des Ersten Weltkriegs 1914 transportierte sie 34 000 Passagiere.

Fliegerlatein, Teil I

Abwind Nach unten gerichtete Luftströmung, zum Beispiel an Bergen **Boarding** Das Einsteigen der Passagiere in das Flugzeug **Catering** Versorgung der Passagiere mit Getränken und Nahrungsmitteln **Dogfight** Luftkampf zwischen zwei Jagdflugzeugen im Krieg **Endanflug** Letzter Teil des Landeanflugs mit ausgefahrenem Fahrwerk **Finger** Bereich, der aus dem Terminal herausragt, so dass die Flugzeuge daran parken können **Gleitflug** Flug ohne Antrieb, wird häufig im Sinkflug angewendet **Hindernisfreiheit** Besondere Bebauungsvorschriften in der Nähe von Flugplätzen **Instrumentenanflug** Landung mit Hilfe der Instrumente, wenn die Sicht schlecht ist, zum Beispiel durch Nebel **Jetstream** Vor allem über dem Atlantik vorkommender Höhenwind, der bis zu 600 km/h erreichen kann **Kiss'n Fly** Wenn ein Passagier ohne Abfertigung im Terminal direkt zum Flugzeug gebracht wird **Lee** Die dem Wind abgewandte Seite eines Objektes; im Gegensatz zum Luv **Messerflug** Manöver aus der Kunstfliegerei; das Flugzeug ist um 90 Grad gedreht und die Flügel sind senkrecht zum Boden ausgerichtet

Die Geschichte des Flughafens, Teil II

Anfang des 20. Jahrhunderts war das Fliegen eine Sensation; jeder wollte sehen, was sich da zwischen Himmel und Erde ereignete. Kein Wunder also, dass die entstehenden Flugplätze häufig an Jahrmärkte erinnerten: Hunderte Schaulustige tummelten sich neben den Start- und Landepisten; zum Teil wurden sogar Tribünen errichtet, auf denen die Besucher gegen Eintritt den Flugakrobaten zuschauen konnten. So auch auf dem Motorflugplatz Johannisthal-Adlershof in Berlin, der als erster deutscher Flughafen im September 1909 eröffnet wurde. Der Erste Weltkrieg zwischen 1914 und 1918 war für die Luftfahrt Bremse und Schub zugleich: Gebremst wurde die Entwicklung der Personenluftfahrt, einen Schub erhielt die technische Entwicklung der Flugzeuge durch die Anforderungen der Militärs. Nach Kriegsende wurden militärische und zivile Einrichtungen häufig zusammengelegt. Zum Beispiel in England, wo die Fluggesellschaft AT & T ab 1919 Militärflughäfen für ihre Zwecke nutzte. Das erste eigens für diesen Zweck geplante Gebäude, in dem Passagiere abgefertigt wurden, entstand 1919 im deutschen Königsberg (heute Russland).

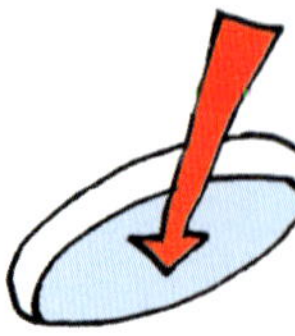

Terminaltypen

Der Terminal eines Flughafens ist dessen Dreh- und Angelpunkt: die Schnittstelle zwischen Land- und Luftseite, der Wechsel von der Fahrt mit Auto oder Bahn zum Schweben in der Luft. Im Terminal wird der Übergang organisiert, die Wartezeit überwunden, das Drumherum einer Flugreise organisiert. Terminals müssen für all diese Aufgaben die baulichen Voraussetzungen bieten, und zwar so, dass die Wege bei einer möglichst hohen Zahl von Abfertigungen möglichst kurz sind. Vier Typen von Terminals haben sich im Lauf der Jahre durchgesetzt: **Linearer Terminal**, gerade oder gekrümmt, bei dem die Flugzeuge nebeneinander parken. Zum Beispiel München (gerade) oder Dallas (gekrümmt). **Terminal mit mehreren Piers / Fingern**, um die die parkenden Flugzeuge gruppiert werden. Zum Beispiel Amsterdam und Frankfurt / Main. **Offener Terminal**, bei dem die parkenden Flugzeuge über Busse mit dem eigentlichen Abfertigungsgebäude verbunden sind. Zum Beispiel Mailand und Washington. **Satellitenterminal**, der über einen Steg oder einen unterirdischen Gang mit der Abfertigungshalle verbunden ist. Zum Beispiel Brüssel (Steg) und Paris (unterirdisch).

Der Frankfurter Flughafen in Zahlen

Passagiere 53 467 450 Mio. Passagiere / Tag 150 000 Passagiere / Flug 119 Umsteiger 53 % Flugbewegungen 485 783 Luftpost 90 000 t Fracht 2 Mio. t Fluggesellschaften 130 Ziele 317 Länder 105 Zugverkehr 400 Züge / Tag Shopping 18 000 m² Gastronomie / Service 10 000 m² Shops, Bars, Restaurants 222 Parkplätze 14 500 Start- und Landebahnen 12 000 m

Stand: 2008,
Quelle Flughafen Frankfurt

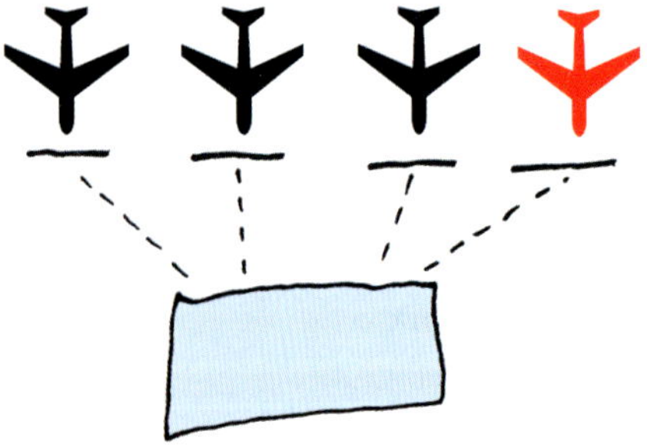

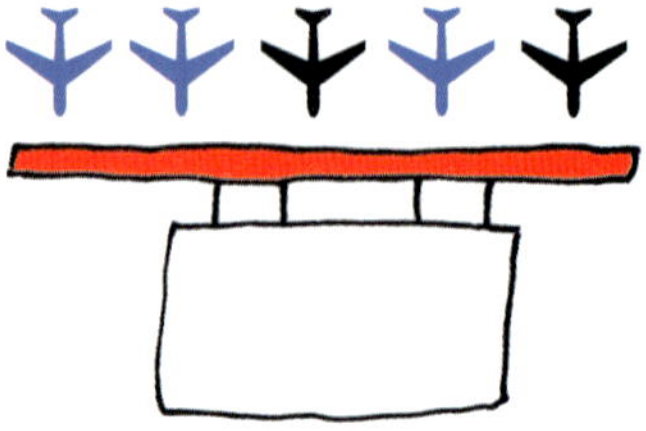

Turbulenzen, Luftlöcher, wackelnde Lämmerschwänze

»Es war so schlimm! Ich dachte, ich muss sterben! Das Ding wackelte wie ein Lämmerschwanz, und dann machte es auch noch die Welle!« So beschreibt der Passagier seine Flugreise. Ein Gefühl, das nicht unbedingt die wahren Zustände während des Fluges beschreibt, sondern eher die Flugangst des Reisenden. Eine Aussage aber auch, die man ernst nehmen sollte, denn solch ein Gefühl kann bis hin zur Luftkrankheit führen, die mit der Seekrankheit vergleichbar ist. Der Körper reagiert mit Übelkeit. Tatsächlich erleben nur sehr wenige Flugreisende wirklich heftige Turbulenzen, selbst die meisten Piloten bleiben davon ein Berufsleben lang verschont. Turbulenzen entstehen zum Beispiel durch Temperaturunterschiede bei Luftströmungen: Warme Luft besitzt eine geringere Dichte als kalte und steigt nach oben, kalte Luft wandert im Gegenzug nach unten und das Flugzeug vollzieht eine solche Bewegung nach. Auch beim Flug über ein Gebirge können Turbulenzen entstehen: Der Wind prallt auf die hoch aufragenden Gesteinsformationen und wird nach oben gedrückt, so dass über den Kuppen eine »Gebirgswelle« entsteht. Und sogar eine Wirbelschleppe, also der durch ein vorausfliegendes Flugzeug erzeugte Luftwirbel, kann Turbulenzen verursachen. Luftlöcher, in die Flugzeuge fallen, gibt es übrigens nicht. Das plötzliche Absinken des Flugzeuges wird meist vielmehr durch eine »Säule« rasch nach unten ziehender, kalter Luft oder durch einen extremen Richtungswechsel des Windes erzeugt.

Fliegerlatein, Teil II

Nasenklappe Klappe an der Vorderkante des Tragflügels; erzeugt Auftrieb bei der Landung **Overrun** Ein Flugzeug rollt über die eigentliche Landestrecke hinaus in eine Pufferzone **Passat** In zwei Kilometer Höhe vorkommender Wind, der beständig auf beiden Erdhalbkugeln auftritt **Querstabilität** Stabilität des Flugzeuges in Bezug zur Längsachse. Wird vor allem durch den Tragflügel erreicht **Ramp Agent** Mitarbeiter der Fluggesellschaft, der die Be- und Entladung sowie die Ver- und Entsorgung einer Maschine auf der Parkposition organisiert **Schub** Kraft, die von den Triebwerken auf das Flugzeug übertragen wird; die Leistung des Schubes heißt »Vortrieb« **Tiefdecker** Flugzeug, bei dem der Tragflügel unterhalb des Rumpfes angebracht ist **Unruly Passengers** Passagiere, die für Unruhe in der Kabine sorgen **Vogelschlag** Zusammenstoß mit einem Vogel oder einem Vogelschwarm **Wasserung** Landung eines entsprechend ausgestatteten Flugzeuges auf dem Wasser **Cirrocumulus** Wolkenformation, die aus einer schmalen Lage kleiner weißer Wolkenflocken besteht, vergleichbar mit Wattebäuschen

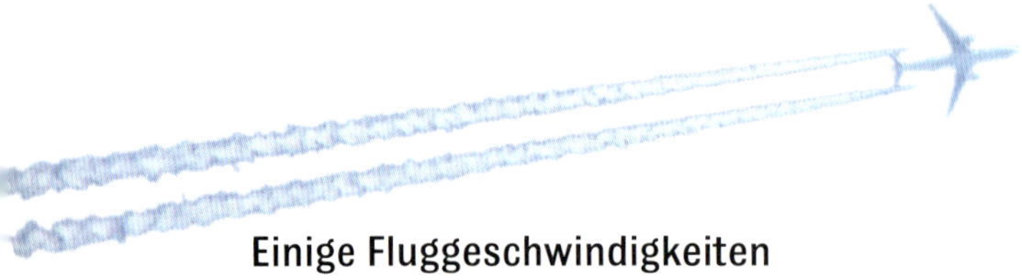

Einige Fluggeschwindigkeiten

✈ Höchstgeschwindigkeiten **der ersten funktionierenden Flugmaschinen** der Gebrüder Wright: 16 bis 50 km/h. ✈ **Fliegen** schaffen mit 200 Flügelschlägen 6,5 km/h, **Libellen** 48 km/h. Gleitgeschwindigkeit der **Kanadagans**: 100 km/h. ✈ Ein **Bumerang** hat bei 80 km/h einen guten Flug, eine **Frisbeescheibe** bei 120 km/h. ✈ **Hubschrauber** bewegen sich in der Regel mit 100 bis 115 km/h fort. Der Kampfhubschrauber »Apache« kommt auf bis zu 360 km/h. ✈ Mit 1121 km/h wurde im Jahr 1947 in einer **Bell X-1** erstmals die Schallmauer durchbrochen. ✈ **Verkehrsflugzeuge** verfügen über eine Reisegeschwindigkeit von etwa 900 km/h. Bei der Boing 747 sind es 933 km/h, beim Airbus A 340 sind es 880 km/h. ✈ Das **Überschallflugzeug Concorde** pendelte bis 2003 mit doppelter Schallgeschwindigkeit (2150 km/h) zwischen Paris und New York, und zwar auf einer Reisehöhe von 16 765 Meter. ✈ Das **amerikanische Kampfflugzeug F 15** von McDonnell Douglas erreicht eine Geschwindigkeit von bis zu 3017 km/h. ✈ Bislang **schnellstes Flugzeug der Geschichte**: Die amerikanische **X 15** erreichte 1967 in 107,94 km Höhe eine Geschwindigkeit von 7274 km/h. ✈ Geschwindigkeit einer **Raumfähre** beim Wiedereintritt in die Erdatmosphäre: 28 967 km/h.

Gar nicht so übel: die Spucktütologie

Wer schon einmal über den Wolken unterwegs war, kennt das Ritual: einchecken, warten, einsteigen, warten, hinsetzen, warten, der Stewardess bei den Notfallanweisungen zuhören, warten, starten. Ein Hinweis darf bei alledem nicht fehlen: der auf die Spucktüten im Vordersitz. Bloß für den Fall der Fälle, dass jemandem beim Start oder bei Turbulenzen schlecht wird. ✈ Dr. Christoph Freund wird allerdings eher dann schlecht, wenn die Spucktüten langweilig weiß und unbedruckt sind. Der Grund: Er sammelt auf seinen vielen Dienstreisen für seinen Freund Georg Jablonski unterwegs Spucktüten, die dieser für sein »Kotztüten-Museum« braucht. Einige Hundert bunte, unterschiedlich bedruckte Notfalltüten haben die beiden schon zusammengetragen, mit der Zeit wurden sie zu richtigen Spuktütologen. Wenn jemand etwas zu dem Thema zu sagen hat, dann die beiden Freunde aus Herne. ✈ Um dieses ganz besondere Museum zu besuchen, muss übrigens keiner losfliegen. Zu sehen sind all die Tüten im Internet, unter *www.kotztueten-museum.de.*

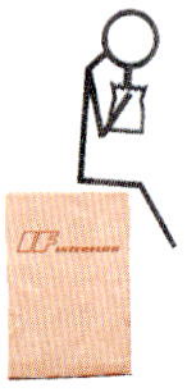

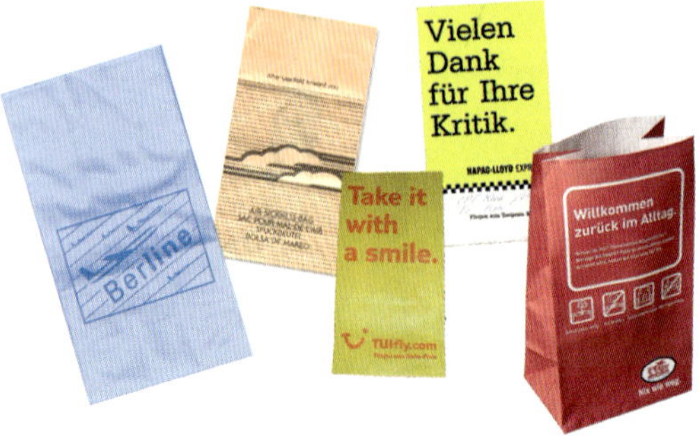

Nach dem Start ist vor dem Start: Abschied und Ankunft

Start und Landung, Abschied und Ankunft, Kommen und Gehen: Der Flughafen ist zu Beginn des 21. Jahrhunderts ein Stadttor zur Welt, so wie es im 20. Jahrhundert der Bahnhof und davor der Hafen waren. Einen entscheidenden Unterschied gibt es allerdings, ganz abgesehen von den unterschiedlichen Arten des Reisens: Im Gegensatz zum Bahnhof, der in der Regel möglichst zentral liegt, und anders als der Hafen, um den herum sich viele Städte erst entwickelten, hat der Flughafen seinen Platz meist außerhalb der Stadt gefunden. Was für Reisende Folgen hat: Vor dem eigentlichen Abflug kann man von der Stadt schon einmal Abschied nehmen, indem man sich vom Zentrum an den Rand bewegt, wo es manchmal schon richtig ländlich wird. Während dieses Abschieds auf Raten bis hin zum Verschwinden in den Wolken bekommt man im Vorbeifahren und beim Drüberfliegen vieles von dem noch einmal zu Gesicht, was eine Stadt ausmacht: den öffentlichen Verkehr, die Hochhäuser, die Kirchen, den alten Stadtkern, die Neubausiedlungen, die Plätze, das Stadion, Klein-Istanbul und Chinatown, die Parks, die Industriegebiete, die Autobahn. Von oben betrachtet, sieht alles anheimelnd und geordnet aus, fast könnte einem wehmütig ums Herz werden. Aber kein Abschied ist für immer, und nach dem Start ist vor dem Start: Die nächste Reise kommt bestimmt, wegen eines Geschäftstermins, wegen eines Entspannungsurlaubs, wegen eines Elternbesuchs, wegen eines Schüleraustauschs, wegen einer Studienreise. In unserer dank des Fliegens kleiner gewordenen Welt ist man immer und überall zu Hause – und deshalb ständig unterwegs.

Stephanie Busch ist Psychologin und arbeitet als freie Autorin und Journalistin. Zusammen mit Ulrich Noller hat sie DAS HAUS-BUCH. HIER WOHNT DAS WISSEN DER WELT (Bloomsbury Kinderbücher und Jugendbücher 2007) veröffentlicht. **Ulrich Noller** ist Journalist, Lektor und Moderator und arbeitet vor allem für den WDR. Er ist u. a. der Koautor der Kinder- und Jugendkrimireihe BOLLE UND DIE BOLZPLATZBANDE, die der Hessische Rundfunk seit Jahren erfolgreich sendet und die bei Bloomsbury K & J als Buchreihe erscheint. **Sarah Heiß** studierte Visuelle Kommunikation in Hannover und arbeitet als Illustratorin und Designerin in Basel.

 ★ Vermittelt durch die Literatur- und Medienagentur Ulrich Pöppl, München ★ Umschlaggestaltung: Manja Hellpap, Berlin, unter Verwendung einer Illustration von Sarah Heiß, Basel ★ Typografie, Satz & Gestaltung: Manja Hellpap, Berlin ★ Gesetzt aus der Minion Pro und der Bulldog ★ Druck & Bindung: Mohn media Mohndruck GmbH, Gütersloh ★ Printed in Germany ★ ISBN 978-3-8270-5358-9 ★ www.berlinverlage.de

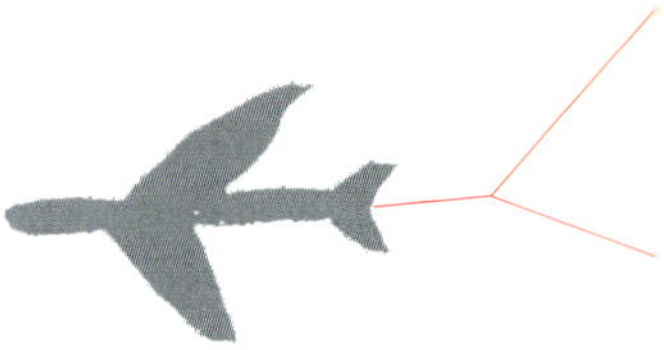

Tausend Dank an alle, die uns bei der Arbeit an diesem Buch unterstützt haben: Allen voran unseren Kindern Max, Noa und Paula, die kein einziges Mal die Geduld mit uns verloren haben. Unserem mit-denkenden Mit-Arbeiter Jochen Pahl, der nie um eine gute Idee verlegen war. Unseren Lektoren Malte Ritter und Ludger Ikas , die auf ihre unnachahmliche Weise in karierten Hemden stets die Ruhe und den Überblick bewahrten. Unseren Gestalterinnen Sarah Heiß, Manja Hellpap und Renate Stefan, die als Dream-Team des Guten, Wahren, Schönen unermüdlich nach visuellen Highlights suchten.

Unseren Informanten in Unternehmen, Behörden und Institutionen, denen auch die irrwitzigste, x-te Nachfrage niemals die Laune verderben konnte. Unseren Textbeiträgern aus Kultur, Politik, Wirtschaft, Wissenschaft und Gesellschaft, die sich kein einziges Mal davon abschrecken ließen, dass wir ihre Gedanken auf die Essenz des Nötigsten verknappten. Und last but not least natürlich unseren Leserinnen und Lesern, deren Begeisterung fürs Haus-Buch uns für die Arbeit am Stadt-Buch jederzeit ein toller Ansporn war.

Stephanie Busch und Ulrich Noller
DAS HAUS-BUCH
Hier wohnt das Wissen der Welt
Illustriert von Monika Horstmann

ISBN 978-3-8270-5236-0
Bloomsbury Kinderbücher & Jugendbücher

Ein Haus mit drei Stockwerken, einem Dachboden, einem Keller und einem großen Garten: Wer hier herumstromert, dem eröffnet sich die faszinierende Welt des Wissens. Ob Begrüßungsrituale, Geisterjäger, verrückte Musikinstrumente, fliegende Toiletten oder Bücher, die die Welt veränderten, dazu jede Menge Rezepte, Bastel- und Spielideen – jeder Raum in diesem Haus lädt zu einer Entdeckungsreise der besonderen Art ein.

Ein wunderbares Buch für garantiert lange Freude zum alleinigen Stöbern und zum gemeinsamen Schmökern. Ein Haus-Buch im besten Sinne. KIKA

Ein Buch für junge und erwachsene Leser, die für Überraschungen offen sind. SÜDDEUTSCHE ZEITUNG

Ungewöhnlich schön präsentiert. GEOLINO

TAXI
STADT-TAXI